数字蝶变

企业管理数字化重构之道

数字化转型专家
赵兴峰 著

电子工业出版社
Publishing House of Electronics Industry
北京·BEIJING

内 容 简 介

数字技术为企业的管理方式带来颠覆性变革，我们正在经历从依赖企业管理者解读数据并做出业务决策，到由算法通过计算数据做出分析和判断，然后自动指挥业务活动的转变。作为企业管理者，需要思考如何顺应时代趋势，利用数字技术，实现企业管理方式升级，提升管理效率，降低管理费用，提高企业竞争力。

撰写本书的主要目的是，帮助企业体系化地推进数字化管理升级。本书的主要内容包括数字技术驱动企业管理方式升级、企业数字化管理体系的四条线、企业数字化管理体系建设七步法、企业数字化管理体系建设实战、企业数字化管理体系建设中的瓶颈与难点、企业数字化管理体系建设的技术架构，以及未来数字智能技术展望。

未经许可，不得以任何方式复制或抄袭本书之部分或全部内容。
版权所有，侵权必究。

图书在版编目（CIP）数据

数字蝶变：企业管理数字化重构之道 / 赵兴峰著.

北京：电子工业出版社，2025.1（2025.8月重印）. -- ISBN 978-7-121-49308-9

Ⅰ．F272.7

中国国家版本馆CIP数据核字第2024F3G109号

责任编辑：王　静　　　　特约编辑：田学清
印　　　刷：北京盛通数码印刷有限公司
装　　　订：北京盛通数码印刷有限公司
出版发行：电子工业出版社
　　　　　北京市海淀区万寿路173信箱　　邮编：100036
开　　本：720×1000　1/16　　印张：19　　字数：384千字
版　　次：2025年1月第1版
印　　次：2025年8月第2次印刷
定　　价：99.00元

凡所购买电子工业出版社图书有缺损问题，请向购买书店调换。若书店售缺，请与本社发行部联系，联系及邮购电话：（010）88254888，88258888。

质量投诉请发邮件至zlts@phei.com.cn，盗版侵权举报请发邮件至dbqq@phei.com.cn。

本书咨询联系方式：faq@phei.com.cn。

自 序

笔者在 2019 年出版的《数字蝶变：企业数字化转型之道》一书得到非常多读者的好评，此书被很多企业作为数字化转型的必读书目，被很多企业团购分发给管理层阅读。现在进行数字化转型的企业越来越多，企业的信息化和数字化程度越来越高，企业也拥有越来越多的数据，这为管理团队利用数据进行管理和决策奠定了基础。

笔者研发的"管理者数据能力晋级"课程也受到市场的欢迎。于是，笔者在 2021 年撰写了《管理者数据能力晋级》一书，希望通过该书来扩大传播面，帮助更多的职场人士学会采集数据、管理数据和分析数据，更好地利用企业在数字化转型过程中产生的数据资产，赋能日常的经营、运营和管理决策。

《企业数据化管理变革》一书是笔者在 2016 年开始撰写的，是笔者综合多年的工作经验和咨询经验，用数据为企业管理体系赋能的产物。随着企业利用数字技术推动经营和管理的转型升级，企业的管理方式逐步升级为数字化管理方式，该书已经不能满足企业数字化转型的需要，再加上缺少"数智化"管理方面的内容，于是在 2018 年年底笔者为这本书的加印按下了"暂停键"。

结合这几年帮助企业规划数字化转型战略、创新数字化商业模式，以及辅导企业落地数字化转型业务场景的经验，笔者总结沉淀了相关的知识、方法和框架，以及具体的做法，在 2021 年开发了一门课程，叫作"企业数字化管理体系升级"。开发这门课程的主要目的是帮助企业体系化地推进数字化管理升级。这门课程也受到了很多学员的好评，并被各个培训平台评选为优质课程、必修课程和火爆课程。因为课程排期问题，不能为更多的人授课，于是笔者有了撰写本书的想法。

"数字化"仍然是一个新课题，大家还在不断探索，对于新事物，其探索过程也是试错过程。总结沉淀经验，形成知识并分享是促进社会认知进步的最佳方式。所以，本书中的一些思想、知识、方法，都是笔者从经验中总结而来的，随着实践的丰富，很多内容也会发生变化。由于笔者的知识、经验和实践案例的覆盖面有限，书中的内容可能会有错误或不足，观点可能会有偏颇，希望读者能够理解，并提出宝贵意见和建议。欢迎广大读者添加笔者的个人微信（微信号为 data2biz_com）交流。

笔者

前 言

近几年来，越来越多的企业加入数字化转型的大军，数字化转型几乎成为所有企业的必修课。正如本书笔者在其另一本书《数字蝶变：企业数字化转型之道》中所说的，"数字化转型已经不是企业转不转的选择题，而是转什么、怎么转的开放题"。

在长期为企业提供数字化转型和数字化管理升级咨询服务的过程中，笔者发现，目前仍有不少人对数字化转型的理解存在偏差，即使是开启数字化转型较早的企业，其管理团队在面对数字化转型时仍然感到一头雾水。对于数字化转型是什么、怎么转，企业高层、中层和基层的认知也不一样，在实际执行过程中走了很多弯路，甚至是错路。这让某些企业错过了转型的窗口期，在行业数字化转型的过程中错失良机。

什么是数字化？什么是数字化转型？为什么要进行数字化转型？如何推动数字化转型？转向哪里？愿景和目标是什么？路径是什么？方法和思路是什么？工具和技术是什么？对于这些问题，很多人还没有清晰的认知，这是导致很多企业数字化转型的力度不足、价值不彰的原因。所以，我们还是要从认知和认知的协同上去解决这些问题。因为认知决定行动，认知的协同决定行动的协同。

在全新的数字技术引领的管理体系变革的试错过程中，"共识大于知识"。这是什么意思呢？在知识体系和理论框架不足的时候，团队达成共识非常重要，即使相关的知识和理论框架是错误的、有局限性的，企业也可以因为大家已达成共识而快速试错，从而快速学习和调整，并能够在快速学习过程中一直保持领先的地位。

此外，很多人还没有充分意识到数字化转型给企业的管理、管理者，以及企业所在的市场、行业、产业，甚至整个社会经济带来什么影响。表面上，已经有人因自己的工作被数字技术替代而下岗，甚至是非常依赖人类大脑创造能力的设计人员，也因为人工智能的应用而失去了工作岗位。

数字化转型带来了新一轮管理方式的变革，也带动了管理科学理论的升级，笔者把这种变化叫作"管理蝶变"。数字技术在管理上的应用，带来管理方式的颠覆性变革，我们正在经历从依赖企业管理者解读数据并做出业务决策，到由算法通过计算数据做出分析和判断，然后自动指挥业务活动的转变。

想象一下，我们每天使用的导航软件会自动采集数据并将数据上传到服务器中，然后服务器基于这些实时动态的数据，做出调整出行路线的指令。这样的场景正在企业各个业务口径或者流程环节中得到应用。比如，企业物流车辆的调度，以前由调度中心指挥哪个司机开哪辆车去执行哪项物流任务，调度员有很大的权限，现在调度员已经被自动车辆调度系统替代。数字技术正在向企业的管理方式渗透，正在替代传统的依赖企业管理者知识、经验和权威的判断，这是时代的趋势，也是数字技术发展的必然。

作为企业管理者，我们需要思考如何顺应时代趋势推动管理技术的升级，利用数字技术，实现企业管理方式和管理体系的升级，提升管理效率，降低管理费用，提高企业竞争力；作为职场中的个人，我们需要思考如何顺应这个时代趋势，改变自身所扮演的角色，调整自己的定位，打造自己的新能力，保持甚至提升自己的岗位价值，避免被时代淘汰。这是一个企业在时代剧变中必须面对的问题，也是需要企业从认知到行动来攻坚克难的问题。

笔者结合多年的咨询实践，在本书中为企业，也为企业管理者总结出一套系统升级企业管理体系的方法，希望这套方法对大家有现实的借鉴意义。

目 录

第 1 章　数字技术驱动企业管理方式升级　/　1

1.1　数字技术普及构筑了万物互联的新时代　/　1
　　数字技术在社会生活中已经无处不在　/　1
　　数字技术的普及应用让现实世界被具象化记录　/　2
　　数字技术正在构筑人类新智慧　/　3
　　活动在线化成为习惯　/　6
　　万物互联正在成为一种趋势　/　7

1.2　数字技术改变我们的生活方式　/　8
　　消费者端的数字技术应用闭环　/　8
　　数字技术决定我们的开车路线　/　9
　　数字技术决定我们的购物选择　/　11
　　数字技术决定我们的思想和认知　/　13
　　数字技术让我们逐步进入算法驱动的时代　/　14

1.3　数字技术改变企业的管理方式　/　14
　　企业端的数字技术应用闭环（人工模式）　/　14
　　企业端的数字技术应用闭环（自动模式）　/　17
　　算法驱动的管理方式升级　/　21
　　从数据治理到算法治理　/　22
　　算法成为企业更高维度的竞争优势　/　24

1.4　数字技术改变管理者的角色　/　26
　　依赖经验和知识的传统管理方式正在过时　/　26
　　数字技术让管理者成为业务算法工程师　/　29
　　数字技术让算法成为管理者　/　31
　　数字技术让管理者的角色转变和能力升级　/　34
　　数字技术让业务算法工程师成为未来最"性感"的职业　/　36

第 2 章　企业数字化管理体系的四条线　/　38

2.1　业务线　/　39

企业发展战略与商业模式的数字化创新　/　41

业务流程梳理与业务流程的数字化创新　/　42

业务逻辑与业务架构的数字化重构　/　44

价值链梳理与关键要素的数字化　/　46

客户旅程梳理与数字化　/　48

2.2　数据线　/　51

数据采集　/　51

数据质量管理　/　57

数据建模与数据关联　/　60

数据治理　/　64

业财一体化下的数据治理　/　65

2.3　技术线　/　67

数据采集与数据传输　/　68

数据管理　/　70

数据应用与迭代　/　74

技术层级架构　/　75

技术线相关原则　/　76

2.4　人才线　/　78

管理者的数据能力缺乏是企业数字化管理升级的瓶颈　/　79

从"管理者即算法"到"算法即管理者"　/　80

管理者数据能力 4M 模型　/　81

管理者数据能力系统晋级　/　84

数据中心组织建设：从服务者升级到引领者　/　85

第 3 章　企业数字化管理体系建设七步法（上）　/　88

3.1　企业数字化管理体系建设七步法介绍　/　90

企业数字化管理体系建设的技术整合　/　91

企业数字化管理体系建设七步法的内容　/　95

企业数字化管理体系建设的辅助举措　/　98

企业数字化管理体系建设的技术协同　/　101

企业数字化管理体系建设的文化协同　/　102

3.2 业务流程数字化再造 / 102

业务流程数字化再造的方法 / 103

业务流程数字化 / 114

客户旅程触点数字化 / 116

供应链流程数字化 / 119

从机器替代人工到算法替代人工（人脑） / 121

3.3 管理目标指标化与数据指标化管理 / 122

数据指标的概念 / 122

数据指标管理体系 / 123

数据指标梳理 / 124

数据指标规范化管理 / 139

数据指标运营与动态管理 / 141

3.4 数据可视化与数据分析 / 142

数据可视化的历史 / 142

数据可视化背后的"七个看" / 143

数据可视化表达的最简形式 / 145

数据可视化结论的误导 / 150

管理者数据能力晋级 / 151

第4章 企业数字化管理体系建设七步法（下） / 153

4.1 经营管理敏捷化与管理者驾驶舱 / 153

实时动态数据化管理 / 153

从数据分析报告到管理者驾驶舱 / 155

管理看板与数据指标梳理 / 156

决策看板与决策模型梳理 / 157

分析看板与根因解构 / 158

4.2 业务决策模型化与算法管理 / 160

量化管理与管理计量学 / 161

数据建模分析与业务决策模型 / 163

$Y=f(X)$ 与 DEA 量化关系模型 / 169

企业经营管理中的量化关系模型示例 / 172

"数据+算法"成为企业的竞争优势 / 179

4.3 决策模型系统化与算法迭代升级 / 180

    传统业务系统的局限与升级 / 181

    管理导航与算法驱动的管理方式 / 182

    企业经营管理中的数据"采管用"闭环创新 / 184

    算法管理 / 188

4.4 企业管理数智化与未来智慧型企业 / 189

    数智化企业（智慧型企业）的概念和未来 / 189

    实现数智化企业的技术 / 191

    从生产制造到生产智造 / 192

    营销销售体系的数智化升级 / 193

    组织管控和审批流程的数智化升级 / 195

第5章 企业数字化管理体系建设实战 / 198

5.1 基于价值创造的实战场景地图 / 198

    增加效益 / 200

    提升客户体验和客户满意度 / 201

    降低成本 / 201

    创新方法或方式 / 202

    创造新模式和新范式 / 203

5.2 基于价值链的实战场景地图 / 206

    战略与顶层设计数字化 / 208

    核心业务活动数字化 / 209

    赋能业务活动数字化 / 210

    集团运营管控数字化 / 212

5.3 基于客户价值的实战场景地图 / 213

    客户体验旅程数字化 / 214

    客户全生命周期在线化 / 215

    产品全生命周期在线化 / 216

    客户洞察在线化 / 217

    客户需求精准导航 / 220

5.4 基于数字生态的实战场景地图 / 221

    基于数据和算法互联互通的内部数字生态 / 222

    企业外部横向截面的市场数字化生态 / 223

　　　　企业外部纵向联动的产业数字化生态　/　225
　　　　数据和算法驱动的产业互联网　/　227

第 6 章　企业数字化管理体系建设中的瓶颈与难点　/　229

6.1　企业数字化管理体系建设面临的十个瓶颈　/　229
　　　　数据基础问题　/　229
　　　　人才能力问题　/　233
　　　　场景应用问题　/　235
　　　　利益冲突问题　/　236
　　　　技术引进问题　/　237
　　　　跨部门协同问题　/　238
　　　　跨组织协同问题　/　239
　　　　企业文化冲突问题　/　240
　　　　人文伦理问题　/　241
　　　　法律法规问题　/　242

6.2　企业数字化管理升级中的项目群管理　/　243
　　　　项目运营管理　/　243
　　　　项目管理十要素　/　245
　　　　项目管理人才培养　/　250
　　　　项目群协同管理　/　251
　　　　阶段目标与持续迭代　/　252

6.3　企业数字化管理升级中的变革管理　/　253
　　　　蝶变认知：破而后立，做好变革管理　/　254
　　　　专业引领：用专业的态度管理变革　/　256
　　　　避免夭折：持续迭代与持续优化　/　257
　　　　突破阻力：相信相信的力量　/　257
　　　　持之以恒：持续变革，异中求同　/　259

第 7 章　企业数字化管理体系建设的技术架构　/　260

7.1　企业数字化管理体系建设的技术闭环　/　260
　　　　企业数字化管理升级的关键技术　/　261
　　　　数据和算法的互动升值　/　263
　　　　算法管理与算法迭代升级　/　264

　　　　算法治理与算法治理平台 / 265
　　　　算法伦理与算法审计 / 266
　　7.2 **企业数字化管理体系的五层架构** / 267
　　　　数字化数据采集 / 269
　　　　集中化数据管理 / 270
　　　　体系化数据分发 / 272
　　　　平台化算法服务 / 274
　　　　产品化场景应用 / 274
　　7.3 **企业数字化管理体系建设中的关键点** / 276
　　　　数据分析能力的培养 / 276
　　　　管理方式的智能化升级 / 277
　　　　算法替代管理者的变革驱动力 / 279
　　　　业务算法工程师的育成与人才培养 / 281
　　　　算法开发和应用管理体系的建立 / 282

第 8 章　未来数字智能技术展望 / 284

　　8.1 **业务算法工程师的崛起** / 284
　　　　业务算法工程师成为职业新秀 / 284
　　　　业务算法工程师团队成为企业管理核心 / 285
　　　　知识管理成为企业竞争力的重心 / 286
　　8.2 **与算法机器人共事成为新常态** / 287
　　　　与算法机器人共事成为企业管理新常态 / 287
　　　　算法机器人改变职场伦理 / 287
　　8.3 **人类知识传承方式的变迁** / 288
　　　　技术驱动人类知识传承方式的变迁 / 289
　　　　软件定义世界，算法驱动世界 / 289

后记 / 290

第 1 章

数字技术驱动企业管理方式升级

数字技术的普及及其在企业经营管理体系中的应用,带来了丰富的数据,当这些数据被企业管理者或者算法进行处理和分析时,能够赋能我们的经营管理决策,从而带来一种新的管理方式,即"数字化管理方式"。这种管理方式正在替代传统的依赖企业管理者的知识和经验的管理方式,是一种瞬时的、高颗粒度或精细化的、自动化的、更高效和更精准的新型科学管理方式。

1.1 数字技术普及构筑了万物互联的新时代

随着计算机、互联网、移动互联网、物联网、大数据分析技术、智能硬件设备、区块链、量子计算等新技术的普及应用,数字技术在我们的生活和工作中已经无处不在,万物互联的时代已经到来。

数字技术在社会生活中已经无处不在

当我们早上醒来时,就开始了一天的数字化生活。

起床后,我们先打开手机,呼叫智能音箱,播放令人振奋的起床音乐,扫除昏昏睡意;然后,开始浏览各媒体平台推送到手机上的各种信息,了解最近发生的国际和国内的新闻;接着,用智能音箱指挥智能家电开始做早餐……

当我们开车去公司时,会打开导航软件,然后导航软件告诉我们该走哪条道路,以及大概在什么时间可以到达目的地。如果出现道路拥堵的状况,导航软件会告诉我们怎么避开拥堵的路线,让我们在拥堵的城市中找到还算顺畅的道路,能够更快地到达目的地。

我们在生活和工作中的活动被"无形的手"记录着、指挥着。当我们不知道走哪条路的时候，导航软件会告诉（指挥）我们；当我们不知道今晚吃什么的时候，外卖平台的智能推荐算法会告诉我们；当我们不知道今晚看什么节目的时候，内容平台的智能内容推荐算法会告诉我们……我们的生活完全被数字硬件、软件、数据、算法记录着、计算着、指挥着、决定着。在我们的生活中，数字技术已经无处不在，数据和算法正在改变，甚至正在颠覆我们的生活方式。

数字技术，包括智能硬件、看不见但是在运行的软件，以及传输信息和数据的网络（包括互联网、移动互联网，以及远端的服务器、数据和算法），这些构成了我们生活不可或缺的一部分。而且，每个人都离不了这个由智能硬件、软件，以及网络构筑的外部物理空间环境。

数字技术的普及应用让现实世界被具象化记录

我们在现实生活中的一切活动都被虚拟的网络世界记录着，就因为这些随时随地的数字记录，产生了一个全新的"我"。我们把这个全新的"我"叫作现实生活中的"我"的"数字孪生"。比如，现实中的我在开车时打开导航软件，导航软件端就有一个开车的"我"，它在记录着我在什么时间、什么地点、经过多长时间到达了什么地方，我的车速是多少，我的目的地在哪里，我走了什么路线……我在电商平台购物时，电商平台就会记录我的历史采购数据，根据我的历史采购数据，平台就可以计算和分析出我是一个什么样的人，以及我喜欢什么样的商品。我买得越多，在电商平台上就会留存越多的数据，电商平台就会对我越了解，给我推荐的商品就越符合我的需求。这样就改善了我的购物体验，提升了我的购物效率。

现实生活中有一个从事各种活动的我，因为数字技术渗透到我的生活的方方面面，我每时每刻的活动都在被记录着，也在被分析和解读着，我被贴上了各种各样的"标签"，这些标签形成了精准描述我的"数字画像"。我使用的智能硬件和软件越多，我在虚拟的互联网世界中留存的数据就会越多，那个由 0 和 1 组成的虚拟世界对我的记录，以及被"标签化"的我的"数字画像"，就会越具象化、越生动，"数字画像"对我生活行为的影响也越大。

在现实生活中，我没有对自己的需求或者各种特征进行过梳理和分析，但是我在虚拟的网络世界中留存了丰富的数据，这使得网络世界中的"我"比现实生活中的"我"还要具象化。比如，我都不知道自己喜欢什么样的视频、喜欢什么样的商品、需要什么样的服务，但是互联网平台通过对我历史浏览视频的数据进行分析，就能够给我推荐我喜欢的、符合我偏好主题的视频；根据我过去的购物数据，就能够知道我对产品及其品牌的偏好、对价格的敏感度、对产品质量的要求、对送货速度的要求，给我推荐我喜欢的商品。这种有意识的分析使我在现实生活中的形象具象化。

数字技术渗透到我们生活的方方面面，也记录着我们生活的方方面面，并开始主导我们生活的方方面面，给我们的生活带来了颠覆性的变化。

数字技术正在构筑人类新智慧

数字技术构筑的数字孪生和现实生活的共生机制，跟信息化时代或者互联网时代的信息采集、传播技术有着本质的区别。

IT 的全称是 Information Technology，指信息技术，即由计算机、互联网等构筑的信息采集和传播的技术，它能够让我们把从某台计算机或者服务器发出的信息，借助互联网传输到世界各地，提高我们传播信息的效率。在企业管理上，我们会利用计算机采集、记录数据，并借助互联网技术将其传输到需要这些数据的地方。在这个过程中，我们留存了"证据"，便于查阅和分析，这就是企业信息化建设。通过计算机、软件和网络，我们可以记录流程中的业务活动，形成数据报表，并统计数据报表，然后分析业务活动，从而强化企业的管理。信息技术的使用提高了企业流程管理的效率和精准度，提高了信息传输和管理沟通的效率，也给信息和数据的查阅提供了高效的手段。

比如，企业设置指纹识别打卡机或者人脸识别打卡机，让员工在上下班时间打卡，然后可以从对应的软件后台导出员工的出勤记录，以此来核算员工的工资、统计员工的出勤天数。由打卡机（智能硬件）、考勤软件和互联网构筑的信息化考勤系统的实施，提高了企业业务流程（考勤）的效率和精准度。这是一种基于业务流程需求的思维模式，这种思维模式是信息技术线性流程思维模式，如图 1-1 所示。

信息化：员工上下班打卡 ⇒ 人事部门统计出勤 ⇒ 考勤：发工资、奖惩

图 1-1 信息技术线性流程思维模式

DT 的全称是 Data Technology，可以翻译为数字技术，也可以翻译为数据技术，即一种在信息技术的基础上，对采集和留存的数据进行加工处理，形成对业务活动的分析和判断，然后帮助我们做出决策，指导我们进行业务活动实践的技术。

DT 强调通过对数据的加工处理和分析，进行判断，形成改善业务活动的决策，然后在业务活动中采集数据、记录业务活动，再次循环。这样就形成一个闭环：业务活动在发生→用智能硬件和软件记录业务活动→分析采集的数据→进行判断及形成改善业务活动的决策→对业务活动做出调整和改变，如图1-2所示。

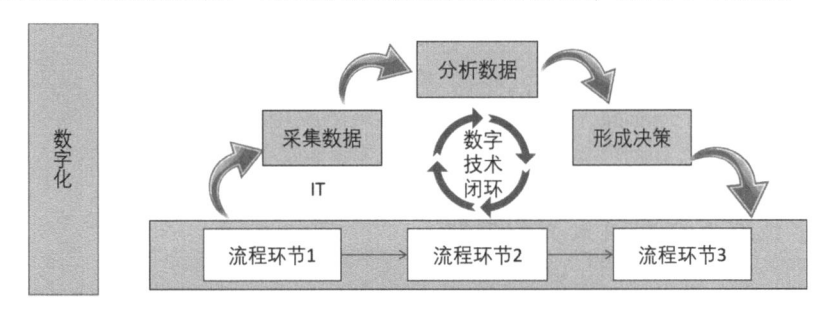

图1-2　数字技术闭环思维模式

下面用员工上下班打卡的场景来解释这个闭环。员工在上下班时通过指纹打卡机或者人脸识别打卡机打卡，员工在什么时间上班、在什么时间下班的数据被记录并留存在软件的数据库中，这是企业员工活动记录的一部分。除了人事部门可以从打卡软件中导出这些数据来统计员工的出勤情况，我们还可以对这些数据进行分析，形成相关决策，然后来指导人力资源管理。

下面想象三个场景。第一个场景：无论是企业的主管，还是经理，每天处理的事情都是复杂的，完成事项的时间具有一定的不确定性。如果他们每天的工作量饱和，那么每天处理完事情的时间就具有不确定性，打卡下班的时间也应该具有一定的不确定性。在公司要求"日清日毕"的原则下，如果一个管理者总能够提前完成工作并准时下班，那么，企业可以判定这个人的工作量是不饱和的。当然，有人可能说，这个人的工作效率高、能力强。如果他的工作效率高、能力强，企业可以给他安排更多的工作，支付更高的工资，这就是"能者多劳，多劳多得"的基本原则。企业应该结合员工的能力给员工分配不同的工作量，使薪酬差异化。当然，这种现象不会影响企业对他们的工作量是否饱和做出判断。

第二个场景：一个部门有20人，这个部门能够准时打卡下班的员工比其他部门更多，说明这个部门在大多数情况下的工作量是不饱和的。这就凸显了这个部门人员编制过多的问题，企业可以尝试优化人员编制，降低人员成本。由此可见，打卡数据还可以用来优化人力资源配置。

第三个场景：如果一个管理者平时下班打卡的时间具有不确定性，则可以判断其工作量饱和，对工作也很敬业，能够做到"日清日毕"。忽然，连续4周他都能够准时打卡下班，这说明什么问题呢？这里会有几种可能：第一种可能是这段时间的工作量不饱和，他总能提前完成工作，从而准时下班，这说明企业需要进行人力资源编制调整了；第二种可能是这段时间他不想通过加班完成工作，没有做到

"日清日毕",这说明其敬业度发生了变化,预示着该名员工有离职的倾向;第三种可能是他能力提升了,工作效率提高了,总能够提前完成原有的工作,这个时候,要给他分配更多的工作,然后观察他是否能够完成,确认其能力是否提升。员工行为数据发生变化,背后一定有原因,我们需要分析并优化人力资源的管理,如图 1-3 所示。

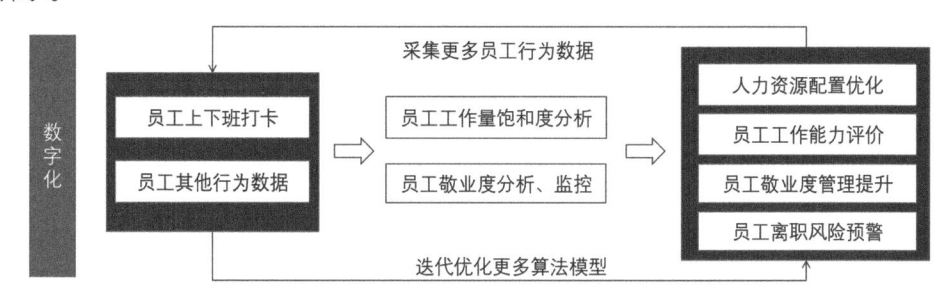

图 1-3 打卡数据的闭环分析应用(闭环思维模式的示例)

在采集员工上下班打卡数据后,企业需要用数字技术闭环思维模式来思考如何使用这些数据,这样就能不断发现数据之于管理的价值。遗憾的是,在我曾经服务过的上百家企业中,90%以上的企业都有上下班打卡制度,甚至有的企业已实行该制度 20 多年,但这些企业除根据打卡数据核算员工工资之外,没有做过任何人力资源优化的分析。为什么呢?因为"没想到"。过去,企业在传统的信息技术线性流程思维模式下,觉得考勤系统就是用来核算员工工资的,不会想到人力资源优化和员工敬业度监控等这些应用场景。这就是受过去传统企业管理思想下线性思维模式的限制。现在,有了 DT,企业就要考虑如何利用各种硬件和软件采集的数据优化业务决策和企业管理。有了打卡数据,就要想着如何利用这些数据,只要想做,总能想到一些利用这些数据的点子和方法。

现在,随着企业数字化转型的推进,越来越多的企业开始重视采集、处理和分析数据,并优化管理体系,让数据和算法来指导业务活动。下面举一个亚马逊的例子。亚马逊开发了一款智能员工卡,其能够对戴着智能员工卡的员工进行精准的定位,随时随地采集员工的位置信息并上传服务器。这些实时的位置信息被传输到服务器中,服务器会对其进行分析,然后判断那些搬运货物的员工是否处在静止不动的状态,从而计算出其闲置时间占比。闲置时间占比也叫作 ToT(Time off Task)占比。对于搬运货物的员工,要允许他们有一定的休息时间,比如将其 ToT 占比控制在 20% 以内。只要 ToT 占比在 20% 以内,搬运货物的员工就处于满负荷状态。如果一个物流区域配置了 100 名员工,ToT 占比达到 30%,那么这批员工就可以减少 10%，即减员 10 人，从而让总投入成本降低。系统可以从 ToT 占比最高的员工开始裁减，也可以将某个工作区域的员工调到另外一个工作区域，优化员工的配置。

从这个例子中可以看出，数据和算法做出的决策更加精准，更加实时、动态、科学。现在，已经有越来越多的企业通过数据和算法来调度资源，做出实时的管理决策，指挥经营和管理活动。算法替代人脑对业务进行自动化调度管理的示例如图 1-4 所示。

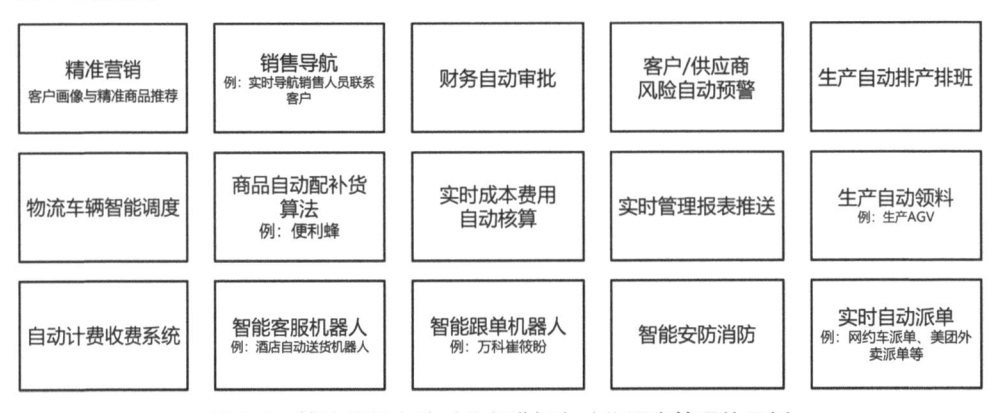

精准营销 客户画像与精准商品推荐	销售导航 例：实时导航销售人员联系客户	财务自动审批	客户/供应商风险自动预警	生产自动排产排班
物流车辆智能调度	商品自动配补货算法 例：便利蜂	实时成本费用自动核算	实时管理报表推送	生产自动领料 例：生产AGV
自动计费收费系统	智能客服机器人 例：酒店自动送货机器人	智能跟单机器人 例：万科崔筱盼	智能安防消防	实时自动派单 例：网约车派单、美团外卖派单等

图 1-4 算法替代人脑对业务进行自动化调度管理的示例

随着数据和算法越来越多，企业的智能化水平会越来越高。那些拥有数据和算法的企业的竞争力会不断增强。"数据+算法"正在构筑智慧型企业。

活动在线化成为习惯

近年来，我们的生活方式发生了巨大的变化，很多生活场景从线下转到了线上，包括购物、办公、社交等。只要生活中的活动发生在线上，就会自动留存相关数据："什么人在什么时间干了一件什么事"无时无刻不被记录着。

在我们将越来越多的社会活动和生产活动在线化之后，线上就记录并留存了我们生活或者进行业务活动的数据。这些数据如果能够被拿出来分析、挖掘，优化我们的生活和业务活动，那么会给我们的生活方式和生产方式带来颠覆性的变化。

社会生活习惯和工作习惯的改变所带来的变化是不可逆的。当我们使用在线工具或者软件的时候，就自然地留存了数据，而且我们也习惯了数据被留存，我们在心理上开始接受一个事实：让互联网平台、软件、App 采集我们生活或者业务活动中的数据。数据越丰富，我们在线上的数字孪生就越具象化；数字孪生越具象化，其对我们个人或者企业业务活动的洞察就越深刻、精准。这种趋势一旦发展下去，就会从量变发展为质变，背后的数据分析和挖掘，以及对我们个人或者企业业务活动的洞察，也会成为我们社会生活中不可分割的一部分。

随着算法的应用，以及数据分析技术的普及和发展，数据要素逐步成为我们社会生活中的生产要素，或者生产资料。就像实物生产资料一样，数据也会成为关键的生产资料。缺少数据这一生产资料的企业，将无法与那些拥有丰富数据的企业竞争。数据要素正成为国民经济发展的关键生产要素，如图1-5所示。

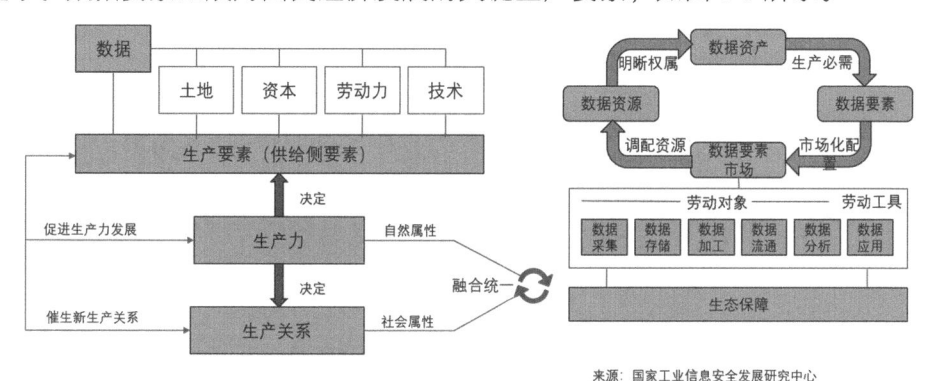

来源：国家工业信息安全发展研究中心

图1-5　数据要素正成为国民经济发展的关键生产要素

对数据进行加工并使其产生社会价值的是算法。在未来的企业中，数据会是关键生产资料，算法会成为企业的核心竞争力。这是一个不可逆转的趋势，积累数据，迭代算法，成为越来越多的数字化转型企业的必然选择。

万物互联正在成为一种趋势

随着智能硬件、移动互联网等新兴信息技术的快速发展，与数字技术相关的基础设施建设也在国家的大力推动下不断夯实。万物互联成为一种时代的趋势，这种趋势让我们可以采集和记录的数据越来越丰富、越来越全面。万物互联的背后是万物的活动都被采集、记录和保存，这会形成海量的数据资产，也会逐步实现C端消费者和B端企业的数据联通，让整个世界的数据一体化。

当算法不断被应用到实际生活中，成为生活中不可分割的一部分时，算法会代替我们做出生活决策，会代替企业做出经营管理决策，让社会进入一个新的智能时代，这是一种不可逆转的趋势。这种趋势还有一个特征，就是变化速度会越来越快。回顾一下历史，过去五年发生了很多的变化，这些变化比再往前倒推十年所发生的变化还要多、还要大，这就是时代变革过程中的"加速效应"。

想象一下，当汽车会"思考"、冰箱会"思考"、洗衣机会"思考"、企业的产线和设备会"思考"的时候，我们会逐步从机器替代人工的时代进入机器替代人脑的时代。算法驱动会成为未来企业管理的基本形式，企业管理者只要去处理那些数据和算法处理不了的事情就行了，如算法的开发和迭代、创新设计、客户的情感维护、突发意外状况等，那些简单的、标准化的、重复的事情会被逐步交给由数据和算法组成的系统来完成。

从信息化到数据化，再到数智化，是企业在管理上实现数字化转型的升级过程。数字技术在企业管理方式上的应用和普及，必然会带来新的管理科学革命。"数字化管理"是未来企业的基本状态。

1.2 数字技术改变我们的生活方式

消费者端的数字技术应用闭环

我们的生活正在被"数字化"着——数字技术已经成为我们日常生活中不可分割的一部分。在生活中，我们离不开智能手机，去哪里都要带着手机，在吃饭、工作、出行过程中要把手机拿在手里，甚至在睡觉的时候，也要把手机放在床头，或者伸手就能够得着的地方。一旦手机距离我们身体一定距离，我们就会感觉到浑身不舒服，智能手机已经成为我们生活的一部分了。

智能手机是一种富含数据采集传感器和具有网络传输功能的智能终端，其将所记录的数据上传到服务器中，包括通信公司的服务器、各种应用程序后台的服务器、智能手机厂商的服务器等，就形成了记录我们生活方方面面的数据集。

比如，我们只要打开手机并联网，就要与 4G 或者 5G 的基站通信，基站就会记录我们什么时间在什么地点干了什么事情，形成我们的行踪轨迹数据，这个数据被存储在通信公司的服务器中。我们只要使用手机中的 App，App 就会记录我们在什么时间查看了什么内容。例如，我们用电商平台的 App 购物，浏览了哪些商品，浏览了多长时间，关注了哪些商品，购买了哪些商品等，这些数据都会被存储在 App 运营商的服务器中。

让我们从数字技术实现过程的角度来分析一下以下这些场景。

生活中的你正在从事各种活动，拿着智能手机——集数字化硬件和软件于一体的智能终端，它随时随地采集和记录着你的各种数据，这些数据被上传到服务器中。这样，服务器中就留存了一个你的数据集，这个数据集就是现实生活中的你的"数字孪生"，如图 1-6 所示。比如，现实生活中的你正在使用导航软件开车，你什么时间在什么地点的数据被实时采集并被上传到服务器中，该服务器中就有一个虚拟的"你"，这个虚拟的"你"就是现实生活中的"你"的数字孪生。

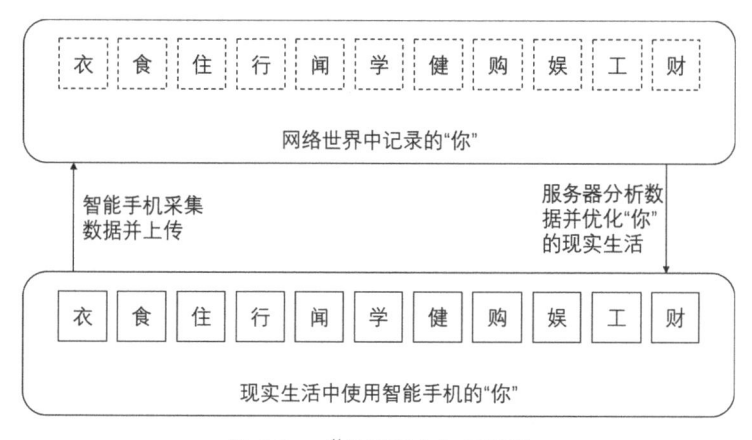

图 1-6 "数字孪生"示意图

服务器后台会有算法工程师开发算法，对与你相关的这些数据进行实时分析和挖掘，形成对你的"洞察"，随后发出各种指令。当你在平台上购物时，平台会向你精准推荐你所需要的东西；当你浏览内容或视频时，平台会向你推荐你喜欢的内容或视频。你产生的数据，反过来影响着你的生活，甚至决定着你的生活。换句话说，数据和算法已经渗透到我们的日常生活中，并且成为起着决定性作用的"决策者"。

数字技术决定我们的开车路线

在大城市，开车时，打开导航软件已经成为绝大多数司机的习惯了。无论自己知不知道路，无论这条路自己走了多少回，司机都要把导航软件打开，看看哪条路更畅通，应该走哪条路。这就形成了生活场景（出行）的数字技术闭环，如图 1-7 所示。

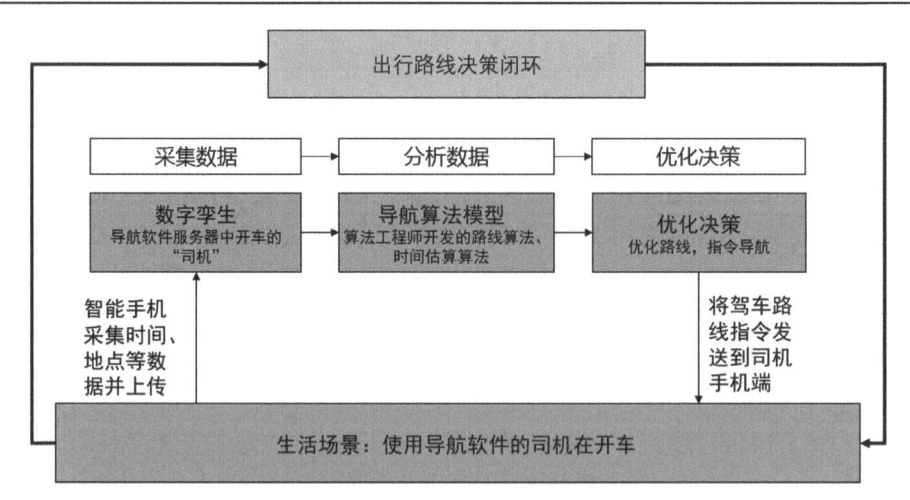

数字蝶变：企业管理数字化重构之道

```
┌─────────────────────────────────────────────────┐
│              出行路线决策闭环                     │
└─────────────────────────────────────────────────┘
     ┌──────────┐    ┌──────────┐    ┌──────────┐
     │ 采集数据 │───▶│ 分析数据 │───▶│ 优化决策 │
     └──────────┘    └──────────┘    └──────────┘
     ┌──────────┐    ┌──────────┐    ┌──────────┐
     │ 数字孪生 │    │导航算法模型│   │ 优化决策 │
     │导航软件服务│   │算法工程师开 │  │优化路线，│
     │器中开车的 │    │发的路线算法、│  │指令导航 │
     │ "司机"   │    │时间估算算法 │   │          │
     └──────────┘    └──────────┘    └──────────┘
  智能手机                            将驾车路
  采集时间、                          线指令发
  地点等数                            送到司机
  据并上传                            手机端
     ┌─────────────────────────────────────────┐
     │ 生活场景：使用导航软件的司机在开车       │
     └─────────────────────────────────────────┘
```

图 1-7　生活场景（出行）的数字技术闭环

　　这种现象代表着智能手机采集的数据和导航软件服务器中的算法，已经参与到我们生活中，成为我们生活的一部分，并且在我们开车出行这个场景中扮演着"决策者"的角色。为什么这么说呢？我们来解读一下生活场景（出行）的数字技术闭环的应用过程。

　　在开车时，我们开启导航软件后，导航软件会随时随地采集我们手机 GPS 中的位置信息，并把我们什么时间在什么地点的数据通过 4G 或者 5G 移动网络传输到服务器中。服务器就会利用算法工程师开发的算法对这些数据计算我们的行进速度，并判断道路是畅通还是拥堵，以及用颜色在导航软件上显示拥堵状况。同时，服务器还会计算有没有其他路线可以选择，当然，其他路线的拥堵状况是靠其他路线上的司机使用该导航软件产生的数据来计算的，我们在这条路线上使用导航软件产生的数据也会被其他人使用。当导航软件发现有更优路线的时候，会给我们推荐新路线。结合更多人使用该导航软件所产生的数据，服务器中的算法就可以预测我们到达目的地的时间，给我们提供到达时间的估计值。

　　在这个过程中，导航软件采集数据、传输数据、计算数据，并形成出行路线导航指令，指挥司机走哪条路。在这个使用数字技术导航的场景中，数据和算法，以及数据和算法背后的整套数字技术硬件、软件等，成了我们生活的一部分，并在走哪条路的决策中起到了决策者的作用。换句话说，我们在开车出行这个生活场景中，将"决策权"交给了数字技术闭环。

　　让我们再通过一个将数字技术应用得更深化的场景，来理解一下网约车平台的数字技术闭环。假如你是一名乘客，想打车去某个地点。你打开了网约车平台的 App，然后搜索自己的目的地，下单打车。网约车平台 App 会把你的出发地点（可以是你目前的手机定位数据，也可以是你录入的地理位置）数据和你要去的目的地数据组合成一个实时的订单数据，上传到服务器中。服务器就开始搜索你附近的网约车平台上的司机，这些司机也在实时上传他们的服务状态（忙或者闲），以及他们实时的地理位置信息。

网约车平台的服务器利用算法分析司机和乘客上传的数据，开始寻找司机来匹配乘客的约车订单。当然，这里面可能会有一个最优匹配订单的算法逻辑，比如，让距离最近的空车去接乘客（乘客体验最优化算法）；或者根据司机的接单和开车习惯、客户评价等，优选最佳司机匹配乘客，让那些刚刚完成订单的司机先暂停一会儿，让那些长时间闲置的司机优先接单，避免司机因不满而离开平台（最优资源利用算法）；或者选择在完成该订单后使平台收益最大化的司机（平台收益最大化算法）。在匹配完订单之后，平台将算法生成的指令传给司机，然后司机去约定位置接乘客。接到乘客之后，平台再用导航算法指挥着司机送乘客到目的地。在司机送乘客到达目的地后，算法自动计算里程和等待时间，核算和收取费用，完成订单。

在这个较为复杂的过程中，不仅司机不需要思考走哪条路线，就连派谁去接乘客都不需要人为参与去决策，用实时的数据和算法实现了社会资源的最佳配置，或者客户体验最优，或者平台收益最大化等商业目标。这套基于实时数据和算法的指挥系统一旦被开发完成，就会自动运行，没有人的参与。运用这种调度算法，网约车平台的服务器在一秒内可以调度上万辆车，还可以并行调度、7×24 小时调度，高效率地运行。它比人工调度车辆满足乘客的打车需求要高效得多，而成本要低很多。相比人工调度，基于数据和算法的智能调度的优势特别明显。

数据和算法已经参与到整个出行决策中：在个人出行中决定着司机走哪条路线，在网约车平台上决定着哪个司机接单。数字技术在我们的出行场景中起着"说了算"的决定作用。

数字技术决定我们的购物选择

在线上购物的过程中，我们也在网络世界中留下了购物数据。你可以这样想象，生活中有一个通过电商平台查询并浏览商品的你，你在电商平台上浏览之后，下单采购。在网络世界中，你什么时间在什么地点（你的访问 IP 地址暴露了你在什么地点）打开了电商平台，浏览了哪些商品，哪些商品你一下子划过，哪些商品你看了又看，哪些商品你关注了，哪些商品被你选进了购物车，哪些商品你最终付款采购了。这些数据都会被留存在电商平台上，然后电商平台会用算法工程师开发的算法对这些数据进行分析，给你贴上很多标签。比如，你购买了纸尿裤，说明你家有婴幼儿；你购买了汽车用品，说明你有汽车；你购买了装修用品，说明你要装修房子等。

你的购物历史数据代表着你的需求，背后是你的特征，可以形成你的画像、标签，包括你选择 A 商品，没有选择 B 商品，也代表着你的购物偏好。这些对你的分析和洞察，会成为在后续的购物中电商平台给你精准推荐商品的依据。你购物的历史数据越多，电商平台对你的洞察就会越精准。精准的推荐算法会让你后续的购物体验更好，让你用更短的时间选出自己喜欢的商品，甚至能够启发你购买你原来没想买的东西。购物精准推荐的数字技术闭环如图 1-8 所示。

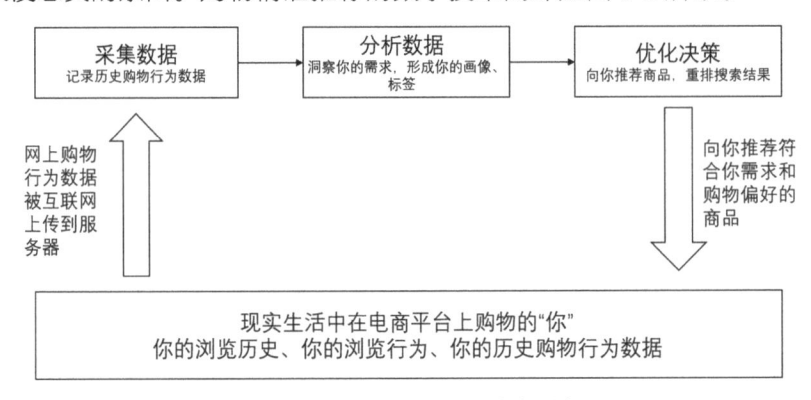

```
采集数据                    分析数据                 优化决策
记录历史购物行为数据      洞察你的需求，形成你的    向你推荐商品，重排搜索结果
                          画像、标签
```

图 1-8　购物精准推荐的数字技术闭环

下面从数字技术应用的视角来介绍这个购物精准推荐的数字技术闭环。当你在电商平台上购物时，所产生的历史购物行为数据被采集、传输并留存在服务器中，电商平台运用算法工程师开发的算法分析和解读你的历史购物行为数据，对你的需求形成洞察，给你贴上多个基于购物品类的标签。当你再次打开电商平台的界面的时候，电商平台就会给你精准推荐你所需要的商品，以期影响你的购物决策。

在整个购物过程中，你的历史购物行为数据，加上算法，构成了你做出购物决策的闭环。在这个闭环中，数据和算法发挥的作用越来越大，甚至发挥着决定性的作用：从影响你做出决策，到决定你的购物决策。

可能有很多人会认为，购物决策是我自己做出的，没有受到电商平台的影响。回想一下你最近的购物经验，你最终下单的商品排在搜索结果的第几页？一般都是前三页，电商平台上有成千上万种商品，你为什么会选择前三页展示的商品？因为电商平台给出的排序结果是根据你的历史购物行为数据和后台的精准推荐算法计算的结果。也就是说，数据和算法决定了排序结果，而你只是在前三页中做出选择，可以说你的购物行为中 99% 的决策由数据和算法决定，你只决定了最后的 1%，即在前三页展示的商品中做出选择。数据和算法在我们的购物场景中，已经在发挥着影响者，甚至决策者的作用。

数字技术决定我们的思想和认知

现在我们获取信息越来越依赖手机，这是因为一方面，内容平台或者媒体不断地给我们推送着各种各样的消息，另一方面，我们在闲暇的时候也会用手机看新闻、找信息。我们对社会和生活环境的认知由我们所听到和看到的信息影响着，甚至决定着。

现在，一些内容平台都在采集和记录着消费者的浏览数据，并通过算法工程师开发的算法对这些数据进行分析和挖掘，洞察着消费者的内容偏好，从而给消费者推荐他们喜欢看的内容。

下面以短视频平台来举例说明。当你浏览短视频平台的内容时，有些视频你看了不到3秒就"刷"过去了，有些视频你看了一半才"刷"走，有些视频你完整地看完了，有些视频你看了一遍又一遍，有些视频你不仅反复看，而且还点赞、转发分享。你的浏览行为体现了你对浏览的视频不喜欢、感兴趣、喜欢、非常喜欢等不同的偏好程度。这些偏好数据也代表着你的兴趣和需求，甚至代表着你是谁。短视频平台采用算法来分析你浏览这些视频的数据，甚至还会根据你浏览的时间和地点来分析你在不同时间段和地点的需求、偏好等，生成你的标签和画像。当你"刷"完前一条短视频的时候，后台会根据算法向你推荐内容库中的内容，这样展示出来的内容多数都是你喜欢的内容。你看到自己喜欢的内容，肯定会很愉悦，从而会停留更长的时间，消费更多的内容。内容精准推荐数字技术闭环如图1-9所示。

让我们来分析一下这个场景。你的历史浏览数据和短视频平台的算法决定了你浏览什么内容、获取什么信息。当你接触的信息越来越多地由数据和算法决定的时候，你对世界和社会的观点也会被你接触的信息潜移默化地影响着，甚至决定着。

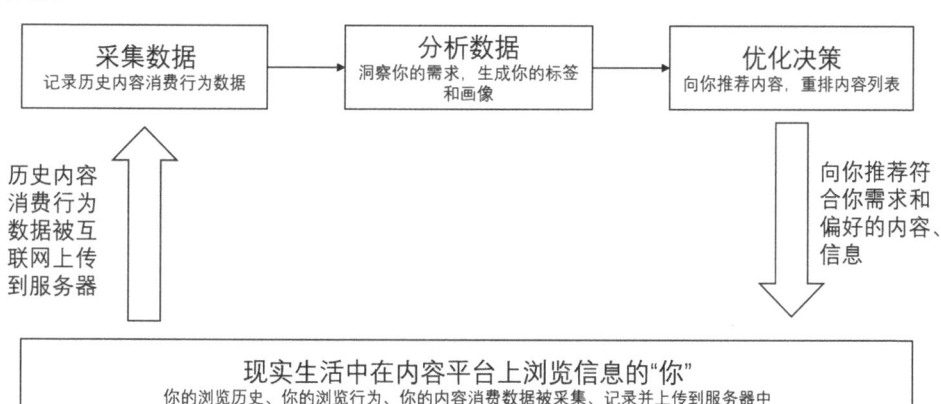

图1-9　内容精准推荐数字技术闭环

数字技术让我们逐步进入算法驱动的时代

我们开车走哪条路，我们吃什么、用什么，我们听什么、看什么、消费什么内容，逐步由数据和算法决定。算法在我们的社会生活中发挥的作用越来越大，给我们带来了更高的效率，以及创造了更大的价值。政府的大数据治理和大数据技术在社会治理中的普及应用，让我们享受到了营商环境的改善和社会生活的便利；各大互联网平台、电商平台、内容平台的数据和算法的应用，给我们的生活带来了便利；越来越多的企业开启了数字化转型的行动，企业端的数据也越来越丰富，领先的企业在积极开发各种算法来处理相关业务。这些都在促进整个社会进入算法驱动的时代，我们的社会将越来越智能，越来越依赖数据和算法，如图 1-10 所示。

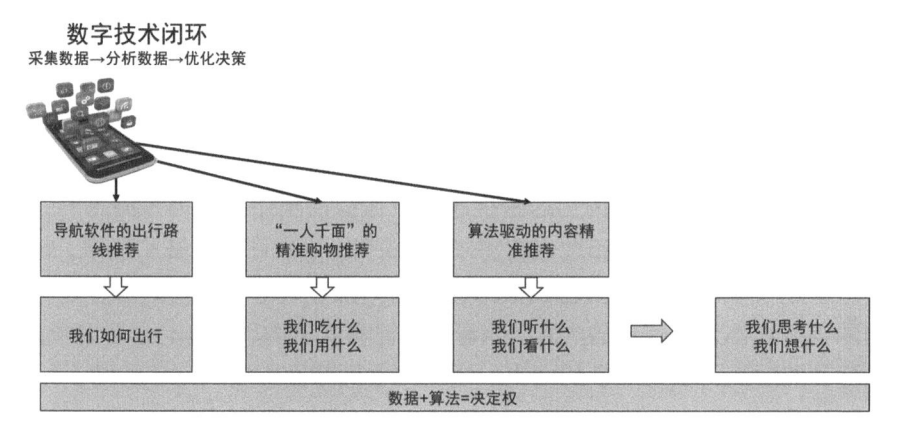

图 1-10 数据和算法构筑的数字技术闭环正在改变社会生活中的决策机制

算法驱动将会颠覆整个社会的运行方式，给整个社会带来深刻的影响。企业需要顺应这个趋势，因为企业的运营方式、生产方式，也将从依赖人的知识和经验升级到依赖数据和算法。

1.3 数字技术改变企业的管理方式

企业端的数字技术应用闭环（人工模式）

我国的许多企业开启信息化建设已经超过 20 年了，目前，稍微上规模的企业都拥有很多套业务信息系统，甚至有的企业正在运行上百套的业务信息系统。这些业务信息系统已经采集、记录和留存了大量的数据，企业的业务信息系统越多，对业务活动的记录就越完善。业务信息系统记录企业的业务活动如图 1-11 所示。

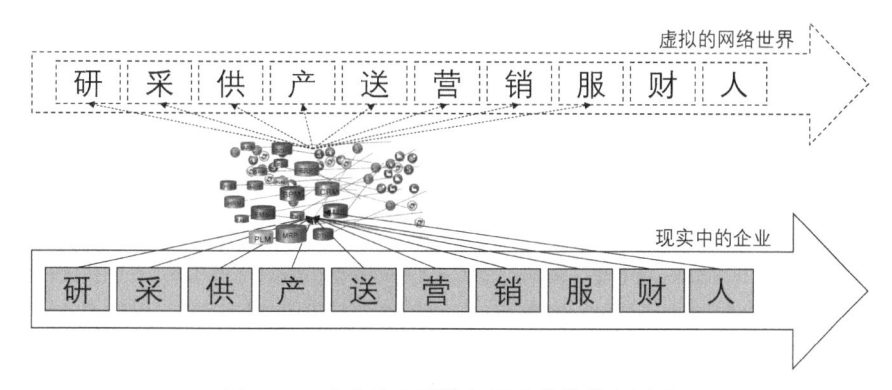

第 1 章　数字技术驱动企业管理方式升级

图 1-11　业务信息系统记录企业的业务活动

传统的业务信息系统只是采集和记录关于业务活动的数据，满足流程管理的需要，并没有数据统计分析和算法开发的功能。比如，财务软件记录了企业所有的财务账目，当企业需要统计财务报表的时候，财务人员进入财务系统，查询数据，导出数据报表到 Excel 中，然后用 Excel 进行数据统计和汇总，形成财务报表和分析报告。财务人员要进行手工调账，需要在 Excel 中进行。

当我们要对业务信息系统中的数据进行分析的时候，需要先进入业务信息系统，查询、导出数据，接着用 Excel 统计这些数据，再用 PowerPoint 软件来制作数据图表，如饼图、条形图、柱形图、折线图等，然后分析解读这些数据图表，做出业务判断和决策。这是非常传统的人工模式，即企业经营数据分析闭环（人工模式），如图 1-12 所示。

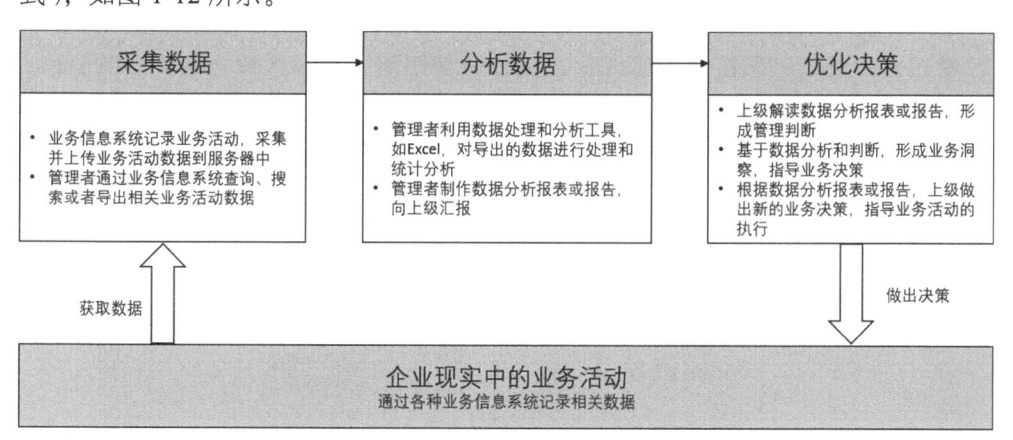

图 1-12　企业经营数据分析闭环（人工模式）

生活场景（出行）的数字技术闭环和企业经营数据分析闭环是非常相似的，只是在后者中，分析数据、洞察业务、优化决策是由企业的管理者做出的，采取的是人工模式，或者叫手动模式。在企业经营数据分析闭环中，管理者的大脑就是进行数据分析、洞察业务的算法。我们可以把这种决策方式称为"管理者即算法"。

当业务信息系统不具备数据分析功能、挖掘功能、算法开发功能、业务决策功能的时候，管理者需要对业务信息系统中的数据进行充分的分析，为业务决策提供依据。这是企业数字技术利用过程中的一个阶段，即管理者分析数据、做出决策的阶段，也叫作"管理者即算法"阶段，我们可以称其为企业数字化转型的第一阶段。

在"管理者即算法"阶段，管理者对企业业务信息系统采集和记录的数据的分析解读能力，决定着企业对这些数据的价值挖掘和利用的程度，也决定着企业管理水平。如果管理者习惯于分析数据并依据数据分析结果做出业务决策，那么数据的利用程度就高，对数据价值的挖掘就深；如果管理者不善于分析数据，也不会根据数据分析结果来做决策，那么企业业务信息系统中的数据就会沉睡，没有价值。很多企业的现状是，管理者不会分析数据和应用数据，依赖经验和知识来管理企业的业务，企业信息化建设所沉淀的大量的数据都还在企业业务信息系统的服务器中沉睡。

企业经营数据分析闭环中还有另外一个问题，就是数据质量管理中"先有蛋还是先有鸡"的问题。因为很多管理者不善于分析数据和应用数据，导致数据没有被利用，所以对数据质量的管理就不到位，对数据质量的要求也不高。在进行信息化建设的时候，只要数据能够满足业务流程的需要就可以了，所以数据质量差是因为数据没有被利用。当管理者强调数据价值，开始分析数据和应用数据的时候，发现数据质量不高、数据不准、数据不全、数据不通，做出的数据分析结论没人信，数据作为管理依据的理由不充分，最后就放弃了。在这样的恶性循环下，企业的数据质量一直得不到提高。所以，在提升数据质量、提升数据应用程度的时候，提升管理者的数据能力也是需要并举的事情。数据分析恶性循环如图 1-13 所示。

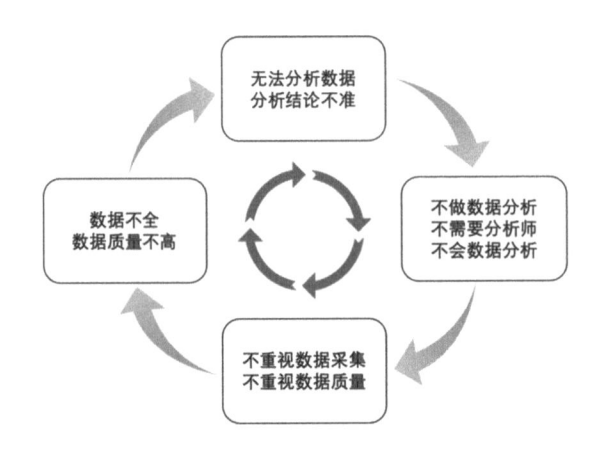

图 1-13　数据分析恶性循环

企业端的数字技术应用闭环（自动模式）

类比消费者端的数字技术闭环，我们可以发现，在企业端，目前主要靠人的数据分析能力来分析和挖掘数据并做出决策。这导致企业经营数字分析闭环的能力参差不齐，管理者应用数据的水平也参差不齐。在"管理者即算法"阶段，人分析数据、解读数据、做出判断和决策，不仅效率低，能力弱，分析不到位且不彻底，在决策的时候还容易带着个人偏好，让决策偏向对个人有利的方向，失去了科学性。

我们可以想象一下，如果在消费者端的数字技术闭环中，不是使用数据和算法做出决策，而是人为做出决策，效率将会如何。比如，我们在开车的时候，打开手机，用定位系统查询现在的地理位置，然后读出手机定位仪显示的经度和纬度数据，再在手机导航软件中填报经度和纬度数据，接着手动提报到服务器中；手机导航软件的后台有一个调度员或者指挥员，他打开后台系统，手动查询你每分钟提交的地理位置信息，然后导出，接着用 Excel 表统计你什么时间在什么位置、1 分钟之后移动到哪里，以及这两点之间的距离是多少，计算你的行驶速度，再对比其他人上报的数据，告诉你现在你所在的道路拥堵，另外一条道路的情况要好很多，你应该换到另外一条道路上。当他处理完这些数据时，时间已经过去 10 分钟了。当他打电话告诉你的时候，你已经到另外一条道路上了。这种方式是完全不现实的，不仅仅是时间、效率和及时性的问题，还有成本问题：一个人开车，还需要养着一个数据分析师。

虽然人为做出决策的方式不现实，但目前绝大多数企业的管理者在采集数据、分析数据、优化决策时采取的就是这样一种方式。一线业务人员在业务信息系统中记录数据，管理者在办公室后台导出数据、计算数据、分析数据，然后做出判断，形成决策指令，指挥一线业务人员的工作。这种决策方式对于快速变化的市场、激烈的竞争、实时动态的业务需求，是严重滞后的。但这种决策方式在一定意义上比靠拍脑袋、凭感觉、依经验做出判断和决策要好很多。在市场相对稳定、竞争相对缓和、客户需求变化不快的工业时代，这种决策方式还是可以被接受的。

现在，我们已经进入了数字智能时代，越来越多的场景装备了智能硬件，这些智能硬件能够自动采集数据，各种应用软件在传输数据、分析数据，各种业务活动变化也越来越快。传统的决策方式已经过时，新兴的业务信息系统也在不断被开发出来，除了导航软件的自动导航系统，还有网约车平台的智能调度系统、电商平台的智能精准推荐系统、内容平台的智能内容推荐系统等。这些系统给了我们很大的启发，让企业的管理方式面临挑战。图 1-14 所示为智能算法在业务活动管理上的应用示例。

数字蝶变：企业管理数字化重构之道

导航软件的自动导航系统	网约车平台的智能调度系统	高铁/地铁/飞机的智能调度 物流车辆的自动调度算法
电商平台的智能精准推荐系统	外卖平台的自动匹配骑手并调度骑手送餐系统	线上媒体平台的智能推荐算法
内容平台的智能内容推荐系统	快递员的最优送货路线算法	生产智能排产和排班系统

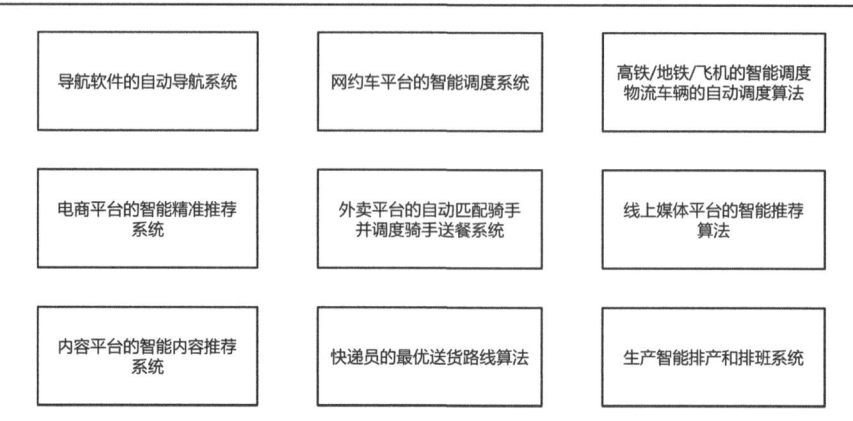

图 1-14　智能算法在业务活动管理上的应用示例

模拟生活场景（出行）的数字技术闭环，我们来设想企业智能决策算法的数字技术闭环：一线的业务活动数据被自动上传，平台根据业务决策算法自动分析数据、做出判断和形成决策，然后自动将决策指令发送到业务活动端，如图 1-15 所示。这个时候，整个智能管理系统能够实时做出相关决策，更高效、更准确、更科学地响应内外部市场环境、经营环境和业务环境的变化。

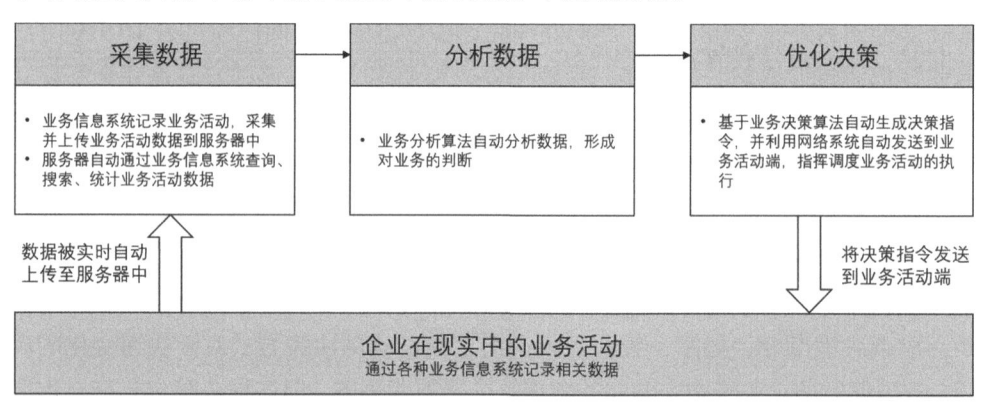

```
采集数据  →  分析数据  →  优化决策
• 业务信息系统记录业务活动，采集     • 业务分析算法自动分析数据，形成     • 基于业务决策算法自动生成决策指
  并上传业务活动数据到服务器中         对业务的判断                           令，并利用网络系统自动发送到业
• 服务器自动通过业务信息系统查询、                                             务活动端，指挥调度业务活动的执
  搜索、统计业务活动数据                                                       行

         ↑                                                          ↓
    数据被实时自动                                              将决策指令发送
    上传至服务器中                                              到业务活动端

              企业在现实中的业务活动
              通过各种业务信息系统记录相关数据
```

图 1-15　企业智能决策算法的数字技术闭环

在这种方式下，管理者被算法取代，算法成为企业的管理者。所以，我们把这个阶段叫作"算法即管理者"阶段，这也是企业数字化转型的第二阶段。这个时候，管理者的身份和角色发生了变化，企业不需要他们做日常的决策了，而是需要他们把过去统计数据、分析数据、做出判断和决策的思路、方法开发成算法。这个算法包括两部分：统计、分析数据的分析算法及做出业务判断和决策的决策算法。前者又叫作分析模型，后者又叫作决策模型。分析模型形成对业务状况的分析，决策模型形成行动的决策指令，前者涉及数学和统计学专业的知识，后者涉及业务管理相关专业的知识。

18

下面列举一个简单的场景：财务合同审批。财务部门为了实现现金流均衡及控制应收账款的呆坏账风险，在销售部门与客户签订业务合同前要对所有的业务合同进行审批。销售部门跟客户洽谈了 100 万元的订单，客户要求回款期为 90 天。销售部门按照规定需要走审批流程，在 OA 系统中提交了合同审批申请。财务部门的审批主管看到销售经理提交的合同审批申请，先去查看未来 3 个月公司的现金流计划，基于公司的预算、目标管理、回款计划、对外支付计划、银行信贷计划等做出判断：如果现金流有富余，在审批的时候就宽松一点，能和客户签赊销合同就签；如果现金流紧张，在审批的时候就把控紧一些，能不签赊销合同就不要签。同时，为了控制财务风险，财务部门的审批主管还查看了这个客户的历史回款情况，发现这个客户在过去的 10 个订单中，出现了 3 次延迟付款的情况。另外，财务部门的审批主管又打开企查查网站，查阅了这个客户的公开信用状况，发现这个客户在过去半年内涉及 3 起经济纠纷官司，在其中两起中，这个客户作为被告人被追债，在另外一起中，这个客户作为原告向其他客户追债。基于现金流计划、内部历史数据、外部公开数据，财务部门的审批主管判定这个客户在回款方面有较大的风险，所以拒绝了销售部门提交的合同审批申请，如图 1-16 所示。

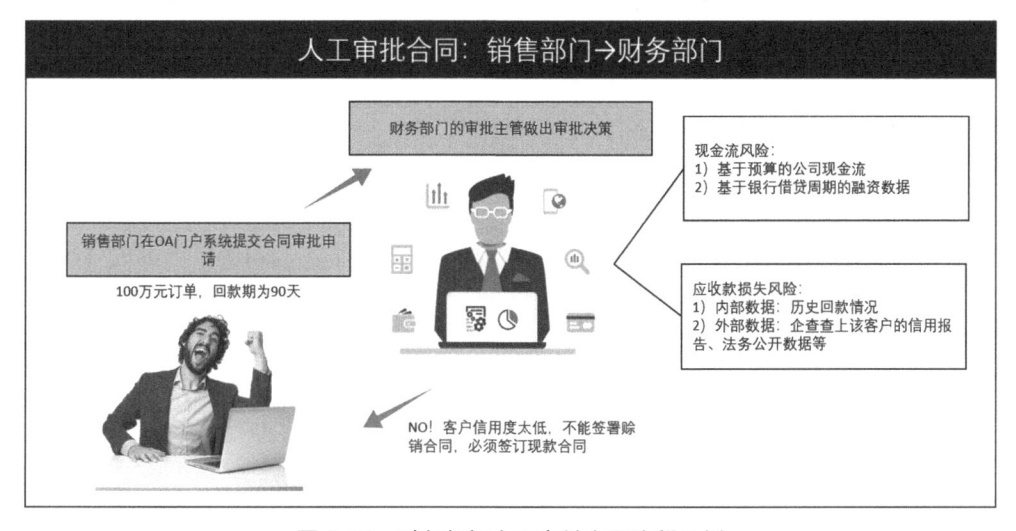

图 1-16 财务部门人工审批合同流程示例

针对这个财务合同审批过程，我们能否将其开发为智能决策算法，让系统自动做出审批判断呢？我们来想象一下，销售经理跟客户洽谈了一笔生意，达成了一笔 100 万元的订单，回款期为 90 天。销售经理要走审批流程，在 OA 系统提交了合同审批申请。负责该业务的业务员打开 OA 系统，开始填报申请表单，填入了客户名称和这个 100 万元的订单，然后在付款方式中选择了"赊销"，并填报了 90 天的回款期。系统自动开始计算、分析、判断。首先，我们可以设定一个安全现金流标准，如 5000 万元，基于经营计划和预算等预估未来 3 个月的现金流情况：如果现金流紧张，在审批的时候就把控严一些；如果现金流有富余，在审批的时候就把控得宽松一些；如果现金流处于均衡状态，在审批的时候就把控中等。系统做出了判断，现在现金流处于均衡状态，要求客户信用分大于 70 分才允许销售经理与客户签署赊销合同。系统自动查询了该客户的历史交易数据，发现该客户在 10 笔交易中有 3 笔出现回款延迟，自动将其信用分减掉了 15 分，算法设定客户每一次延期付款就扣除客户信用分 5 分。系统利用从企查查购买的数据接口查询了该客户近期的信用数据，返回的数据显示最近半年内该客户有 3 起经济纠纷官司，该客户作为原告有 1 起，作为被告有 2 起。算法设定如果客户涉及经济纠纷官司，作为被告扣 10 分/次，作为原告扣 5 分/次，这样该客户的信用分又被扣除了 25 分，只剩下 60 分了。按照决策模型的规则，系统自动做出了判断，拒绝了该合同审批申请。算法自动审批合同如图 1-17 所示。

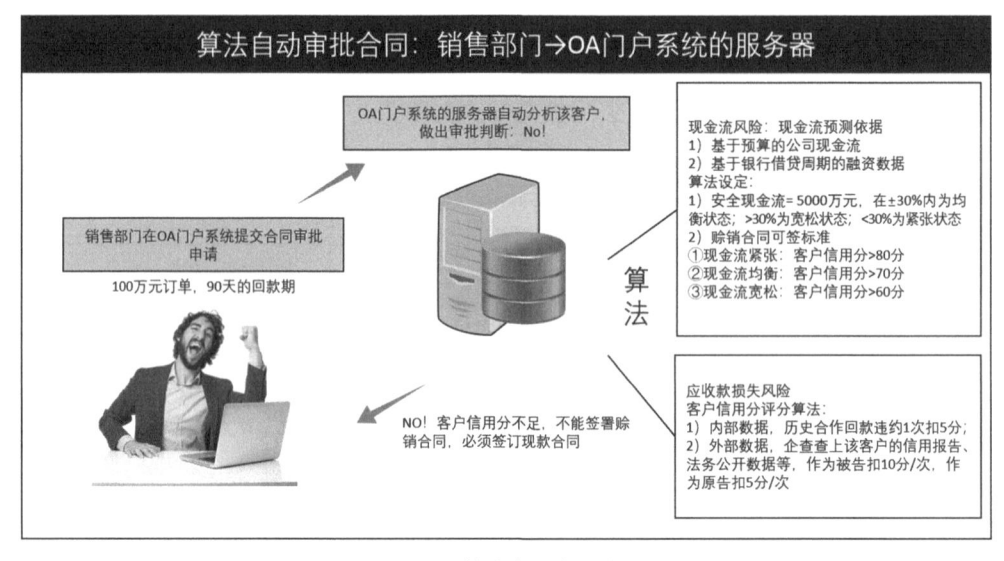

图 1-17　算法自动审批合同

在人工审批的场景下，虽然业务得到了执行，也能很好地管控公司在应收账款方面的风险，但是效率低、出错率高，在审批时容易受人为因素的影响。在系统自动审批的场景下，算法是铁面无私的，算法如何设定，系统就如何执行。更为重要的是，这个算法审批系统可以 7×24 小时工作。从成本的角度来看，在将算法设定好后，每次审批花费的电费不足 1 分，每次审批用时不足 1 秒；人工审批的费用按照 1 万元/月的工资（20 个工作日/月）计算，如果每天审批 10 单，则每单的人工费用达 50 元，用时 30 分钟以上。通过对比时效和费用，人工审批和系统自动审批完全不是一个量级的。

从这个场景中我们可以感受到"算法即管理者"在业务流程管理中的优势：实时、高效、科学、公正、低成本、7×24小时工作。在企业的实际业务活动中，这种用算法替代简单的人工流程的场景有很多，我们需要构建一个用算法替代人工的机制，组建一个团队，推动用算法替代人工的场景不断被开发，提升企业的管理效率和决策敏捷性。目前，开启数字化转型比较早的企业已经开始开发RPA（Robot Process Automation，机器人流程自动化）的工作了。

算法驱动的管理方式升级

随着领先企业利用数字技术实现用算法指挥企业的资源调度、人员安排及设备运行，企业传统的生产方式、管理方式、组织方式和商业模式都将得到升级。数字技术的价值在各个业务场景中被开发和挖掘，企业的管理效率和运营效率将会越来越高。

让我们想象一下过去出租车公司的运营模式。过去的出租车公司也有呼叫中心，呼叫中心为乘客提供叫车服务。乘客想叫一辆出租车到某个地点，就打电话到出租车公司的呼叫中心，呼叫中心记录乘客的出发地点和目的地；然后，呼叫中心在电台中呼叫司机，问哪个司机距离乘客的出发地点比较近，哪个司机愿意接单；司机应答后驱车赶往出发地点接乘客，这时呼叫中心打电话告诉乘客司机已接单，以及接单司机的姓名和车牌号，让乘客等待。呼叫中心一次只能处理一单，效率比较低。

而在网约车平台的整个乘客打车、司机接单、去接乘客的过程中，除了乘客和司机，全程没有任何人参与，效率非常高，而且遴选司机非常精准，既可以就近选择，也可以根据接单量来选择。算法成为网约车平台非常重要的竞争优势。

用数字技术替代人工做出决策需要一个过程。在这个过程中，哪些场景优先被替代呢？拥有以下四个特征的场景将优先被替代。第一，简单。就像合同审批一样，过程非常简单，决策逻辑一点也不复杂，数据采集也比较容易实现。第二，标准化。如果一个流程非常标准化，那么在这个流程中就很容易用数据和算法来替代人工。第三，具有重复性。一方面，用数据和算法武装的机器设备最擅长的就是做重复的工作，另一方面，重复性工作被替代所带来的收益可以被重复收割，有红利叠加效应。第四，具有确定性。在工厂里，在设计好产品之后，投入什么原料、采取什么样的工艺加工、产出什么，相对比较确定，非常容易被数据和算法取代。图1-18所示为较易和较难被数据和算法替代的场景的特征。

较易被数据和算法替代的场景的特征	较难被数据和算法替代的场景的特征
简单　　具有重复性	复杂　　个性化非重复的　　艺术的创意的
标准化　　具有确定性	非标准化　　多变的具有不确定性　　人文的情感的

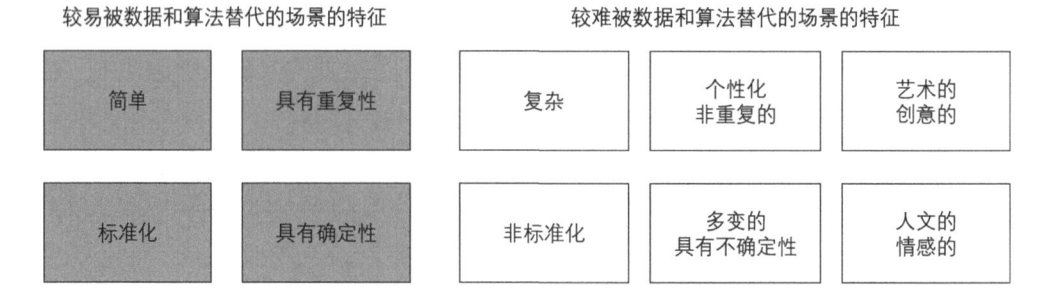

图 1-18　较易和较难被数据和算法替代的场景的特征

从以上四个特征来看，最先推动数字化管理升级的领域一定是生产制造领域。在生产制造领域，复杂的问题都可以被拆解成很多简单的过程组合，然后一个个地被替代。在这里，简单、具有重复性、标准化、具有确定性的场景非常多。所以，生产制造是数字技术首先被应用的领域。

第二个推动数字化管理升级的领域是财务会计领域。在会计准则下，很多流程非常固化、标准化和确定，除了投资、预算、财务分析和业务决策相对具有不确定性，非常多的财会场景具备以上四个特征。随着 RPA 在财务会计领域的应用，财务会计领域的数智化程度会快速提升。

第三个推动数字化管理升级的领域是供应链领域。之所以将供应链领域排在第三位，是因为要想用算法驱动供应链领域的管理，需要跨领域、跨组织和跨地域的数据协同。如果供应链上存在多方协作，并且多家企业的数字化程度不同，采用的数据标准也不同，那么会因为数据的打通问题而影响该领域算法匹配的可行性。

除了以上四个特征，还有一个特征会让算法驱动成为可能，那就是数据丰富。如果一个领域数据丰富，数据采集相对容易，那么这个领域就具备了实现算法驱动的基础条件。比如，在面向消费者端的营销领域，越来越多的消费者采用线上模式购买商品，在线上留存了大量的数据，这给算法驱动提供了优良的土壤。而受在线化程度低、透明化程度低、需要人与人的互动等因素的影响，面向企业客户端的营销领域的数字化转型还有很长的路要走。

从数据治理到算法治理

越来越多的企业提出了数字化转型，并将之上升到企业战略的高度。企业数字化的硬件和软件的装备水平越来越高，所采集的数据也越来越多、越来越全面，通过数据治理，数据的质量也越来越高，这是一个趋势。随着数据的丰富，算法的应用场景也会被越来越多地开发出来，我们不得不面临一个新问题，就是对算法的管理。我们也可以将其上升到更高的维度，称其为"算法治理"。

首先，算法是需要管理的。我们可以利用算法来处理企业的数据，对这些数据的处理过程对分析模型和决策模型的影响很大，决定着我们做出的管理决策的科学性，所以我们有必要对算法的有效性进行系统性的管理。如果算法都是由后台程序员自主开发出来的，那么在这个程序员离开企业之后，就没有人知道数据是如何被加工处理、运算的，算法背后的业务逻辑是什么，以及在业务逻辑发生变化之后，算法该如何调整了。所以，我们要对算法的全生命周期进行管理，要对算法的业务逻辑进行描述，并使之规范化。在将算法进行迭代后，我们要对算法的文档进行更新，编制版本目录，并对算法的全生命周期进行跟踪和管理。

其次，算法是需要审查的。如果企业的算法不需要审查，程序员可以随意改动算法，那么程序员的个人价值观就有可能影响到算法本身。比如"大数据杀熟"，因为追求利益最大化，给忠诚的老客户更高的价格，这会带来不公平的问题。比如，某个司机跟算法工程师的利益相关，算法工程师就给这个司机更高的权重来获得订单，那么调度算法就失去了原本的科学性、公正性和公平性。当算法在企业管理中起到越来越大的作用时，定期对算法进行审查是必须进行的工作。

最后，算法需要接受外部监督。随着企业规模和影响力的扩大，企业的算法也会影响社会民生，特别是在某个行业形成垄断的企业，其后台算法的社会影响力会增强。这个时候，企业的算法要经得起外部的考验，其合规性、合法性、社会公平性要接受内部审查和外部审查，包括国家相关机关的审查。中华人民共和国国家互联网信息办公室（简称国家网信办）会对某些对公众影响比较大的互联网企业进行算法审查，以确保这些互联网企业在实际经营过程中保持社会公平性和市场规范性。

在企业内部，我们也需要关注算法治理的问题，这是实现数字化转型必须要做的工作。只是在"管理者即算法"阶段，我们还没有对算法形成依赖，只依赖管理者的数据分析和挖掘能力，以及他的经验和知识。当管理者的知识和经验被转化为决策算法的时候，我们要对算法进行动态管理，确保算法能够适应企业内外部经营环境的变化。

算法治理还有另外一层深意。当算法在企业的经营管理决策中发挥的作用越来越大时，其将会成为与我们共事的"同事"，与我们一起来管理企业的各种业务活动。在这个过程中，会有"听谁的"或者"谁说了算"的问题产生。因为当算法成为企业决策闭环中不可或缺的因素的时候，人的决策和算法的决策就会产生冲突。算法做出的判断、给出的建议或指令，有可能跟人给出的产生偏差，这个时候，人就会干预算法的决策。人是会犯错的，也有"看走眼"的时候，这种人为失误和算法自身的缺陷，会成为我们不得不面对的问题。算法治理也包含在什么时候我们需要终止算法做出的决策，而采取人做出的决策。换句话说，我们需要制定人与算法共事的基本原则和机制。

随着算法治理成为企业管理中非常重要的一个环节，算法治理平台将会应需而建。现在好多企业开始建设数据资产管理平台，但是，对算法进行管理的平台目前还处在实验阶段。未来，数字化的企业，或者数字化程度很高的企业，其算法会越来越多，单纯的文档管理已经不能满足这些企业的需要，需要建设一套信息系统来专门管理算法模型（包括分析模型和决策模型）。

算法成为企业更高维度的竞争优势

设想一下，当算法成为企业做出经营和管理决策的主要方式的时候，企业之间的经营绩效将因算法而拉开差距，算法将成为企业经营管理和市场竞争的关键点。

在电商领域，最早的一代算法应该是亚马逊的精准推荐。亚马逊根据购物者的习惯，首次推出了"浏览过该商品的用户还浏览过以下商品"清单，给浏览某个商品的用户"推荐"相关商品；然后在用户下单时，在页面中显示"购买过该商品的用户还购买了如下商品"，给用户进行"推荐"，从而获得用户的好评，也成功地向用户推荐了相关商品，取得了非常好的效果。后来各大电商平台都采用了这种办法。当时的算法可以算是第一代的"精准推荐算法"。后来，电商平台结合用户的购物历史，给用户打上各种各样的标签，推出了"千人千面"的用户画像，根据用户画像向用户推荐不同的商品，算法迭代到第二代。现在电商平台的算法已经升级到了第三代，算法会识别用户在什么时间、什么地点、什么环境下的购物需求，根据"此情此景"进行更加精准的个性化推荐，这就是算法的第三代——"一人千面"的商品推荐算法。

导航软件的算法也在不断升级。导航软件在用户开车过程中，会根据用户的驾驶习惯来导航，使预测的到达时间变得更加精准。如果你开车非常稳健，不超车，到达时间通常晚于平均时间，那么导航软件预测的到达时间就会晚一些；如果你开车比较快，到达时间通常早于平均时间，那么导航软件预测的到达时间就会早一些。这样的算法就是"千人千面"的导航算法。算法的迭代升级，让我们对现实世界的优化程度更高，给我们的现实生活带来更高的"精准度"和"确定性"，提升了生活效率，优化了生活体验。对企业来讲也是如此，优秀的算法会进一步优化企业的管理效率、决策精准度和科学性，提高企业响应内外部环境的敏捷度。

"数据+算法"构筑的竞争优势有一个特点：领先者持续领先，领先者的红利不会消失，除非人为地犯低级错误。下面举一个现实中的例子。2020年4月22日，董明珠在抖音上首次直播，在线观众达到21.63万人，上架了38种商品，销售了258件，销售额为23.25万元，截至4月24日，格力的抖音号有36.7万个粉丝，获得239.4万个赞。2020年5月10日，董明珠在快手上进行了第二次直播带货，这次与上次不同，直播3小时，带货成交额突破3亿元。从4月24日到5月10日，中间经历了17天，在这17天内，董明珠的个人IP没有突破性的质变，格力的产品没有突破性的质变，格力品牌在17天的时间内也不可能产生突破性的质变，但是成交额产生了突破性的质变。这种巨大的数字落差背后的原因值得我们深思和研究。

有一点是肯定的，董明珠这两次直播带货的做法完全不同。第二次，董明珠与平台合作，平台向其推送有空调产品需求的流量，实现了销售额的突破。推送有需求的流量，背后的推手是平台中的数据和精准识别客户群体的算法。数据和算法助推了销售额的质变。在这种合作中，格力将越来越依赖平台的数据和算法，因为作为传统生产制造型企业的格力，是没有终端流量数据和算法的。在数据和算法成为产业的助推器之后，格力在这个产业链上的话语权和竞争地位将被弱化。这与传统工业时代的竞争格局是不同的，在传统工业时代，产品为王，或者产品背后的技术代表着企业的竞争力，格力在整个供应链中处在顶端，渠道受制于格力的产品。在数字智能时代，数据和算法代表了企业的竞争力，这个竞争力比传统的生产制造技术、产品、品牌所拥有的竞争力高了一个维度，不具备数据和算法资产的传统制造型企业在产业链纵向竞争上的话语权将会越来越弱。

拥有数据和算法的企业对用户有更深刻的洞察，从而可以给用户推荐他们所需要的商品，给用户带去非常好的购物体验。好的购物体验可以使新的用户群体和现有的用户群体更加忠诚，从而让其更多地使用这个平台，平台也会留存更多的数据。这样平台对用户的洞察就会更加深刻、全面和完整，形成正向的循环。有的平台因为缺少数据、算法而不能精准地洞察用户，带给用户的体验相对较差，从而造成用户流失，形成了负向的循环。正向的循环让拥有数据和算法的企业一直处在领先地位，这就是领先者的红利会持续的道理，如图1-19所示。

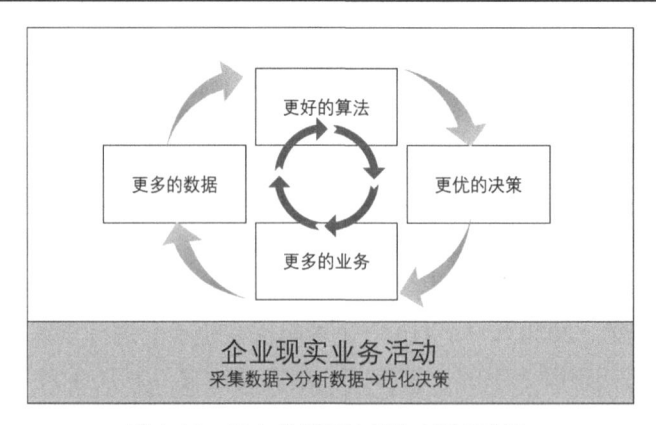

图 1-19 正向的循环让领先者持续领先

拥抱数字技术，推动企业数字化管理升级，顺应时代发展的潮流，是传统企业不得不做出的选择。因为在数字智能时代，无论是用户端、供应链端，还是企业的内部管理体系，都将在数字技术普及后产生变化。相较于主动改变，被动改变将是痛苦的。所以，传统企业要想持续发展下去，应主动地做出改变，改变自己的生产方式、管理方式、组织方式，甚至是商业模式，主动地迎接新技术在经营和管理上的应用，成为领先者，并努力成为持续领先者。

1.4 数字技术改变管理者的角色

依赖经验和知识的传统管理方式正在过时

现在很多企业管理者仍然在靠自己的知识、经验和敏锐的直觉管理企业。企业在招募人才的时候，也主要评估人才的知识、经验和聪慧程度。外部环境的变化越来越快，很多企业管理者的知识和经验渐渐过时，过去成功的做法，在快速变化的外部环境下，已经开始变得不适用。外部环境的变化要求企业必须快速响应，及时做出调整，并建立新的业务决策模型。

十年前，消费者的购物模式以线下为主，现在线上的商品销售规模已经远超线下的商品销售规模；过去电商平台以静态页面为主，现在都是互动的直播模式。消费者获取信息的渠道发生了巨大的变化。随着智能硬件越来越多，各种智能硬件联网的比例越来越高，我们的沟通方式、交易方式、流程模式都在快速变化，如果还靠过去的经验和知识，已经不足以应对内外部环境的快速变化。

过去，许多企业每个月开一次会议，分析上一个月的数据，找出差距，进行调整。如今，这种节奏已经不能应对快速变化的市场环境，企业需要从过去一个月进行一次数据分析改为实时进行数据分析，实时做出决策，以实现快速响应、敏捷决策。

过去的一些管理科学在数字智能时代已经过时。比如，竞争战略之父迈克尔·波特提出的"竞争五力模型"已经不适合数字智能时代。该模型指出，在分析企业的外部竞争要素时要考虑来自五个方面的压力：本行业的竞争对手、上游的供应商、下游的客户、潜在的进入者和替代产品。这个模型是工业时代的产物，其中所说的五个方面是围绕着本行业和本产业提出的。并且其认为企业战略也要围绕着本行业而制定，不鼓励多元化、跨行业的业务扩张。在数字智能时代，只要企业拥有洞察客户需求的数据和算法，就可以向各个方向进行多元化扩张。这个时候，企业的战略不再是为了扩大业务而不断吸引新的客户，而是围绕着已经达到一定量级的客户，基于更深刻的洞察向其提供更多产品或者服务。多元化正在鼓励那些拥有数据和算法、拥有流量的平台型企业，向其客户提供更多产品或者服务，而拥有技术、品牌和供应商的传统工业企业，开始为这些平台型企业打工，为其提供产品和服务。如今，传统管理方式正在向实时动态的敏捷管理方式转变，如图1-20所示。

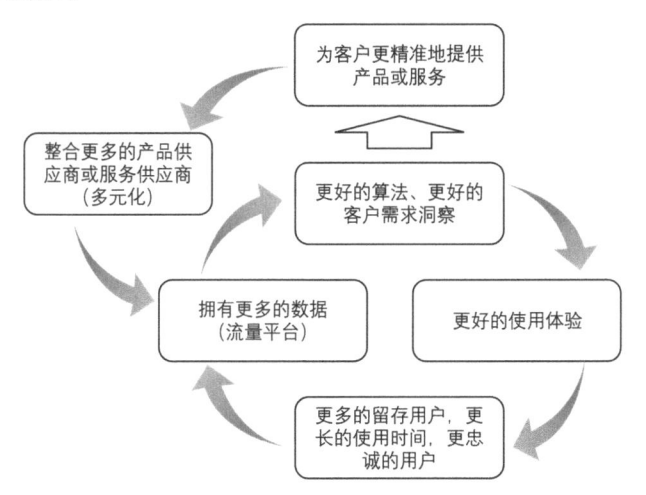

图1-20 传统管理方式正在向实时动态的敏捷管理方式转变

在传统管理方式下积累的经验会因为内外部环境的变化而过时，不能助力企业管理者获得第二次的成功。企业管理者在到了新单位，面对新市场时，会发现在原来单位积累的经验的可移植性大幅度降低。最好的办法就是利用数据进行洞察，即洞察发生了什么、为什么会发生、将要发生什么，以及如何做决策，形成基于数据分析的数据化管理决策闭环，如图 1-21 所示。

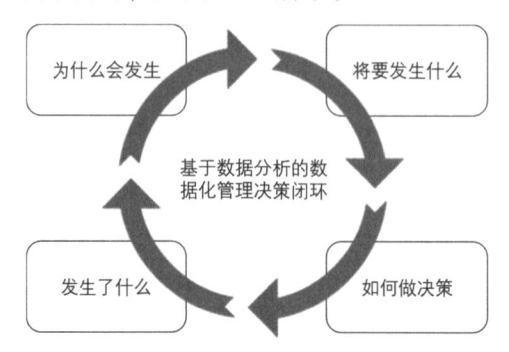

图 1-21　基于数据分析的数据化管理决策闭环

企业必须建立一套数据采集系统，来随时感知内外部环境发生的变化，提高数据采集的全面性和完整性，最好能够实时、全面地感知，而不是后知后觉。企业需要建立的业务信息系统不仅包括过去信息化建设所需要的业务信息系统，如 ERP 系统（企业资源规划系统）、CRM 系统（客户关系管理系统）、SRM 系统（供应商关系管理系统）、TMS（运输管理系统）、MES（生产执行系统）、WMS（仓库管理系统）、OA 系统（办公自动化系统）、HRM 系统（人力资源管理系统）等，还包括一些智能硬件，如图像识别硬件、温度识别硬件、二维码识别硬件等，以及一些手机端或者平板电脑端的应用小程序和一些自动采集数据的接口。这些系统、硬件、小程序和接口构成了数据采集环境，构成了企业感知内外部环境的神经系统，实现从数据化到数智化的转型升级，如图 1-22 所示。

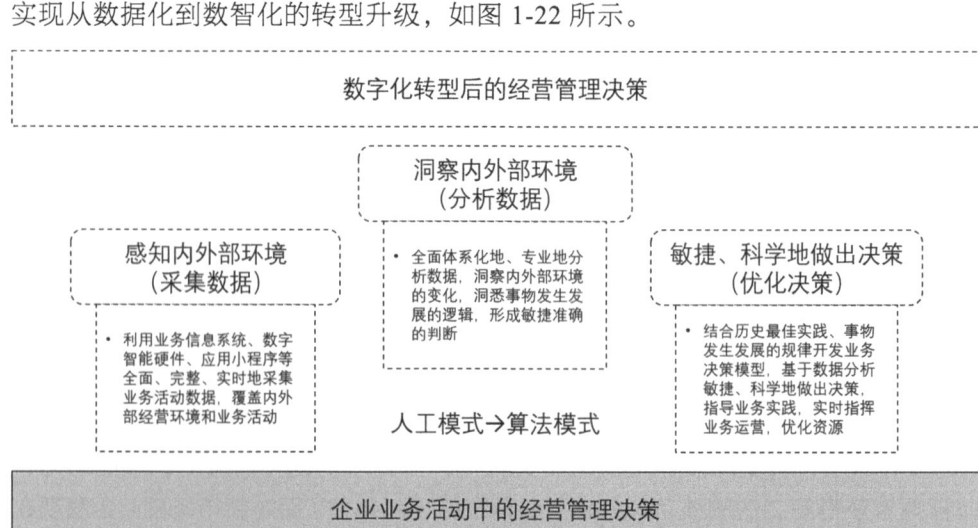

图 1-22　从数据化到数智化的转型升级

企业在通过设置智能硬件或者利用信息化软件采集内外部环境的数据之后，还要对这些数据进行体系化的加工和处理，形成表征内外部环境变化的数据指标，让数据指标实时反映内外部环境的变化。数据采集不是目的，用数据感知内外部环境的变化才是目的。如何实现呢？可以将采集的数据加工成数据指标，以表征业务活动和内外部环境的变化，从而形成对变化的感知、对业务的判断。

另外，企业还需要构建数据分析体系，以更深入地分析数据，洞察数据背后的业务规律和业务逻辑，预测未来事项的发生和发展，从而为及时采取行动提供依据。企业要把管理者分析数据、判断业务的思想、方法、逻辑框架和相关标准提取出来，构建企业分析数据、做出决策的算法体系。用数据说话、用数据管理、用数据决策，是企业在实现更全面、更完整的数据采集，拥有更多数据资产之后的必选项。

数字技术让管理者成为业务算法工程师

数字技术的普及，让企业所拥有的数据和能够访问到的数据不断丰富。这个时候，能充分利用这些数据来优化业务决策，已经成为对企业管理者的基本要求。

善于获取数据、分析数据和应用数据是企业管理者做好管理工作的基本功。当数据成为一种随时可以触及的资源的时候，我们应能对这些资源进行有效的利用。而数据能力成了制约数据利用效率的瓶颈。

通过公开的政府数据，如公开的工商数据、法务数据、市政数据等，我们可以轻松地查阅到每个企业的工商注册数据、行政审批数据、法院文书数据，随时掌控与我们合作的企业的各种信息。这些数据在企业管理者洞察企业需求、防控业务风险方面起到非常重要的作用。

2018年，笔者在跟一家石化企业客户交流时，得知他们投资几十亿元的项目因为供应商的问题工期被迫延长三个月。工期延长的原因是这家石化企业从一家企业采购的反应釜不能及时到位，导致整个生产工段不能组装试车。该反应釜是一个关键设备，是定制的，只有这家企业有实力生产。虽然这家石化企业早早就支付了设备款，可该生产企业迟迟不交付设备，而且打到该生产企业银行账户中的设备款被银行冻结了，因为该生产企业已经被债务问题困扰很久。该生产企业没有资金购买生产设备所需的原材料，导致迟迟不能交货。原来该生产企业在客户下单之前就已经深陷好几起经济纠纷。根据这些公开的信息，笔者判断这家生产企业的现金流出现了严重的问题。该石化企业如果早一点知道这些信息，在签署采购合同的时候，就可以直接签署来料加工合同，这样就可以避免该生产企业因为没有原材料而交付不了设备。该石化企业的采购经理在找这家生产企业合作的时候，没有去查询相关信息，也没有做出合理的判断。投资几十亿元的项目，因为一个关键装置而被延期三个月，造成的损失是巨大的。

"管理者即算法"阶段是企业数字化转型的第一个阶段。企业通过上线智能硬件，可以采集各个环节的数据，形成丰富的数据集，而这个丰富的数据集能否产生价值，关键在于管理团队的数据能力。

企业的数字化转型有两个基础：数据技术基础和人才基础。很多企业只重视第一个基础，并进行了数据体系建设，使很多业务活动在线化。但是如果企业不重视第二个基础，企业数字化转型的场景应用闭环就是断裂的，数据就得不到充分的分析和挖掘。在做出业务决策的过程中，企业管理者主要依靠自己的知识、经验和直觉，这不仅导致响应速度慢，而且容易产生判断失误的风险。

在数据极为丰富的时代，一方面，企业管理者需要提升数据能力，包括获取数据能力、分析数据能力、应用数据能力；另一方面，企业需要主动地给管理团队提供数据能力相关培训，让他们具备一定的数据能力，能够承担起获取数据、分析数据、应用数据、做出决策的"算法"任务。企业管理者的数据能力成为企业竞争力的一部分，甚至是企业竞争力的关键要素之一。

现在领先的企业都在积极推进管理的数智化变革，即从管理者分析数据并做出决策逐步升级到通过算法分析数据并做出实时、动态的决策。企业管理者在这场变革中需要转变自己的角色，逐步让自己成为设计算法、开发算法、迭代算法的"算法工程师"，从而拥抱这场数字技术变革，而不是被淘汰。

企业管理的发展包括两个阶段：数据化管理阶段和数智化管理阶段。企业无法将这两个阶段的工作交给信息系统软件服务商去做，也无法交给咨询服务商去做，只能让自己的团队来完成。如果只要上线一套优秀的信息系统和算法系统就能够解决企业的数字化问题，那么信息系统和算法系统服务商早就成为行业领先者了。所以，这两个阶段的工作都是需要由企业的"自己人"来完成的，企业管理团队要推动从第一阶段到第二阶段的升级。这两个阶段对企业管理者的能力要求是不同的，如图1-23所示。在第一个阶段，企业管理者结合自己企业的情况，分析数据，将数据应用到业务场景中，从而做出更好的决策，强调的是数据分析能力、数据洞察能力和做出决策能力；在第二个阶段，企业管理者把成熟的数据分析、业务决策的逻辑转化成算法，交由系统来完成这个工作，强调的是算法模型的提炼和开发能力。当企业管理者的主要职责是设计算法、开发算法时，他的职业名称就变成"业务算法工程师"了。

第 1 章 数字技术驱动企业管理方式升级

```
阶段一：数据化管理阶段              阶段二：数智化管理阶段
```

企业管理者分析数据 / 业务端采集数据 / 企业管理者做出决策

数据分析能力、数据洞察能力、做出决策能力
- 企业管理者获取数据、处理数据、分析数据
- 基于业务逻辑、事物规律进行洞察和判断
- 基于最佳实践、创新思考做出优化业务的决策

算法分析数据 / 业务端采集数据 / 算法做出决策

算法开发能力：总结分析模型和决策模型，并设计算法模型的能力

数据分析能力、数据洞察能力、做出决策能力
- 企业管理者获取数据、处理数据、分析数据
- 基于业务逻辑、事物规律进行洞察和判断
- 基于最佳实践、创新思考做出优化业务的决策

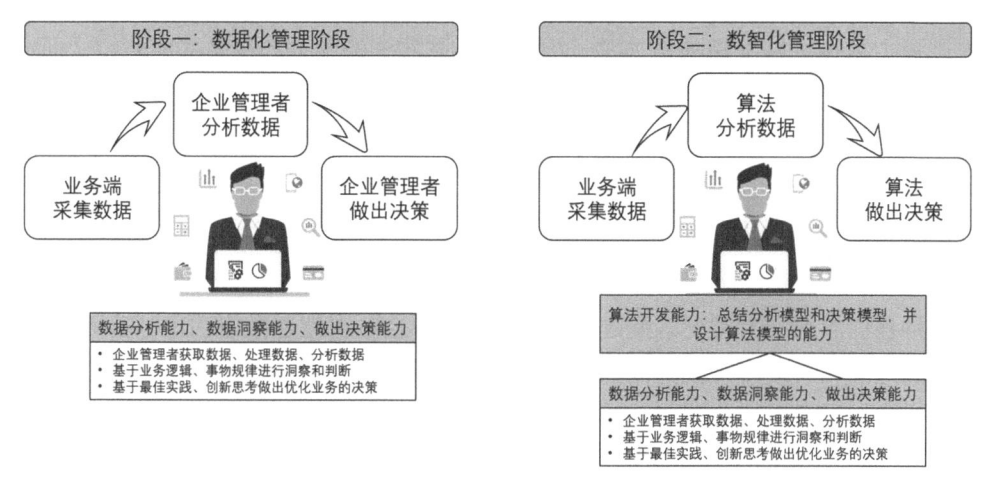

图 1-23　企业管理发展的两个阶段对企业管理者的能力要求

数字技术让算法成为管理者

通过算法做出决策在企业管理中的优势不言而喻：成本低、效率高，实时、动态，7×24 小时不间断，科学、公正等。这种优势给企业带来前所未有的吸引力，只要一家企业应用了数智化决策模型，在验证有效后，肯定会带动其他企业快速跟进。其他企业如果不跟进，就会在管理效率上落后，逐步在行业内失去竞争力。所以，企业的管理方式从信息化到数据化再到数智化升级的过程是不可逆的，也是时代发展的趋势，它不会因为处在管理岗位上的人员的抵制而停滞不前。

虽然这个升级过程是不可逆的，但在实际执行的时候，会受到企业管理者能力的制约。在这个升级过程中，企业管理者不愿意将自己分析数据、思考判断、形成决策的过程转化为算法，他们会因为算法将替代自己的一部分工作，甚至绝大部分工作而担心，担心自己因为不再在实际业务运行中创造价值而减少收入。所以，他们会拒绝将自己的算法"贡献"出来，不愿意让自己开发的算法"干掉"自己的工作。

企业在数字化管理升级的过程中，必须把算法的开发纳入数字化转型的战略和举措当中。只要是符合标准、满足条件的管理、运营、决策的环节，都应该开发相应的算法，然后用算法来替代现行的工作。如果现有在职人员不能主动"干掉"自己的工作，那么企业需要构建一个专职的团队来促进这件事情的发生，遴选那些既懂业务又懂算法模型开发的人，让其专门负责算法的开发。

实际上，那些天天想着如何利用数据和算法替代自己工作的人，在开发算法

的过程中掌握了开发算法的方法,提升了开发算法的能力,积累了经验,从而成了企业在数字化转型过程中的"稀缺人才"。反而是那些拒绝用数据和算法来替代自己工作的人,因为每天花费大量的时间在重复的劳动上,而不具备开发算法的能力,其工作很容易被算法替代。我们可以这样说:"天天想着替代自己工作的人不会失业,天天想着如何保住自己工作的人反而会失业。"

当算法成为企业管理者,为企业的业务活动做出各种各样的决策的时候,会出现各种各样之前没有遇到的问题。这些问题需要企业管理者做好心理准备去应对。算法的应用和普及所带来的问题,主要分为三个方面:权力问题、利益问题、责任问题,这与过去企业在进行信息化建设和数据化建设时所面临的问题是不同的。图 1-24 所示为企业在数字化转型不同阶段所面临的关键问题。

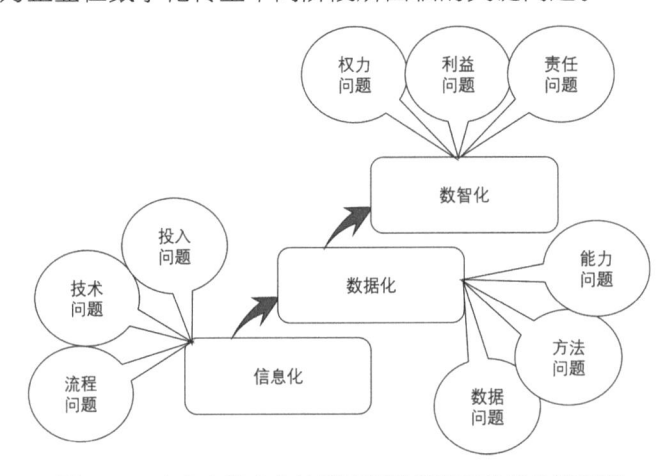

图 1-24 企业在数字化转型不同阶段所面临的关键问题

(1)在信息化阶段,制约企业推广信息化的因素是流程问题、技术问题和投入问题。信息化带来的是流程效率的提升,企业很容易通过规范化的管理流程、固化流程实现信息化,并通过选择合适的软件产品来满足流程需求,最后通过信息化提升流程效率。这个阶段往往并不会直接触动关键决策者的利益,而是给管理岗位上的人员带来更好的工作体验。

(2)在数据化阶段,制约企业把数据利用起来,赋能业务管理和决策的因素是数据质量、分析方法,以及管理者获取数据、分析数据和运用数据的能力。这就涉及个人能力和个人利益问题了。那些不提升个人能力的企业管理者,或者学习能力比较差的人会落伍,而年龄偏大的高层管理者往往是这批落伍者中的主力军,这也是企业利用数据比较难的原因。

(3)在数智化阶段,制约企业快速升级的因素更多了,因为涉及人的权力、利益和责任，数据和技术方面的因素往往不是最关键的。企业在数智化阶段面临的三大问题如图 1-25 所示。

权力问题	利益问题	责任问题
• 数据和算法变成决策主体，人的权力就被削弱，虽然企业管理者变成了业务算法工程师，成为"立法者"，但在具体业务决策中的权力不能在实际指挥调度中彰显，感觉"失去"了权力 • 因为不能发挥"说了算"的作用，个人的成就感容易弱化，失去了"高高在上""我的地盘我做主"那种权威感	• 企业管理者因为不能再在实际业务执行中发挥"指挥者"或者"领导者"的作用，觉得自己创造的价值在减少，担心收益减少 • 在权力寻租的地方，企业管理者因为失去了话语权，从而会影响以前的权力寻租收益 • 日常的决策都是算法做出的，企业管理者失去了即时激励所能够给予的利益，在费用配置上也有可能因预算减少而失去"花钱"带来的感受	• 谁决策谁负责，在算法做出决策的时候谁来负责？算法开发者不一定都是责任者，如果是第三方开发的算法，就找不到责任人 • 算法设计者、开发者和监控者如果不是同一个人，算法决策背后的责任体系就会出现扯皮、推诿问题 • 任何的决策都会有成本，哪怕是机会成本，任何决策后的行动都需要投入，必须有人对算法的正确性和损益负责，需要明确谁是责任人

图 1-25　企业在数智化阶段面临的三大问题

首先，企业管理者的权力会不会被削弱成为数智化阶段的争议问题。当数据体系自动做出各种业务决策，不需要人为干预，企业管理者成为旁观者时，那么企业管理者的权力就被削弱了，这是很正常的情况。企业管理者会因为一下子失去了"指挥权"而无所适从：原有的权力需求得不到满足，在工作中也可能因此失去成就感；特别是在连算法都不是自己参与设计和开发的时候，只是在岗位上监控算法的执行情况，就像在自动驾驶模式下开车，司机失去了掌控、驾驭的感觉一样。

在数智化管理场景中，我们是否允许企业管理者及时干预系统并做出决策，也是存在争议的问题：我们到底是相信系统做出的决策，还是相信企业管理者的判断？谁才是决策的主导者？对于这种争议的投票标准有可能不是谁能够做出更好的决策，而是失误后谁能够承担责任。比如，对于自动驾驶飞机，在面临紧急情况的时候，我们是把飞机的控制权交给驾驶员，还是自动驾驶系统？对于这个问题，不同机型有不同的设定。如果在上百万次的飞行中，飞机的自动驾驶系统处理了绝大多数的紧急情况，只在某个场景中失误，就有可能导致我们更加信任驾驶员，而抛弃那个曾经成功避免了 99.99% 的灾难的自动驾驶系统。信任谁的问题一直是一个难以解决的问题。未来或许会有答案，不同的场景、不同的行业或许会有不同的解决方案。虽然我们知道机器有更高的可信度，但是机器是冰冷的，不能承担责任，也不会替自己辩解。

其次，在业务流程中决策的数智化会带来利益问题，从而影响一部分人的利益。第一，会让原来有决策权的人失去决策权，甚至会让通过决策权寻租的人失去获取利益的权力；第二，在岗位职责发生变化之后，岗位人员的胜任力会发生变化，考核方法也会发生变化，从而影响其长期的薪酬；第三，在一些人员编制比较多的岗位实现工作数智化之后，会让一部分人失业，或者调岗，从而影响到其个人的职业发展。这些问题会使某些岗位的员工抵制业务决策数智化算法的落地。

最后，会面临责任体系问题。如果算法主导着业务决策，当内外部环境的变化导致算法产生了不适应问题，或者做出错误的决策时，谁来承担责任？是设定算法的人承担责任，还是实际业务执行人承担责任？这就像自动驾驶汽车，汽车厂商设计了自动驾驶算法，将自动驾驶汽车卖给了购车人，购车人在路上行驶时采取了自动驾驶模式，出现了事故，谁对事故负责？是采用自动驾驶模式的购车人，还是自动驾驶算法的开发者？如果不能厘清这些责任，我们仍然会对算法的使用心存疑虑。

笔者在为一家石化企业提供定价算法的时候，就遇到了这样的问题。当用于制定当日的成品油批发价格的预测模型和定价算法被开发出来的时候，笔者非常兴奋，认为这解决了他们过去靠"拍脑袋"做决策的问题。但是，当这个算法被用作定价决策依据的时候，偶尔也会出现定价不合理的情况，毕竟企业的经营环境是非常复杂的。这个时候，责任是谁的呢？因为无法确定责任主体，最后这个算法只被用作决策人的参考依据，后来因为没有迭代而被放弃使用。

算法会成为未来的企业管理者，这是数字智能时代发展的趋势，但是这个趋势形成的过程是曲折的。

数字技术让管理者的角色转变和能力升级

算法替代管理者成为决策者是趋势，这个趋势也带动了管理者角色的转变，管理者逐步从决策者变成决策模型的开发者，成为业务算法工程师。

在管理者的角色转变为业务算法工程师之后，他们每天的工作不是应对各种各样的业务执行过程中的问题，而是跳出问题来研究事物背后的规律，研究数据分析方法，解读业务逻辑和业务规则，然后根据业务逻辑和业务规则，以及事物的发展规律，研究决策模型在什么条件下应该做出什么样的决策、发出什么样的业务指令，最后将这套模式开发成系统算法，交付技术部门去实现。

在这个角色转变的过程中，管理者面临着诸多挑战。其中，意识和意愿问题、能力适配问题和职业转型问题是其不得不面对的三大问题，也是个人的三大挑战，如图 1-26 所示。

图 1-26　数智化管理升级过程中管理者面临的三大挑战

第一个挑战是意识和意愿问题。即管理者愿意不愿意放弃自己指挥业务的权力，将权力交给算法，愿意不愿意将自己分析数据、判断业务、做出决策的思路和方法"贡献"出来，甚至需要面对失去工作的风险？例如，前文提及的合同审批岗位，在将审批工作交给 RPA 自动进行后，这个岗位就不存在了。企业可能因为要控制人力成本而取消某个岗位，或者减少某个岗位上的人数，这样在这个岗位上的人员就会面临失业的风险。我们通过算法"干掉"了自己的工作，而接下来做什么往往并不由我们自己决定，这是很多人会担心的问题，从而阻碍着个人积极、主动地"干掉"自己的工作。

第二个挑战是能力适配问题。即管理者是否具备抽象业务逻辑、建模和构建算法的能力？管理者原来是靠经验、知识和直觉做出业务判断和业务决策的。而将过去基于经验、知识或者灵感做出的业务判断和业务决策进行萃取，设计成管理判断和业务决策的模型，是一种新能力。如果管理者不具备这种新能力，就无法完成知识萃取和模型设计，以及无法胜任新的岗位。胜任力缺失是很多职场人士在数智化管理升级过程中面临的问题。企业需要为管理者提供系统的培训，给他们提升个人职场胜任力的机会。管理者也要积极学习，不仅在企业内部进行学习，把握机会，还要到外面去充电，以适应这个快速变革的时代。

第三个挑战是职业转型问题。即管理者能否从日常业务管理中跳出来专门研究算法？这是一个大的职业跨越。管理者不仅要懂业务逻辑、OT（Operation Technology，运营技术），还要懂 DT（Data Technology，数据技术）、数据分析和算法、AT（Analysis Technology，分析技术），这对管理者的综合素质要求更高。在身份上，管理者也有了新的角色定义，即独立于业务日常运营管理决策的算法研究者或开发者，其未来的职业路线需重新定义和设计。管理者过去处于管理序列中，并在这个序列中不断升级，从基层管理者到中层管理者，再到高层管理者，最后晋级到决策层管理者。现在，管理者主要处于"专家""工程师""科学家"等方向的技术序列中。这种跨序列的转变是其职业转型中的难点。

基于数字技术闭环构建的管理者能力维度框架如图 1-27 所示。

以上这些挑战都会成为企业数字化转型过程中从个人源头产生的数智化升级的阻碍。但是，趋势是不可逆转的，不会因为这些阻碍而发生变化。

"主动改变是愉悦的，被动改变才是痛苦之源。"时代的趋势不可逆转，每个管理者都应该做好失业的准备。这种准备不仅要体现在心理上，而且要体现在行动上，管理者要积极学习新知识、武装新技能，更好地拥抱数字技术的红利，顺应时代发展，避免被时代抛弃。

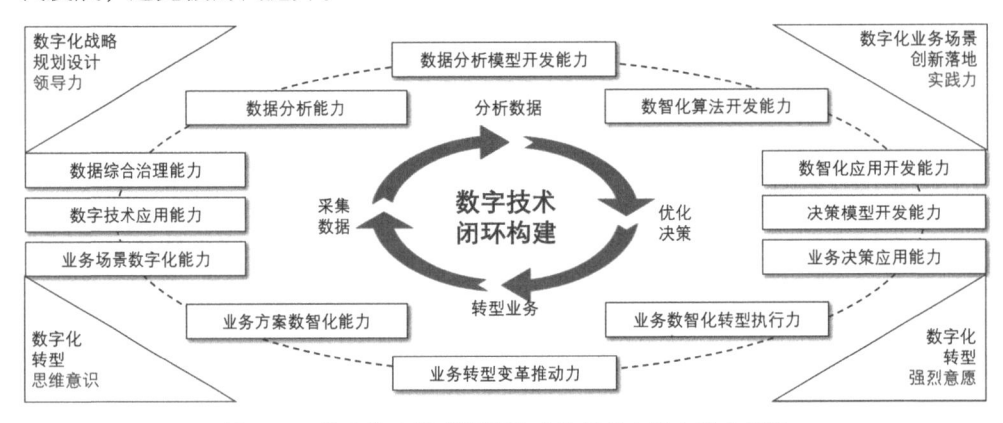

图 1-27 基于数字技术闭环构建的管理者能力维度框架

数字技术让业务算法工程师成为未来最"性感"的职业

管理者这个角色是不会消亡的，可以有黑灯工厂、无人工厂，但绝对不会有无人的企业。因为企业所处的内外部环境非常复杂多变，算法即使再先进，也无法替代人类做出所有决策，特别是在面对新事物、新现象、新场景、新需求时。算法擅长模拟，但不擅长创新，在面对新环境时，需要人类的创新能力。即使算法能够创造新事物，如现在流行的 AIGC（人工智能生成内容），其所创造的新事物也是缺少情感、人文关怀，没有伦理观念的。我们不得不承认，企业对管理团队人才能力的需求在变化，对管理团队人才能力的要求在提高。

未来，管理者的职责包含两部分：一部分是对原有算法进行管理和迭代；另一部分是应对新变化，并将应对新变化的做法逐步转化为算法。在这两个部分中，最基本和核心的职责是对原有算法进行管理和迭代，这也是业务算法工程师的职责。所以，业务算法工程师是未来的管理者所扮演的基本角色。

业务算法工程师需要具备复合能力，不仅要懂企业的业务管理专业知识，如财务管理者要懂得财务管理知识，人力资源管理者要懂得人力资源管理知识，生产管理者要懂得生产管理知识等，还要懂数据分析、数学建模、业务决策模型开发等。这就要求业务算法工程师懂得数学、统计学、运筹学、计量经济学，以及数据和数据库的相关知识等。如果业务算法工程师要将业务决策模型开发成系统能够运行的算法，就需要懂得系统开发相关知识，并具备编程技能。即使企业不需要这个岗位上的人员写代码，也需要他们理解业务决策模型如何用程序来实现，以更好地跟软件开发人员沟通。业务算法工程师是一个复合型的岗位。业务算法工程师的相关知识域如图 1-28 所示。

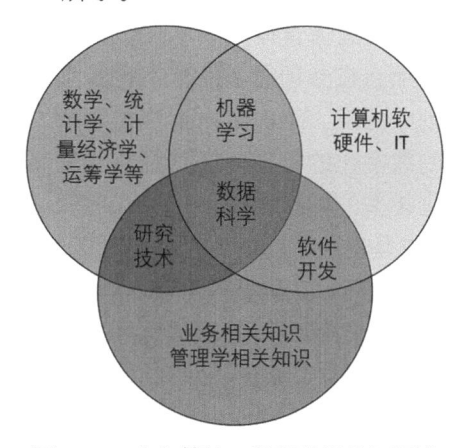

图 1-28　业务算法工程师的相关知识域

具备这种复合能力的人才实在太少了，无法满足企业数字化转型的需要。在一般的大学教育中并没有专门培养这类人才的专业，企业也没有培养和储备这样的人才。在未来较长一段时间内，业务算法工程师将成为稀缺的人才，也将成为最受市场欢迎的人才。业务算法工程师这个职业将成为最"性感"的职业。

在人才市场上，业务算法工程师是稀缺的，无法满足企业数字化转型的需求。面对这种情况，高薪"挖墙脚"不是最好的选择。特别是在企业的业务比较独特的时候，新挖来的人对业务逻辑没有深刻的理解，对业务执行过程中的规则不能很好地理解，以致设计和开发的算法不能很好地适应企业的业务环境和管理方式。因此，准备开启数字化转型的企业要思考如何培养现有管理者或者整个管理团队的新能力，从而满足数字化转型的需要。自主培养业务算法工程师对企业来讲是最好的选择。

第 2 章

企业数字化管理体系的四条线

企业数字化转型的基础是经营管理的数字化，如果企业在经营管理领域都不能有效实施数字化转型，那么在专项领域的数字化转型就会被制约。这样企业的数字化就很难达到更高的成熟度。笔者之所以这样判断，是因为经营管理领域的数字化是其他专项领域的数字化的管理环境。经营管理体系的数字化升级是整个企业各个专项领域数字化转型的体系环境，所有专项领域都是在整个企业的经营管理体系下进行活动的，也是由经营管理体系串联起来的。比如，一家企业在生产制造领域推动了数字化转型，开始实施智能制造，但是在业务管理、组织管理、人员管理、财务管理等领域采取的都是传统模式，所有的业务决策还需要纸质审批和签字，这必然会成为实现智能制造流程的制约因素。企业需要全面数字化转型的领域如图 2-1 所示。

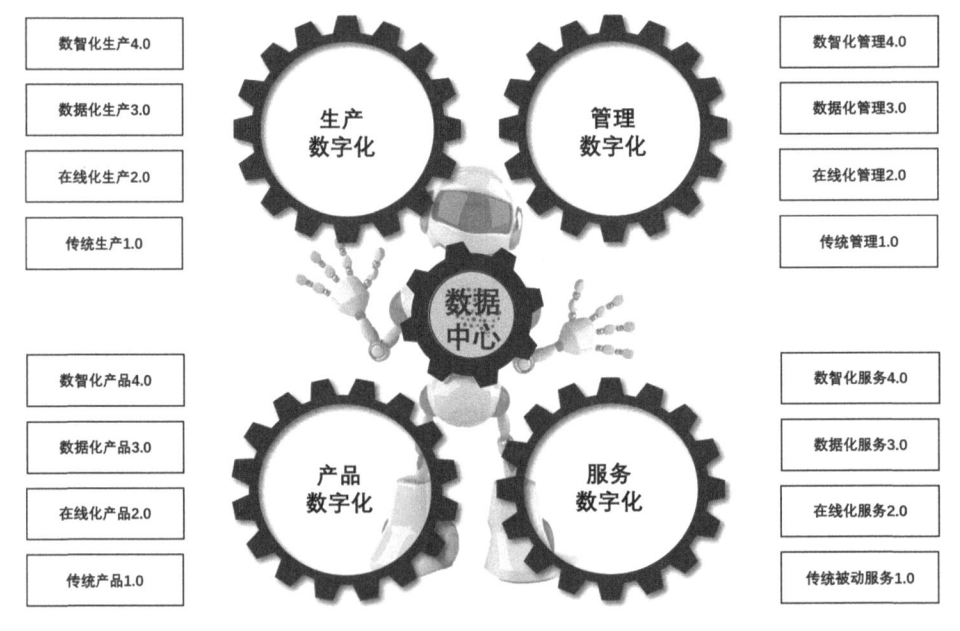

图 2-1 企业需要全面数字化转型的领域

任何业务领域的数字化转型及经营管理体系的数字化转型都离不开业务流程、组织人才、数据和数字化相关技术。笔者将推动企业数字化转型的这些要素分成四条线：业务线、人才线、技术线和数据线，其逻辑关系图如图 2-2 所示。

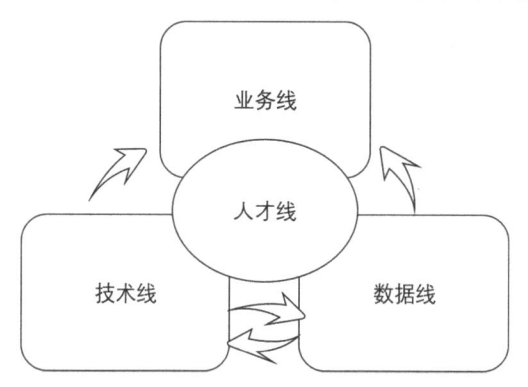

图 2-2　推动企业数字化转型的四条线的逻辑关系图

业务线是企业数字化转型的主体，也是核心，其他三条线都是围绕业务线展开的。企业在经营管理方面的数字化转型又被称为数字化管理升级，企业的经营管理体系是企业数字化转型的主体。人才线是整个数字化管理升级的能力载体，也是驱动力量；技术线是实现数字化转型的技术工具，也是产生数据、加工处理数据、分析数据、做出业务决策的工具；数据线则是对数字化转型中数据的"采管用"闭环进行管理的线，数据源自业务并基于技术工具而产生，也基于技术工具而得到应用，支撑业务线的运营决策。

2.1　业务线

业务线是数字化管理升级的主线，是企业数字化转型的主体。数字化管理的目的是解决业务问题，所以业务线的主要任务是对业务运营、管理和决策上的问题、难点进行梳理，并采用数字化的方式解决，或者对业务流程进行优化和创新，降本增效，提高效率或者效益，最终创造价值。业务线是数字化管理升级的起点，也是终点。

业务线是由一个个的业务场景串联起来的，为了方便企业进行模块化管理，我们可以将业务线分成业务域，将每个业务域分成不同的主题域。企业的业务活动可以用价值链模型来表达，我们可以使用价值链模型来划分数字化管理升级中业务线上的业务域，如图 2-3 所示。

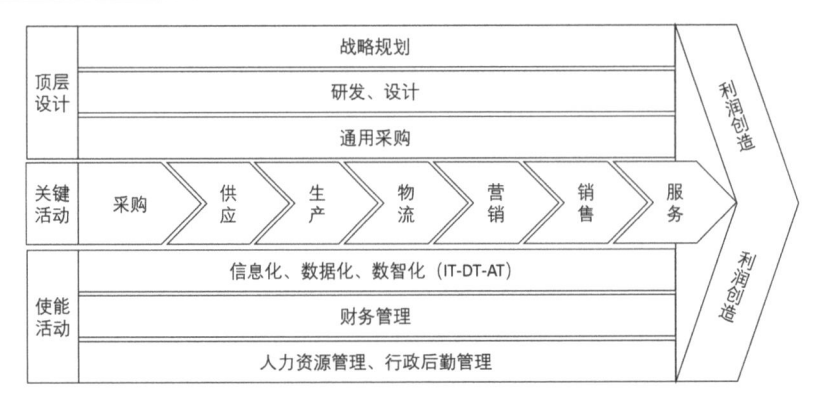

数字蝶变：企业管理数字化重构之道

图 2-3　使用价值链模型来划分数字化管理升级中业务线上的业务域

在业务域之下，我们可以采用主题域的方式进行管理，从而更好地对数字化转型在业务线上进行模块化。在不同的主题域下，我们可以梳理相关的业务场景，从而对业务流程进行数字化的再造。业务域与主题域示例如图 2-4 所示。

业务域	主题域	业务域	主题域
战略规划	战略规划与战略目标管理	采购	供应商开发
	全面预算管理		采购订单管理
	商业模式创新		采购计划管理
	融资与投资者关系管理		供应商评价
研发、设计	产品研发	供应	物流车辆管理
	技术科研		仓储库存管理
	工艺设计	生产	生产计划管理
	产品上市管理		生产订单管理
通用采购	通用物料采购		安全管理（ESH）
	工程服务采购		工程项目管理
	供应商管理		质量管理
财务管理	总账会计		库存管理
	财务核算管理	营销	广告管理
	费用预算管理		营销活动管理
	资金管理		媒体平台管理
	投资与兼并购管理		市场研究
	审计内控	销售	渠道管理
	税务管理		客户关系管理
	出纳、收支管理		会员管理
	管理会计、财务分析		终端管理
人力资源管理	人力资源规划		电商平台管理
	招聘配置管理		直播管理
	绩效管理	服务	客户投诉管理
	员工关系		售后服务
	培训开发管理		退换货管理
	薪酬福利		客服呼叫中心

图 2-4　业务域与主题域示例

40

在主题域下，我们可以进一步梳理业务场景，每一个主题域下都有不同的业务场景。我们可以把这些业务场景看作数字化转型的"点"，把主题域看作"线"，把业务域看作"面"，那么整个企业就是一个数字化的生态体系（即"体"）。点、线、面、体是四个层级，我们可以将其定义为业务线的4个层级，从L4到L1。

数字化管理升级的目标是改善业务流程，让业务流程更加高效，让业务流程的决策更加科学。在对业务线进行数字化场景梳理的时候，企业可以按照价值链模型的各个业务域划分来逐一梳理，并对每个业务域内的不同主题域进行详尽设计。根据笔者的咨询服务经验，几乎所有传统企业的业务线都有数字化改善的可能，都可以采用数字化的方式"重新设计一遍"。

企业发展战略与商业模式的数字化创新

数字化转型是数字智能时代企业发展的必选项，也是技术发展的必然趋势。虽然现在有越来越多的企业开始数字化转型，并且已经有了相对丰富的经验，但是大多数企业的数字化转型还处在初级阶段，还在探索向哪儿转、转什么和如何转。

企业在数字化转型过程中，存在大量的认知误区。企业的高管团队虽然意识到企业必须做数字化转型，必须进行管理上的数字化升级，但是他们并不清楚数字化转型到底是什么、转什么、怎么转，对于更深层次的概念，如管理方式的数字化升级，更是一头雾水。所以，企业需要制定清晰的数字化转型战略，其运营方式、管理决策、业务流程的数智化必须适配数字化转型战略，并在高管团队中达成共识。

企业在制定数字化管理体系升级方案之前，必须清楚企业的发展战略和最终目标，否则就失去了管理方式数字化的方向。企业发展战略是企业数字化管理体系升级所要实现的目标，而企业的数字化管理方式则是其手段。我们不能把手段当作目标，不能为了数字化而数字化。

企业发展战略的制定必须考虑数字化转型战略。企业发展战略与数字化转型战略之间到底是什么关系呢？它们之间是总分关系，是互相影响的关系。你可以将企业发展战略理解为整体，将数字化转型战略理解为部分；数字化转型战略会影响企业发展战略的制定，企业发展战略有可能因为数字化转型战略而产生方向性的、结构性的、体系化的改变。

当企业细化数字化管理体系升级方案的时候，可能因为重构了业务流程、业务板块或组织部门之间的协作方式、与客户之间的关系、与供应商之间的关系，从而在数字化管理升级过程中颠覆了其与客户、供应商等关键利益相关者之间的关系，带来商业模式的创新，重构企业发展战略。

业务流程梳理与业务流程的数字化创新

在传统管理方式下，企业一般不太注重管理流程中的数据记录与业务活动记录，对管理者足够信任，相信他们能够更好地完成自己的工作。所以企业只需要把工作安排给他们，相信他们能够高效地完成。

比如招聘，具有经验的招聘经理知道到哪里去发布企业的招聘广告，到哪里能找到适合的员工，所以企业相信他们，并且因为相信他们，给他们很高的工资。在招聘这些招聘经理的时候，招聘者还看过他们的简历，了解他们的经验。他们的简历上也会显示他们曾经做过招聘工作，能够胜任这样的工作。至于具体的招聘流程，企业没有必要重新梳理，按照他们以前的招聘流程去做就好了，企业不关心他们的工作过程，只看其工作结果。

所以，企业不会去梳理如何更高效地招聘员工，也不关心招聘经理做事的方法。企业将更好地完成任务的方式和方法交给了高薪聘请来的招聘经理，只协同他们完成工作，给他们提出招聘目标，然后等待结果的产生。

当企业始终招聘不到想要的员工的时候，就会给招聘经理施加压力，批评他们工作成效不高。如果他们受不了，可以选择离职。如果他们不主动提出离职，企业就会主动换掉他们。企业认为只要花更多的钱，就能招来更优秀的招聘经理。

在这种传统模式下，管理者依赖经验和知识来完成相关业务。而这种模式适用的时代即将过去，数字化才是企业的解决方案。企业不能依赖能人，需要依赖数据和算法，让更优秀的流程和更好的做法得到更好的结果。

在数字智能时代，企业需要更多的数据来分析工作过程中发生了什么，研究为什么会发生，即事物背后的逻辑和规律，预测未来会有什么样的发展趋势，以及该如何做好工作。即使是招聘这样简单的工作，企业也需要分析和研究整个过程中的相关数据、算法和决策模型，从而能够更快地、更低成本地、更精准地找到所需要的人才。

企业需要对传统的做事流程和做事方式进行梳理，然后采用数字化的方式来思考如何达成既定目标。对于招聘流程，首先应该考虑如何设计企业的招聘流程，然后考虑采用数字化的方式重构企业的招聘流程，具体示例如图 2-5 所示。

第2章 企业数字化管理体系的四条线

示例：通过好的过程得到好的结果→用数据监控过程质量，从而确保目标达成

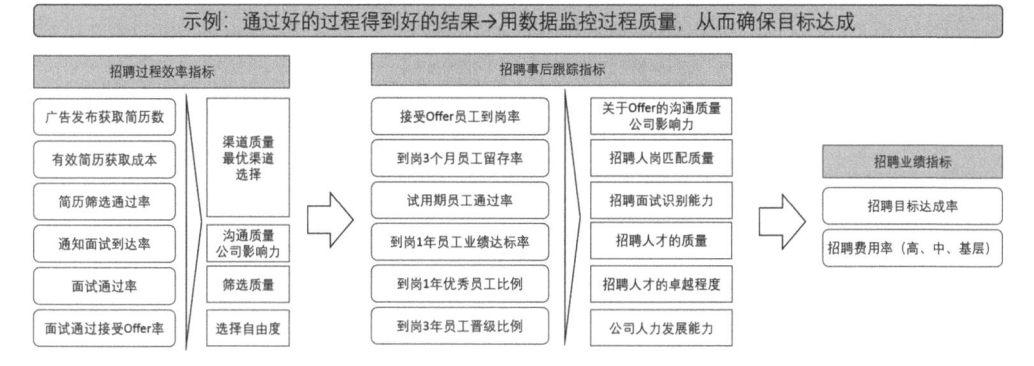

招聘过程效率指标		招聘事后跟踪指标		招聘业绩指标
广告发布获取简历数	渠道质量 最优渠道 选择	接受Offer员工到岗率	关于Offer的沟通质量 公司影响力	招聘目标达成率
有效简历获取成本		到岗3个月员工留存率	招聘人岗匹配质量	招聘费用率（高、中、基层）
简历筛选通过率		试用期员工通过率	招聘面试识别能力	
通知面试到达率	沟通质量 公司影响力	到岗1年员工业绩达标率	招聘人才的质量	
面试通过率	筛选质量	到岗1年优秀员工比例	招聘人才的卓越程度	
面试通过接受Offer率	选择自由度	到岗3年员工晋级比例	公司人力发展能力	

图2-5 示例：通过好的过程得到好的结果——从招聘过程效率指标到招聘事后跟踪指标

首先是招聘入口问题，即到哪里去获得合适的简历。企业需要招募目标人群，那么目标人群在哪里、他们喜欢什么样的平台、他们喜欢在哪里找工作，都是企业要考虑的问题。不同的人对平台有不同的偏好。如果企业需要招募管理者，则BOSS直聘平台或许是一个选择；如果企业需要招聘工人，则51Job或许是一个选择；如果企业需要招募IT人员，则3W咖啡可能是更好的选择；如果企业需要招募高端人才，则猎头可能是更好的选择。这些问题的答案来自哪里？数据。企业有没有这样的数据来展示成功的招聘是如何完成的？企业过去的招聘过程是否有数据留存？企业是否分析过什么样的人通过什么样的渠道来找工作？

其次是人才遴选问题，即通过怎样的面试过程才能遴选出合适的人才。企业获得了简历，获得了候选人，该如何遴选满足岗位需求的人呢？评价方法是什么？面试过程是怎样的？而企业的历史招聘数据会告诉企业采用哪种方法才能遴选出最想要的人才。

最后是人才留存问题。即企业采用哪种方法选出的人，或者根据哪种评价标准选出的人，在入职后表现优异；在入职后没有多久就主动离职的人是如何选出来的；失败的教训是什么；从选人到用人，再到留人的最佳实践是什么：失败的经验是什么；如何才能在选出合适的人的同时，还能让其留下；企业有没有根据相关数据做出分析和判断，从而形成决策机制。现在，大多数企业都存在大量的业务流程没有数据记录，没有采集数据，没有利用数据进行量化管理，没有依托数据做出相关的决策的问题。

企业要基于最佳实践，用数据沉淀最佳过程管理方案，如图2-6所示。

采用数字化的方式重新梳理业务流程，然后用在线化的思维去重构业务流程，是很多企业进行数字化转型的方法之一。业务流程数字化、业务活动在线化、流程环节数智化，需要全面展开，即使是门卫这样的岗位，也要考虑其业务流程的数字化问题。随着数字技术的不断成熟，智能门禁、无人值守、人脸识别、车牌识别等

系统的成本越来越低。流程数字化不仅可以节省人工，还可以节省人脑，从而在降低成本的同时提高效率，优化用户体验，创造效益。

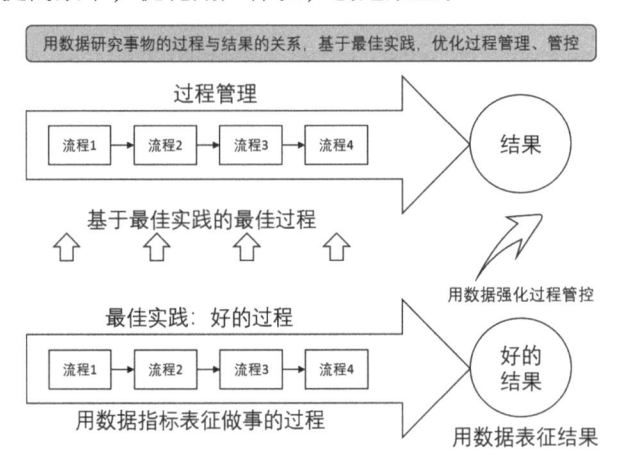

图 2-6　基于最佳实践，用数据沉淀最佳过程管理方案

笔者曾在一家生产制造型企业推广数字化安防，该企业利用智能访客系统，采用无人值守的模式，建立数字化的门禁系统、访客或员工动线管理系统、车辆进出管控系统，不仅将过去 3 个工厂、6 个厂门需要的近 50 名保安（含保安队长）缩减到不到 20 名，还节约了成本：实施整个系统花费不到 60 万元，每年节省的人工费用就超过 200 万元。智能访客系统为该企业留存了大量的访客数据、员工活动数据、厂区人员和车辆动线数据，以及其他业务活动相关数据，为该企业动态分析业务活动提供了基础数据集。其实，业务流程的数字化再造不见得都是需要增加投入的，更多的是降本增效的。

业务逻辑与业务架构的数字化重构

随着数字技术闭环在企业中的普及应用，相关的业务流程产生了变化，相关的业务逻辑也会因此而受到影响，原先的业务规则也会因为在线化、数字化而产生变化，最终影响企业的业务架构。

因受数字技术闭环实施的影响而使业务逻辑发生变化的，首当其冲的是业务决策机制和业务决策流程。数字技术是决策的技术，会影响业务活动指令的产生。在传统科层制组织的管理方式下，管理者做出决定、发出指令；在数字技术闭环下，拥有数据的人能够分析数据，并做出相关的业务决策。当"谁说了算"改变时，就会影响到某些管理人员的权力。数据产生在一线，如果一线的管理者能够分析数据、做出业务判断，形成有效且及时的决策，那么其将替代远离现场、躲在幕后指挥的人做出决策。在这样的机制下，业务决策在一线被及时做出，缩短了信息和指令的传输周期，提高了企业的快速响应能力，但削弱了中层管理者的管控力、领导力、话语权和决策权。当然，高层管理者会因为掌握了更全面的数据而形成更清晰的认知，进行更全面的思考和更科学的分析，从而做出更精细化的决策。整个组织形成"高层更集权，基层更分权"的格局，进而推动组织架构模式的"扁平化"，如图 2-7 所示。

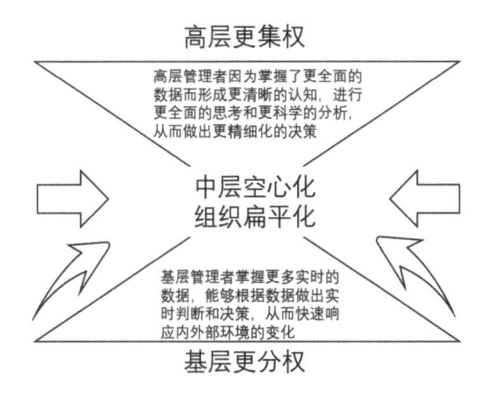

图 2-7　数字化管理方式所带来的组织架构模式的"扁平化"

当然，这也会是组织变革的阻力。因为它动摇了某些中高层管理者的权力。让高层管理者放弃权力，将权力下放给拥有数据能力的基层管理者，这些高层管理者会觉得被架空了，失去存在感，甚至会觉得失去了一些利益。某些高层管理者会因此而减少推动和实施数字化变革的意愿，不仅不会主动去推动，还会跳出来进行各种阻挠。在华为推动数字化转型的时候，任正非曾经提出"让听得见炮声的人做决策"，就是这种决策机制的调整。

在数字技术逐渐在各个业务环节得到应用的时候，企业可以通过在线化的方式直接同合作伙伴进行沟通。企业与供应商的关系更加密切了，企业与客户之间的距离更加近了，这会缩短企业的供应链，缩短企业跟合作伙伴、供应商和客户之间的关系链，带来渠道扁平化，以及供应商与企业供应链体系的一体化。供应链全链路的数字化提升了供应链效率，使渠道扁平化，如图 2-8 所示。

在传统管理方式下，企业的供应链是二级分销或者三级分销模式。企业靠渠道、代理人来触达客户。在数字化管理方式下，企业可以通过数字化和在线化的方式，直接触达客户，而不需要渠道和代理人。在触达客户的过程中，企业掌握了客户更多的数据和信息，甚至可以做到比渠道更加了解客户，与客户的互动比代理人和客户的互动更加频繁，与客户的关系更加深厚。这会改变企业的业务架构，也会改变供应链的利益结构，包括企业在每个环节的利润空间。

数字蝶变：企业管理数字化重构之道

> 供应链全链路的数字化提升了整个供应链的敏捷性，降本增效，缩短供应链，使渠道扁平化

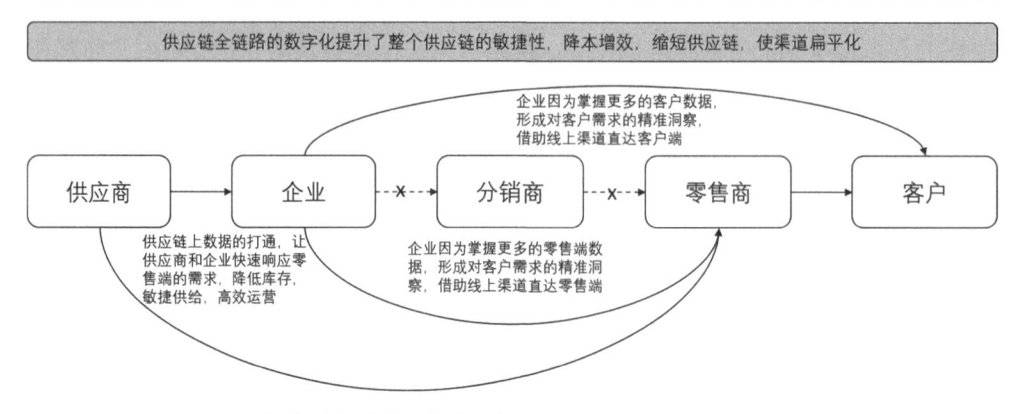

```
供应商 → 企业 --×--> 分销商 --×--> 零售商 → 客户
```

- 企业因为掌握更多的客户数据，形成对客户需求的精准洞察，借助线上渠道直达客户端
- 供应链上数据的打通，让供应商和企业快速响应零售端的需求，降低库存，敏捷供给，高效运营
- 企业因为掌握更多的零售端数据，形成对客户需求的精准洞察，借助线上渠道直达零售端

图 2-8　供应链全链路的数字化提升了供应链效率，使渠道扁平化

企业与供应商之间也可以通过系统直连或平台的对接，进行数据和信息的实时共享。企业可以把与供应商所供应的零部件相关的生产计划、排产情况、库存情况等与其共享，让其相关部门按时备货和配货，优化供应链效率，降低库存，而不需要企业的采购人员和对方的销售人员交换各种信息。在这种数据直连的合作模式下，靠信息的不对称来谈判、议价、进行各种博弈的模式会被打破，企业的采购人员和对方的销售人员的管理决策权限会被削弱，"中间商赚差价"的模式也会被打破。这种模式还会改变前端供应的业务架构、利益架构、供需关系、合作模式等。

数字技术在企业内部管理、外部合作中的使用，会改变合作模式、合作关系、利益关系，也会改变产业链的权力格局和利益格局。数字技术带动的企业数字化转型的真正阻力不是来自技术，而是来自那些既定的权力人和既得利益者。比如，家电企业要想直达客户，就要消除渠道和中间商，在转型期间，渠道和中间商带来的阻力，让这个转型面临巨大的风险。

价值链梳理与关键要素的数字化

数字技术正在替代人工，也正在替代人脑。为了让数字技术能够替代人工做出动作或者替代人脑做出决策，我们需要在业务活动中采集数据。企业为了规范管理，让所有的业务活动都以流程的方式通过协作来完成。这种跨岗位、跨部门和跨组织的协作，需要相互传输信息，从而让下一个环节承接上一个环节，持续进行下去，有效地完成工作，满足客户需求。为了促进跨岗位、跨部门和跨组织的有效协作，企业可以通过信息化建设，让软件记录活动并传输活动信息，从而满足下一个环节的启动要求。比如，客户付款了，付款信息通过互联网被传输到仓储部门，仓储部门开始组织发货。信息化建设让采集的信息通过互联网被快速传输到下一个环节，提升了流程运转和流程决策的效率。信息化建设流程提效的模型示例如图 2-9 所示。

业务信息系统通过采集流程中的信息，从一个环节向下一个环节传递信息，提升流程运转和流程决策的效率

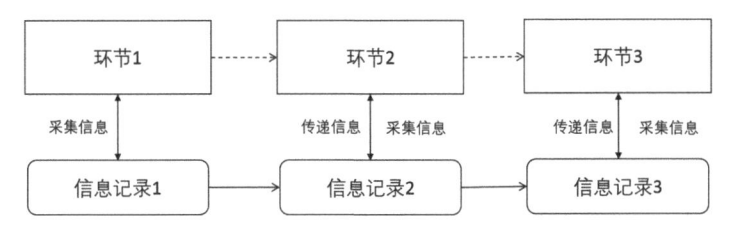

图 2-9　信息化建设流程提效的模型示例

数字技术在流程中起到替代人工、替代人脑的作用。同样是客户付款和仓储部门发货这样一个过程，我们可以通过数据来判断客户的购买需求、购买意愿及下单的频率。在客户准备下单的时候，我们就组织发货，等到客户下单并支付的时候，货物已经在途。这样客户在付款之后，不用等太长时间就能够收到货物。这提升了客户体验，提高了客户满意度，加快了货物的流转速度，也提升了整个流程的效率。

亚马逊通过算法实现了销售预测，并在 2017 年申请了"订单未下，货已在途"的专利。亚马逊基于历史的订单数据，对客户的购买行为进行预测，在客户付款之前就开始组织发货，相比传统工业时代的当客户付款信息被发送到仓储部门的时候，仓储部门才组织配货和发货，提升了货物送达的及时性，改善了客户体验。

在传统管理方式下，没有人敢于做出决策——在客户还没有下单的时候就组织发货，也不知道货物要发到哪里、发多少。有了数字技术之后，我们可以从效率和客户体验出发，在通过算法提升预测准确度的条件下，在允许的预测误差范围内，提前做好 90% 的事情，就能够减少 50% 的客户等待时间，从而提高供应链效率，降低库存成本。算法因为数据的丰富度提升而更加精准，反过来也让业务流程的效率有更进一步的提升。

在传统管理方式下，企业依赖个人的经验和知识来做出各种决策，依赖个人的技能和技巧来完成工作，依赖个人的能力和过去的经验来应对各种业务场景。在这个过程中，企业管理效率的驱动力是"人的才智"，企业通过招募优秀的人才来提升管理效率和决策的准确性，我们将这个过程称为"才智驱动"。在信息化管理方式下，业务信息系统通过采集数据，向下一个环节快速传输准确的数据，提升了流程效率。此时，企业管理效率提升的驱动力是"流程运转"，我们将这个过程称为"流程驱动"。在数据化管理方式下，管理者利用数据分析来做出更准确和科学的决策，企业管理效率由管理者的数据分析和数据决策能力所决定，我们将这个过程称为"数据驱动"；在数智化管理方式下，企业根据实时的数据和算法来做

出业务流程中的各种决策，企业的管理效率由数据和算法决定，我们将这个过程称为"算法驱动"，如图 2-10 所示。

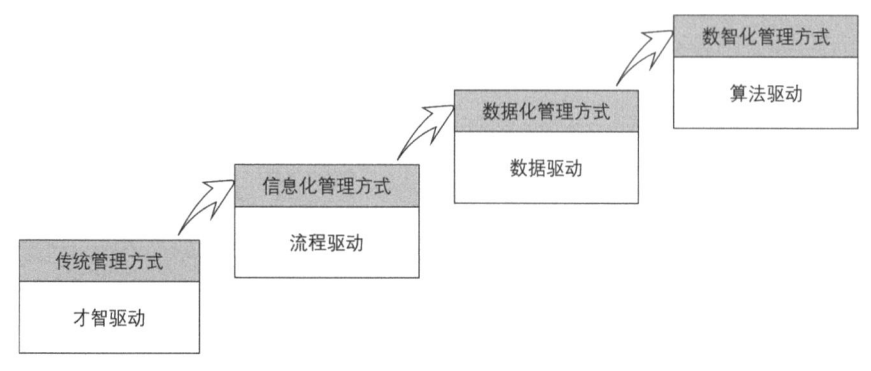

图 2-10　四种管理方式下的四种驱动

笔者在咨询实践中总结出的一个比较好的对流程进行数字化重构的方法是，先用价值链来梳理业务流程，对价值链上的关键业务决策点进行梳理，并对做好这些关键业务决策点的相关决策的对应要素进行梳理；然后分析和判断这些关键业务决策点的决策需要什么数据和分析才能够被做出，这些数据和分析需要对什么样的原始数据进行加工，对应的关键要素是什么，以及用什么数据来表征这些关键要素，从而梳理出采集数据的需求；最后分析这些数据需要在哪些环节进行采集。在关键业务决策点做决策所需要的数据可能来自本环节，也可能来自其他环节。这样，我们就可以根据全流程的数据需求来构建数据采集点，以及数据的采集方式、采集要求、采集规范了。

基于价值链和业务决策逻辑的梳理，我们能够知道做出相关业务决策需要什么样的数据和算法，然后用数据和算法来实现数字技术替代人工和人脑，对流程进行数字化重构。

客户旅程梳理与数字化

随着数字技术的普及和发展，以及智能硬件的创新，采集数据的设备和系统越来越丰富，采集和记录数据的平台也越来越多。企业在与客户进行线下接触的过程中，也可以通过构建数据采集点、利用数字技术来实现客户触点在线化，从而实现客户旅程的数字化，提升客户在旅程中的体验。对于客户旅程中的每个"客户触点"，企业都可以采用数字化的方式来"触动"客户，并在使用数字技术满足客户需求的同时，采集该客户触点的活动数据。图 2-11 所示为汽车行业的客户旅程地图。

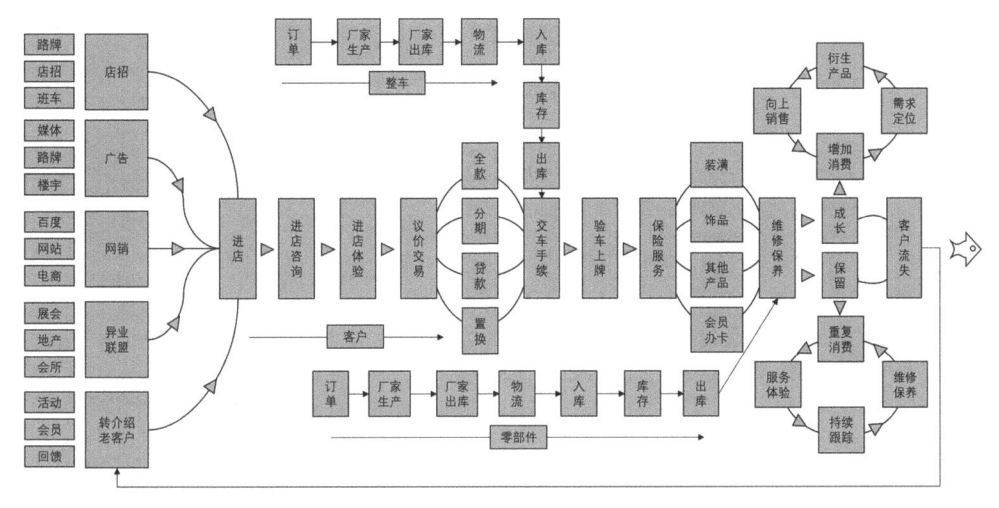

第 2 章 企业数字化管理体系的四条线

图 2-11 汽车行业的客户旅程地图

无论是采用摄像头、二维码、扫码枪,还是利用手工填报、微信账户授权登录等方式,企业都可以对线下客户触点数据进行在线化采集。而大多数个人客户、企业客户,也会慢慢习惯这种到哪里都要扫码或者填报信息的做法,这使得数据采集不再是一件敏感的事情,大家对它的接受度越来越高。所以,企业在采集客户触点数据时,不仅具备了硬件和软件条件,还具备了"群众基础"。随着人们社会生活的在线化程度不断提升,利用硬件和软件使客户旅程数字化,能够更好地提升客户体验。企业不会因为在服务客户的过程中采集数据而引起客户的不满,有时候还会给客户留下一个"这是一个数字化企业"的好印象。如果你想采集数据,最好光明正大地告诉客户:我们需要您留下痕迹,我们会对您的信息和数据进行保密,而不是让客户觉得不适。这里说的客户,包括了供应商、合作伙伴等外部关系人。偷偷地采集客户的信息和数据,会让客户反感,甚至觉得不安全。

无论是你的供应商,还是你的合作伙伴,在到你的企业拜访的时候,都需要走一些必要的数字化流程,需要扫码、注册、填写信息。如果什么都不需要他们做,或者需要填写纸质表单、人工申请、靠人情维护,反而会让他们怀疑你的效率,怀疑你做事的透明性和公平性。

在企业数字化转型的过程中,客户旅程的数字化是大多数企业都应该考虑的方面。如果在客户旅程中企业没有进行数据采集,只依赖业务团队在跟客户互动的过程中洞察客户需要,给客户提供个性化服务,那么一旦业务人员有异动或者流失,企业对客户的洞察就会消失,对客户的了解就会匮乏。没有沉淀历史数据的企业,会感觉每次接触老客户时都像接触新客户一样,让老客户觉得"你不懂我"。所以,企业需要在每个客户触点进行数据采集,并利用分析模型形成对客户的洞

数字蝶变：企业管理数字化重构之道

察，或者借助优秀销售人员的认知和经验，形成最佳的转化客户的方法。

图 2-12 所示为医美企业客户体验旅程地图关键控制节点示例。

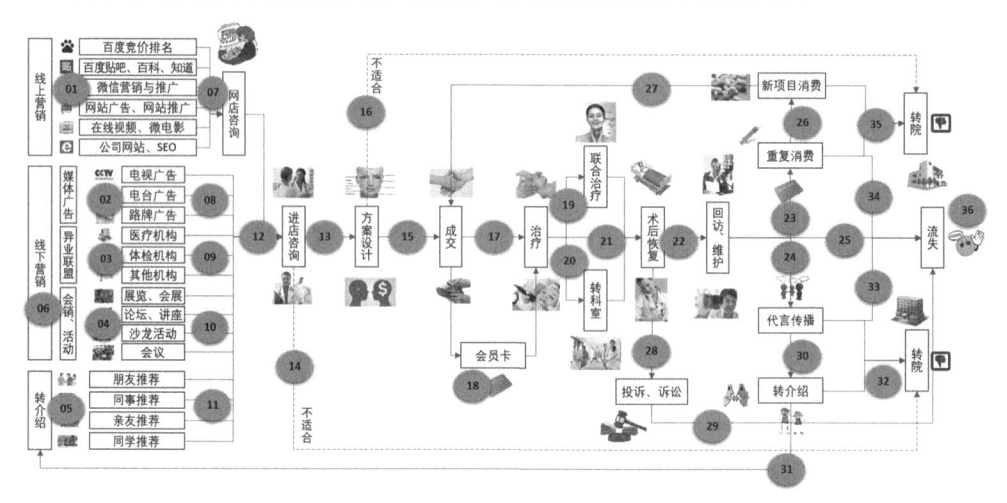

图 2-12 医美企业客户体验旅程地图关键控制节点示例

如图 2-12 所示，客户成交转化和服务交付是一个过程，这个过程构筑了客户体验，给客户留下了深刻的印象。该医美企业通过整个客户体验旅程中 36 个关键控制节点的数字化，实现了全面和完善的数据采集，并对每个节点实现客户成交过程最佳实践进行总结，从而更好地指导一线业务实践。图 2-13 所示为医美客户成交过程中客户漏斗的关键转化方案（示例）。

医美客户成交过程·客户漏斗·关键转化方案（示例）											
Aware 知道	Interest 感兴趣	Consult 咨询	Decide 意向	Onboard 成交	Operation 手术	Recovery 术后恢复	Concern 担忧投诉	Recommit 复购	Deepen 扩购	Advocate 传播	Refer 转介绍
Inspire 激发	Confident 信心	Answers 解惑	Trust 信任	Informed 确认	Smooth 顺畅	Comfort 安慰	Empathy 同理心	Appreciate 欣赏	Value 价值	Proud 自豪	Loyalty 忠诚
美丽带来自信	你可以变得更美	技术原理很科学	管理到位	做不好赔偿	专业接待	详尽术后注意事项	认真倾听	赞美熟人识别	老客户折扣	形象大使	介绍人特惠
美丽带来职场机会	手术是可以实现的	医生手法非常专业	人员素质高	随时可以反悔	有序安排	及时提醒	耐心解释	自我欣赏自爱	积分换购	特邀嘉宾	介绍人特权
美丽带来幸福感	别人已经成功了	临床实验很成功	企业信用高	品质保证	准备充分	温柔回访	及时修复	对比变化	累积价值	特权推崇	忠诚度计划
美丽带来爱情	技术已经很精密	国外设备很精密	医生信誉高	专业背书	人员素质高	疼痛抚慰	快速响应	时间轴记忆	身份识别	特惠特权	游戏元素 PBLA[1]
美丽带来财富	医生已经做过上百例了	手术过程严格控制	保障手段齐全	信用支撑	手术过程顺畅		主动高频联络	关键场景	特惠特权		

图 2-13 医美客户成交过程中客户漏斗的关键转化方案（示例）

每家企业都应该把过去与客户合作的过程进行体系化的梳理，然后采用数字化的方式，看看哪些环节能够用数字技术来替代，哪些环节可以用智能硬件来替

50

代人工，哪些环节的决策可以用算法来做出，哪些环节可以用在线化的方式来进行，哪些环节可以在使用数字技术后被裁减，哪些环节可以优化提效，哪些环节可以缩短时间，等等。至于如何梳理客户旅程并对其进行数字化再造，在第 3 章会介绍相关方法。

2.2　数据线

业务线中各种各样的业务活动和管理决策为企业提供了很多数据，并在各层级管理者的实际业务管理中积累和沉淀了大量二次加工后的分析数据。这些数据的质量好坏将直接决定企业是否可以使用这些数据来形成认知和判断，从而做出科学的管理决策。这是一个数据体系，这个数据体系的质量和运行效率，将直接影响企业的管理质量、决策质量和做出管理决策的敏捷度。

数据线要求企业在数字化管理升级的过程中有足够的、高质量的、实时的数据资产，保证企业管理者在做出管理决策时有足够的数据支撑。同时，还要保证企业在整个数字化管理的过程中，有良好的数据开放和共享环境，有数据资产质量管理的技术手段。为此，企业必须从源头抓数据资产的质量，在数据采集、管理和应用过程中做好数据体系的运营和管理，并形成相对完善的制度和流程，从而让数据线的相关工作能够保持良好的状态。

数据采集

数据采集是指通过智能硬件、信息化软件、一线人员手工填报，或者移动终端的 App，记录相关的业务活动。数据采集将现实中的业务活动数字化，并通过互联网、移动互联网将这些数据上传到相关的服务器中，形成企业的"数字孪生"，从而沉淀为企业的数据资产。

数字技术发展非常快，采集数据的软硬件的成本都在降低，网络流量和带宽的成本也在持续下降。企业可选的采集数据的方式有很多，企业采集数据的七种方式如图 2-14 所示。

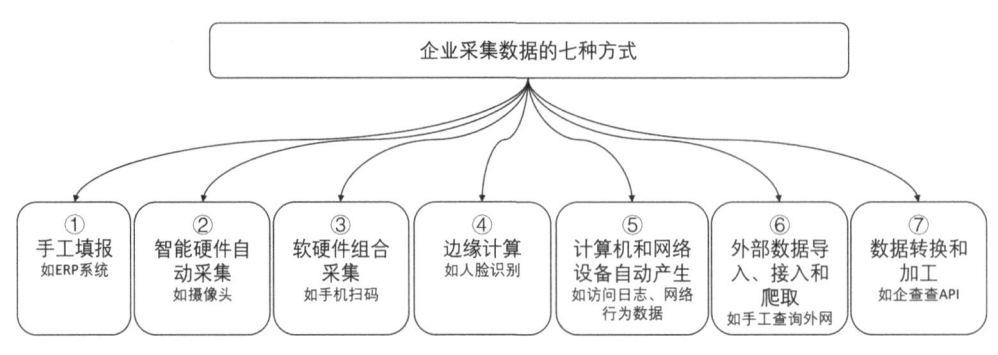

```
                    企业采集数据的七种方式
    ┌─────────┬─────────┬─────────┬─────────┬─────────┬─────────┬─────────┐
    ①         ②         ③         ④         ⑤         ⑥         ⑦
  手工填报   智能硬件自  软硬件组合  边缘计算   计算机和网络  外部数据导  数据转换和
  如ERP系统  动采集      采集       如人脸识别  设备自动产生  入、接入和   加工
             如摄像头    如手机扫码             如访问日志、网络  爬取        如企查查API
                                              行为数据       如手工查询外网
```

图 2-14　企业采集数据的七种方式

这七种方式都是在线化的方式，企业要避免使用纸质表格进行线下数据采集，也要避免使用离线的 Excel 电子表格，使用这些方式采集的数据都无法被有效利用和管理。笔者在实际咨询服务中发现，很多企业仍然存在使用大量的纸质表格和离线的 Excel 电子表格采集数据的情况。比如，在开会签到、培训签到、活动签到时让参与人员在纸上签字；工厂里的工人在领料时，填写纸质领料单，工人在记录工作任务时填写纸质表格；采购人员为了记录客户的报价和比价，通过 E-mail 接收客户的报价单，然后录入离线的 Excel 电子表格中进行留存和管理，等等。这样的方式既不利于数据的共享和统计分析，也不利于数据的留存和后期使用。

1. 手工填报

企业可以通过实施信息化软件，如 ERP 系统、CRM 系统、SRM 系统、WMS、MES、MRP 系统（物料需求计划系统）、MRP II（生产资源规划系统）、LIMS（实验室信息管理系统）、POS（销售端管理系统）等，来采集数据。不同企业的需求不同，有的企业也会使用满足特定需求的信息化软件。这些信息化软件是信息化时代的产物，随着智能硬件的发展，这些信息化软件也在进化，也可以与某些特定的或者定制化的硬件相结合，如扫码枪、收银机、二维码扫描器、扫描仪+图文识别软件等。

这些传统的信息化软件有一个典型的特征：需要人工填报或者手工录入相关数据，之后采集的数据被留存在服务器中，供使用数据的人查询。这些传统的信息化软件普遍没有数据处理、分析和可视化呈现功能。随着数据应用需求的不断增加，有些信息化软件的生产厂家开发了数据报表和数据可视化呈现等功能。但是这些功能相对较弱，笔者不建议在这些信息化软件中进行数据计算和可视化呈现。

而且，当有数据采集点被遗漏时，由于这些信息化软件在实施之后不能进行灵活的修改和配置，每次修订都需要组织专业团队进行二次开发，耗费时间和资金。所以，对于信息化建设，在前期企业需要完整地设想好数据采集点，要保证在信化实施完成之后，能够采集到足量和全面的数据。过去我们在进行信息化建设的时候，往往从流程传输所需要的数据和信息出发，并未考虑将来的数据分析需求，因此记录的字段不够全面、完整和标准，导致现有信息化软件系统中的数据无法满足业务分析的需要。

比如，财务软件在记录一笔收款或一笔费用支出的时候，会按照会计准则的要求，将这笔收款或费用支出贴上会计科目的标签，但是并没有确定这笔收款或费用支出到底是由哪一项业务带来的。所以，企业现有的财务数据无法被用来核算单个客户的利润贡献、单个产品的利润贡献、单个订单的利润贡献。

2. 智能硬件自动采集

随着大数据时代和数字智能时代的到来，智能硬件得到了快速的发展和普及应用，如具有图像识别功能的摄像头，具有自动测温功能的录像设备，具有定位功能的移动硬件，具有速度、方位、角度传感器的手持设备，等等。这些智能硬件能为企业随时随地地采集数据。在设定好的条件下，这些数据精准、高效、实时；在无人参与的情况下，这些数据真实、有效，不会被作假，也不会被篡改。

智能硬件采集的数据准确、实时，只需一次性投入，后期运维成本低。智能硬件特别适合在固定地点进行数据采集。在非固定地点，如果有可移动设备，在有各种定位、方向、移动速度等传感器的情况下，那么可移动设备也是不错的数据采集设备。但受到一些因素的影响，使用可移动设备采集数据也会有造假的可能，即采集有利的数据，回避不利的数据。比如，在用手机拍照时，可以选择有利的景点，回避不利的景点。如果是固定摄像头，就不会存在这种情况。所以，能够采用固定设备的，就不要采用可移动设备。

企业需要借助互联网或者移动互联网将设备采集的数据实时传送到服务器中进行保存，如果通过手动联网上传数据，就会导致数据传输不及时和数据失真。比如，过去的生产设备都有自己的电脑，数据被存储在电脑中，需要人工导出并上传到服务器中。这些有人参与的行为，都会影响数据的实时性和真实性。

3. 软硬件组合采集

现在的智能硬件一般都自带软件系统，这些随机的软件系统能够解决智能硬件本身数据采集不全、需要人工来补充相关信息和数据的问题。智能手机是最典型的人机共同采集数据的设备。我们在使用手机的时候，可以在手机上录入相关的内容，选择相关的选项，然后提交。在我们提交数据的时候，设备所采集的数据，如时间、地点、温度、运动状态等，也被一同上传。

企业生产线上的机台是通过组合硬件和软件来采集数据的设备。人工操作机台电脑，录入设备自身不能采集的信息，然后设备本身的数据随同人工录入的数据一起被上传到服务器中。人机联动设备数据采集可以对一线操作人员所录入的数据进行校验或者限定，从而让数据采集能够更加准确。比如，员工要到某个工作地点打卡，在打卡的时候，定位系统自动采集地点数据，员工不能对地点数据和时间数据造假。

笔者曾经为一家快消品公司的销售巡查团队做了一个巡店 App。在巡查员进店巡查并打开 App 记录数据的时候，这个 App 就会对数据进行校验。巡查员到一家门店去巡查销售铺货情况，他在通过智能终端填报数据并上传的时候，也一同上传了时间数据和地点数据。如果是一家比较大的门店，那么通常需要半小时才能巡查完毕。如果巡查员在 20 分钟以内就完成数据采集并上传，那么表明这个人的巡查工作不够认真。这对数据采集端的人员来说是一种管理和制约，可以确保数据采集的准确性。

4. 边缘计算

终端如果只有数据采集器，那么采集数据的量会非常庞大，让服务器无法实时响应，或者加重了服务器的负担。这个时候，我们就需要用到"边缘计算"。所谓边缘计算，就是终端采集点的设备拥有计算能力，能够对采集的数据进行加工处理，并将加工处理后的数据传输到服务器中。

我举一个生活中的例子，方便大家理解。在你入住酒店时，酒店需要对你进行信息备案、身份证核验、人脸识别，然后对你的身份证和照片进行验证，确保你不是用别人的身份证入住的。一台带有摄像头的设备就是一个终端数据采集器，给你拍了照片，将照片数据传输到公安系统的服务器中，由公安系统的服务器来进行图片识别，跟你在公安系统中预留的人脸照片进行比对。这样操作的数据传输量非常大，在网络不好的情况下要传输很久。如果该终端数据采集器给你拍摄了照片，然后自动处理这个照片，提取了你的人脸的特征数据，接着将非常小的数据包传输到公安系统的服务器中进行验证，则数据传输量就非常小。此时这台终端数据采集器就具有"边缘计算"的能力。

另外一个比较常见的例子就是智能穿戴设备。我们戴着具有心率、血氧测量功能的智能手环或手表，智能手环或手表高频采集着我们的身体健康数据。这个数据是实时的，如果将它们都传到网络服务器中，数据量就会非常大。我们可以定期计算数据的均值、最大值、最小值、中位数，然后将这些具有统计特征的数据传输到网络服务器中保存。当关键指标出现异常的时候，只需传输一个危险的指令即可，不需要将所有数据都上传。智能穿戴设备上装载了具有计算能力的芯片，该芯片能够实时对数据进行计算，然后传输计算之后的数据。这种智能穿戴设备也具备"边缘计算"的能力。

当企业使用智能硬件采集数据的时候，需要知道要传输什么数据，以确保收到的数据都是自己需要的数据，而不是冗余数据。过去的监控设备对采集到的所有音视频进行保留，这给设备的存储空间带来很大的压力，也给后期的数据处理带来了挑战。如果监控设备具有人脸特征识别功能，只需要定期保存图片、轨迹和人脸特征数据即可，不需要将所有的信息都保存下来。当然，这取决于我们用这些数据来做什么。

5. 计算机和网络设备自动产生

计算机和网络设备在接收和发送信息的时候，都会留下记录，我们把这种记录叫作"日志"。这些日志是分析信息传输、信息处理和信息访问等活动的基础数据。我们访问网页、打开视频，包括我们在浏览网页时浏览到什么位置，我们用鼠标点击到哪个地方，这些都可以被捕捉并形成网络活动记录。这些数据是人为设定的数据采集点（也叫"数据埋点"）自动采集的数据，是非常重要的数据。

如果网络活动频繁，日志或者网络活动记录数据的量就会非常庞大，处理起来比较复杂和麻烦，对服务器来说也是一个很大的挑战。所以在前期的时候，如果觉得这些日志或者网络活动记录数据不是很重要，可以进行定期删除，以减少对存储空间的占用。

举两个例子。比如，数据库软件都有日志功能，数据库访问日志记录了谁在什么时间访问了哪个数据表，提取并下载了哪些数据，只要打开日志功能，这些数据就会被记录下来。如果对数据库的访问非常频繁，每天生成的日志非常庞大，系统管理员就有可能对日志进行定期清理，以减少对服务器存储空间的占用。其实，数据库访问日志是非常重要的，通过对这些日志进行分析，我们可以知道谁经常访问哪些数据，哪些数据根本没有人访问，还占有大量的存储空间；哪些人突然访问并下载了大量的数据集，哪些人未经授权就访问了不该访问的数据集（当然，拥有比较健全的安全规则的数据库管理系统可能不会出现这种情况），等等。这些分析可以让我们知道什么数据对哪些人更重要；什么数据没有用，可以不用采集了；什么数据出现了安全风险。如果一个员工在同一时间段内超量访问数据集、超范围访问数据并下载，则有可能是该员工在离职前进行数据备份，需要及时预警。

随着智能硬件的普及，特别是移动终端的普及，我们所能记录的数据会更多，包括时间、地点和移动轨迹等。这为我们进行"千人千面"和"一人千面"的精准推荐算法开发提供了基础数据集。

6. 外部数据导入、接入和爬取

除了靠自己采集数据，企业还可以从外部获取数据。从外部获取数据的途径有很多，可以由企业主动发起数据采集活动，如市场调研、广告宣传内容稿试点测试；可以委托第三方进行市场调研；可以从数据服务公司采购；可以公开从数据服务公司获取；可以是通过数据接口，实时或者自动从数据服务公司获取，如通过阿里、腾讯、百度等企业提供的数据接口对注册用户进行校验。

获取外部数据有多种形式，可以从数据表导入，可以从数据接口接入，也可以直接访问或者爬取。无论采取哪种形式，笔者都建议将外部数据导入企业的服务器中，供企业所有员工访问，实现单点录入、多点共享。

（1）数据表导入。即企业从数据服务公司获得离线版的数据表，然后让人将其导入系统数据库。这种形式效率低，人工操作容易导致数据失真或者出错。

（2）数据接口接入。现在，很多数据服务公司都会开发数据接口供付费客户接入数据。在企业需要数据的时候，企业的系统软件会直接给数据服务公司的服务器发送一条数据请求命令，数据服务公司的服务器就会返回对应的数据或数据表，然后由企业的系统软件自动处理这些数据或数据表，如图 2-15 所示。在这个过程中，不需要人的参与，可以做到实时的数据请求和反馈。在没有人参与的情况下，就不会有人为篡改数据的可能，保证了数据的真实、准确。

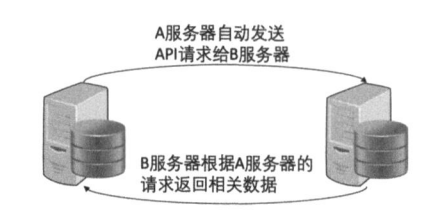

图 2-15　服务器间通过 API 请求返回数据

（3）对于某些网站公布的数据，特别是一些公共服务网站提供的数据，在没有提供数据接口服务的时候，企业需要定期或者不定期地采集。传统的操作是由人访问网页，将数据复制到 Excel 表格中。其实，企业可以采用自动化的方式来完成这个采集数据的过程，这就用到了数据爬虫机器人。即在合法的前提下，利用爬虫程序自动访问网站，然后抓取这些网站的内容，将其存储到 Excel 文件中或者直接存储到数据库中。

7. 数据转换和加工

我们获取的原始数据不见得能够直接满足业务场景的需求，在绝大多数情况下，实际的业务应用所需要的数据都不是原始数据，而是数据报表。如果直接将访问日志给业务部门使用，业务部门的人员是看不懂这些带着编号和代码的日志记录的，这就需要我们对其进行加工处理或者进行数据转换。

当业务部门对原始数据的格式、质量标准或者数据类型和数据库有不同的要求的时候，我们也需要对数据进行转换和加工，从而满足集中管理数据资产的要求，方便业务部门使用数据。比如，原始数据对地址的记录不够标准，有的用"北京"表示"北京市"，有的用"北 京"表示，甚至有的用"首都"或者"京"表示。这个时候，在将数据导入数据库后，我们需要将这些表达方式转换为标准化的"北京市"。这样数据就统一了。进行格式转换是为了实现数据格式的统一。比如，有的原始数据的日期表达方式是"2022年5月10日"，有的是"2022-5-10"，有的是"5/10/22"。为了统一，我们需要按照数据库的日期格式规范来转换。

有些特殊数据的转换或者加工，是需要结合企业数据标准规范来进行的，也有可能是根据业务部门的需求来进行的。有些业务部门需要一个完整的订单数据表，我们可以把订单数据表、客户信息表、商品信息表中的数据集中进行提取，然后根据这些数据表与原始数据表的关联关系，输出一个完整版的订单数据表给业务部门使用。这是在报表输出过程中所需要的加工处理操作。

企业在确保数据质量的前提下，会优先选择低成本、高效率的方式，从而让数据采集在得到质量保证的前提下，降低整体投入成本。当然，在考虑成本的时候，不仅要考虑与硬件、软件、网络等相关的可见投入，还要考虑实际数据采集所涉及的能耗、网络费用、人工成本和时间成本等容易被忽略的隐性投入。用硬件采集数据可能前期投入大，但这是一次性投入，后期通过硬件自动采集数据，几乎是零成本的；用软件采集数据可能前期投入少，但是需要人工填报，需要耗费一线员工的时间和精力，后期采集数据的成本高昂。

从一般意义上来讲，根据实践经验，如果不考虑数据质量问题，即在相同的数据采集质量的要求下，在数据采集成本方面，固定硬件低于移动硬件，移动硬件低于移动软件（如手机App），移动软件低于固定软件。

数据质量管理

数据质量是使用数据的基础，数据不准确，我们的分析和判断就不准确，做出的决策也会是错误的。在数据应用领域中有两句行话：一句是"GIGO"（Garbage In Garbage Out，垃圾进垃圾出），即如果数据源是垃圾，那么做出的分析和判断也是垃圾，做出的决策也是垃圾；另外一句是"错误的数据还不如没有数据"，因为错误的数据必然导致错误的分析和判断，从而形成错误的结论。如果没有数据，我们凭经验、靠估测、依感觉，反而还有可能猜对。数据质量管理是数据资产管理的基础。

对数据质量的管理，既包括对原始数据的质量进行管理，又包括对经过加工处理之后的数据的质量进行管理。

我们要站在数据全生命周期的视角对数据质量进行全链路的管理。数据全生命周期包括以下几个重要阶段：数据采集→数据传输和转换→数据存储→数据提取→数据处理和分析→数据应用→数据删除和废弃，如图2-16所示。随着数据存储空间不断增大和数据存储成本逐渐下降，有越来越多的企业希望长久保留数据，弱化了数据删除和废弃工作，甚至很多企业严格要求不能随意删除和废弃数据，要永久保留数据。在数据全生命周期各个阶段对数据进行操作都有可能影响数据的质量，所以，不仅要在数据采集端确保数据质量，还要在数据全生命周期各个阶段确保数据质量。

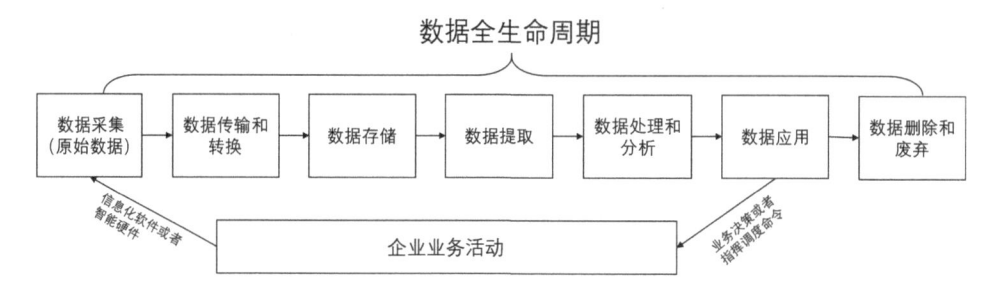

图2-16　数据全生命周期示意图

数据质量的评价维度有哪些呢？在实际咨询服务中，笔者从八个维度来评价数据质量，包括数据的准确性、精确性、真实性、有效性、全面性、完整性、实时性和及时性。这些维度分为四对：精确性和准确性是一对，真实性和有效性是一对，全面性和完整性是一对，实时性和及时性是一对，分别从供给侧和需求侧对数据质量进行评价，如图2-17所示。

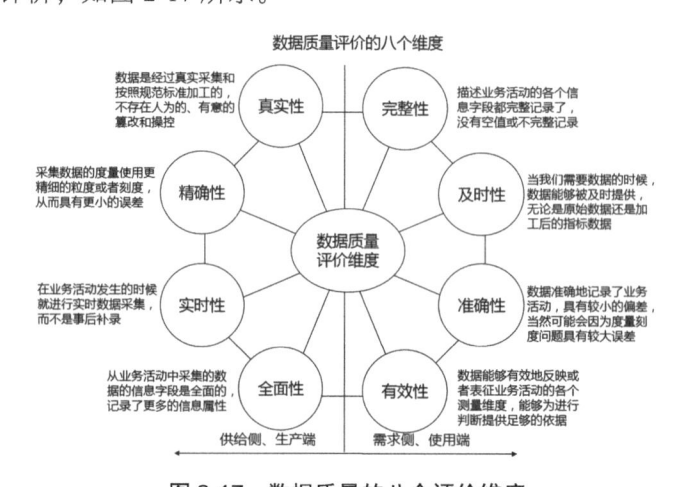

图2-17　数据质量的八个评价维度

1. 精确性和准确性

精确性评价的是数据的误差范围。比如，我们用最小刻度为厘米的尺子测量人的身高，数据精确到厘米，毫米读数是身高的误差。我们可以将身高记录为 173.5 厘米，小数点后面的数是估测值。

准确性评价的是数据是否表征了真实的客观世界。比如，我们测量一个人的身高，要求所用的量尺是准确的、测量的方法是准确的，以及记录是准确的。如果量尺本身是不准确的，那么得到的测量值也是不准确的；如果测量的方法存在错误，如在人穿着鞋子、弯着腰的情况下测量，那么测量出来的身高数据也是不准确的。所以，影响数据准确性的因素包括数据采集工具和采集方法。

数据精确性和准确性的差别示意图如图 2-18 所示。

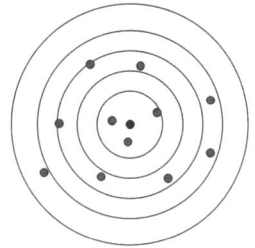

图 2-18　数据精确性和准确性的差别示意图

在图 2-18 中，第二组射击点的准确性很高，但精确性不足，因为所有射击点的平均值在靶心，射击点有很大的离散性，误差很大；第一组射击点的精确性很高，但准确性不足，因为所有射击点之间的差距很小，其平均值偏离了靶心。从数据采集的角度或数据生产的角度来看，我们应追求数据的精确性；从数据使用的角度来看，我们应强调数据的准确性。

2. 真实性和有效性

真实性是指数据采集和加工是不是按照事物真实的情况和业务真实的逻辑来进行的，是否存在人为操控和篡改数据的情况。真实性从"供给侧"评价数据是否可信（信度）。

有效性是指我们所使用的数据能否表征业务，能否形成对管理对象完整的判断和分析。有效性从"需求侧"评价数据是否可信（信度）。

比如，巡检员到门店去巡查公司产品的铺货情况。巡检员如果没有到店实际查验，直接填报数据，说产品在某家门店进行了铺货，这个数据就是不真实的。如果巡检员到店进行了查验，看到产品在店内货架上摆放着，然后记录数据，说产品进行了铺货，这个数据就是真实的。

如果我们要判断产品在店内是否铺货到位，则需要两个数据：一是产品是否铺货；二是铺货是否到位（是否在特定的陈列货架上）。产品在门店内不同的货架上，有不同的销售机会，因此我们还需要判断产品是否在优质陈列位置。巡检员采集的数据只记录了产品在货架上，没有记录产品在哪一类或者哪一个货架上，不能支撑我们做出分析和判断，这个数据就不够有效。

3. 全面性和完整性

全面性是指是否对业务活动和业务对象进行了全面的数据采集，以及采集的维度（字段）是否全面。比如，我们要记录客户信息，就要清楚客户信息包含哪些维度，如姓名、性别、联系电话、家庭住址、工作地址、职业、职位、年龄（生日）、性格特征、婚姻状况、子女状况、健康状况、颜值状况、收入水平等。全面性代表着数据采集维度的多少。全面性从"供给侧"评价数据的信息丰富度。

完整性是指应该采集的数据是否被完整地采集上来。我们想知道客户的联系电话，但是没有记录客户的联系电话，那么这条数据就是不完整的。完整性是从"需求侧"评价数据的信息丰富度的。

4. 实时性和及时性

实时性是指在业务活动发生的时候立即采集数据，而不是在事后进行。我们在采集或者填报数据的时候，都会给数据打上一个时间戳，如果数据不是在业务活动发生的时候被记录的，就会给后期的数据分析带来时间轴上的误差或者偏差，影响数据的时效性。实时性从"供给侧"评价数据的时效性。

及时性是指在业务部门需要数据的时候，是否有准备好的数据可用。及时性代表着需求的及时满足，从"需求侧"评价数据的时效性。

要想提高数据的实时性，我们需要尽可能地采用智能硬件来采集数据，而不是靠人工录入数据。人工录入数据总有时间延迟。如果确实需要人工录入数据，则需要对业务流程设计、制度规范，以及数据标准进行管理，并且尽可能地在实际业务地点，如工位上，配置录入数据的软硬件设施，以便在数据产生的时候让相关业务人员录入数据，减少时效性误差。

数据建模与数据关联

所谓数据建模，就是建立数据结构的模型，用什么样的数据来描述现实世界的业务活动。它包含两类：一类是数据本身的建模，也叫作元数据建模；另一类是数据表之间的关联关系建模，也叫作数据关联建模。

比如，某个客户购买了我们网上商店中的商品，并享受了折扣，这是一个交易环节。我们用什么样的数据来记录这样一个业务活动，从而确保记录的数据能够满足业务运营、业务管理和事后数据分析的数据需求？

针对以上业务活动，我们可以构建一个数据模型，这个数据模型包括多个数据表：①客户信息表，描述了客户这个实体，也叫一个对象；②商品信息表，描述了商品这个实体，也叫一个对象；③员工信息表，描述了员工的基本信息，也叫一个对象；④促销活动信息表，描述了促销活动的相关条件和折扣计算规则，也叫一个对象（"事"的类对象，描述了某类"事"的相关规则和条件）；⑤订单信息表，描述了客户下单活动，也叫一个事件。

这样，我们就有了五个数据表来记录相关信息，从而更结构化地记录和存储"哪个员工维护的哪个客户在网上商店下单购买了哪个商品，参加了哪个促销活动"。

第一类数据建模：元数据建模。其中有五个数据表，其记录了有哪些字段，以及这些字段记录了什么样的信息、取值范围是什么、数据类型和格式是什么，等等。对于活动类的数据记录，还要包含时间戳，即事件发生的时间。订单记录的元数据建模示例如图 2-19 所示。

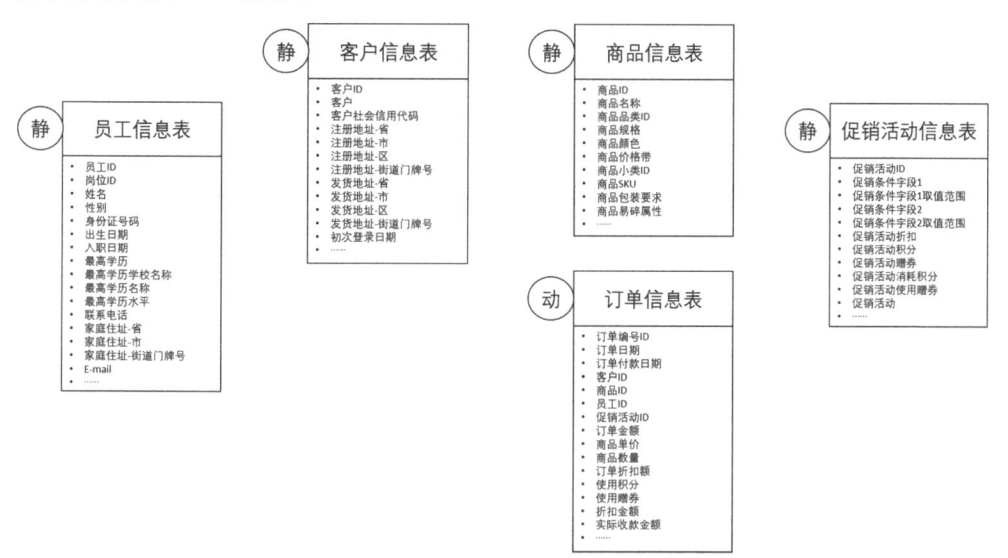

图 2-19 订单记录的元数据建模示例

第二类数据建模：数据表之间的关联关系建模。其中有五个数据表，其记录了原始事件的发生和相关的参与对象，针对对象的记录叫作静态描述信息，针对事件的记录叫作动态活动记录。这五个数据表之间的关联关系是"所有的业务活动事件都会有相关对象参与"，每个对象可以参与多次这种事件，因此这五个数据表之间的关联关系是 1 对多的关系，分别用 1 和*标识。订单记录的数据表之间的关联关系建模示例如图 2-20 所示。

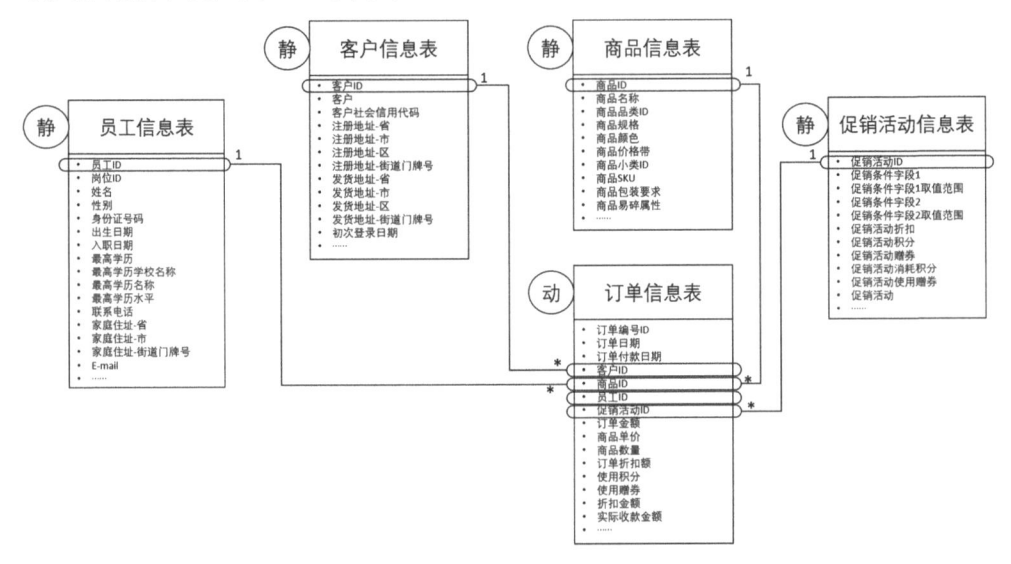

图 2-20 订单记录的数据表之间的关联关系建模示例

元数据建模是对数据进行建模，是建立数据的结构，需要采集对象或者活动的信息，确定数据的结构，以及数据之间的关系；数据表之间的关联关系建模则是根据业务逻辑和数据分析的需要，对数据表之间的关联关系进行建模。

根据以上示例，我们可以看到数据建模中有五个数据表，其中四个表描述了对象（实体对象或者事件类对象），一个表描述了事件（客户下单）。四个对象分别是客户、员工、商品、促销活动类别，一个事件是客户下单。描述业务实体的数据叫作静态数据，有时候也叫作主数据；描述事件的数据叫作动态数据，也叫作活动数据或者交易数据。以上的数据建模构建了静态数据和动态数据之间的关联关系。为了能够更好地分析数据，我们要求以上静态数据与动态数据之间的关联关系必须是"1 对多"的关系，或者"1 对 1"的关系，不能是"多对多"的关系，否则就无法对表中数据进行筛选。

另外，业务活动之间也是通过数据表关联起来的，这就是不同业务活动的相互关联。比如，在客户下单之后，我们需要为客户发货，在发货时需要进行商品出库并有商品出库记录，然后通过快递给客户发货并有快递发货记录。客户下单活动跟商品出库活动和快递发货活动是关联在一起的。这个时候，我们也要建立关联模型，数据与数据之间的关联关系也必须是"1对1"或"1对多"的关系，否则业务流程中的数据追溯就会成为难题。动态数据表与动态数据表之间的关联关系建模示例如图 2-21 所示。

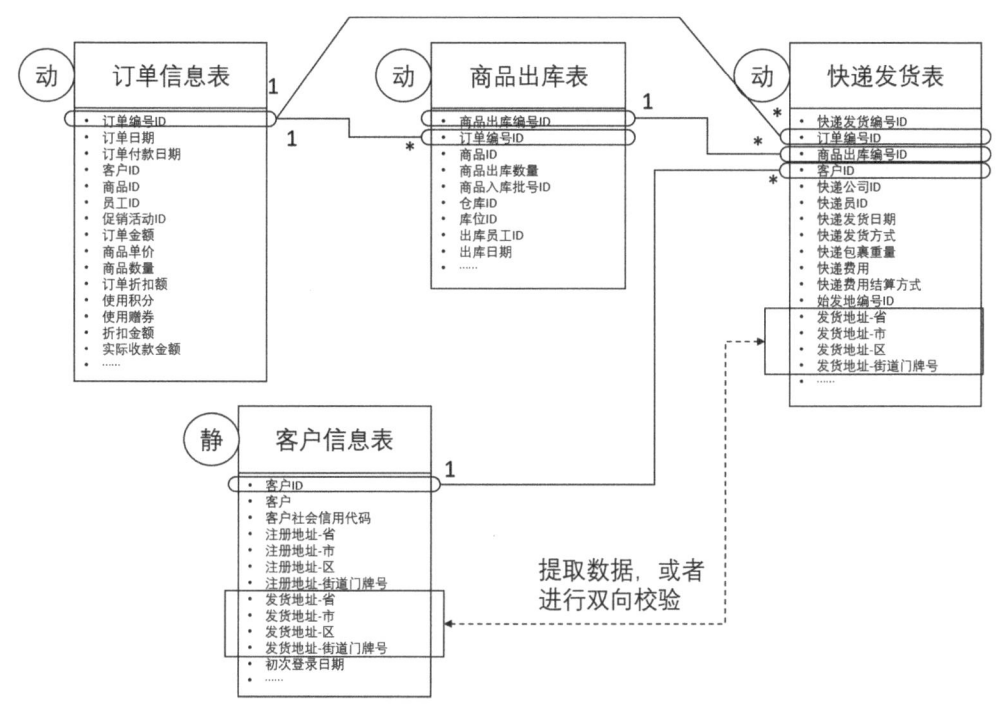

图 2-21　动态数据表与动态数据表之间的关联关系建模示例

在实际业务活动中，动态数据记录的是业务活动，企业的业务活动是按照流程来组织的，不同流程归属不同的业务部门。"采产供销"体系被划分到不同的业务部门，不同的业务部门记录数据的业务信息系统是分段实施的，甚至是不同厂商生产的业务信息系统，在实施的过程中可能忽略了动态数据表之间的关联关系，导致不同业务信息系统导出的数据表之间无法实现真正的关联，从而形成数据孤岛。还有一种情况是，虽然考虑到数据之间的编码编号体系的一致性，看上去数据是可以关联的，但是因为缺少关联关系建模，出现"多对多"的关联关系，导致无法实现全流程的数据自动追溯。

比如，对于一个销售订单，我们可以分几次给客户发货，这个销售订单（动）与发货快递单（动）是"1对多"的关系；也可能存在这种情况，客户在一天内连续下了两个订单，我们将这两个订单合并，给客户发了一个快递，这个时候销售订单（动）和发货快递单（动）之间就是"多对1"的关系。这样两个数据表之间的关联关系就成了"多对多"，这个时候我们很难实现对数据的追溯。在商品出库环节这种情况可能更多，我们在安排商品出库的时候，可能从多个入库单的入库批次中选择商品，销售订单和入库单之间就容易出现"多对多"的关联关系。

在实际的经营管理活动中，我们需要详细地划分实体，从而能够更精细化地记录相关实体，用数据来表征、分析和管理相关实体；参与的实体也要详尽记录，确保我们能够将相关的活动追溯到具体的实体类别。这种关联关系是非常复杂的，我们可以采用自上而下和自下而上相结合的方法来系统梳理。没有与其他数据表建立关联关系的数据表会成为数据孤岛，理论上讲，企业所有的数据表都应该能够关联起来，不存在独立的数据表。

数据治理

为了更好、更体系化地管理企业的数据资产，为企业的数字化管理升级奠定数据基础，我们需要把数据资产管理上升到更高的维度，从顶层设计的视角去看数据资产管理。除了建立基本的数据"采管用"体系，我们还需要对数据资产管理体系进行顶层架构设计，并制定相关的制度流程，建立相关的数据组织，培养相关的人才，配备相关的技术。

所以，数据资产管理是一项系统工程，我们把这项系统工程叫作数据治理（Data Governance）。企业在推进数据治理的时候，需要在数字化转型战略之下制定数据治理的方案，为自身未来五到十年的发展设计数据治理路线图；需要建立数据治理的组织，配备具有专业能力的人力资源，并设计数据治理组织与各业务部门的协作关系及其职能和职责；需要建立流程和制度，包括与数据质量管理和数据安全管理相关的流程和制度，确保数据治理相关活动有流程可循、有制度可依。这是在管理体系上来架构数据治理体系。

除了管理体系，企业还需要对数据本身进行治理，包括建立数据目录、数据建模、元数据管理，确保数据底层架构能够满足业务部门的需求；建立数据标准和相关管理规范，确保数据质量；构建一个技术体系来满足数据治理的需求，包括建设数据资产管理平台，对数据资产进行集中管控。当然，企业还需要建立数据应用体系，数据得不到应用，数据治理就没有价值落脚点，数据治理就没有商业价值。如果数据得不到应用，就没有采集的必要，所以也要对数据的应用场景进行跟踪，从而体现数据采集的价值，形成数据的"采管用"闭环。

全球数据资产管理协会（DAMA）自1988年成立以来，一直致力于数据管理的研究、实践及相关知识体系的建设，在数据管理领域积累了极为丰富的知识和经验，并先后出版了《DAMA数据管理字典》和《DAMA数据管理知识体系指南》。

这两本书集业界数百位专家的经验于一体，是数据管理领域最佳实践经验的结晶，已成为从事数据管理工作的人员的经典参考书。企业在建立数据资产管理体系时可以借鉴相关内容。

为规范国内各行业的数据管理和应用工作，提升国内各行业的数据管理和应用能力，全国信息技术标准化技术委员会于 2014 年启动了"数据管理能力成熟度评估模型"（Data Management Capability Maturity Assessment Model，DCMM）的制定工作，并将其作为一项国家标准（标准号：GB/T 36073—2018）。该标准于 2018 年 3 月 15 日发布，于 2018 年 10 月 1 日正式实施。DCMM 可以在一定程度上评估企业数据资产的管理状况，为进一步促进企业重视数据资产管理、提升数据资产的质量提供了一定的参考性要求。虽然这个标准目前还处在试点阶段，属于非强制性标准，但对国内企业沉淀和积累数据资产发挥了非常重要的作用。

业财一体化下的数据治理

在数据线上推进数据治理，有一项非常重要且基础的工作，并且这项工作几乎适用于所有的企业，这项工作就是财务数据的治理。现在越来越多的企业希望通过财务数据反映业务、表征业务、分析业务，并为业务决策提供更多的业务洞察，于是"业财融合""业财一体化"的概念被提了出来。传统财务数据无法在时效性和业务颗粒度上满足业务管理和决策的需要。

（1）时效性。在过去，企业每个月才做一次结账和核算，然后以企业整体为单位或者企业设定的独立核算的业务单元为单位，形成财务统计报表，缺少管理的细化，也缺少时效性。大多数企业在每个月的 30 日（月底）结账，然后开始核算、调账、统计报表。财务统计报表出来之后已经是下个月的 3 日了，接着开始做数据分析报告、追溯业务问题、开月度经营分析会，一般要到下个月的 5 日，甚至 7 日才能结束。如果总经理或者业务部门经理想看过程中的统计数据，财务部门就需要单独核算，然后进行各种估算，需要 1~2 天才能给出一个过程中的报表，并且不能保证准确度。这给企业管理层及时做出决策带来了很大的时滞性。

（2）业务颗粒度。财务统计报表在统计业务的颗粒度上存在不足，其往往针对的是企业整体，不能统计到具体的业务单元，无法统计一个品类、一款产品、一个市场区域、一个组织部门、一类客户群体、一个订单的成本和利润。所以，业务部门只能凭借自身的经验判断哪块业务赚钱、哪类客户贡献更多的利润、哪个品类是企业的盈利龙头。这些都是传统财务数据无法满足业务管理需要的情况。传统财务数据结算和核算的四个局限如图 2-22 所示。

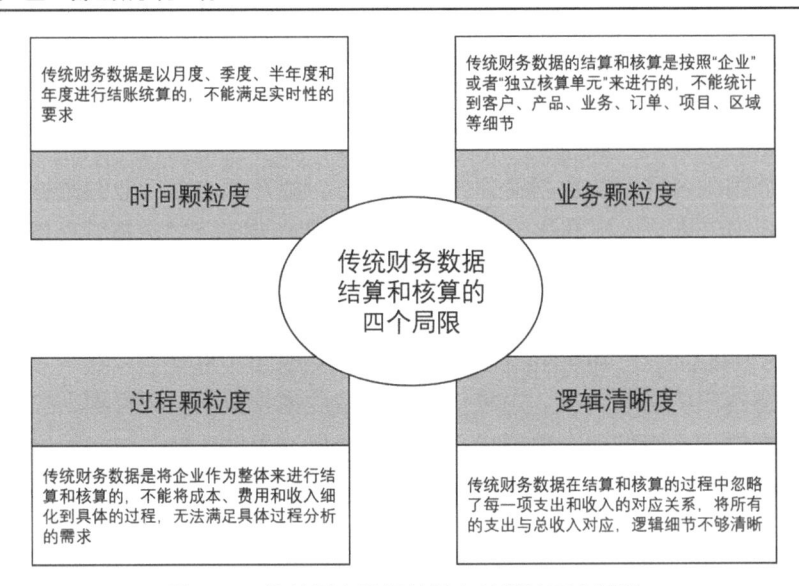

图 2-22　传统财务数据结算和核算的四个局限

时间颗粒度：传统财务数据是以月度、季度、半年度和年度进行结账统算的，不能满足实时性的要求

业务颗粒度：传统财务数据的结算和核算是按照"企业"或者"独立核算单元"来进行的，不能统计到客户、产品、业务、订单、项目、区域等细节

过程颗粒度：传统财务数据是将企业作为整体来进行结算和核算的，不能将成本、费用和收入细化到具体的过程，无法满足具体过程分析的需求

逻辑清晰度：传统财务数据在结算和核算的过程中忽略了每一项支出和收入的对应关系，将所有的支出与总收入对应，逻辑细节不够清晰

要想让财务数据反映业务，我们需要对财务数据进行治理，在财务数据产生的时候给其打上业务标签。无论是从业务颗粒度上，还是从时间颗粒度上，都要给财务数据打上相关的标签，从而能够更加方便地对财务数据进行精细化的实时统计，满足时效性和业务颗粒度的要求。在财务数据业务标签的类别方面，除了传统的会计科目所需要的财务属性标签，我们还需要以下四种业务标签，如图 2-23 所示。

财务数据业务标签化

业财一体化的桥梁：业务属性标签、业务对象标签、业务逻辑标签、业务活动标签（流程）

财务属性标签（会计科目）→ 财务数据 ↔ 业务数据

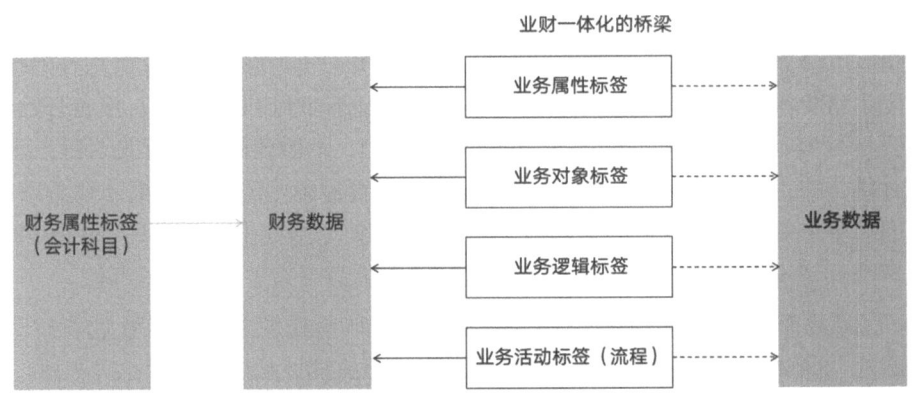

图 2-23　四种业务标签

（1）业务属性标签。所谓业务属性标签，就是在每一项支出或者收入产生的时候给其贴上的属于哪一类业务的标签。具体业务属性是什么，或者对业务如何分类，要看企业的管理需求。比如，在战略上，企业可以把自己的业务分成核心业

务、发展业务和种子业务，那么就需要动态地调整业务属性，给所有的收入和支出都打上业务属性标签。

（2）业务对象标签。业务对象就是企业的管理对象，无论是从组织角度、产品角度和业务角度来看，还是从客户角度、市场角度来看，业务对象与业务属性都有一定的重合度，如果其分类的标准相同，则可以将其归为一类标签。比如，产品分类、客户分类、市场分类等业务属性标签与业务对象标签重合，简化即可。

（3）业务逻辑标签。所谓业务逻辑标签，是指我们需要将收入和支出进行联动，在它们之间构建因果关系，从而更有效地分析投入产出效率。业务逻辑标签的梳理要回归到业务部门的业务场景和业务逻辑规则。

（4）业务活动标签。我们可以采用流程法来梳理相关业务活动，知道每一笔支出都是在什么流程中产生的，从而将其归到相关的业务活动细节中。

财务数据的业务标签化工作是一项非常细致的工作，需要业务部门和财务部门从业务管理、业务管控、运营分析等需求出发梳理具体的标签。在将业务标签梳理出来之后，还需要对现有的业务系统进行改善或者二次开发，以更好地适配新的数据采集需求，保证财务数据在产生的时候就自带标签。

其实，在业财一体化的要求下，财务人员实时统计的数据大多来自业务系统，这是因为传统财务记账模式与实际业务活动所产生的业务数据是不同频、不同步的。在业务活动发生的时候，财务数据就已经产生了，就如同当生产线的工人上班时，无论是按工时计算其工资，还是按件计算其工资，生产的人力成本都已经产生了，但是财务软件系统在没有发放工资的时候是没有数据产生的。这个时候，我们就需要根据业务系统中的数据来实时核算工资，从而计算生产的人力成本。

2.3 技术线

技术是数字化管理升级的基础保障，没有数字相关技术的应用，数字化管理就是空中楼阁，只停留在想象中。技术线包括全数字化管理各环节中所使用的技术，不仅涉及数据采集环节的技术，还涉及数据传输、数据转换、数据存储、数据管理、数据分析和数据应用等环节的技术。数字技术被应用到了包括数据采集、数据传输、数据转换、数据存储、数据管理、数据分析和数据应用等多个环节的闭环中。在这个闭环的各个环节中，还会用到相关的硬件和软件技术。

数据采集与数据传输

1. 数据采集

数据采集是数字化管理的基础，没有数据，就没有数据分析，没有业务洞察，也无法做出更好的管理决策。企业所采集的数据的质量直接决定了数据分析的质量、业务洞察的质量和管理决策的质量。

在技术线上，数据采集可以通过智能硬件或者信息化软件的实施，或者使用各种小程序、软硬一体化的设备来实现。为了保证数据质量，能够用硬件采集的，就不要使用需要人工录入数据的软件，因为在硬件采集过程中没有人为干预，能够按照设定的要求采集到相关数据，无法造假；能够使用固定设备采集的，就不要使用可移动设备，因为在可移动设备采集数据时有人为的干预，会导致数据失真。

在数据采集设备上，尽可能不使用实体设备或者实体材质。现在已经很少有人使用纸币进行交易了，也很少有人通过刷银行卡来付钱了，很多大城市的地铁和公交系统，也开始取消实体交通卡了。按照这个原则，高速自动收费系统因为需要实体设备和实体卡，所以是一个过渡产品，其实完全可以取消实体设备和实体卡。只要车主注册车牌号，关联支付宝或者微信支付，甚至是银联电子支付系统，就可以通过车牌识别自动交费通行。

能够取消实体设备或者实体材质的系统尽可能不要采用，这是一项装备硬件或者实施软件时的基本原则。在进行数字化管理体系建设的时候，我们一定要遵循这个基本原则，否则安装的系统可能很快就过时，被更先进、更高效、更低成本、更易操作的系统取代。

北京地铁在2017年曾经实施过一套"线上购票，线下取票"的售票系统：乘客通过在手机中下载"北京市民"App，在线购票，接着到地铁站的"互联网取票机"上取票，然后乘车，这样可以避免乘客在无人售票机前排队。这套售票系统看似很先进，但是需要乘客下载App，还需要乘客到地铁站取实体票，以及每个站点都要配备"互联网取票机"这个硬件设施。这套售票系统应用没多久，就被无实体卡的交通支付系统取代了。乘客通过下载北京交通"亿通行"App，直接关联支付宝或者微信支付，然后扫描二维码进站乘车，扫描二维码出站后系统自动扣款，不需要实体卡，不需要排队，不需要收银人员，非常方便。

当时北京地铁的互联网取票机如图2-24所示。从刷卡到扫码，看似是一样的操作，但是装备成本和使用成本是完全不一样的。取消实体卡、实体材质、设备或介质，这是一种进步，是流程中的无介质化。通过手机扫描二维码支付，也是一个过渡性的操作，即使现在其非常流行。

图 2-24 北京地铁的互联网取票机

笔者在咨询和培训中看到太多的企业选择了过渡产品，导致成本高昂的硬件设施的使用生命周期很短，甚至刚刚用了半年就被淘汰，浪费了资金和时间。所以，企业在通过装备硬件设施或者实施软件信息系统来采集数据的时候，要尽可能使用相对先进的技术，特别是对于需要中间介质的，或者需要引入新的实体介质、设备或硬件的技术，要多方考察一下，确认是否有无纸化、无介质化、无人化的方案可以选择。

2. 数据传输

现在，很多采集数据的智能硬件或者信息化软件系统都是相对独立的，由不同的厂家独自开发完成，如果企业在应用它们的时候不注意数据传输需求，就容易构建成一个个的数据孤岛，让数据被单独地存储在智能硬件或者信息化软件系统的服务器中，无法进行在线化的共享。

在上线智能硬件或者信息化软件系统的过程中，在选型的时候，一个非常重要的需求就是，所采集到的数据必须能够通过数据接口或者数据发送指令实时传输出去，从而让智能硬件或者信息化软件系统成为企业整个数据体系的一部分，而不是成为数据孤岛。即使智能硬件后台的系统不能自动发送数据给特定数据库，至少也要保证其采集的数据在被存入其自带的数据库后，能够被其他系统访问。许多厂商在开发信息化软件系统的时候，出于对知识产权保护或者数据保密的考量，会对信息化软件系统后台的数据库进行加密处理，或者封装处理，这导致很多系统的数据不能被直接访问。

所有不能对外提供数据服务，或者其所采集的数据只能在其自带的数据库中使用的系统，哪怕是先进的制造设备，在数据技术上也是落后的。数据的可共享性是智能硬件在数据技术上的先进性的体现，甚至可以说是基本要求。

在各业务场景中实施的数据采集系统，必须将采集到的数据传输到中央数据库中。当然，这也需要企业构建数据资产管理平台，将各个数据采集系统采集的数据进行集中存储和管理，并为各个业务系统提供访问接口。

数据管理

1. 数据管理是数字化管理体系的底座

企业在采集数据后需要对这些数据进行集中管理。集中管理是数字化管理体系的基础，如果没有对数据的集中管理，数据就会分散在各个业务信息系统中，各自为政，成为数据孤岛，最终影响应用。数据资产集中管理有六大好处，如图 2-25 所示。

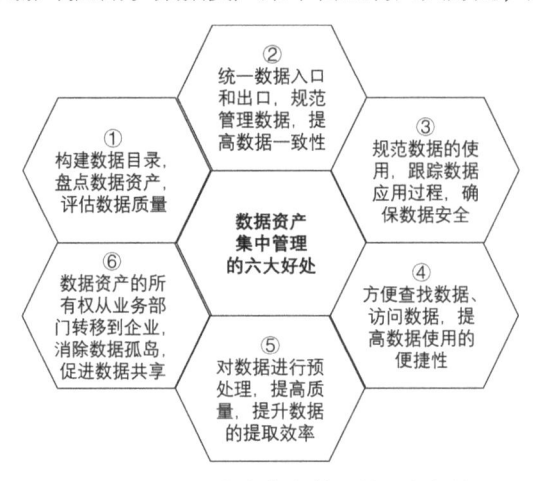

```
① 构建数据目录，盘点数据资产，评估数据质量
② 统一数据入口和出口，规范管理数据，提高数据一致性
③ 规范数据的使用，跟踪数据应用过程，确保数据安全
④ 方便查找数据、访问数据，提高数据使用的便捷性
⑤ 对数据进行预处理，提高质量，提升数据的提取效率
⑥ 数据资产的所有权从业务部门转移到企业，消除数据孤岛，促进数据共享
        数据资产集中管理的六大好处
```

图 2-25　数据资产集中管理的六大好处

第一，在将数据资产集中管理之后，企业就能够对数据资产进行动态的盘点，知道自己有什么数据、有哪些数据、有多少数据，能够构建数据目录、评价数据质量，从而知道所拥有的数据的整体质量。

第二，在将数据资产集中管理之后，企业就能够进行统一输出，从而保证数据仅有一个出口，保证大家都用一个数据，不会出现数据不一致、口径不统一的问题。

第三，在将数据资产集中管理之后，企业除了更有效地保障数据质量，还可以对数据安全进行有效的管理，确保数据资产能够得到规范的使用，避免数据丢失或者被非法使用。

第四，在将数据资产集中管理之后，企业在进行数据应用开发的时候就能够更加方便地访问数据，从而提高数据应用开发的便捷性，提高数据使用频率，扩大数据使用范围。

第五，在将数据资产集中管理之后，企业可以针对常规需求对数据进行预处理，提高应用端使用数据的效率，而不用在每次调用数据的时候都要对大量的原始数据进行查询和计算，大幅度提升了数据的提取效率，减少了数据访问、查询和处理的延迟，加快了应用端的响应速度。

第六，在将数据资产集中管理之后，原先存在于业务系统中属于业务部门的数据就被转化为了企业的数据，数据资产的所有权发生转移，可以有效地促进企业内部的数据共享。

2. 像管理实物资产一样管理数据资产

如何构建一套数据资产管理体系呢？一种比较容易理解和实施的方法就是，按照实物资产的管理方式来进行数据资产的管理，如图 2-26 所示。

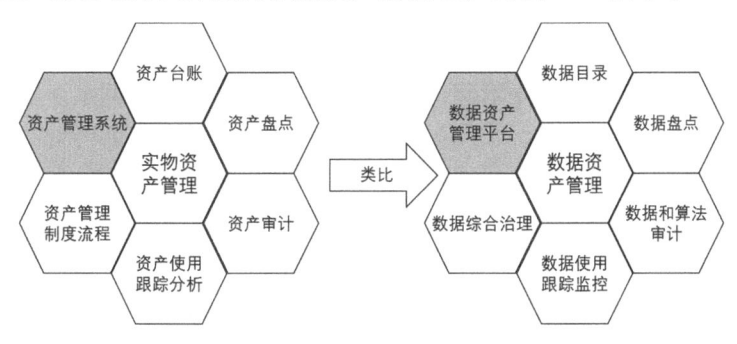

图 2-26 像管理实物资产一样管理数据资产

第一，企业在购置实物资产时需要记账，建立一个体系化管理的"台账"，并在财务管理系统中登录，对实物资产进行编码，从而实现快速查询，所以数据资产也要建立一个目录，即数据目录。

第二，企业会对实物资产进行定期和不定期的盘点，确保账实相符，及时纠正台账和实际资产之间的偏差，对出现的偏差进行改善管理。同样，企业也应对数据资产进行定期和不定期的盘点，从而确保数据目录中的数据得到及时的更新，并保证数据的质量。

第三，对于实物资产，企业要进行使用过程的审计，确保其得到有效的使用、规范的管理，避免资产的流失。对于数据资产，企业也要进行审计，对数据全生命周期的使用是否合规合法，是否存在流失、泄密等情况进行审计；也要对"算法"进行审计，确保算法的公平公正、合规合法。

第四，对于实物资产，企业会定期或不定期地进行分析，从购置时的预算管理、策略管理，到购置后的跟踪分析，分析实物资产的投资回报，及时跟踪实物资产的闲置情况和利用状态，对长期不用的实物资产进行处置。对于数据资产，企业也要实时跟踪其使用情况：哪些数据经常被使用，哪些人在使用哪些数据，哪些数据在被采集后长期闲置，哪些数据应该被哪些人使用却没有被使用，哪些数据不应该被哪些人使用却被使用了等。除此之外，企业还需要建立一个对违规使用数据的活动进行预警和管理的机制。

第五，对于实物资产的管理，企业会有制度、流程和组织职责体系的支撑。比如，业务部门申请购置，财务部门参与审批和审查；业务部门采购，财务部门记账；业务部门管理、使用实物资产，财务部门作为独立第三方，对实物资产的使用过程进行监督、检查、审计和跟踪等。对于数据资产，企业也要建立相关的制度、流程和组织职责体系。

第六，对于实物资产，企业会应用资产管理系统对其进行信息化的管理。对于数据资产，企业更应该应用信息技术来实现高效的管理。企业需要构建一个对数据资产进行管理的平台，对数据资产进行"采管用"全流程的高效管理。

要想对数据资产进行集中管理，企业需要构建一个中间数据库，这个数据库独立于各个业务信息系统之外。在业务信息系统产生数据之后，即可将数据同步到这个独立的中间数据库中，这种同步可以是实时同步，也可以是周期性同步，如每15秒同步一次、每15分钟同步一次、每小时同步一次，或者每天同步一次。企业可以根据对数据使用、统计汇总、数据分析、业务管理等的时效性要求设定同步的频率。

当企业需要查询或者访问数据的时候，不需要再到各个系统的后台查询和导出数据，所有数据的查询、提取等操作都在这个中间数据库进行，这样大家都使用同一套数据，就不会出现数据的偏差，提高了数据的一致性。我们把这个中间数据库叫作"数据仓库"，它是存储企业所有数据资产的仓库，具有对数据资产进行"增、删、改、查"等管理功能。从数据仓库到数据资产管理平台再到数据中台的示意图如图2-27所示。

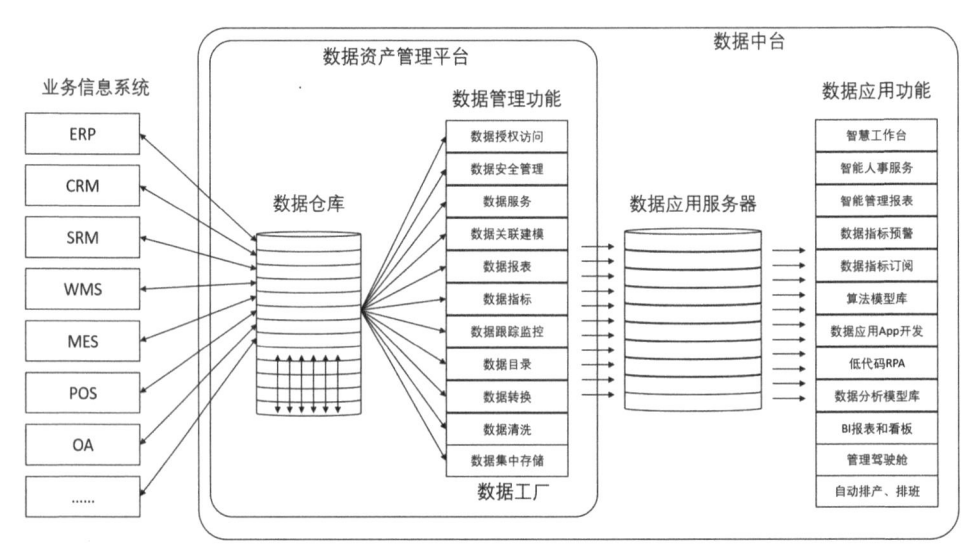

图2-27 从数据仓库到数据资产管理平台再到数据中台的示意图

为了更好地管理数据资产，企业可以给这个中间数据库增加更多的数据管理功能：对数据资产进行盘点，建立数据目录；对数据质量进行检查、审核、评价，给出数据质量评估报告；对数据资产进行加工处理，生成数据表；对各个数据表进行关联，生成数据关联关系；对数据的访问进行基于账户的授权；对数据的安全等级进行分类管理，确定哪些数据必须加密存储和传输，哪些数据只能由哪些人访问，等等。这样，这个中间数据库就像为企业的实体仓库构建的仓库管理系统一样，能够实时地监控数据仓库中的数据状况，对数据仓库中的数据进行管理和处理，并通过数据资产管理功能来满足数据应用的各种需要。我们把拥有这种数据资产管理功能的中间数据库叫作"数据资产管理平台"。

为了更好地利用集中管理的数据资产，我们需要给数据资产管理平台增加更多的功能。比如，算法模型库、数据可视化功能、数据指标库、数据报表推送、数据指标预警、可视化管理看板输出和推送、数据分享与共享、数据标签化（自动化数据标签加工）等。这些为一线业务人员使用数据提供的功能，可以在这个平台上被用来直接开发数据应用，为业务场景提供数据服务或者微服务等。这样，数据资产管理平台不仅具备数据资产管理功能，还为一线业务人员使用数据提供了数据应用功能。此外，企业可直接在这个平台上面开发数据应用产品（如数据服务App）。这个平台拥有了数据应用功能，我们把这个平台叫作"数据中台"。所以数据中台=数据管理平台+数据应用平台。数据中台为业务应用场景开发了数据应用，提供了数据应用服务。换句话说，企业要上线数据中台，必须要有业务应用场景的规划。只有从业务应用场景出发，企业才能确定需要数据中台具备哪些功能、用到哪些相关技术。没有业务应用场景规划的数据中台不叫数据中台，充其量是"数据管理平台"。

当数据量很大，达到 TB 级时，数据处理技术的使用就变得非常重要了。这个时候需要用到分布式存储和分布式计算，从而让我们在访问大量数据时能快速得到响应。想象一下，当我们在服务器中查询一条数据的时候，服务器运行半小时才给我们结果，我们是没有耐心来等待的。对大量数据的处理，需要用到分布式计算，分布式计算会让服务器的计算能力大幅度提升，这就需要用到云计算等大数据处理技术。

在采用 ETL[①]技术将数据从业务系统导入数据仓库、数据资产管理平台或者数据中台后，我们可以将其加工成各种中间数据报表，方便业务部门使用。我们将这个过程称为数据报表开发。根据业务部门使用数据的需求，我们对数据进行初步

---

① ETL 即 Extract Transform Load，代表对数据的三种加工方式：提取（Extract）、转换（Transform）和加载（Load），是指在业务系统产生数据之后，数据平台（数据仓库、数据资产管理平台或者数据中台）通过指令提取业务系统数据库中的数据，将其进行转换，并写入数据平台的数据库的操作。

的处理，加工成各种数据报表，存储在数据平台上，并按照既定的规则实时动态地更新这些数据报表。在业务系统产生数据的时候，我们就可以将产生的数据实时同步到这些数据报表中，进行增量更新。业务部门在使用数据的时候，不需要访问原始数据，也不需要访问数据源头，而是直接访问这些数据量较小的中间数据报表。数据报表开发是对原始数据的预处理，提高了数据的使用效率。

数据应用与迭代

数据应用开发相关技术在传统的业务信息系统建设过程中是短板，过去的ERP系统等传统业务信息系统是不具备数据应用开发功能的，其具有的只是数据报表开发和数据查询功能，在完成数据查询之后，我们需要从后台导出数据到数据表，以Excel文件或者CSV[①]文件的形式存储到使用者的电脑里，然后由使用者利用Excel等相关软件进行数据处理和分析。原来的ERP系统本身不会对数据进行处理和分析，没有相关的分析模型算法和数据可视化的功能，无法进行可视化图表的加工，更没有实时进行自动运算的功能，也不具备消息推送的功能，其就是一个单纯的规范记录数据的软件。

随着数据应用需求的不断提升，有一些ERP系统附加了BI模块，能够对数据进行初步加工处理，然后以可视化图表的方式输出相关的数据分析结果。但是，其核心功能还是数据的采集和存储，以及报表输出。即使ERP系统能输出报表，也只能通过专业技术人员开发，而不是让数据使用者自由地查询和输出报表。数据应用功能的缺失，让很多企业通过应用传统的业务信息系统无法实现对数据资产更有效的分析挖掘和应用开发。

在有了数据资产管理平台之后，企业就可以建设数据应用平台，或者在数据中台上开发数据应用了。这些数据应用可以很好地满足企业高效利用数据的要求。比如，企业在数据资产管理平台的基础上开发数据指标库，在体系化梳理各个业务环节的数据指标后，让数据指标库进行数据指标的加工和输出（推送给相应岗位或供相应岗位查询）；再如，企业可以建立数据指标可视化看板，为每个管理岗位输出对应数据指标的可视化看板，构建管理者驾驶舱体系，实现数据的可视化呈现，让企业管理者随时随地掌握业务动态。

数据应用的开发不是一蹴而就或者一劳永逸的事情，企业需要结合业务需求不断迭代，不断开发新的数据应用。即使对于已经开发好的数据应用，也要根据业

---

① CSV，Comma Separated Values，逗号分隔数值。

务需求的变动进行迭代升级或者动态更新。这种数据应用开发的逻辑跟过去实施信息化的思想不同。在过去，企业应用信息化软件，希望它是一个成熟的产品：一旦被应用，在五到十年之内是不需要更改和变动的；而数据应用的开发需要企业随时做好更新和迭代的准备，以动态地满足业务需求。

迭代思想是数据应用开发的核心思想，我们不能因为数据应用需要迭代就否定过去的版本。不是过去的版本不好，而是过去的版本是满足过去的业务需求的，现在的版本是满足现在的业务需求的，开发的时间不同，满足的业务需求也不同。

技术层级架构

将数字相关技术应用到企业管理中，不是一天就能完成的，需要循序渐进地进行。这就需要一个体系化的规划，并在开始就设计一个具有可扩展性的架构，让后续的系统都能够在这个整体的架构下，像搭积木一样不断地做增量建设，而不需要对过去建设的系统进行颠覆。技术的五层架构系统如图 2-28 所示。

应用层	智能管理App	业务流程自动化	实时管理报表系统	共享服务平台终端
	BI看板展示端、大屏	智能排班排产系统	智能结算、报表推送	智能预警系统
	总经理、各岗位驾驶舱	智能定价决策系统	智能采购决策平台	智能自动推荐系统
服务层	数据指标订阅	BI报表图表开发	消息推送、共享、评论	链接OA和业务系统
	指标异常预警	管理驾驶舱设计	转发、收藏、关注	指标标准管理
算法层	数据统计汇总算法	数据分析算法模型库	人工智能、机器学习算法模型	算法审计
	指标统计口径管理	大数据算法模型库	RPA、智能决策模型	算法版本跟踪
数据层	数据转换/接入	数据存储	数据管理	数据服务
	外部数据接入	数据存储、关联	访问权限管理	数据指标订阅
	内部数据ETL接入	数据清洗、转换	数据访问跟踪监控	数据报表开发
	智能硬件数据接入	数据密级分类和加密	数据目录、盘点、质量评估	数据指标消息推送
	数据填报系统（手工）	数据规范优化	数据安全防护	数据访问预警
基础设施层	IDC机房和服务器	物联网设施	业务信息系统	业务App
	数字智能硬件	智能设备	4G/5G/Wi-Fi、互联网	各种传感器

图 2-28 技术的五层架构系统

为了让技术架构"向后兼容"，我们需要用到层级架构的技术。基础设施层为我们采集数据提供了智能硬件和软件体系，后续智能硬件也需要按照一定的标准采集数据，接入技术层级架构的底座。

基础设施层的智能硬件和软件在采集数据之后，将数据传输给数据层。数据层负责对数据进行处理和加工，并进行集中管理。数据层提供了进行数据管理的工具。

算法层在数据层的基础上提供了数据算法、数据分析方法、数据分析建模和决策模型管理等功能，为数据服务的输出提供基础工具，包括可调用的函数库、算法库、模型库，以及各种指标的计算公式等。

算法层之上是服务层。数据服务包括数据的分享与共享机制、数据指标的推送、数据可视化报表和图表的输出，以及为业务端所需要的数据提供数据加工处理后的输出服务。服务层为业务端提供应用程序服务。

应用层面向业务端的业务场景，结合业务需求，提供各种业务应用功能的开发环境，也直接生成各种业务端的应用程序。在应用层上，我们可以整合现有信息化软件系统的入口，让现有信息化软件系统的某些操作（如数据录入、数据查询、数据导出等）保持一致，从而让业务端使用的应用和信息化软件系统有一个"一体化"的操作界面。

这种层级架构的好处在于，我们可以在每层搭建需求，像建设一座大厦一样，一层层地往上堆砌，并让所有新增的功能、新开发的代码、新引入的工具都成为这座大厦的一部分，而不是构建一个个的孤岛。在每个层级的建设过程中，我们都要考虑其与其他层级的联动，确保各个层级是完整契合在一起的。

技术线相关原则

结合为企业提供咨询服务十年多的经验，在技术线上，笔者给出五个原则，供企业管理者在推动数字化管理升级时参考。这五个原则分别是选型适配性原则、技术先进性原则、数据联通性原则、技术独立性原则和敏捷开发原则，如图2-29所示。

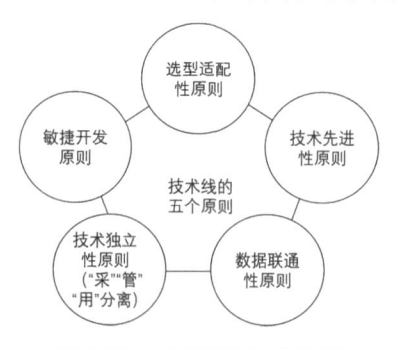

图2-29 技术线的五个原则

1. 选型适配性原则

选型适配性原则是指在实施相关技术的时候，不要追求技术的"高大上"，不要一味追求最好的、大厂商品牌的、市场上最先进的技术性产品,而要根据企业自身的需求、实力和能力,选择目前最合适的技术性产品。如果企业没有大量的数据,每年产生的数据不足一百万条,就没有必要选择大数据集群架构;如果企业没有高并发处理数据的需求,就没有必要追求百万级数据"秒查秒算"的技术;如果企业没有大数据算法需求,没有高级算法模型开发和处理的能力,就没有必要引进最先进的算法工具。

如果企业找不到大数据的应用场景,就没有必要引入大数据平台。如果每年只有 TB 级的数据量,企业就没有必要使用云计算技术,但是可以使用云服务器。随着企业规模的扩大,数据量级在提升,到时候再扩展内容就好了。企业所选择的技术只要满足最近 1~2 年的需求即可,没有必要想着 5~10 年后的事情。数字技术发展很快,企业现在购买了超越使用现状的功能,可能在 3 年后才会用到,而在闲置 3 年后估计该功能已经落伍了。

2. 技术先进性原则

在选型适配性原则的基础上,企业应追求相对先进的技术,不要使用过渡产品。特别是在硬件选型上,应避免使用一些需要引入介质(如磁卡、可移动设备等硬件)的技术,尽可能选择"无感"类技术。

要想保证所采用技术的先进性,企业需要随时关注前沿技术,以及同行、同领域内的最佳实践,并积极探寻新的解决方案。企业应开阔视野,多走出去看看,多考察更先进的技术应用。在数字硬件技术方面,很多地方的智慧城市建设往往有更多的应用经验,企业应多到这些地方去考察,体会数字硬件技术的应用场景。

3. 数据联通性原则

数据联通性原则是指无论企业应用什么硬件和软件,都需要将新采集的数据纳入数据资产集中管理,确保所采集的数据能够跟其他数据资产实现互联互通,确保数据标准一致。就如前文所提及的数据服务接口功能一样,无论企业是使用了数据访问接口,还是使用了开放式数据库系统,都必须确保数据的互联互通,从而保证新上线的信息化软件系统不是数据孤岛。

4. 技术独立性原则

技术独立性原则是指在技术功能上,特别是在数据相关功能上,企业要做到"采""管""用"分离。即数据采集、数据管理和数据应用要独立,不要让一个系统承担太多功能。这会导致数据的管理分散、数据口径不统一、数据来源混乱等问题,给后期的数据维护带来困难。

笔者曾经服务的一家石化企业就出现过这种情况，许多系统都有重复的功能，不同部门使用这些系统完成不同的功能。该企业上线了帆软的 FineBI 系统，本来这是一套数据可视化呈现系统，但是业务部门将这套系统当作数据录入的工具，直接在上面填报数据，还有一些部门将这个系统当作数据报表的存储数据库，没有将数据报表存储在数据资产管理平台上，造成了数据没有得到集中管理、数据口径不统一、产生数据冲突等一系列问题。

在原则上，为了追求数据管理、数据应用的方便，在确保数据质量的同时，还应提高数据应用开发的便捷性。笔者建议企业所采用的数据采集、数据管理和数据应用相关技术应保持独立性，数据采集平台只负责数据采集，数据资产管理平台只负责数据管理，数据应用平台只负责数据应用开发。如果需要重新录入数据，就要在数据资产管理平台中录入数据，让数据资产始终集中在数据资产管理平台，确保数据的一致性、使用的方便性和管理的规范性。

5. 敏捷开发原则

数据采集、数据管理和数据应用等相关技术的开发要有迭代，应采用敏捷开发原则。不要试图追求功能的完整性，等到想法成熟、流程稳定、业务稳固之后再开发就晚了。不要用在信息化建设时一步到位的思想来指导数字化管理体系的建设，要敏捷开发，有一个需求就开发一个需求，在整体架构设计好之后，在上面搭积木、盖房子，如果需求变化了，就迭代功能。

另外，不要因为迭代或者需要增量开发就否定过去的开发成果和开发思路，应时而动才是最好的。这是非常重要的一点。如果因为需求变动、开发变化、版本迭代就说过去没想好、没做好，会影响团队尝试创新、积极满足新需求的动力，会影响数字化管理落地的效率和效果。况且，在数字化管理体系的建设上，我们永远没有完美的设计方案，只有满足现有需求的设计方案。

2.4　人才线

数字化管理是数字技术在企业实际业务管理中的应用，其中的关键点，或者绝大多数企业建设数字化管理体系的瓶颈是"应用"，而要将数字技术应用到业务场景中，企业必须有具备相关能力的人才。如果企业的人才不具备数据应用能力，数据在业务场景中就无法发挥预期的作用。人才是数字技术应用的推动力。

当然，数字化管理体系是一套完整的体系，需要从数据采集、数据传输、数据存储、数据管理、数据分析和挖掘、数据在业务场景中应用等数据全生命周期的各个方面进行整体的构建。同时，在人才的能力方面，企业也要构建基于数据全生命周期的组织能力和专业人才的体系。

管理者的数据能力缺乏是企业数字化管理升级的瓶颈

无论是企业的数字化转型，还是企业的数字化管理升级，从目前企业的实践来看，其瓶颈都在于管理者的数据能力有所欠缺。现有的管理者已经习惯了靠知识、经验和直觉来做出管理判断和决策，而现在需要管理者在数字化的浪潮中利用数字技术来完成业务活动，对业务进行管理。在新的工具、环境和模式下，管理者不适应、没能力是正常的现象。人才的能力缺乏是阻碍企业快速实现数字化转型和数字化管理升级的瓶颈。

考虑到数字技术应用的全流程，企业需要四大类与数字技术相关的专业/技术领域的人才，还需要具备两种或两种以上与数据相关的专业/技术知识的跨界人才，以避免因为专业领域的差异导致他们之间互不理解。这四大类与数字技术相关的专业/技术领域如图 2-30 所示。

IT专业/技术领域	DT专业/技术领域	AT专业/技术领域	OT专业/技术领域
• 信息系统相关技术 • 互联网技术 • 软件开发技术 • 智能硬件技术 • 工业智能化技术 • 计算机、服务器等硬件技术 • 网络、4G、5G等相关技术	• 数据库相关技术 • 数据管理相关专业 • 数据结构、数据架构、数据建模等相关知识 • 数据处理："增、删、改、查"等相关技术 • 数据管理："入、存、享、管、出"等相关技术 • 大数据处理技术	• 数学、统计学、计量经济学、运筹学等相关专业知识 • 数据分析建模相关专业知识 • 人工智能、大模型、机器学习等相关技术 • 智能感知、知识图谱、算法等相关专业知识	• 业务管理相关专业知识：生产、研发、采购、供应链管理、营销、销售、质量管理、项目管理、客户管理、人力资源管理、财务管理等商业管理相关专业知识 • 业务领域相关技术：制造技术等

图 2-30　四大类与数字技术相关的专业/技术领域

企业在数字化转型和数字化管理升级过程中，即使想外聘或者招募具备数据能力的管理者，也不是轻易就可以实现的，因为人才市场上本来就缺少这样的人才。所以，企业必须考虑自主培养。而自主培养需要时间，更需要管理团队中的个人有被培养的意愿，有学习和成长的意愿，即愿意突破自我，学习新的知识，使用新的工具，用新的思路来进行管理，用新的模式来经营业务。

实践证明，企业自主培养是唯一可行的选择。不仅仅是因为外部人才市场中数字化人才相对缺乏，更为重要的是，即使你能够招募到水平很高的数字化人才，他们在传统企业的环境中是否适应也是一个问题。"外来的和尚好念经"的一个前提条件是，这个"和尚"不能成为我们这个"庙"里的人，必须是外人，一旦成了我们"庙"里的人，入职到我们这个"庙"中，就会有各种利益牵扯，其进行各种变革的动力就会被削弱。这就造成优秀的数字化人才到了企业的业务场景中，无法真正发挥他们的水平和能力。所以，自主培养出来的数字化人才更有优势。

如何培养数字化人才呢？数字化是非常新的概念，企业也不知道如何培养适配自身的数字化人才。建立什么样的机制，构建什么样的人才培养体系，搭建什么样的平台，能够让管理者提升数据能力？这些都需要企业去探索，在探索中成长，在试错中进步。笔者会在第 6 章详细介绍咨询实践中的一些经验，总结出框架和部分模型，给大家一些参考，让大家在试错中少交学费、少走弯路。

从"管理者即算法"到"算法即管理者"

前文我们提到，企业数字化转型需要经历两个阶段：在第一个阶段，企业通过上线智能硬件或者软件采集数据，然后让管理者分析这些数据，赋能其日常的经营和管理决策，这个阶段叫作"管理者即算法"阶段；在第二个阶段，企业将管理者分析数据、做出判断、形成决策的过程开发成决策算法，基于决策算法和实时采集的数据，计算机系统模拟人做出决策，然后发出指令，进行管理，这个阶段叫作"算法即管理者"阶段。

（1）在第一个阶段，即"管理者即算法"阶段，管理者采集数据、分析数据和做出决策的能力决定了对数据价值的挖掘程度，决定了其所做出的经营和管理决策的质量，也代表着企业决策的优秀程度，是企业竞争力的源泉。这个时候，企业的管理者必须具备数据采集、数据管理、数据处理、数据分析、算法建模、数据决策的能力，以及掌握数据采集工具、数据处理工具、数据分析工具的用法，才能够高效地处理不断提升量级的数据集。现在绝大多数进行数字化转型的企业都处在第一个阶段，除了那些原生数字化企业或者互联网企业，如导航软件、网约车平台、内容媒体平台、电商平台等业务类型的企业，传统的企业在开启数字化转型后对管理者的数据能力高度依赖。所以，在这个阶段，人才是企业数字化转型的关键。

（2）在第二个阶段，即"算法即管理者"阶段，在数据采集、数据处理、数据分析和数据决策等相关技术平台逐步建设和成熟的时候，企业需要把管理者处理数据、分析数据、做出决策的思路用算法替代，然后通过系统性的开发，让软件系统和硬件系统来执行运算，生成业务决策指令，自动化地进行决策指挥。这个时候，管理者基于业务场景和业务流程决策开发算法的能力，以及其开发的算法的先进性、准确性和决策模型的科学性，是企业做出业务管理决策的关键。在这个过程中，管理者的算法开发能力成为企业数字化转型的关键。

在这个阶段，人才线上的重点任务有两个：一个是让管理者放弃做出管理决策的权力，将这个权力交给算法；另外一个是提升管理者的算法设计和算法开发能力，从而让管理者能够结合实际业务逻辑和业务需求，自主地去构建业务数据分析模型、业务决策模型，并基于企业提供的系统平台开发这些模型，以及监督这些模型的应用。当然，企业可以科学地分工：有的人研究业务逻辑，有的人研究数据分析算法，有的人研究决策模型，有的人将这些思想通过计算机软件编程，最终将业务决策逻辑、分析算法、决策模型一体化地通过计算机程序实现。这四者需要充分协作才能完成整个算法开发的过程，并在实际业务应用中不断地分析、迭代和优化算法，使其适配业务环境的变化。

换句话说，随着企业数字化转型的推进，人才线上的任务在不断演变。在不同的发展阶段，企业对管理者能力的要求不同，在人才引进、培养和发展上，也有着不同的侧重点。

管理者数据能力 4M 模型

在"算法即管理者"阶段，管理者的数据能力决定着企业的竞争力。管理者的数据能力包括哪些方面？如何提升管理者的数据能力？这些是企业在进行人才线建设时必须要回答的问题。

结合多年的咨询服务实践，笔者提出了管理者数据能力的四个维度，分别是认知能力（Mind）、应用能力（Methods）、工具能力（Mastery）、推动能力（Move-On）。我们把这四个维度组合在一起构成了 4M 模型，对现有的管理者进行训练，持续提升管理者在各个维度的能力，如图 2-31 所示。

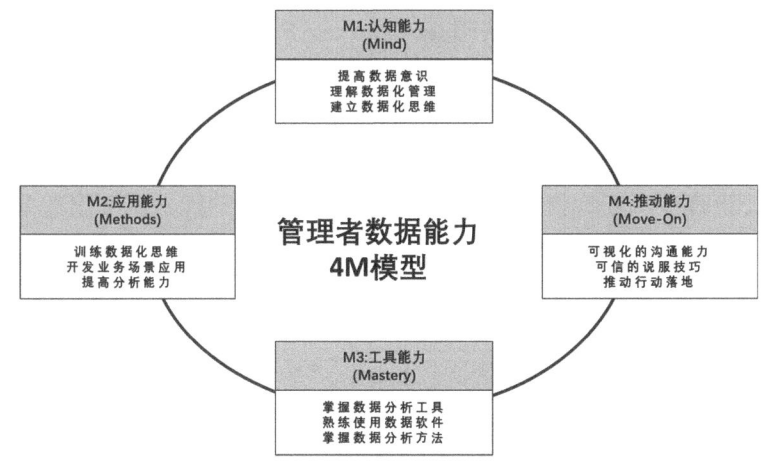

图 2-31　管理者数据能力 4M 模型

1. M1：认知能力

什么是数据意识？数据意识没有明确的定义，导致大家从常识角度去理解数据意识。数据意识有强弱，如何评判呢？笔者在实践中是这样定义数据意识的。"意"代表着意思，"识"代表着识别，数据意识就是对数据背后意思的识别。对数据意义和意思的识别是一种能力，这个能力有高有低，是否能够识别出数据背后的意思，对数据背后意思的识别深度，都由能力决定。如何提升管理者的数据意思识别能力，就要看管理者是否有相关的知识、经验和行动，而是否能够持续地学习相关知识、是否能通过日常的行为积累经验，还要看个人是否喜欢、是否有兴趣。兴趣是一个人提升专业能力的"老师"。

数据意识的四个维度和三个层级模型如图 2-32 所示。

数据意识的四个维度和三个层级模型

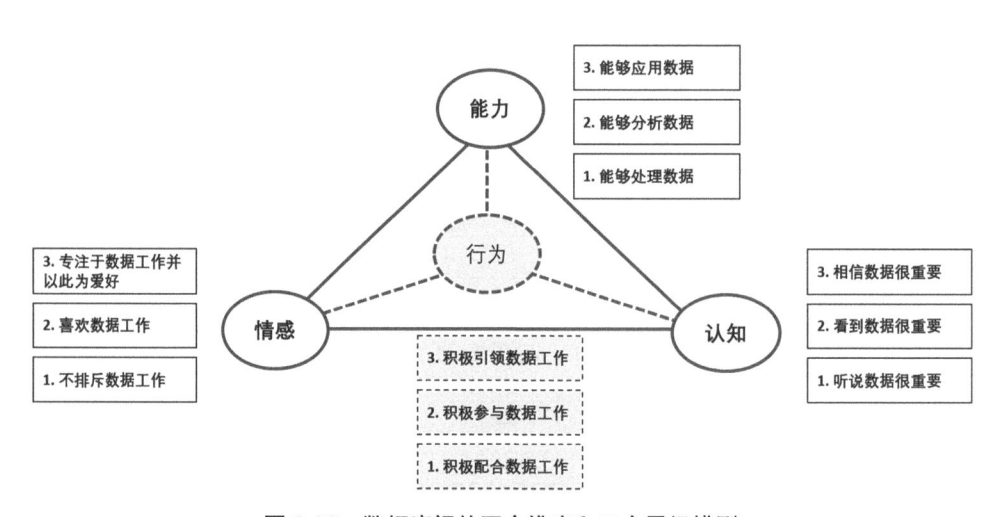

图 2-32　数据意识的四个维度和三个层级模型

为了让管理者不断地提升数据意识，能够有更强的能力识别出数据背后的意思，能够解读业务、分析业务、更科学地决策业务，我们需要让管理者理解数据化管理，建立数据化思维，持续构筑管理者识别数据背后意思的思维模式。

2. M2：应用能力

所谓数据分析方法，就是利用模型对数据进行处理加工，生成我们对事物的认知、判断，从而形成相关的决策。专业学科给我们提供了很多种数据分析方法，特别是统计学、数学等学科。数据分析方法有很多种，管理者需要在日常工作中不断尝试和积累经验，熟练地构建数据分析模型，分析日常的数据。虽然数据分析方法可以通过学习专业学科的知识获得，但是管理者在实际应用中还需要将专业学科教科书上的知识应用到实践中，这是一个实践性很强的技能，只靠学习专业学科知识是不够的。

3. M3：工具能力

数据工具不仅包含进行数据分析的软件工具，还包含进行数据采集、数据管理、数据处理的软件工具。随着需要处理的数据在量级上的提升，原有的 Excel 等软件工具在数据处理能力、数据处理速度和数据处理功能上显现出了局限性。我们需要升级数据工具，可以利用 SQL 工具进行"增、删、改、查"的处理，可以利用 ETL 工具进行批量的、快速的数据处理和转换，可以利用 Python 或者 R 语言进行数据分析建模等。数据工具的三层级示意图如图 2-33 所示。

图 2-33 数据工具的三层级示意图

此外，管理者还应该会用算法编程工具，如 Java、Python 等编程语言。现在绝大多数的管理者并不具备这个能力，让他们学习使用这些编程软件工具，也是非常不现实的。现在我们可能还想象不到，未来，会用算法编程工具将是管理者的基本能力，特别是在"算法即管理者"阶段。所以，管理者要与时俱进，掌握一种高级的数据工具是非常有必要的，特别是年龄不大的管理者，这是为未来胜任岗位提前做的知识储备。

4. M4：推动能力

数字化正在重构企业的业务流程、重塑客户体验、变革企业的组织和文化，依据数据和算法做出更好的决策，必然会改变企业内部的各种决策机制，改变人与人之间的关系，改变权力格局，甚至是利益格局。这要求管理者在企业数字化转型过程中能够推动相关的变革落地。变革推动能力成为企业进行数字化转型的必需品。

这要求管理者能够用数据说话、用数据决策，不唯权，不唯利，而是用事实、数据和规律来使业务决策更科学。管理者不仅要用数据来提升自己的沟通能力，还要不断提升个人的数字化领导力，让改变发生，甚至主动推动改变发生。

管理者数据能力系统晋级

传统企业的管理者已经习惯了靠知识、经验和直觉来做出业务决策，其中理性的管理者会对数据进行分析，但是，在过去的管理体系下，基于数据分析的决策并不是企业管理的主流。企业的数字化管理升级首先需要管理者具备数据能力，从而能够利用数据分析做出更好的业务判断和业务决策。

企业要想体系化地推进数字化转型，一项非常重要的工作就是系统性地提升管理者的数据能力。有些企业可能会通过人才引进来弥补现有管理者数据能力的不足，但是现在人才市场上具备数据能力的管理者是稀缺的，即使能够招募到具备专业能力的管理者，因为其刚刚加入企业，对企业的业务并不熟悉和了解，在短期内能够发挥的作用也是有限的。"一花盛开不是春"，某个管理者的数据能力提升，并不能带来企业数字化管理的升级（虽然会有带动作用），也不能替代其他管理者数据能力的提升。所以，为了实现数字化管理升级，企业必须构建管理者数据能力提升体系，设计对应的机制，引进各种培训，并积极推广最佳实践，构建学习型组织文化。

管理者数据能力的体系化提升是一个系统工程，需要构建相关知识域，搭建相关的课程体系，以及训练模式，并构筑一定的晋级机制。管理者数据能力知识域（建议版）如图 2-34 所示。企业应结合自身业务需求，制订在职训练计划，在进行数字化转型的过程中，边实践，边培养人才。同时，还要配备相应的奖惩机制，确保能够留住优秀人才，给优秀人才的业绩贡献给予足够的回报，降低培养的优秀人才被竞争对手挖走的概率。

第 2 章 企业数字化管理体系的四条线

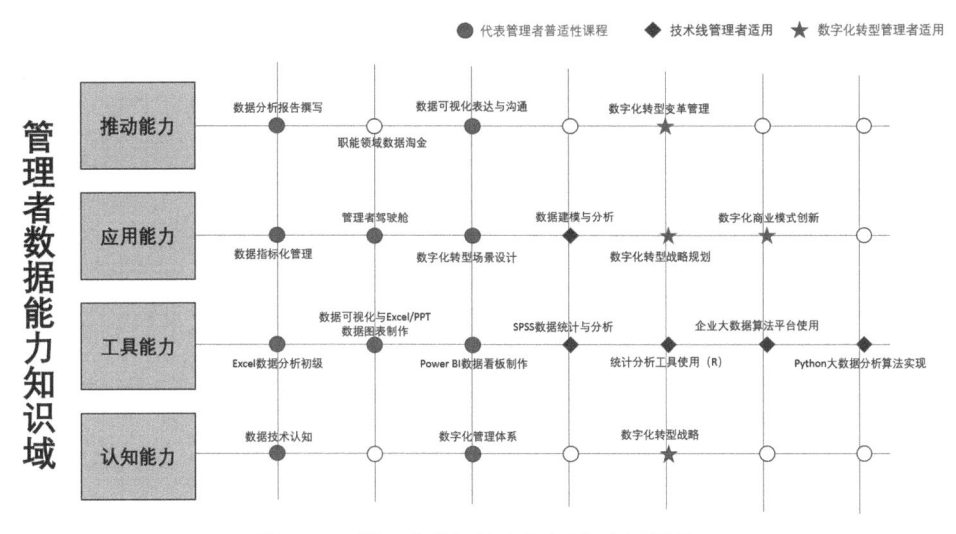

图 2-34 管理者数据能力知识域（建议版）

数据中心组织建设：从服务者升级到引领者

无论是进行数字化转型，还是进行数字化管理体系建设，企业都应成立专门的组织来推动。数字化转型和数字化管理体系建设都是长期的工作，不是一时就能够完成的项目，所以，企业应成立职能化的组织。数据中心组织职能化是未来的趋势，也是进行数字化转型和数字化管理体系建设的中大型企业所需要考虑的内容。所有的临时性组织都会让数字化转型和数字化管理体系建设成为临时性的工作，缺少长期的规划。

职能化的数据中心组织具体负责什么呢？我们可以把企业当作一个有机体，比如人或者动物，有三套系统，一套是血液循环系统，一套是细胞组织系统，一套是神经中枢系统，细胞构成组织，组织构成器官，器官构成身体。将企业职能化的组织类比为这三套系统就是，人作为细胞组成各个部门，各个部门组成业务板块，业务板块组成企业整体，这套系统由人力资源管理部门来负责管理；资金和资产是企业业务活动的"养分"，是企业的血液循环系统，是业务活动的能量供给系统，由财务部门来负责管理；数据体系是企业的神经中枢系统，决定着企业对内外部环境的感知、对业务活动的判断，企业应该成立专门的组织来管理这套神经中枢系统，如图 2-35 所示。

数据中心组织	人力中心组织	财务中心组织
神经中枢系统	细胞组织系统	血液循环系统

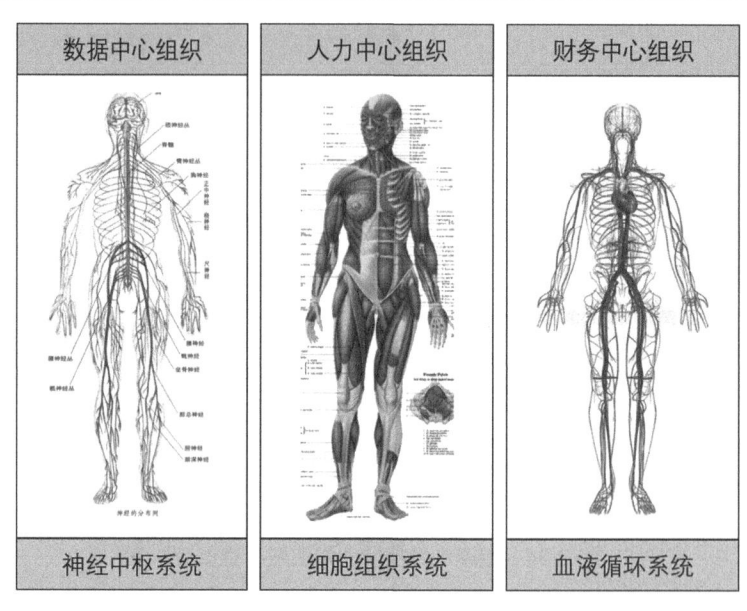

图 2-35 将企业职能化的组织类比为人体三大核心系统的示意图

以财务中心组织为例，下面介绍数据中心组织的职责。

财务中心组织的基础工作是对企业所有资金和资产进行登记，形成账目，为业务部门提供核算和报表的服务，定期对资产进行盘点等。这是服务职能。数据中心组织需要为企业所有流程环节的数据采集、数据引入，以及数据流转、应用提供基础设施、软件系统和管理软件的服务。这是数据中心组织的第一层职能：服务职能。

财务中心组织管理企业所有资金和资产的环节，包括记账、管理，以及资金和资产的投资活动、融资活动等。数据中心组织需要负责数据资产的产生、输入、输出、流转、应用等方面的管理工作。换句话说，数据中心组织不仅是一个提供数据的服务型组织，还是一个管理型组织，确保数据资产得到有效的采集、管理和应用。从这个意义上来讲，数据中心组织还要负责企业内外部所有数据资产的管理工作。

就如财务中心组织能达到企业的战略层面，负责投资决策和投资者关系维护，数据中心组织也要负责企业的数字化战略落地、数字化管理晋级、数字技术应用、算法管理，甚至数字化商业模式创新。从这个意义上来讲，数据中心组织还是一个领导型组织，带动企业上下顺应数字智能时代的趋势，引进新兴的数字相关技术，提升企业的竞争力，甚至创新商业模式。数据中心组织、人力中心组织和财务中心组织的三支柱类比如图 2-36 所示。

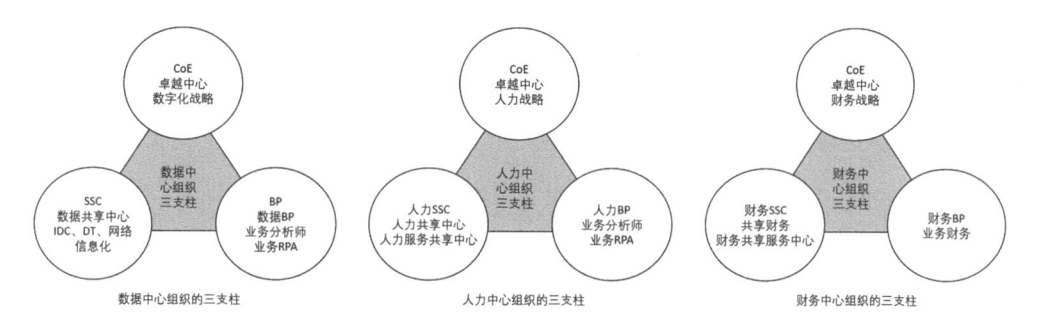

图 2-36 数据中心组织、人力中心组织和财务中心组织的三支柱类比

既然数据中心组织需要为企业提供三大类职能：服务、管理和领导，那么一个最好的选择就是将数据中心组织设定为三大子中心，即 CoE、BP 和 SSC，分别代表 Center of Excellence、Business Partner、Shared Service Center。

第 3 章

企业数字化管理体系建设七步法（上）

管理学的发展经历了几个阶段，包括：

① 古典科学管理理论阶段；

② 行为科学管理理论阶段；

③ 现代科学管理理论阶段；

④ 后现代科学管理理论阶段。

现在，数字技术的快速发展，给管理学的发展和创新带来了新的机遇，数字化管理方式逐步成为企业管理的新方式。

最早的科学管理理论可以追溯到具有代表性的著作：泰勒于 1911 年撰写的《科学管理原理》，其中介绍了通过数据统计和"差别计件工资"，实施标准化管理，优化作业流程，从而提升生产效率。

美国工程师弗兰克·吉尔布雷斯与夫人莉莲·吉尔布雷斯在动作研究和工作简化方面做出了特殊贡献。他们联合出版了《现场制度》《混凝土制度》《动作研究》《疲劳研究》《时间研究》等书，用科学的方法研究工人的行为和动作，通过关注人的因素来提升工作效率。他们发明的著名的管理工具甘特图一直被用到现在。

哈林顿·埃默森的研究重点在组织行为和目标管理上，他真正把科学管理推到一个更高的层次。他在《效率的 12 项原则》一书中提出了提升效率的十二项基本原则，对美国经济的快速发展起到了理论指导作用，促进了从经验管理到科学管理的转变。

亨利·法约尔创新了古典组织理论，提出了一系列的管理原则，是工业管理学的奠基人，还是层级组织架构的创始人。层级组织架构如图 3-1 所示。

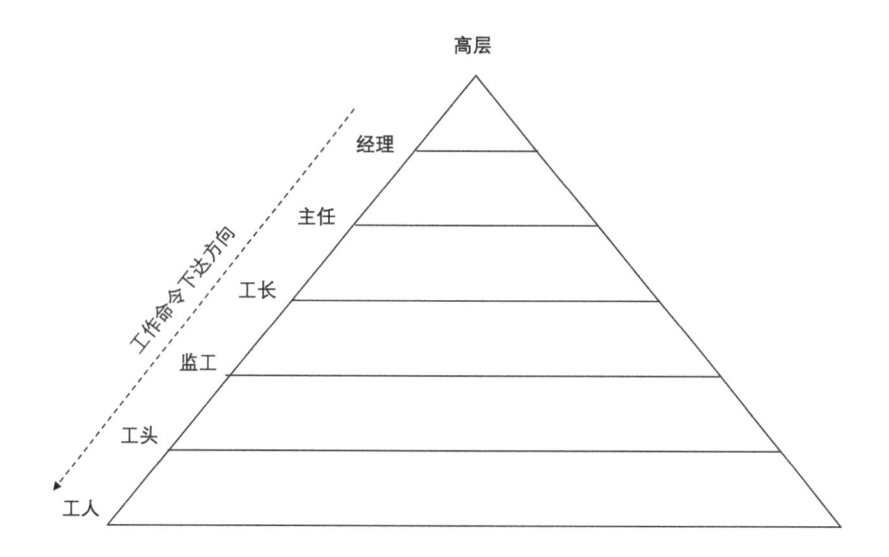

图 3-1 层级组织架构

德国人马克思·韦伯创立了科层制组织架构，这种组织架构一直被延用到现在，如图 3-2 所示。

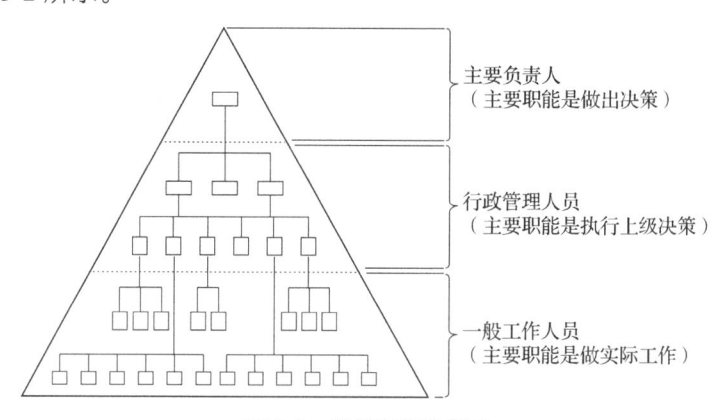

图 3-2 科层制组织架构

管理学不断发展，在工业时代初期关注作业活动的研究、组织的研究，后来开始关注人文的研究。社会学和心理学的发展也让管理学得到快速发展，如著名的霍桑实验关注人的心情对效率的影响，马斯洛需求层次理论关注人的需求等。

管理学经过约半个世纪的快速发展，到 20 世纪中期，发展到了现代科学管理理论阶段。此时，管理学得到了极大的发展，心理学、社会学、经济学、金融学、组织行为学、政治学等跨学科的内容被纳入管理学的研究中，也衍生了很多学派，如决策理论学派、角色理论学派、经验学派、权变理论学派、社会系统学派等，也涌现了像彼得·德鲁克这样的管理学大师。

到了 20 世纪后期，质量管理快速发展，戴明提出全面质量管理，其发明的 PDCA 闭环管理方式到现在一直被我们使用；在工业时代后期，在供大于求的情况下，企业竞争力理论得以发展，代表人物是迈克尔·波特，代表著作有《竞争优势》和《竞争战略》；学习型组织理论在知识极大丰富的时代产生，强调组织能力升级，通过持续不断的学习积累经验和知识，强调知识管理，代表人物是彼得·圣吉，代表著作有《第五项修炼》。

随着互联网技术和相关数字技术的发展，进入 21 世纪，企业所处的社会、政治、经济和技术环境发生了巨大的变化，管理学也需要与时俱进。过去管理学强调管理者、决策者、领导者如何做出更好的管理决策；到了数字智能时代，数字技术已经成为人类学习、思考、想象、认知、判断和决策等活动中不可分割的一部分，此时的管理学除了要研究人的管理和决策，还要考虑数字技术在这个过程中的参与，包括参与方式、参与程度，以及人与机器之间的协作等问题。数字化管理理论需要创新。

3.1　企业数字化管理体系建设七步法介绍

数字化管理是企业在管理方式上的转型。数字技术在企业管理中起到认知、分析、判断和决策的作用。企业利用数字技术采集数据、分析数据、进行判断，最后做出相关决策，数字技术的应用成为企业管理中的一个环节，并且是最为重要的"决策"环节。

企业数字化转型是利用数字技术转变企业的生产方式、管理方式、组织方式、经营模式和商业模式。

如何推动数字技术在企业管理中的应用呢？数字化管理的终极阶段是用数字技术替代人脑做出自动化的决策，形成数智化管理方式。在这个过程中，算法会替代管理者做出日常的经营管理决策。算法的开发和普及应用不是一蹴而就的，需要经历一个过程：持续开发并迭代算法。这个升级过程就是从管理者利用数据做出决策的数据化阶段升级到算法利用数据替代管理者自动做出决策的数智化阶段。数字化转型的三个"化"如图 3-3 所示。

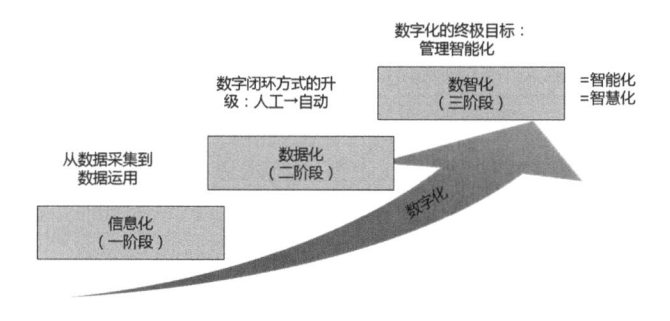

图 3-3 数字化转型的三个"化"

这个升级过程是非常复杂的，涉及企业经营管理的方方面面，不仅包括业务流程的转型，还包括数据、算法和相关技术的应用，以及人才能力的升级。在这个体系化转型的过程中，企业还要考虑数据体系的完善程度、内外部环境变化所带来的业务逻辑的变化，以及组织、人才、企业文化等方面的变化。数字化管理体系的框架图如图 3-4 所示。

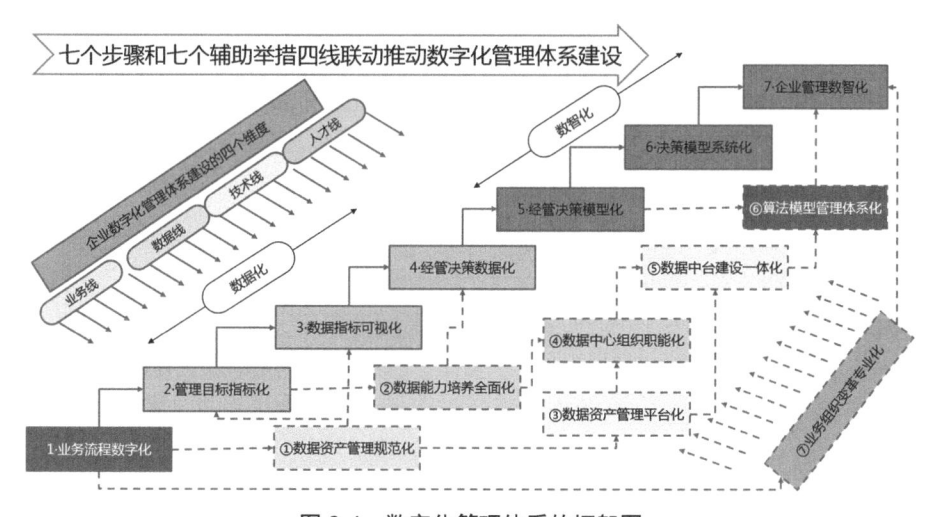

图 3-4 数字化管理体系的框架图

企业数字化管理体系建设的技术整合

数字化管理所需要的技术也是多样的，除了基础的相关智能硬件技术（即带有传感器、芯片和联网数据传输模块的智能硬件技术），还包括传输数据的网络设施技术（即 4G/5G、光纤传输和相关网络设施技术），用于数据存储和管理的服务器及信息化软件相关技术，以及用于数据开发和数据应用、算法开发和管理、计算服务、消息管理等数据应用端的相关技术。

数字化管理所需要的技术涵盖了数据采集、数据传输、数据管理、数据分析和数据应用等多个环节。当企业在数字化管理升级过程中选择不同厂家的产品来搭建自己的技术体系的时候，需要考虑到数字技术之间的兼容性，要保证这些技术能够在整个数据闭环中兼容，从而形成完整的技术体系，不能只考虑眼前的业务需求和贪图价格便宜。否则，就像过去的信息化建设，以业务部门为主导，形成一个个的数据孤岛。

1. 全流程数据流整合

全流程数据流整合要求企业要按照相同的标准和规范来采集数据、管理数据、传输数据和分析数据。只有在相同的数据标准下，企业才能够完成全流程的数据追溯。比如，零部件要有相同的数据描述、编码、批次管理方式，当产品出现的质量问题源自零部件的时候，我们可以用数据追溯到产品零部件的供应商，追溯到谁采购的该零部件、谁做的入库检查、谁出的库、谁加工的产品；当客户下单的时候，我们可以用客户数据追溯到谁负责这个客户、谁负责交付产品、谁负责售后服务、谁对该订单进行收款。全流程中的环节都是相互关联的，对应的数据也要进行全流程的联通。

在实际业务中，在不同的环节，企业会使用不同的业务系统：在采购环节使用 SRM 系统，在零部件进出库环节使用 WMS 系统，在零部件领用环节使用 MES 系统，在物流环节使用 TMS 系统，在销售环节使用 POS 系统。这些系统要相互联通，采用相同的数据标准，对物料进行统一的规范编码，才能实现全流程的数据打通。

在这个方面最经常出现的错误就是，各部门为了满足自己部门流程管理的需要，按照本部门的习惯对物料、产品、部件、设备、机台等实物进行命名和编码，导致各环节的前后不统一。企业应从全流程出发，系统性地梳理所有的业务需求，建立统一的命名规范和编码体系，尽可能做到一物一码、一事一号，让数据实现全流程各环节的打通，能够被无缝隙、无断链地追溯。

2. 采管用数据流整合

为了让数据为业务分析和决策所用，及时地反映业务、表征业务，让业务部门更方便地获得所需要的数据，企业在技术上应对数据的采集、管理、应用进行分离管理。

我们在实际咨询服务中发现，业务部门为了便捷地开发相关功能，将原来做数据分析的工具当作数据录入的工具，将原来做数据采集的系统在附加一些功能之后当作数据呈现的工具。在有了新需求之后，这些"目的不纯"的工具之间便产生了无比复杂的关系。

笔者的一个客户——一家石化企业上线了帆软的 FineReport 和 FineBI，目的是对数据进行呈现，实时呈现报表和可视化的图表，并利用这两个工具开发了管理者驾驶舱体系，为各层级管理者搭建了实时的数据报表和可视化看板。财务部门为了录入金融业务和现金流管理的数据，在 FineBI 上开发了数据录入的表单，一线业务人员可以在这个表单中直接录入数据，为数据可视化呈现提供原始数据集。但是，在 FineBI 中无法直接改写 ERP 系统中的数据，FineBI 中的数据在进入 ERP 系统时需要重新录入一遍，这就导致录入数据的不一致、不同步或者录入偏差等问题，甚至产生数据混乱的情况。

还是这家企业，其通过 FineReport 和 FineBI 做可视化呈现。生产端的 WMS 为了实时呈现各生产环节的原料库存、在制品库存和成品库存的状况，附加了一套可视化看板工具。这套可视化看板工具可以做到实时呈现数据，但是其中的好多库存数据与采购系统、ERP 系统、罐区管理系统和销售订单系统没有直接关联。同时，为了统计库存货值、计算库存占用成本，业务人员只能在其中手工填入金融板块的数据。因为填入不及时，导致数据更新不及时，经常出现数据偏差。

软件厂商为了满足客户多样化的需求，会在自己的系统该有的功能之外附加一些功能，以谋求商业利益的最大化。比如，软件厂商会在 ERP 系统中附加可视化模块，会在 MES 中附加报表开发功能和可视化功能。现在几乎所有的业务信息系统都具备了数据可视化呈现的功能，但是企业在推行数据应用的时候，要考虑到功能的集约化，特别是在采集、管理、应用方面进行功能独立：数据采集系统只做数据采集，数据管理系统只做数据管理，数据应用系统只用来开发数据应用，如图 3-5 所示。

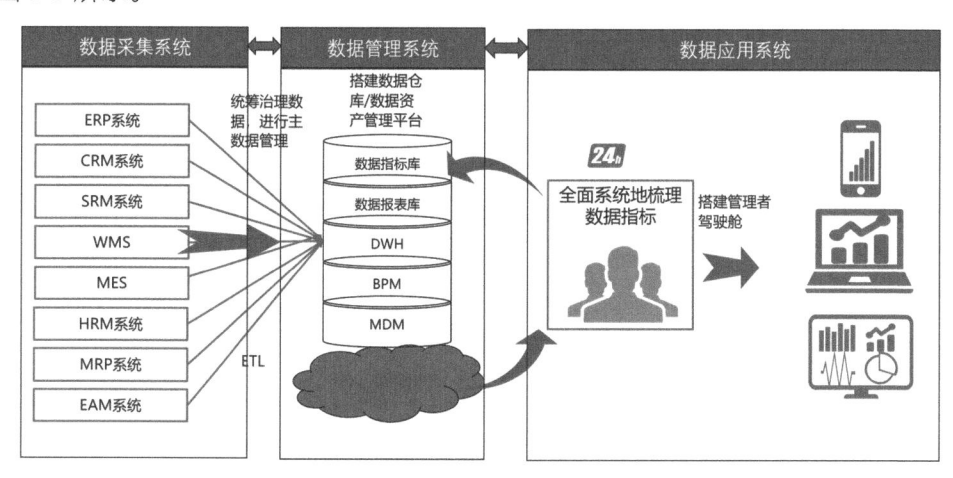

图 3-5 数据采集、管理、应用功能在技术架构上的独立示意

原来的 ERP、CRM、TMS、WMS 和 MES 等业务信息系统主要负责业务流程

管理和数据的录入，这些系统产生的数据被实时传输给数据管理系统。当然，在必要的时候，我们可以在原有的数据采集系统中做一些数据的预处理，或者边缘计算，为数据管理系统提供其需要的数据，并非一定要把所有的原始数据都同步给数据管理系统，特别是通过摄像头、生产设备、仪器仪表产生的实时动态数据。仅仅同步聚合数据或者需求数据，是为了降低对数据管理系统技术复杂度的要求，在有新的数据需求时，可以再在原有的数据采集系统中做数据聚合开发。

  数据管理系统在获得数据采集系统传输过来的数据后，直接将其加载到对应的数据库中进行保存，并与数据采集系统的数据库保持一定时间内的同步；然后对获得的数据进行建档管理，同步到数据目录中，根据规则设定权限、加工数据报表，形成二次报表数据，为可视化呈现提供原始的和二次加工后的统计报表。对于已经建立数据指标体系的企业，则将原始数据加工成数据指标，存入数据指标管理库；然后对所有数据的访问和修订进行跟踪管理，并根据业务系统的数据需求提供数据输出服务。比如，我们要在 CRM 系统中访问客户服务信息，CRM 系统就会发送数据请求指令给数据管理系统，由数据管理系统直接向 ERP 系统请求数据，而不是由 CRM 系统去访问 ERP 系统。这样，过去如一团乱麻的数据因为有了集中管理数据的中枢，而变得井然有序。

  业务系统与业务系统之间互通数据的模式叫作"搭桥"模式，即在不同业务系统之间构建一个个的桥梁，以打通数据。建立数据资产管理平台，然后让各个业务系统都与这个数据资产管理平台联通，从而将这个平台作为"中间人"，打通各个业务系统之间的数据，这种模式叫作"搭台"模式，如图 3-6 所示。

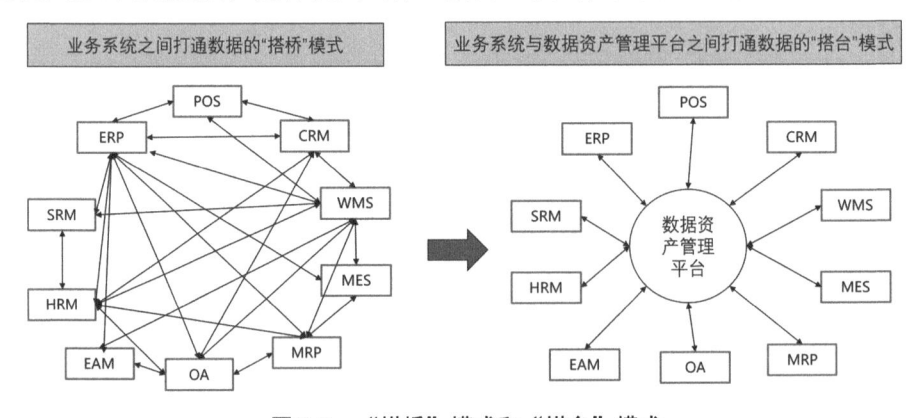

图 3-6 "搭桥"模式和"搭台"模式

3．技术方案的整合

  技术方案的整合在没有数据中枢（数据资产管理平台）的情况下是一个难题，每个软件厂商都有自己擅长的领域：那些靠互联网起家的软件厂商擅长网络大数据的管理；那些靠装备起家的厂商擅长生产实时数据的管理；那些靠 ERP 软件起家的厂商擅长企业内部运营数据的管理。不同的软件厂商之间因为存在竞争关系，彼此不开放，都希望在软件产品上把对手隔离在外，导致他们生产的产品之间不能有统一的标准和开放式的接口，从而让企业的数据整合和系统之间的通信变得无比复杂。企业在进行新系统选型的时候，要考虑新系统是否能跟现有的旧系统建立数据联通关系，新系统和旧系统之间是否有接口可以完成数据无缝隙实时同步。这让企业上线新系统变得无比艰难，可选择的产品越来越少：有的产品能满足功能需要却不能满足数据联通需要，有的产品能满足数据联通需要却不能满足功能需要。

如果企业建立了数据中枢，各种业务系统都匹配这个数据中枢的软件系统，那么技术方案的整合就会变得容易许多。数据中枢让企业在进行新系统选型的时候，不需要考虑现有几十个业务系统的关联性问题，而是只需要考虑一个问题，即新系统能否跟数据中枢对接，这样就简单了许多。

企业数字化管理体系建设七步法的内容

企业数字化管理体系建设需要从技术上构筑数字技术闭环，并在业务经营管理中建立体系化的数据应用，这是一个循序渐进升级的过程。这个过程涵盖了数据采集、数据应用，以及决策模型的开发和系统化实施。结合多年的咨询服务经验，笔者总结了一套系统化实施决策模型的步骤："企业数字化管理体系建设七步法"（简称"七步法"），这个七步法是对企业在进行数字化转型时三个"化"的解构，如图 3-7 所示。

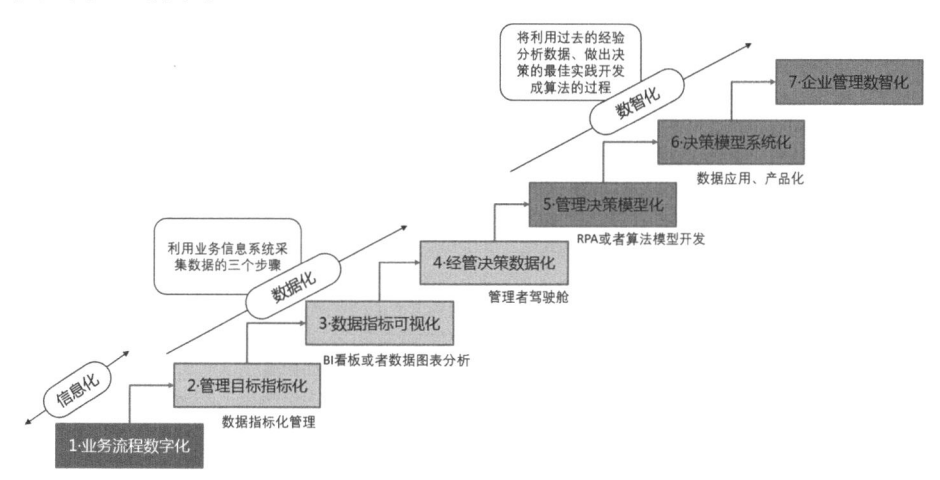

图 3-7 企业数字化管理体系建设七步法

该七步法可以在某个板块中实施，哪些板块具备实施该七步法的条件，就可以优先实施，哪些板块还不具备实施该七步法的条件，则可以结合前序板块实施的经验，并考虑跟前序板块的衔接匹配。

第一步，业务流程数字化。这一步是通过在业务环节实施数字技术，从业务决策需求的角度采集数据，构建数据基础。在大多数情况下，业务流程数字化是企业信息化建设的过程。

在业务流程数字化这个步骤中，一方面要对现有的业务流程进行数字化的再造，另一方面要照顾到后续步骤中的数据需求。在业务流程数字化中，企业是基于业务决策的需求来采集数据的，而不是像过去进行信息化建设那样，从流程流转需求出发采集数据。

第二步，管理目标指标化。这一步是在第一步采集的数据的基础上，从管理目标出发体系化地梳理数据指标，将第一步采集的数据加工成管理和表征业务活动的数据指标。

在这一步要系统梳理数据指标，从业务活动的目标出发，让数据指标全面、完整和体系化地表征业务活动的好坏优劣，表征管理目标的达成情况。在梳理数据指标的时候，既要体系化地梳理结果指标，还要体系化地梳理过程指标，从而让企业能够用数据指标构建"好结果"和"好过程"之间的关系，构筑后续过程管理的指标体系。因为只有具备好的过程，才有好的结果。

另外，数据指标和人力资源绩效管理及绩效考核所涉及的 KPI 是不同的。KPI 是关键绩效指标，是结果指标中比较关键的指标。换句话说，KPI 是数据指标体系子集（结果指标）的子集（关键指标，用于绩效考核），如图 3-8 所示。

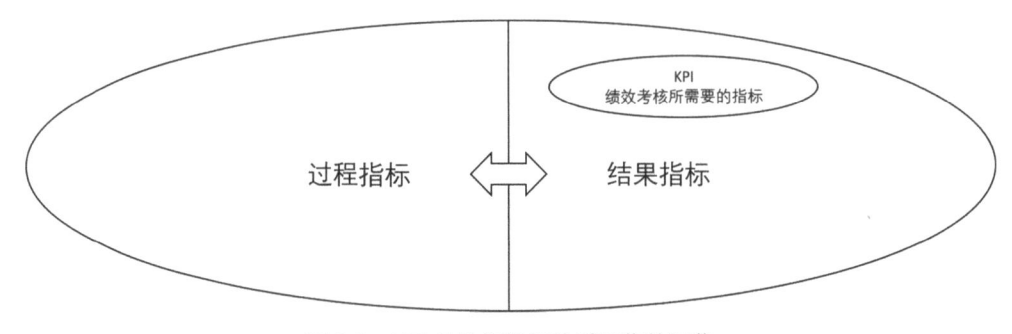

图 3-8 KPI 是数据指标体系子集的子集

第三步，数据指标可视化。在有了数据指标之后，我们就可以对业务活动的过程和结果进行评价和分析了。要进行评价和分析，最直接的方法就是把这些数据指标变成更容易解读和分析的可视化图形。一图胜千言，当我们把数据指标用图形来表示的时候，能够更容易、更快速地解读数据指标背后的逻辑。

数据指标体系是比较复杂的，与业务管理的复杂度有关，且是一个网络结构，数据指标之间相互影响和关联。所以，我们在进行数据可视化的时候，不是要构建一个个孤立的图形，而是要构建相互联动的数据图表。我们要对数据指标之间的交互关系进行深度的分析和解读，回答发生了什么、为什么发生、将要发生什么等问题，从而做出更好的决策：该怎么干。

第四步，经管决策数据化。 当我们有了数据和数据指标体系，并通过可视化看板搭建了数据可视化图表时，剩下的就是如何将这些数据、数据指标、数据可视化图表用于管理了。经管决策数据化是让各层级管理者都能够体系化地利用数据、数据指标和数据可视化图表，做出实时、高效、敏捷的决策，以实现"让企业里每个人的管理决策都有数据支撑"。

数据化是数字化转型的一个阶段，是将数字技术装备和信息化软件采集的数据进行解读，从而赋能管理决策的阶段。这个阶段比较依赖管理者的数据能力，特别是分析数据、解读数据的能力。其决定着数据能够发挥的作用和能够创造的价值，也决定着企业数据化管理的成熟度。

第五步，管理决策模型化。 这一步是构建数据分析模型、决策模型，从而解决管理中"该怎么做"的问题。数据分析模型告诉我们如何分析、解读数据，决策模型告诉我们基于分析结果，采取什么措施才是正确的或者最好的选择。前者可以被理解为数学问题，后者可以被理解为业务问题。决策模型来自哪里？决策模型从过去的最佳实践中来，基于过去发生了什么，总结背后的规律，结合规律预测未来要发生什么。基于未来可能发生的状况，按照历史最佳实践来采取行动，就可能获得我们期望的结果。我们总结的成功经验和最佳实践越多，基于规律和预测，我们所能够借鉴的决策模型就会越多。

第六步，决策模型系统化。 这一步是企业通过搭建数据决策软件系统，实行自动化的数据采集、数据分析、数据挖掘、业务决策建模等，实现由系统进行自动的管理指挥和业务调度，脱离对管理者的依赖，能够更快速地分析数据、进行决策管理，从而做到实时的快速响应。当由系统来指挥算法时，其优势在于：①可以 7×24 小时工作，只要产生了数据，系统就会计算，就会做出响应的决策；②可以更低成本地做出决策，管理者做出决策需要工资，需要考虑各种需求，算法做出决策只需要非常少的电力供应；③不会犯错，是人就会犯错，而算法会根据设定的条件严格执行计算，不会因为疲劳或者疾病而出错；④不被利益左右，而人会被利益驱动，如图 3-9 所示。

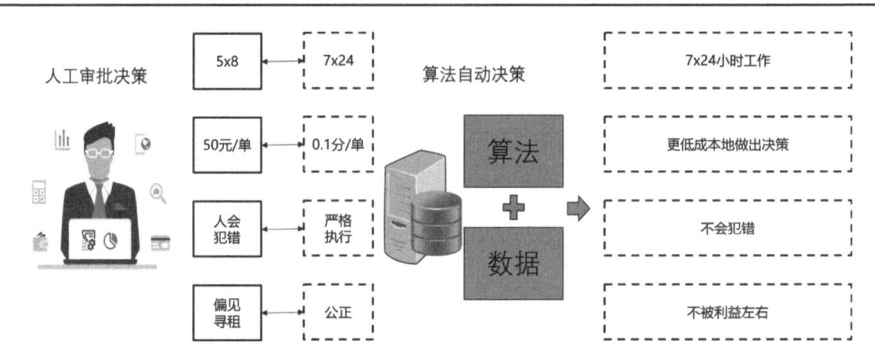

图 3-9　示例：人工审批决策和算法自动决策的对比

比如，物流车辆调度员可能会根据自己与司机之间的关系，把更多的调度任务分给与自己关系好的司机；而算法只会按照调度规则严格执行调度指令。

算法决策的优势让企业间的竞争上升到一个新的维度，也提升了企业管理的效率和科学性。

第七步，企业管理数智化。数智化管理就是由数据和算法做出管理决策。随着上一步的算法模型的不断积累，"数据+算法"决策模型不断增多，企业各个流程环节中的数智化管理方式越来越丰富。我们可以说，企业管理已经进入数智化状态了，企业成为智慧型企业了。

企业数字化管理体系建设的辅助举措

要想推动数字化管理体系的建设，除了让数据在业务决策中逐步发挥作用，企业还需要考虑七个辅助举措。

1. 第一个辅助举措是数据资产管理规范化

虽然大多数企业都进行了超过 20 年的信息化建设，但是其数据资产的质量不容乐观。在真正把其系统中的数据拿出来分析、挖掘和使用的时候，我们会发现，这些数据无法直接使用，不能满足数据分析和算法处理的需要。这些数据质量差、不关联，形成一个个的数据孤岛，彼此不能追溯。对数据资产进行规范化的管理是企业数字化管理体系建设的基础，没有这个基础，就不能进行好的数据分析和算法处理，就无法用数据说话、用数据决策，更不可能用算法来自动指挥业务。错误的数据，即使经过正确的数据分析，也会产生错误的结果，无法用来进行管理判断和业务决策。

企业应进行全面的数据治理，建立数据资产"采管用"一体化的管理体系，确保数据质量，确保根据准确的数据做出准确的决策判断，而不是用错误的数据来误导管理判断和业务决策。全面的数据治理要从数据采集端到数据传输端，再到数据分析端，最后到业务决策端，这是一个数据全生命周期"端到端"的数据质量管理体系。

2. 第二个辅助举措是数据能力培养全面化

企业管理体系数字化转型升级的第二个基础是人才基础，人才基础也是组织能力的基础。在企业有了先进的业务系统，有了复杂的数字化的硬件和软件，并采集了大量的数据后，如果企业中的人不会使用这些数据，不懂数据分析，也不懂决策模型，那么这些数据就只会在业务系统的数据库中沉睡。大多数企业的数据已经沉睡了很多年，到现在都没有得到挖掘和利用。

为了更好地应用相关数字技术驱动数字化管理体系的建设，管理团队需要提升数据管理能力、数据分析能力和数据应用能力。这是一个体系化的问题，是管理团队全员能力提升的问题。这不是仅靠招募一名数据分析师或者数据分析专家就可以解决的问题，这是一个组织能力全面提升的问题。即使企业招募了一个处理数据的超级高手，没有好的土壤，没有数据管理和数据决策的环境，他也发挥不出太大的作用。所以，数据能力培养全面化是人才培养的基本要求。

3. 第三个辅助举措是数据资产管理平台化

在对数据资产进行全面的管理之后，企业就有了数据资产"采管用"一体化的管理体系。仅有这些还不够，企业还需要用先进的软件工具来综合管理数据资产。这就需要企业对数据资产进行信息化管理，确保数据资产能够从实质上得到技术保障。

首先要对数据资产进行集中管理。过去企业的数据被放在各个业务系统的服务器中，每个业务系统都有自己的数据库，这些数据库之间并不开放和共享，都只是为其所在的业务系统服务，供其存储数据和访问数据所用。为了安全起见，很多业务系统的数据库还采取了各种隔离措施，甚至是加密措施，确保数据不被破坏。这导致了数据孤岛的形成。

另外，企业上线的各个业务系统，由不同的部门提出需求，由不同的厂家负责开发和部署。在使用过程中，每个部门只满足本部门业务流程的需求，在数据标准的统一上，各个部门并未达成一致意见，导致很多业务系统中的数据之间无法构建关联关系。这也是数据孤岛形成的原因。

还有，因为业务系统覆盖面的问题，业务部门需要记录数据，因为企业没有为该业务部门开发业务系统，所以该业务部门的人员就自己记录数据，并存放在个人电脑中。这些数据被存储在各个业务口径的个人电脑中：第一，不安全，容易丢失；第二，无法实现高效共享，需要人向人要数据；第三，不够规范，每个人都有自己记录数据的方式，导致数据格式不统一，还需要进行各种规范化处理。

数据资产的管理不能通过手动来完成。与实物资产的管理不同，数据资产是虚拟的，存在于业务系统的数据库中，企业只有采用技术手段对其进行管理才能更加高效。基于以上原因，数据资产管理平台的建设就变得非常迫切了。如果一家企业中有五套以上业务系统，那么数据资产管理平台就成为"必需品"。

4. 第四个辅助举措是数据中心组织职能化

职能化是将数据中心组织建成一个长期性的、非临时的组织，使其像企业的财务部门、人力部门等职能部门一样，具有完整的职责设置、完备的架构规划、充足的人员配置、规范的协作机制。在企业数字化管理体系中，数据中心组织是一个核心组织，就像负责企业所有资金和资产的财务部门一样，管理着企业的数据资产，以及数据资产"采管用"全生命周期。

5. 第五个辅助举措是数据中台建设一体化

当我们将数据资产管理平台升级到数据中台的时候，必须有对应的业务应用需求。如果没有业务应用需求，数据中台的功能就无法规划设计，就不知道该加入哪些功能、选择哪种产品。一家企业不能看到别人上线了数据中台，就跟风去上线数据中台，应先弄清楚自己到底需要数据中台来实现什么功能，再根据功能来选型、部署技术架构，包括未来三到五年的业务需求规划。这才是数据中台建设的前提。

数据中台的建设要一体化，要跟企业现有的技术平台兼容，要考虑到未来三到五年的业务应用需求，在技术上要保证向后兼容，确保在迭代中不断地做增量。

6. 第六个辅助举措是算法模型管理体系化

随着更多的决策算法在业务场景中被应用，我们需要把算法管理，甚至是算法治理提上议事日程，确保我们能够像管理企业的核心资产一样来管理决策算法，确保在业务运行中执行的算法具备科学性、合法性、公平公正性。此外，我们还需要对算法的历史版本进行管理。在不断迭代算法的过程中，我们可以追溯算法的演变过程、修订过程，并将其作为知识管理体系的一部分。

算法模型的管理需要构建一套管理体系，从制度和流程上保证算法的有效性。目前，国内还没有建立算法的立法体系，随着算法在越来越多的业务场景中被使用，如果算法的公平公正性对社会产生很大影响，算法的过度商业化就会导致垄断性平台侵害公众利益,这时政府的管控、法律的规范会成为算法治理的必需品。比如,各电商平台、社会生活服务平台的价格算法是否具有公平公正性,是否存在"大数据杀熟"的现象,是否对特殊群体有歧视,是否存在侵犯个人隐私的过度营销行为,是否存在违规使用公共数据的情况,等等。企业对算法的管理要求要高于政府或者法律对算法的要求,这样才能永续经营。企业要做有社会责任感的企业。

7. 第七个辅助举措是业务组织变革专业化

随着企业数字化转型的推进,企业的数据资产会越来越多,算法也会越来越丰富,决策模型的应用场景也会越来越多。这会带动企业进行业务创新、经营创新和模式创新。这个时候,企业需要进行业务组织变革。

在业务组织变革中,企业需要进行专业化的变革管理,保证在不断迭代的过程中不会偏离战略方向。业务组织变革的过程涉及战略、业务内容、业务模式、业务流程、组织、人才,甚至文化等方方面面。做好持续的变革管理是非常复杂的事情,变革推动不力可能会导致企业"起了个大早,赶了个晚集"。回想当年摩托罗拉、诺基亚、柯达等优秀的企业,在新技术、新业务上也曾经领先,但是因为战略调整、组织变革不利,不能更好地舍弃原有业务,导致其在推进新业务上的落后。

企业数字化管理体系建设的技术协同

企业数字化管理体系建设需要技术上的协同。很多企业都有传统的业务信息系统,在新的数字化管理体系下,这些系统对数据质量、数据数量和数据覆盖面的要求不同,需要企业对其进行改造。另外,数据不规范、数据标准不一致、数据质量不高、数据不够全面等问题,在数字化管理体系的要求下也需要逐一解决。这需要投入精力和时间,也需要技术的支持,甚至有些系统的改造成本超过了建立系统时所花费的成本,这需要技术部门的人员做好心理准备。

比如,过去的CRM系统中记录的客户信息不全面,没有有效记录客户开发过程中的活动。在新的数字化管理体系下,我们需要更加丰富的数据集,需要记录客户更多的信息,需要给客户打上各种标签,从而更好地洞察客户。那么,过去的CRM系统就不适用了。企业是重新选型替代原有的CRM系统,还是对原有的CRM系统进行技术改造,这是一个很难做出的决策。根据我们的估计,在绝大多数情况下,对原有的业务信息系统进行改造,还不如直接选择实施新的业务信息系统,然后把原有的数据进行综合治理,导入新系统中使用。

为了促进数字化管理体系的建设,企业需要采集更多的数据。这个时候企业就需要对各个流程环节、各个业务口径进行信息化建设。在新的系统的建设过程中,企业需要整体规划，确保新的系统不再是孤岛，新系统的数据规划要满足数字化管理体系建设所需，各个业务链条能够贯通，不能自顾自地上线更多的孤岛式的系统。

企业数字化管理体系建设的文化协同

企业数字化管理体系是基于数据采集、数据分析和业务决策的闭环体系，因为涉及企业管理中的决策，所以会涉及人、责任体系和权力体系，甚至利益体系。这将与企业的传统文化产生冲突，因为数字化管理涉及企业"谁说了算"的权力问题。

在数字化管理体系中，我们需要基于数据来做出决策，不是谁的"官职"大就听谁的，就靠谁来做决策，而是谁能够更清晰地分析数据，做出合理的判断、科学的决策，就听谁的。在本质上，我们需要听数据和算法的，而不是听"官职"的。这就会让数字化管理体系与企业的传统文化产生冲突。当你看到一个企业高管听从一个数据分析师的建议并做出决策的时候，不要诧异，这是数字化管理体系下的文化特征。

中国传统文化中还有"尊老爱幼""孝道"文化，认为年轻人应该听从年长的人的建议和意见，听从他们的指挥。"听话"是我们从小养成的习惯。如果违背了老一辈的意愿，就有可能被认为不够孝顺。"百善孝为先"，这种思想有可能让我们忽略了对数据决策的重视程度，忽视了利用数据分析来做出判断。

要想顺畅地推动数字化管理体系的落地，企业就要处理好过去的企业文化与数字化管理思想之间的冲突。作为数字化管理升级的基础工作之一，对企业文化进行梳理，不仅要梳理显性的文化，还要梳理隐性的文化，找出与数字化管理思想相冲突的文化理念，进行调整和变革，并对全员进行宣传和贯彻。

3.2 业务流程数字化再造

数字技术给人们的工作方式带来了非常深刻的影响，数字技术不仅可以替代人工，让机器人来从事各种体力劳作，还可以替代人脑，让计算机通过数据和算法来进行认知判断，做出业务活动的决策，甚至指挥人的活动。过去企业为了优化管理，提升效率，会进行业务流程再造，即采用 BPR（Business Process Re-engineering，业务流程重组）的各种方法。在数字智能时代，企业是时候进行业务流程数字化再造了。根据过去几年为企业提供数字化咨询服务的经验，笔者发现企业所有的业务流程都可以用数字化的方式重新设计一遍。

业务流程数字化再造的方法

我们要采用一定的思路和方法来进行业务流程数字化再造。在传统业务流程再造中，企业会采用 ECRS 方法对原有的业务流程进行重新设计。

E 代表 Erase（消除），通过分析判定某个业务流程是否创造价值，从而确定是否要消除这个业务流程，不创造价值的业务流程都需要消除。

C 代表 Combine（合并），将多个业务流程合并为一个业务流程，将多个动作合并为一个动作，从而提高效率。

R 代表 Rearrange（重排），对原有的业务流程进行重新排序，从而让流程更加合理、顺畅。

S 代表 Simplify（简化），将某些业务流程更简单地执行，简化流程的环节、动作，消除多余的动作等。

ECRS 是传统业务流程再造的基本方法。

业务流程数字化再造也需要思想和方法的指导。

1. 业务流程数字化再造的两种思维

企业在进行业务流程数字化再造时要有一定的指导思维，从而对原有的业务流程进行创新。从业务流程数字化再造的终极目的来看，经过数字化再造后的业务流程能够构建数字孪生模型，采集全面且完善的数据，并通过数据分析和决策模型，优化决策，提高流程的效率。在思考如何用数字化的方式重构业务流程的时候，一般有两种指导思维，一种是供给侧思维，一种是需求侧思维。

供给侧思维从如何做事的角度，告诉我们如何能够更好地完成这件事情，达成目标。

需求侧思维从需求或者客户的角度，告诉我们如何给客户更好的体验，如何让客户更愿意与我们合作，或者如何给客户带去更多的便利和价值。

这两种不同的思维带来两种完全不同的业务流程数字化再造的方案。我们该如何选择？如果是企业内部需要进行业务流程数字化再造，则以供给侧思维为主导；如果是企业与客户、供应商等的合作需要进行业务流程数字化再造，则以需求侧思维为主导。

（1）供给侧思维。

供给侧思维主要思考业务流程的数字化再造，是从如何更好地完成业务流程的目标出发的。其实，随着人力成本的增加，用数字化的方式进行流程再造反而会使成本越来越低，并且能够在过程中留存数据，为业务活动的分析提供数据，一举两得。

很多传统企业在思考这个问题的时候往往过多考虑数字化硬件设备的投资，忽略了数字化硬件设备带来的人力成本的降低和数据资产的价值。一个比较典型的场景就是，当企业采用数字化的方式来进行访客流程数字化再造的时候，可以通过采用数字技术实现无人值守模式的访客系统，减少门卫或者保安人员的投入。我们在很多生产制造型企业推广数字化访客流程的时候，发现这些企业一年因人员减少而节省下来的费用，足够实施相对先进的无人值守模式的访客系统了。无人值守模式的访客系统不仅采集了相关的业务活动数据，还给访客带来了更好的数字化体验。

在进行业务流程数字化再造的过程中，企业可以采用自认为高效的、低成本的、数字化的方式来重塑业务流程。一个典型的场景就是"无纸化"。现在，即使是比较先进的工厂，也存在大量的纸质环节和人工审批环节。为什么这些环节没有被"数字化"呢？因为其背后有一些传统思想存在，有些企业的领导喜欢拿笔在纸上签字的感觉，这能够给他们带来一种"权力体验"，他们不愿意舍弃这种员工找自己签字的"权威感"。这种"一支笔"现象在很多企业中存在。现在线上电子签章、无纸化办公已经被法律和法规认可，在系统中会自动留存证据。对于这些留存的证据，我们不仅可以进行时效性校验，还可以进行地理位置数据采集和地理位置校验。对于电子签章，还可以利用信息推送进行双重验伪。

（2）需求侧思维。

企业按照需求侧思维进行业务流程数字化再造，是指在与外部伙伴有接触的地方，从合作伙伴的感官体验和便捷性视角考量业务流程的再造。合作伙伴包括企业的客户、供应商、异业联盟伙伴，以及政府部门、投资者等。企业与这些合作伙伴的接触场景都是采集数据和留存数据的关键场景，企业通过数字化的方式实时采集相关的数据，能够为以后的业务活动分析提供高价值的数据。

在各种业务场景中采集数据，特别是在与外部合作伙伴的接触场景中采集数据时，企业需要具有需求侧思维，即站在客户的视角思考，在该接触场景中是否能够更好、更便捷地采集更实时和准确的数据，给合作伙伴留下美好的数字化体验。比如，海底捞通过远程排队系统，告知客户预计就餐时间，其在采集客户就餐数据的同时，还可以给客户带去更好的数字化体验。

现在大家在生活中习惯了用微信和支付宝扫描二维码，企业在与客户接触时也要顺应他们的习惯，利用微信、支付宝等采集业务活动中的数据。比如，不需要客户下载并安装应用程序的，就不要让客户下载并安装新的应用程序；不需要客户手工填报很多内容的，就不要手工填报；不需要客户注册的，就不要让客户走注册程序。根据合作伙伴的习惯来思考业务活动中的数据采集,是一个非常有效的思路。

在很多企业中都有供应商资质审查和资质验证这个环节,要让供应商进入企业的供应商名录,则需要供应商填报很多内容。随着社会公开信息越来越丰富,企业完全可以在供应商提供名称和社会统一代码之后,通过外部数据通道来获得供应商相关信息,而不是让供应商填报各种表格,然后自己再将相关数据手工录入供应商管理系统中。

图 3-10 所示为某大数据企业的供应商资质入库申请表。作为大数据企业,自身就有很多工商、税务、社保、法务、知识产权等方面的数据,但是在与供应商合作的时候,其仍然需要供应商手工填报这个申请表,然后签字、盖章、提报。

供应商联系人姓名		联系方式		联系人所属部门:		联系人职务:	2021年总裁办
供应商推荐人姓名		联系方式					
一、供应商基本资质情况							
提供资料名称		详细内容		资料说明		填写方式	资料重要性
企业名称				请提供企业营业执照副本扫描件电子版(三证合一)		直接表格填写&附件	必填
企业成立日期						直接表格填写	必填
企业注册资本						直接表格填写	必填
近3年年销售额(元)	2019年:	2020年:	2021年			直接表格填写	必填
员工总人数						直接表格填写	必填
参保总人数						直接表格填写	必填
纳税资质(一般/小规模)						直接表格填写	必填
主营业务						直接表格填写	必填
企业实际办公地址						直接表格填写	必填
企业具备资质及证书				按照sheet2"供应商入库资质明细要求"填写资质名称		直接表格填写&附件资料提交邮箱	必填
技术研发总人数						直接表格填写	必填
业务相关性							
企业基本情况介绍				填写企业简介,企业详情介绍请提供企业介绍PPT或文档		直接表格填写&附件	必填
二、供应商合作能力(供应商提供)							
重点合作伙伴				表格里填写合作伙伴名称		直接表格填写	必填
重点项目数量	300万元(含)以上(个)		500万元(含)以上(个)	在此备注重点项目合作伙伴类型(如政府客户、企业客户、协会、院校或其他)		直接表格填写	必填
	1000万元(含)以上(个)			在此备注重点项目合作伙伴类型(如政府客户、企业客户、协会、院校或其他)		直接表格填写	必填
重点案例清单				填写做过的重点项目的名称及金额		直接表格填写	选填
重点项目合作情况介绍				重点项目合作介绍		直接表格填写	选填
目标客户类型						直接表格填写	必填
三、供应商可供应产品(附件请提供产品介绍文档、产品目录清单、相关证书、价格清单)							
供应产品类别	产品名称		价格	产品相关认证证书名称 如软件著作权、合格证书、质量认证证书等		填写方式	
请选择						产品价格、资质、介绍可以附件形式另附	必填
请选择						产品价格、资质、介绍可以附件形式另附	必填
请选择						产品价格、资质、介绍可以附件形式另附	必填
请选择						产品价格、资质、介绍可以附件形式另附	必填
请选择						产品价格、资质、介绍可以附件形式另附	必填

图 3-10 供应商资质入库申请表

在需求侧思维模式中,一个非常值得采用的方法是"客户体验地图"(Customer

Journey Map)。客户体验地图通过展现客户体验流程，用数字技术给客户提供更好的体验，顺便将数据采集上来，是一种优秀的工具，更是一种优秀的思维方法。

2. 业务流程数字化再造的两种方式

对传统的业务流程进行数字化再造有两种方式：一种方式是替代方式，即用线上或者数字化硬件替代人工进行作业；另一种方式是并行方式，即对于不能用线上或者数字化硬件替代人工的作业，让线上和线下并行工作，并让线上记录线下的业务活动。

（1）替代方式。

用智能机器人替代人工是我们看到的最典型的替代方式。智能机器人在作业过程中可以留存相关的活动记录，如在什么时间开始工作、做了哪些工作、工作过程中的参数是什么、工作了多久、闲置了多久、在什么时候结束工作，等等。

利用闸机、门禁等替代人员的值守，也是我们常见的替代方式。在人流控制、车流控制、物流控制等环节，通过用硬件设备扫描二维码，用传感器采集数据，用摄像头进行图像识别，可以替代人工的检查、验证等，顺便可以留存数据。替代方式可以让企业实现"四化"，如图 3-11 所示。

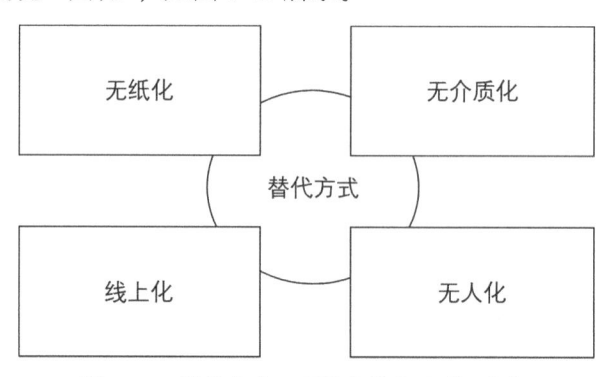

图 3-11 替代方式可以让企业实现"四化"

无纸化、线上化。将线下业务活动的数据记录用线上方式来替代。任何线下的纸质活动都可以用无纸化的线上方式来进行，包括签合同、盖章、手工填写纸质单据、人工签字等。比如在工厂里，工人在领料时，需要填写领料单，找上级班组长签字，然后到仓库领取物料；生产岗位上的人员需要手工填写随件单或者流转卡，等等。

机器替代人工（无人化）。所有简单的、重复的、标准的、确定的流程环节，基本都可以采用以机器替代人工的方式来实现数字化。随着人工成本越来越高，用机器替代人工往往能起到节省成本的作用。比如，将人工驾驶叉车在厂区运输物料，替换成机器人驾驶叉车自动领料、送料，虽然机器人驾驶叉车的单机成本很高，但其整体费用在一定的周期内就可以收回，这个周期可能是半年或一年，最长为两年。

机器替代人脑（无人化）。对于一些简单的查验或者审核工作，可以用"数据+算法"来替代人脑做出判断。比如，很多财务审批工作就可以用算法来完成，很多重复性的岗位活动也可以用算法来完成。

（2）并行方式。

有些线下的业务活动无法用线上的、无纸化的智能设备来完成，为了留存更丰富的业务活动数据，我们需要并行记录。比如，我们需要记录客户拜访活动，无论是我们拜访客户，还是客户来拜访我们，这些活动都无法用智能设备来完成，或者说在用智能设备完成之后效果不好。我们仍然需要记录这些业务活动，从而可以更好地利用这些数据来洞察客户需求，满足客户需求，提升客户成交转化率和客户的忠诚度。我们需要梳理这些业务活动的流程环节，以及哪些流程环节需要采集数据、采集什么数据。当业务活动发生的时候，我们就通过人工填报、智能设备的自动记录来记录线下活动。

无法用智能设备完成的流程环节必须在线下进行。一线员工经常会因为工作忙、不方便、不合适等理由来逃避数据记录和采集的问题，这个时候，我们可以采用宝洁的一个原则："没有记录下来的事情就没有发生过"。这个原则可以让关键业务活动留存记录，否则就不对该业务活动进行考核评价。我们可以通过采用不计绩效、不给费用、不给激励等方法强制员工进行数据采集。

比如，拜访客户。业务经理在拜访前需要做拜访计划、出差计划，然后在 CRM 系统中填报这些计划；业务经理出去拜访客户，到达客户驻地之后需要进行外勤打卡，这样系统就记录了业务经理在什么时间、什么地点会见了什么客户；在拜访过程中，如果可能，用 OA 系统自动记录业务经理对营销资料和文档的操作；客户拜访结束，业务经理在离开客户驻地之后进行外勤打卡，从而记录了业务经理在什么时间离开客户驻地，统计拜访总时长，用于核算客户开发的人工费用；然后业务经理需要填报拜访日志，填报内容包括在拜访过程中见了谁、做了哪些洽谈、达成哪些意向、将客户从哪个阶段转化到哪个阶段、接下来的任务或计划是什么，等等。这样整个线下的客户拜访活动就并行地在线上进行了留存，为企业更高效地管理客户开发过程提供了基础数据集。

之后，针对所有业务经理的客户拜访活动，企业可以有针对性地进行数据分析。例如，某个业务经理的销售业绩非常好，那么可以分析他拜访客户的特征、他成功转化了客户多少次、他用什么方法成功转化了客户、他成为销售冠军的行为特征是什么、他哪些方面值得其他业务经理参考。这些对于销售团队的绩效提升非常重要。

企业任何基于人、物、资金的流转活动，以及业务活动都值得被记录下来，这些活动记录代表着企业经营管理活动的过程，被称为过程数据。这些数据对应着企业经营管理的结果数据，包括客户成交额、销售订单数、经营收入等。我们通过这些数据可以洞察业务活动与业务成果之间的关系，从而优化过程管理，提高绩效。

3. 业务流程数字化再造的"四化"

在对业务流程进行数字化再造时，为了确保流程固化，可以采用"四化"，如图 3-12 所示。"四化"是流程固化的保障。

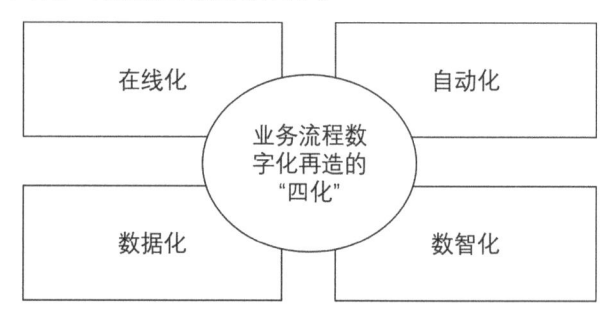

图 3-12 业务流程数字化再造的"四化"

（1）在线化。

所有的业务活动都必须在线化，这是业务流程数字化再造的终极目标。企业可以通过阶段性的实施，在投入人员、精力、费用，以及适配现有内外部环境的情况下，积极推动业务活动的在线化建设。无论是通过替代方式，还是通过并行方式，都能让业务活动留存记录。在线化能够实时记录业务活动，能够保证时间和地点数据的准确性，能够形成更加具象化的企业的"数字快照"，能够构筑更加完美的数字孪生模型，为未来更广泛、更全面、更深入的数据分析构建数据基础。

在线化的核心思想是留存数字记录，留存业务活动的证据。所有的业务活动都必须在线上留痕，留下数据证据。在线化不仅要求人的活动要留下证据，确保每个业务活动都被记录，而且要求记录更全面的信息和数据。企业业务活动在线化要求的 8 个"在线"如图 3-13 所示。

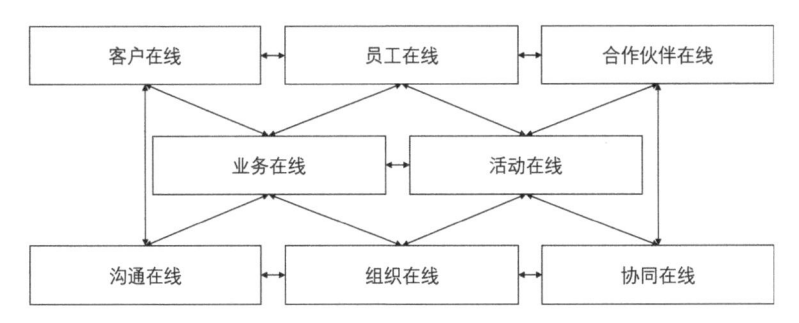

图 3-13　企业业务活动在线化要求的 8 个 "在线"

（2）自动化。

无论是设备的智能化，还是业务操作的智能化，都为企业提供了用机器替代人工的机会，实现业务流程的自动化处理，让业务流程在没有人为干预的情况下，能够自动采集数据、自动完成流程环节所需要的处理，从而实现自动化。

自动化带来的好处不言而喻，不仅可以替代越来越贵的人工，还可以实时、准确地进行数据采集。在无人干预的情况下采集的数据才是最为实时和真实的数据。

自动化的基本原则是能够用数字化软硬件替代人工的线下活动，就不用人来干；能够用固定设备的，就不要用可移动设备；能够用硬件的，就不要用软件；能够线上记录的，就不要离线记录；能够用电脑系统记录的，就不要用纸记录。

（3）数据化。

我们在业务流程中采集了数据，要将这些数据应用起来，对这些数据进行分析和挖掘，形成对业务活动的分析和判断，包括对过程和结果的分析和判断，从而在最佳实践中寻找业务活动效用优化的思路和方法。

在推动数据应用的过程中，我们还要推动数据的实时在线，在业务活动产生数据的时候，就将指标数据和分析数据推送到相关人员面前，从而让数据主动服务管理，而不是将数据存放在业务系统中，等待有需求的管理人员去提取。将数据的传输模式从过去的拉取模式（PULL）转变成推送模式（PUSH），可以大幅提升数据的利用程度，如图 3-14 所示。

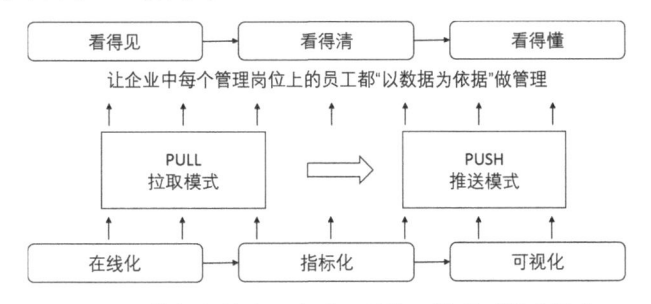

图 3-14　数据化的实现方法：从拉取模式到推送模式

为了让管理者不仅能够看到数据,还能够看懂数据,我们需要采用可视化的方式来呈现数据。数据可视化本身就是对数据的分析和呈现,能够让管理者更容易地看到数据的变化。一图胜千言,如果仅提供数据报表,在数据指标多了之后,我们就看不懂这些数据背后的含义了。借助技术手段,如 BI(Business Intelligence,商业智能)系统,我们可以将数据从系统中提取出来,实时将可视化的图表推送到管理者的手机端、电脑端或者大屏幕端,让管理者能够随时随地地了解业务状况,以及进行实时的业务管理和管控。

(4)数智化。

数智化的思想是在对业务流程进行梳理的过程中,对于能够由智能硬件和算法程序实现的流程环节,尽可能采用数智化的手段。随着数据的丰富和算法的普及,以及相关软件技术的发展,算法已经在很多领域替代人脑。将我们基于数据和业务条件做出判断和决策的过程,用数据和算法来模拟,让系统来执行相关的业务过程,减少人工参与或者人为干预,可以大幅度地提升业务流程的效率。

比较容易被算法替代的流程环节有四个特征:简单的、重复的、标准的、确定的。越是简单的流程环节,越容易被开发成算法;越是重复性强的流程环节,越值得开发算法来替代人工或人脑;标准化程度越高的地方,算法越容易执行;确定性程度越高的地方,越容易进行相关的决策行为。

在生产制造领域,符合以上四个标准的流程环节相对较多。当我们确定了生产计划、生产工艺和 BOM(Bill of Materials,配料表)时,生产中的大多数流程环节都符合以上四个标准。所以生产制造领域的数智化进展很快,甚至有无人工厂(黑灯工厂)出现。

排在生产制造领域之后的是供应链。无论是前端的采购,还是后端的仓储物流,其流程环节基本符合以上四个标准。虽然在某些流程环节存在人为判断和不确定性的影响,但是,移动智能硬件(如手机)、GPS 定位、车载信息服务等技术的普及,让供应链成为继生产制造领域之后第二个容易推进数智化的领域。

排在供应链之后的是财务管理领域。财务管理在数据采集、记账、核算、报表等流程环节,因为有了相对标准化的会计准则,标准化程度更高。另外,财务管理涉及资金和资产,不能马虎。管理相对规范的企业都有比较好的财务制度,确保资金流、资产流和物料流数据的规范性,从而让财务管理成为继生产制造、供应链之后第三个容易推进数智化的领域。财务管理也是很多比较早进行数字化转型的企业深化数字化转型的关键领域。

4. 业务流程数字化再造的五项原则

（1）系统工程原则。

推动业务流程数字化再造的第一个原则是系统工程原则。企业的业务链条是前后关联的，虽然业务流程数字化再造是基于业务流程分阶段实施的，但是前后的一致性、业务链条的关联性、数据指标的联动性，以及数据采集时数据标准的一致性，都必须兼顾。所以，业务流程数字化再造要做好规划，设计好相关的数据标准和规范，从而在实施的过程中确保数据前后的一致性。

比如，业务对象的编码体系和业务活动的编号体系要有一致的规范，从而可以在不断增加建设项目的过程中，采用相同的数据标准，并在后续实施的业务流程环节进行数据采集的时候，采用相同和相通的体系。在建设CRM系统的过程中，对客户的分类和编码要一致，确保业务数据前后的一致性和全域的规范性。

这种全链路和全域的数据规范，在要求各个业务系统之间联动的同时，还要求原始数据采集拥有"唯一入口"，即确保只有一个节点录入数据，其他节点引用数据。这既避免了重复录入数据的工作，也避免了在录入的数据中出现不一致的现象。在将数据应用于业务管理和评价时，我们对数据的加工处理和输出数据指标要求"唯一出口"，即统计汇总的数据，只有一个计算公式，只有一个数据加工和输出点。比如，对于营业收入的统计，只有一个计算公式，只有一次加工处理，只从一个地方输出"营业收入"数据。"唯一出口"的要求让所有管理者对同一个数据指标有相同的统计口径，便于对数据指标计算方法的管理，也便于统一数据口径，确保大家看到的都是一致的数据，避免产生混乱。

（2）共同创新原则。

业务流程数字化再造需要各个业务环节发挥自主性，不是由数字化部门或者技术部门给出业务流程数字化再造的解决方案，而是群策群力，特别是业务部门要对业务流程负责，推进业务流程数字化再造方案的制定。这就要求业务部门的人员要具备一定的数字技术能力，懂得数字技术，了解最新的数字技术，能够引入最新的数字技术。

让一个人懂所有业务流程的数字化再造，用数字化的方式来改进流程，并且要采用先进的技术，这对个人来讲是非常高的要求。如果每个业务岗位上的人员都在关注最新的数字技术在其工作领域内的应用创新，以及先进的企业是如何做业务的，那么业务流程数字化再造就相对容易一些。业务流程数字化再造应该是一件全员参与的事情，而不是少数人或者个别部门的事情，即使企业已经成立了专职的数字化推进部门。

（3）迭代优化原则。

业务流程数字化再造是一个闭环体系，与传统信息化的流程设计方法是不同的。数字闭环是随时可能迭代升级的：内外部环境的变化会让企业采集新的数据、改善或者修订数据分析方法、更换决策模型，这种改变和传统信息化的"一劳永逸"的思想是不同的。

企业在上线业务系统的时候，希望业务系统是固定的，业务流程也是稳定的。因此，很多企业在进行信息化建设时，在业务流程固定之后才会考虑上线业务系统，并希望业务系统在上线后保持稳定，特别是大型的业务系统。

但是，在数字闭环中，如果内外部环境发生变化，决策模型就会发生变化，决定决策选项的条件也会发生变化，即所谓的"此一时，彼一时"。在不同条件下，决策模型做出的分析判断就会有变化，所需要的数据也需要调整。这就是数字闭环的敏态特征。

在业务实施过程中，我们不能因为已经实施的系统需要调整而否定过去的设计方案，更不能对原有的实施团队给予低分的评价。在实施数字闭环的过程中，我们会随着经验的积累，对数据模型、分析模型和决策模型进行重新审视，以对其进行修正和更新。迭代升级是数字闭环的典型特征，这与信息化建设的思维方式是不同的。

（4）现实落地原则。

对于每一个流程环节的改变，无论是转为线上化，还是在线上记录线下的数据，我们都要让它在业务中实际发生，并实现闭环。只有在实际中执行改造的流程，才能检验其是否有效，是否给企业带来更高的效率、更好的体验、更准确的数据、更优化的决策、更科学的管理。

当然，在流程改造落地的过程中，可能会在刚开始的时候出现"不如原来"的体验。我们要仔细分析这种体验，不能因为短期的不适应而否定流程再造方案，也不能因为"看上去不好"而返回到之前的模式。在改造的流程固化之前，都有一个适应的过程。在这个过程中，我们不仅在改变行为习惯，还在改变思维模式和决策机制。我们可能会因为算法在短期内的不精准而否定算法，觉得其做出的判断和决策不如人做出的判断和决策科学。当出现这种情况时，我们不能回到过去的人工模式，也不能回到过去的线下模式，而是应该考虑如何优化新的数字化流程，坚持用数字化的思维来优化新的流程。

另外，在流程改造落地的过程中，执行端可能因为在思想上认识不到位，对线上化和数据采集的准确性认识不足,而在执行过程中走了样,使采集的数据不准确、无法使用,使数字闭环无法实现。比如,我们需要一线销售人员采集准确的客户行为数据,需要他们在拜访客户的时候,事前在系统中填报拜访计划、到现场后打卡、拜访完成后打卡,并记录拜访内容。如果一线销售人员的这些动作做得不到位,比如,事前乱填报拜访计划,事中忘记打卡,事后拜访记录的填写不规范,或者干脆不填,那么客户拜访活动的数据记录就不准确,我们依据数据记录做出来的绩效提升分析结果就不准确,从而无法指导一线销售人员的行为。出现这种情况不是因为解决方案不好,而是因为方案落地不到位。

(5)适度前瞻原则。

在对原有的业务流程用数字技术进行再造的过程中,应尽可能选择先进的数字技术,以免出现短期内再造的情况,也减少"过渡型"技术应用的出现。所以,我们在选择技术方案的时候,要适度地超前思考,并谨慎选择,一般按照以下原则来进行。

① 能电子化的就不要用纸质文档。国家机关、银行、事业单位等都在努力取消纸质的票、据、单、证,都在努力地实现电子化,包括发票的电子化、证件的电子化、工单的电子化、合同的电子化等。这些努力为企业提供了很好的外部环境。企业内部为什么还要留存纸质证据、手动签字呢?过去电子系统中的内容不能作为证据,但现在电子邮件、系统中的数据、线上的信息都可以被作为法律证据。对于一些没必要的线下活动,能取消就取消,或者将其转为线上活动。

② 能线上就不要线下。比如,能够在线审批、在线填报的内容,就不要在线下签字审批、填写。所有填写在纸质上的数据都不会成为数字化所用的数据。即使我们将这些数据再手工录入一次,其也失去了时效性,还容易出错。如果能在线上完成内容的提交、审批、填报,那么我们在线上不仅可以采集相关数据,还可以记录位置和时间数据,从而拥有更准确和更丰富的数据,这对将来的数据分析、优化管理和决策非常有帮助。

③ 能不用介质就不用介质。无论是带有芯片的卡,还是带有芯片的终端设备,能不用就不用。一般企业都会采用带芯片的员工卡,这种员工卡存在被人冒用、盗刷,丢失等情况,如果用人脸识别来识别员工,将方便得多,采集到的数据会更加精准:无论是开会签到,还是上下班打卡,都能够精准识别到位(时间、地点、人物、事件)。

④ 能不要人参与就不要人参与。在流程环节中采集数据时,如果能够做到不

需要人参与，就不要人参与。有人参与的地方不仅容易造假，还给我们带来了新的"付出"，让采集的数据不够标准和规范。如果采集数据的人因为不熟悉采集流程而采用了不同的采集行为，则会导致数据的一致性问题出现。

⑤ 能够使用设备采集数据的，就不要采用人工模式。建议利用设备采集数据，而不是通过采用人工填报的方法采集数据。只要有人参与的地方，就需要人付出时间和精力，甚至需要给人进行培训。这不仅造成采集数据的成本高，而且使得采集的数据不够准确。

业务流程数字化

1. 业务流程数据采集

数字化管理体系下的数据采集和信息化建设下的数据采集的目的不同，要求自然也不一样。

- 数字化管理体系下的数据采集的目的是构筑数字闭环，通过数据采集，记录业务活动，为分析数据奠定基础，为业务决策提供依据。
- 信息化建设下的数据采集的目的是为业务流程流转传输信息，向下一个流程传递信号，提高流程效率。

在数字化管理体系下，我们需要尽可能完善地记录业务活动，以及业务活动背后的目的，即做事的原因。在分析数据时，业务逻辑和活动之间的因果关系非常重要，因此我们在记录业务活动的同时，还要构筑业务活动之间的逻辑关系。换句话说，数字化管理体系下采集的数据之间是有关联的。

2. 业务流程数据联通

在传统科层制组织下，业务活动是按照流程和专业来分工的，这种分工既提高了效率，也阻碍了效率。分工让每个流程环节都更加专业，从而提高了效率。但是因为分工不同，不同的岗位、部门和组织之间会产生部门主义、数据孤岛，会因为沟通问题、利益问题导致协作上的低效。

传统的信息化建设大多是以流程为核心的，有些信息系统是以部门为主体的，这会导致系统与系统之间出现数据孤岛，传输信息滞后，信息不对称，从而导致数据不通。因此，需要通过治理来规范数据标准，或者通过转换数据来打通数据。要实现业务流程的数据联通，需要遵循以下原则。

① 能够并行的就不要串行。数据在被采集之后需要传输，在传输方式上，能

够并行传输数据的，就不要串行传输。比如，客户下了订单，订单信息会被门店采集，门店在汇总之后将订单信息传输给销售部门，然后销售部门传输给分仓，分仓传输给总仓，总仓传输给生产部门，生产部门再传输给采购部门，采购部门再传输给供应商。在这样一层层、一级级的传输过程中，很容易出现数据失真、时间滞后、信息放大等现象，导致供应链中的数据不准确。如果供应链中的数据不准确，就会导致物流需求和供应数据的不准确，要么断货，要么库存积压，影响供应链的效率。在门店接到订单之后，信息系统将订单信息自动传输给销售部门，此时分仓给门店配发货，总仓给分仓配发货，生产部门直接接到产品需求，采购部门直接接到采购需求，供应商接到对应的供给需求。信息在通过算法被优化之后，自动以日为单位被并行传输给各个环节，从而提高了数据的准确性、透明度和实时性，以保证整个供应链的高效率。业务流程中的数据联动关系如图 3-15 所示。

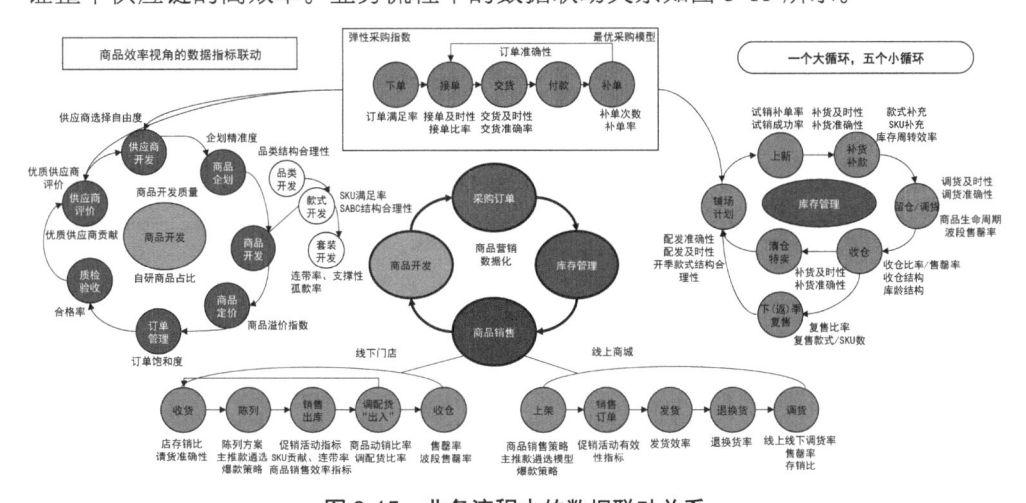

图 3-15　业务流程中的数据联动关系

在企业链路型数据传输和流转过程中，通过算法将前序环节采集到的数据并行传输给下一个环节，从而让后面的多个环节实时做好相关准备；同时，也可以利用算法将后序环节产生的数据并行传输给前序环节，对前序环节给予及时的反馈，动态地调整前序环节。这种并行数据传输模式可以大幅度提升业务流程链条的效率、精准性和管理 PDCA 闭环的效率。

② 能够线上执行的就不要线下执行。数字技术，特别是移动互联网和智能手机的普及，让业务流程线上化越来越容易实现。原来需要在线下手动审批和签字的流程，现在都可以通过移动手机来实现。

业务流程线上化的好处如下。

- 实时记录：我们能够利用智能硬件和软件实时记录相关信息，这些信息包括但不限于地理位置、时间、责任人的认证信息等。
- 实时流转：我们能够利用线上执行业务活动的记录进一步推进下一步的业务流程，从而提高业务流程效率。比如，你审批了付款合同，在手机端点击"确认"按钮后，系统就会自动根据你的审批给供应商付款。从确认合同到付款是线上系统自动执行的，无须人为干预，这在记录丰富的数据的基础上大幅度提升了业务流程效率。
- 几乎无成本：相比线下业务活动，线上业务活动在执行上几乎是无成本的，除了线上业务流程和软硬件的建设投入。所以想象一下线下签字的活动：需要准备纸质的表格文档，然后通过各种流程递交给管理者去签字，管理者一个个地进行"签字"审批，不考虑其中制作签字文件、打印的成本，光人力成本就需要投入很多。

③ 能够线上记录的就不要线下进行。线上自动记录的数据更准确，不会存在人为篡改数据的情况。

客户旅程触点数字化

触点是企业的机会，是企业实现营销转化的机会点。触点的英文是"Touch Point"，其中"Touch"有三种含义：第一种是实际物理上的触达；第二种是虚拟的基于互联网的与客户的互动；第三种是"触动"。英文中的"I am touched"可以被翻译为"我被触及了"，也可以被翻译为"我被感动了"。

触点是企业与目标客户的"接触点"，也是企业"触动"客户，让客户感动、认可、购买的"机会点"。所以，对整个客户旅程的数字化再造是围绕客户的"心理活动"展开的，是一个转化客户的过程：让客户从不知道到知道，到感兴趣，到喜欢，到有购买意向，到有强烈的购买意向，到实际购买，最后到介绍其他客户。在这个过程中，我们需要通过采集数据了解客户的心理活动，洞察客户的需求和客户购买的决策过程，从而采取行动，推动客户转化。

1. **客户旅程触点梳理**

客户旅程触点有四种形式：①企业单向向客户传输信息的点；②客户主动获取信息的点；③互动传输消息的点；④客户自主使用产品或者服务的过程，如图3-16所示。

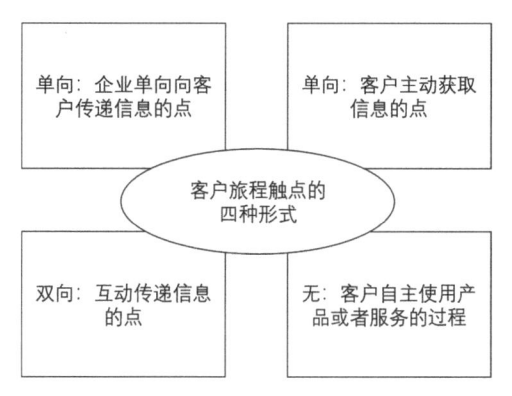

图 3-16 客户旅程触点的四种形式

① 第一种形式是企业单向向客户传输信息的点。比如，我们进行广告传播，客户看到广告，从而对企业、品牌、产品等有了一定的认知。我们可以通过线上"数据埋点"的方式获取客户在线上的行为数据，也可以通过市场调研的方式获取客户的感知数据和行为数据。

② 第二种形式是客户主动获取信息的点。对于这种触点，企业可以采用智能机器人或者互动的方式来获得更加丰富的信息，给客户留下更好的体验。

③ 第三种形式是互动传输信息的点。我们可以在店内跟客户进行面对面的沟通，也可以通过线上聊天工具与客户进行沟通。沟通可以是实时的，比如通过即时聊天工具沟通、线下面对面沟通，也可以是差时的，比如邮件沟通等。

④ 第四种形式是客户自主使用产品或者服务的过程。比如，客户使用吸尘器打扫卫生的过程，这个过程中虽然没有信息的传输，但是客户在体验产品的功能，在感受产品为其提出的服务。

所有客户的成交过程都可以被理解为从不知道到知道，到感兴趣，到产生购买意向，到有强烈的购买意向，再到成交，以及成交之后使用产品或者服务的过程。如果客户在使用产品或者服务的过程中有了良好的体验，就会再次购买，甚至推荐朋友购买。所以，我们在梳理客户触点的时候，需要考虑客户转化的全过程，每一个触点都是打动客户的点。

2. 客户旅程触点数据采集

在每个客户触点上通过数字化的手段采集数据，通过分析这些数据可以清楚客户为什么会转化到下一步，从而可以得到高效转化客户的公式。这是一种洞察客户痛点、客户需求的方式。过去，企业缺少数字化的手段，现在数字技术已经普及，采集数据非常便捷，比如，即使在不需要实名登记的超市中，使用电子支付技术也是可以采集数据的。

B端企业客户的触点会更多：一方面，会有更多的"联系人"，不仅有企业客户采购部门的人员，还有生产部门的使用方和财务部门的付款方等；另一方面，会有更多线下互动的过程。在线下面对面交流的时候，如果能够在销售人员、物流人员、售后服务人员等与客户互动的过程中留存下相关数据，那么企业可以采集到更丰富的客户互动数据。这些数据是洞察客户的基础，数据采集越全面，洞察客户的基础就越深厚。

换句话说，所有的业务活动和与客户互动的活动都可以通过信息化的方式留存数据。比如，销售人员在拜访客户的时候，可以通过 CRM 系统在客户端实时定位打卡，上传照片，记录与客户洽谈的内容，写拜访总结。对于这些内容，都要记录在线上，同时要规范记录。

3. 客户旅程触点数据分析

在采集客户旅程触点数据之后，要分析客户的行为：包括客户做什么、说什么、想什么，以及客户的感受是什么（我们称之为"四问"）。客户做什么、说什么是可以通过观察获得的，而客户想什么和客户的感受是什么需要通过观察之后进行判断。采用"四问"方法研究每个触点，再基于优秀销售人员采用的方法来转化客户，可以缩短销售过程，提升转化率，提升客户体验。客户旅程触点数据分析"四问"方法示例如图 3-17 所示。

图 3-17 客户旅程触点数据分析"四问"方法示例

通过理解客户在每个触点的行为和感受来优化客户旅程触点，可以找到提高触点转化率的最佳方法，从而完善企业的整个经营流程，提高客户转化率，提高成交率，提高企业的经营业绩。如果企业在每个触点都能够有效地采集数据，那么就可以利用数据分析来寻求最佳实践，找到最好的营销活动或动作，从而不断优化营销流程。数据分析的最终目的是确定采取什么营销活动才能得到好的营销结果，从而实现最终的业绩目标。因此，企业要利用数据来表征过程和结果，然后找到过程和结果之间的关系，从而获得能得到最优结果的"最优"过程，形成经营管理活动的最佳实践。

4. 全渠道营销体系

在营销领域，无论是 B 端，还是 C 端，都是多触点、多方式的。因为客户的成交方式、购买渠道是多元化的，对于同一个商品，客户既可以在线下购买，也可以在电商平台购买，还可以在看直播的时候直接购买。每一个客户的成交都是在这种复杂的多触点模式下完成的，企业无法区分客户最终成交是受线上的影响还是受线下的影响，一笔订单的成交一定是多触点共同作用的结果。

比如，一个人在视频媒体上看到了产品的广告，对产品比较感兴趣，接着用手机在电商平台上搜索并查看了该产品的各种信息，在回家路上正好途经该产品的实体店，于是到店里查看、体验，对比了一下价格，发现差异不大，直接就购买了。对于这种多触点促成的成交，我们如何评价每一个触点的绩效、作用是现在多触点、多渠道、多路线营销模式下的难点。

这给传统的营销和销售管理带来了复杂度的提升，特别是成交原因溯源、团队绩效评价、激励机制设计等方面变得更加复杂。随着互联网、移动互联网、社交媒体、线上互动平台（直播）等新技术的应用，触点变得复杂多样，客户的成交方式也变得复杂多样。这个时候，企业的管理方式和经营策略需要做出调整，企业在梳理触点、评价触点效率、核算触点业绩的时候，需要多角度地思考，提出新的营销方式，即"全渠道营销"。

供应链流程数字化

对于生产制造型企业，在订单交付全流程中打通数据，利用算法改造流程节点的运行机制，可以提升整个 OTD（Order to Delivery，从订单到交付）过程的效率，从而减少库存、节省成本、提升客户体验。

要想对供应链流程进行数字化再造，首先需要对整个 OTD 过程进行梳理，明确整个 OTD 过程中的关键流程，以及制约整个 OTD 过程的效率、库存、成本和体验的关键环节，并用创造式的思维对全流程进行再造。

基于过去咨询服务的经验，笔者提出三个比较成功的 OTD 过程改造模式，供读者参考。

1. 全流程线上化再造

先对业务全流程进行体系化的梳理，然后审查哪些流程环节可以实现"线上化"，能够利用智能硬件和软件实现的流程环节，就不要在线下进行。业务流程环节的线上化，自动记录了相关流程环节的数据，形成记录业务活动的数据资产。特别是那些需要人工参与的业务活动、需要传输纸质信息的流程环节、需要人工签字审批的流程环节等。对于需要人工参与的业务活动，能够利用算法或者数据校验完成的，尽可能通过线上的方式来实现。比如，门卫审查员工进出和访客进出，采用扫描二维码、人脸识别等方式来避免人工验伪。对于需要传输纸质信息的流程环节，比如领料单，可以通过扫码来实现线上化。对于需要人工签字审批的流程环节，都改成电子签章，用手机或者电脑端进行业务审批。

2. 数据的并行传输

对业务流程环节中存在的数据的传输方式进行再造，可利用算法将数据的串行传输改为并行传输。比如，在传统的管理方式下，销售人员在接单之后，给仓储部门下单；仓储部门根据销售人员提供的需求和计划，进行统计汇总，之后给生产部门下单，让其安排生产；生产部门根据仓储部门的需求和计划进行生产计划编排，然后给采购部门下采购订单；采购部门根据生产部门提供的生产计划来制订采购计划，然后向供应商下单采购。这种串行传输的方式容易导致：①时滞；②数据偏差；③错误放大。

在数字化管理方式下，我们可以通过算法进行数据的并行传输。每天销售人员对接到的订单进行统计，当天就将需求和计划的调整传输给仓储部门、生产部门、采购部门，甚至直接将相关的零部件需求传输给供应商，实现数据"实时"+"并行"的传输。数据的并行传输，需要通过算法进行自动拆解、自动核算、自动检验。比如，在将销售订单传输给供应商的时候，企业需要根据库存情况、交期情况、排产情况和物流情况，再结合 BOM 和供应商特定的供应物料，对销售订单进行拆解，传输给供应商的数据是他们需要的零部件需求，而不是最终的产品需求。

数据的并行传输带来了整个 OTD 过程的透明化，使企业提出更加精准的需求，减少了库存，加强了快速响应能力。当销售部门出现紧急的需求、突增的需求，或者滞销情况时，整个 OTD 过程能够第一时间做出判断，并对计划和业务活动进行快速的调整，从而实现应对内外部变化的"快速反应"。

3. 流程节点的数智化再造

对于需要人工决策的流程节点，可以考虑通过算法来实现流程的自动审批，比如本书开篇提及的财务部门对销售部门赊销合同的审批流程。用算法来实现流程节点的"数智化",是业务流程数字化再造中必须考虑的内容,也是能够给企业带来最大价值的地方。数智化的业务流程比人工流程高效得多,能够给企业带来可见的效益,也能够给业务活动参与者带来更好的流程体验。

我们再考虑一个场景,很多企业的人事流程都需要人工的参与,如果采用数智化的方式来实现,能够给员工带来很好的体验,在节省人工成本的同时,还能提高效率。比如,员工在办理购房贷款时,需要给银行提供一个在职证明和收入证明,在传统管理方式下,员工要向人事部门提交申请,上级经理审批后签字,然后人事部门盖章,员工需要亲自到人事部门去办理,如果员工在外地,还要跑到总部来办理。如果在线上来办理这项业务,员工则可以通过 OA 系统在手机上的 App 终端自助申请,只要 OA 系统中有该员工的相关数据,就可以自动出在职证明;OA 系统再根据工资系统(Payroll 系统)中该员工的工资数据,自动提取最近半年或一年的工资数据,给员工提供一份收入证明,自动盖上电子签章,并给出一个二维码供银行征信人员验证。在这个自动化的过程中,没有人事部门的参与,但人事部门可以在后台数据库中查询谁开过什么证明。在员工办理这两个证明时,没有人干预,也没有人设置障碍。这不仅让办事效率非常高,还让员工的体验特别愉悦。

从机器替代人工到算法替代人工(人脑)

生产制造型企业应多考虑用机器替代人工,从而降低人力成本。随着各种"数据+算法"的应用,很多企业开始利用算法来替代人工(人脑)。

我们可以根据四个标准来遴选可以用算法替代人工(人脑)的流程环节。这四个标准分别是简单的、重复的、标准的和确定的,如图 3-18 所示。

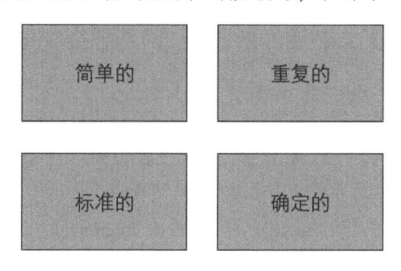

图 3-18 可以用算法替代人工(人脑)的流程环节遴选的四个标准

基于这四个标准,我们可以对企业的各个流程环节,包括职能部门的流程环节,进行系统性的审查,看看哪些流程环节符合这四个标准,然后组织人力、物力、技术来实现这些流程环节的数字化再造,用算法来替代人工(人脑)做出决策。

为了快速实现这些流程环节的数字化再造，企业应建立一个项目组。该项目组可以叫作 RPA 小组。该小组的核心职责是将简单、重复、标准、确定的流程环节进行数字化再造，用数据和算法实现智能化管理，提升流程效率、决策效率，以及企业面对内外部环境的快速响应能力。

3.3　管理目标指标化与数据指标化管理

业务流程数字化再造给企业积累了大量的关于业务活动的数据，将这些数据利用起来，而不是让其在业务系统中"睡大觉"的基本动作，就是将这些数据加工成表征业务活动的指标，用指标实现管理的能见度和清晰度，从而实现"管理可见、过程可控、目标可达"。

数据指标的概念

什么是"数据指标"？这里采用拆字的方式来解释这个概念。

"指标"中的"指"代表着数据要有指向性，在管理中采用的数据指标指向的肯定是管理目标。比如，我们去医院体检，得到很多数据指标，这些数据指标指向的是我们的身体健康。

"指标"中的"标"的含义是"标尺"，是度量的意思，意味着我们需要利用数据去量化管理目标。

所以，数据指标可以被定义为"指向管理目标的度量"，是对管理目标的量化，如图 3-19 所示。

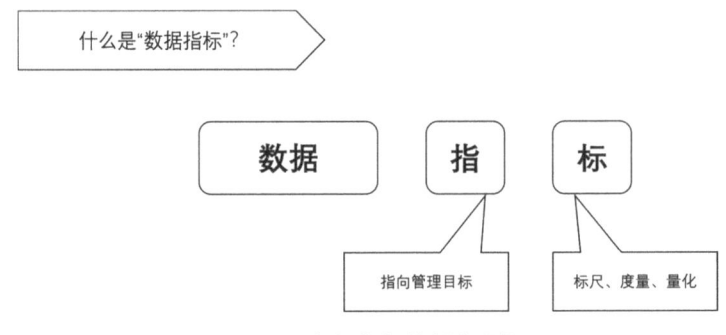

图 3-19　数据指标的拆字理解

要理解数据指标，还需要理解另外一个概念——"标准"。很多管理者在理解数据指标的时候，会掺入"标准"的概念。数据指标和标准是两个不同的概念。比如，"销售额"是一个数据指标，而销售额要达成 1000 万元的目标，这个"1000万元"就可以成为"销售额"这个数据指标的标准；"合格率"是一个数据指标，合格率必须达到 99.7%，这个"99.7%"就是"合格率"这个数据指标的标准。

要理解数据指标，除需要理解"标准"外，还需要理解另一个概念——"KPI（关键业绩指标）"。很多企业在进行绩效考核时都会设定一些指标，这些指标就叫作"KPI"，数据指标和 KPI 之间是什么关系呢？其实 KPI 已经是我们评价和管理目标的度量，是量化管理的基本方式。但 KPI 是对关键结果的度量。数据指标可以被理解为对过程和结果进行的度量。所以，数据指标包含 KPI，KPI 只是数据指标的一个子集。

同时，KPI 往往是业务人员对上级负责的结果，是上级考评下级的工具。数据指标是所有员工对自己的行为过程和绩效结果的度量和评价，是给员工自己用的，不是给上级用的。所以，数据指标和 KPI 的使用主体是不同的。很多企业为了让业务人员充分利用数据进行决策和管理，实施了 BI 系统，IT 部门最初将 KPI 作为指标给业务人员进行可视化呈现，并制作了很多的报表和看板，希望业务人员能利用起来，后来发现业务人员并不经常使用这些报表和看板。换句话说，给业务人员的报表和看板中配置的 KPI 本质上是给上级经理看的，不是给业务人员看的，这也是很多企业实施 BI 系统失败的原因。其实，企业的 BI 系统中应该装载业务人员关心和需要看的数据指标，而不是 KPI，虽然 KPI 在业务人员的看板中不可或缺。

数据指标管理体系

数据指标是对业务活动的过程和结果的量化。我们只有量化业务活动的过程和结果，才能理性、科学地评价业务活动。如果没有量化的数据，我们就只能凭借感觉做出判断，停留在完美的动作、无效的结果中，不产生任何的价值。彼得·德鲁克在《管理的实践》一书中曾经提到，"如果我们无法量化它，我们就无法管理它"。

对所有的业务活动，我们都需要量化管理、理性评价、科学决策。这是一套管理体系。我们把这个管理体系叫作"数据指标管理体系",它是企业实现管理目标的基础。

在科层制管理框架下,上级的数据指标要被拆解成更细的数据指标,由下级来完成,数据指标是分层级的,要层层拆解,这就形成了一个树形结构。同时,在业务流程环节中,下一个业务流程环节的数据指标是对上一个业务流程环节的度量,上一个业务流程环节的结果被输送到下一个业务流程环节,对下一个业务流程环节产生影响。所以,从横向来看,不同业务流程环节的数据指标之间存在基于业务逻辑的关联关系。横向的关联关系和纵向的拆解关系构成了数据指标的网状拓扑结构,这种结构就是一套数据指标管理体系,如图 3-20 所示。

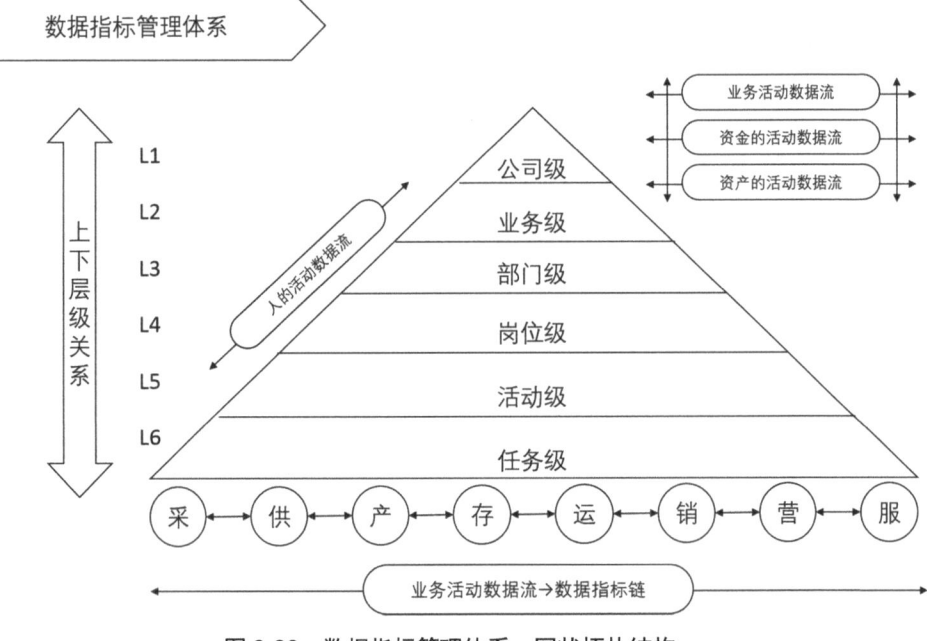

图 3-20　数据指标管理体系:网状拓扑结构

有些人将数据指标管理体系的形态描述为"指标树",这只关注了数据指标的层级拆解关系,忽略了数据指标在业务流程环节之间的关联关系。

数据指标梳理

可以采用四种方法来梳理数据指标,每种方法各有优缺点,如图 3-21 所示。

数据指标梳理的四种方法

方法	说明
数据计算法	• 适用于基于业务活动数据，快速计算表征业务活动的数据指标，对业务活动进行全面、细致的洞察和分析 • 属于"供给侧"方法，没有具体"需求侧"的需求，属于探索型业务活动洞察范畴
岗位职责法	• 适用于快速基于岗位职责梳理相关的过程指标和结果指标，为BI、看板或者管理者驾驶舱的实施提供基于岗位看板的数据集 • 局限于L4（岗位级）的数据指标体系，缺少L5、L6的细化数据指标
流程目标法	• 适用于体系化地梳理数据指标体系，从L1～L6都可以进行精细化、体系化的梳理 • 局限在于并不考虑流程环节的信息化覆盖，梳理出来的数据指标不见得能够在线实现，或者业务系统中缺少相关数据，需要手工统计和计算
指标库参照法	• 参照成熟的标准体系、行业标准、协会标准，或者国家标准 • 局限在于缺少定制化或者个性化

图 3-21 数据指标梳理的四种方法说明

1. 数据计算法

数据计算法就是在我们已经有信息系统并采集了相对完善的业务活动数据的基础上，针对采集的数据进行指标计算，得到可以表征业务活动的指标。计算出的指标包括过程指标（业务活动过程的记录数据）和结果指标（业务活动产生的经营结果）。

数据计算法依赖数据采集的完善程度和数据报表的规范程度，同时也依赖我们对计算出来的指标所进行的业务含义解读，所以数据计算法并不是一种完善的方法，所计算出来的指标不见得全面。数据计算法也有其优点，就是能够对采集的数据进行全面的"计算"和较为全面的"利用"。这种方法在我们没有进行系统化的数据指标梳理的时候，是一种简单、高效的方法。

为了规避该方法的缺陷，我们可以不依赖信息系统，而是对业务流程和业务活动进行体系化梳理，然后"理想化地"模拟梳理业务活动的数据，再对模拟梳理出来的数据进行指标计算。这样做可以弥补数据计算法的缺点，不失为一种较为全面和体系化的方法。

要想理解数据计算法的执行方法，需要理解三个方面的内容。第一个方面是业务信息系统是如何记录数据的，或者我们该如何采集业务活动数据；第二个方面是"数据对象"与"数据指标"这两个概念；第三个方面是数据指标的类型。下面具体介绍一下。

（1）业务信息系统是如何记录数据的。

无论是传统的业务信息系统，如 ERP、MES、WMS、HRM、CRM、SRM、OA 等，还是现在各种各样的微信小程序，都在记录业务活动的同时还记录数据，并将数据留存在各自的服务器中。在这个过程中，我们会采集两类数据：一类是记录业务活动的"动态数据"；另一类是记录业务活动参与对象的"描述数据"，也叫作"静态数据"。业务活动产生的动态数据和静态数据及其之间的关联关系如图 3-22 所示。

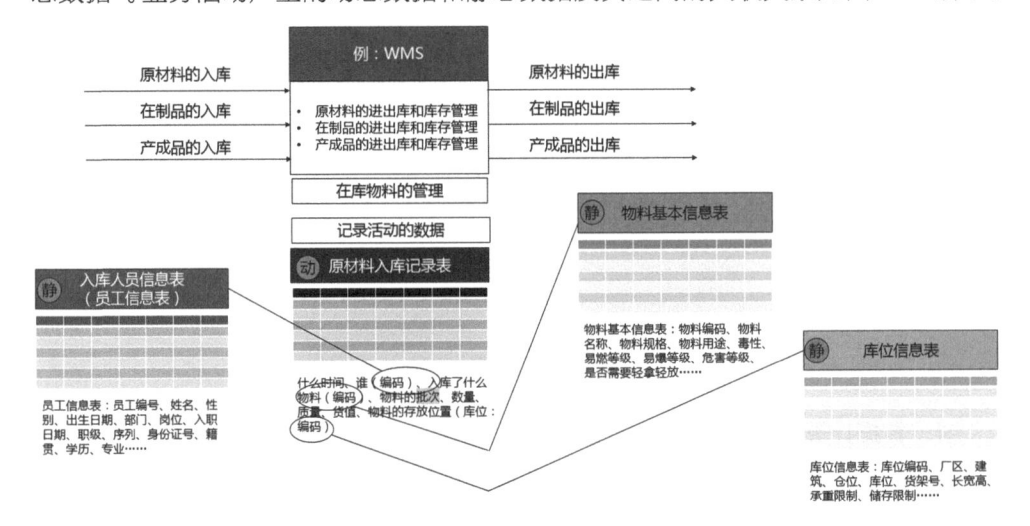

图 3-22 业务活动产生的动态数据和静态数据及其之间的关联关系

比如，WMS 记录了物料的"入、存、管、出"等相关的业务活动。基于该数据记录，我们能够清楚地知道物料的流转活动和仓库中到底存放了什么物料和多少物料，从而对其进行管理。

物料的出入库系统记录了什么时间、什么人、出入库了什么物料、多少物料、在哪里入库或出库。这是对物料流转活动的记录，会生成一条出入库记录（业务活动记录），我们可以从系统中导出这样的报表：物料出库报表、物料入库报表。

针对物料入库报表涉及的对象，我们可以记录更详尽的信息，从而更好地进行跟踪和管理，更好地进行分析。比如，针对入库的人员，有"员工信息表"；针对入库的物料，有描述物料的"物料基本信息表"；针对入库的地点，有描述存放地点的"库位信息表"。

（2）"数据对象"与"数据指标"这两个概念。

数据指标是对业务活动的过程或者参与对象的统计，是对管理目标的度量，是量化的概念。为了灵活地对业务活动进行分析，我们会把数据对象和数据指标拆开来进行梳理，在进行数据统计和分析的时候再进行灵活的组合。

比如，销售额是一个数据指标，但不具体指谁的销售额，如果我们统计某产品的销售额，"某产品的销售额"就是数据对象"某产品"和数据指标"销售额"的组合。以下我们说的数据指标都不包含相关的"数据对象"。

这里面比较容易造成误解的是，客单价是一个数据指标，并不特定指某类客户或者某个客户，也不特定指某个业务或者某个市场、某个门店。当我们说某类客户的客单价、某个市场的客单价、某个门店的客单价、某个客户的客单价时，则是指数据对象与数据指标的组合。

（3）数据指标的类型。

企业在经营管理中使用的数据指标基本包括五种类型，分别是数量型、均值型、比例型、增比型和排序型，如图 3-23 所示。

数量型	均值型	比例型	增比型	排序型
统计数量，通过求和或者计数等计算获得的指标，如总额、总量、总数等	求平均值获得的指标，如客单价、人均销售额、人均工资等	表示指标占指标的百分比，代表指标内部结构，如折扣率、个税税率、费率等	标识变化的指标，如同比增长率、环比增长率等	对前面四种数据指标类型排序所得，表示大小多少、好坏优劣的指标，通过Rank函数计算所得

图 3-23 数据指标的五种常见类型

将数据指标进行分类是为了计算方便。我们在计算数据指标的时候，往往先进行求和计算、计数计算，得到数量型数据指标；然后对数量型数据指标进行求和和计数组合计算，得到均值型和比例型数据指标；再对前面计算的数据指标（数量型、均值型、比例型数据指标）进行同环比计算，得到增比型数据指标；最后对以上四种数据指标进行排序，得到排序型数据指标。

通过数据计算法梳理的数据指标是按照数量型、均值型、比例型、增比型和排序型的顺序进行体系化的计算得到的相关数据指标。

① 数量型数据指标的计算。

所谓数量型数据指标的计算，就是对业务活动或者业务对象的数量进行统计，其基本的计算方法是求和或者计数：求和（Sum），计数（Count），非重复计数（Distinct Count）。针对我们从业务信息系统中导出的数据表，或者我们利用业务流程梳理出来的动态数据表，以及关联的静态数据表，可以对其中文本型的字段进行计数计算和非重复计数计算，对数值型的字段进行求和计算。如果有些数据表的字段不全面，则可以进行增列计算。比如，有销售单价和销售数量，没有销售额，可以增加一列"销售额"，由销售单价和销售数量相乘得到新的列（字段）。当我们将动态数据表和静态数据表关联起来的时候，在动态数据表和静态数据表之间也可以进行增列计算。比如，如图 3-24 所示，销售量在动态数据表中，但是销售单价在静态数据表中，我们可以通过跨表增列计算得到销售额。

产品订单编号	销售单据编号	业务日期	客户编号	销售单位编号	业务员编码	品牌编码	产品编码	规格	销售出库数量（吨）	销售单价（元/吨）	标准价差（元/吨）	运费单价（元/吨）	实际短倒单价（元/吨）	实际装车单价（元/吨）	生产单位	仓库编码	货位编码	发运方式	所属地区_省	所属地区_市	所属地区_区
X2011000002	XC11092825652	2011/9/28	CN0000010104	D0041	E00041	B030	P2101170050	15-15-15（50kg）	4.95	2,800.00					三厂	WH004	WH004-024	汽运自提	内部单位		
X2011000003	XC03671104270079	2011/4/27	CN0000010105	D0118	E00205	B081	P0000220017	51%（50kg）	1.55	3,300.00					三厂	WH004	WH004-012	汽运自提	内部单位		
X2011000004	XC03671104270080	2011/4/27	CN0000010105	D0118	E00205	B081	P0000220020	51%（50kg）	1.35	3,300.00					三厂	WH004	WH004-012	汽运自提	内部单位		
X2011000005	XC11092825654	2011/9/28	CN0000010105	D0041	E00041	B030	P2101170050	15-15-15（50kg）	7.00	2,800.00					三厂	WH004	WH004-026	汽运自提	内部单位		
X2011000006	XC11092825659	2011/9/28	CN0000010105	D0041	E00041	B030	P2101170050	15-15-15（50kg）	1.75	2,800.00					三厂	WH004	WH004-023	汽运自提	内部单位		
X2011000007	XC11092825655	2011/9/28	CN0000010105	D0041	E00041	B030	P2101170050	15-15-15（50kg）	15.55	2,800.00					三厂	WH004	WH004-024	汽运自提	内部单位		
X2011000008	XC11092825660	2011/9/28	CN0000010105	D0041	E00041	B030	P2101170050	15-15-15（50kg）	6.05	2,800.00					三厂	WH004	WH004-025	汽运自提	内部单位		
X2011000009	XC11112834658	2011/11/28	CN0000010105	D0041	E00041	B033	P2101400010	（40kg）NPK≥25%	28.72	1,350.00					三厂	WH004	WH004-022	汽运自提	内部单位		
X2011000010	XC1105186526	2011/5/18	CN0000020102	D0118	E00220	B041	P2101010001	15-15-15（50kg）	36.00	2,570.00		91.00		3.50	五厂	WH093	WH068-001	汽运代付运费	内部单位		
X2011000011	XC034811071600026	2011/7/16	CN0231223001	D0092	E00029	B081	P2101060027	15-15-15（50kg）	1.00	3,160.00					三厂	WH072	WH072-006	汽运自提	黑龙江省	绥化市	青冈县
X2011000012	XC034811071600026	2011/7/16	CN0231223001	D0092	E00029	B081	P2101060027	15-15-15（50kg）	(1.00)	3,000.00					三厂	WH072	WH072-006	汽运自提	黑龙江省	绥化市	青冈县
X2011000013	XC110223001149	2011/2/23	CN0350902001	D0046	E00151	B084	P2101060011	15-15-15（50kg）	59.00	2,690.00	60.00	136.00	11.50	3.30	四厂	WH069	WH069-001	火运一票制	福建省	宁德市	蕉城区
X2011000014	XC110224001197	2011/2/24	CN0350902001	D0046	E00151	B084	P2101060011	15-15-15（50kg）	60.00	2,690.00	60.00	142.00	23.00	3.50	五厂	WH009	WH009-001	火运一票制	福建省	宁德市	蕉城区
X2011000015	XC11122839423	2011/12/28	CN0361124001	D0111	E00198	B041	P2103020001	15-15-15（50kg）	60.00	2,590.00		136.00	11.50	3.30	四厂	WH035	WH035-001	火运一票制	江西省	上饶市	铅山县
X2011000016	XC11120135101	2011/12/1	CN1101040003	D0089	E00152	B012	P2101060002	12-18-15（50kg）	60.00	2,580.00		123.00	11.50	3.30	四厂	WH035	WH035-001	火运一票制	北京市	宣武区	
X2011000017	XC11120135115	2011/12/1	CN1101040003	D0089	E00152	B012	P2101060002	12-18-15（50kg）	60.00	2,580.00		123.00	11.50	3.30	四厂	WH069	WH069-001	火运一票制	北京市	宣武区	
X2011000018	XC11120135099	2011/12/1	CN1101040003	D0089	E00152	B012	P2101060002	12-18-15（50kg）	59.00	2,580.00		123.00	11.50	3.30	四厂	WH035	WH035-001	火运一票制	北京市	宣武区	
X2011000019	XC11120135100	2011/12/1	CN1101040003	D0089	E00152	B012	P2101060002	12-18-15（50kg）	1.00	2,580.00		123.00	11.50	3.30	四厂	WH035	WH035-001	火运一票制	北京市	宣武区	
X2011000020	XC11120235220	2011/12/2	CN1101040003	D0089	E00152	B041	P2101010001	12-18-15（50kg）	60.00	2,580.00		120.00	11.50	3.30	四厂	WH069	WH069-001	火运一票制	北京市	宣武区	
X2011000021	XC11120235220	2011/12/2	CN1101040003	D0089	E00152	B041	P2101010001	12-18-15（50kg）	60.00	2,580.00		120.00	11.50	3.30	四厂	WH069	WH069-001	火运一票制	北京市	宣武区	
X2011000022	XC11120235219	2011/12/2	CN1101040003	D0089	E00152	B012	P2101060002	12-18-15（50kg）	59.00	2,580.00		122.00	11.50	3.30	四厂	WH069	WH069-001	火运一票制	北京市	宣武区	
X2011000023	XC11120235216	2011/12/2	CN1101040003	D0089	E00152	B012	P2101060002	12-18-15（50kg）	60.00	2,580.00		122.00	11.50	3.30	四厂	WH069	WH069-001	火运一票制	北京市	宣武区	
X2011000024	XC11120235217	2011/12/2	CN1101040003	D0089	E00152	B041	P2101010001	12-18-15（50kg）	60.00	2,580.00		122.00	11.50	3.30	四厂	WH069	WH069-001	火运一票制	北京市	宣武区	
X2011000025	XC11120235217	2011/12/2	CN1101040003	D0089	E00152	B041	P2101010001	12-18-15（50kg）	60.00	2,580.00		122.00	11.50	3.30	四厂	WH069	WH069-001	火运一票制	北京市	宣武区	
X2011000026	XC11120235218	2011/12/2	CN1101040003	D0089	E00152	B041	P2101010001	12-18-15（50kg）	59.00	2,580.00		122.00	11.50	3.30	四厂	WH069	WH069-001	火运一票制	北京市	宣武区	
X2011000027	XC11120235223	2011/12/2	CN1101040003	D0089	E00152	B041	P2101010001	12-18-15（50kg）	60.00	2,580.00		122.00	11.50	3.30	四厂	WH069	WH069-001	火运一票制	北京市	宣武区	
X2011000028	XC11120235221	2011/12/2	CN1101040003	D0089	E00152	B012	P2101060002	12-18-15（50kg）	60.00	2,580.00		122.00	11.50	3.30	四厂	WH069	WH069-001	火运一票制	北京市	宣武区	
X2011000029	XC11120235213	2011/12/2	CN1101040003	D0089	E00152	B041	P2101010001	12-18-15（50kg）	59.00	2,580.00		121.00	11.50	3.30	四厂	WH069	WH069-001	火运一票制	北京市	宣武区	
X2011000030	XC11120235224	2011/12/2	CN1101040003	D0089	E00152	B041	P2101010001	12-18-15（50kg）	60.00	2,580.00		123.00	11.50	3.30	四厂	WH069	WH069-001	火运一票制	北京市	宣武区	
X2011000031	XC11120235227	2011/12/2	CN1101040003	D0089	E00152	B012	P2101060002	12-18-15（50kg）	60.00	2,580.00		123.00	11.50	3.30	四厂	WH069	WH069-001	火运一票制	北京市	宣武区	
X2011000032	XC11120335515	2011/12/3	CN1101040003	D0089	E00152	B041	P2101010001	12-18-15（50kg）	60.00	2,580.00		121.00	11.50	3.30	四厂	WH069	WH069-001	火运一票制	北京市	宣武区	
X2011000033	XC11120535737	2011/12/5	CN1101040003	D0089	E00152	B041	P2101010001	12-18-15（50kg）	60.00	2,580.00		122.00	11.50	3.30	四厂	WH069	WH069-001	火运一票制	北京市	宣武区	
X2011000034	XC11120635899	2011/12/6	CN1101040003	D0089	E00152	B041	P2101010001	12-18-15（50kg）	60.00	2,580.00		121.00	11.50	3.30	四厂	WH069	WH069-001	火运一票制	北京市	宣武区	
X2011000035	XC11120735940	2011/12/7	CN1101040003	D0089	E00152	B041	P2101060044	12-18-15（50kg）	60.00	2,680.00		122.00	8.00	3.50	五厂	WH082	WH082-002	火运一票制	北京市	宣武区	
X2011000036	XC11122137940	2011/12/21	CN1101040003	D0089	E00152	B041	P2101010001	12-18-15（50kg）	59.00	2,580.00		122.00	11.50	3.30	四厂	WH035	WH035-001	火运一票制	北京市	宣武区	
X2011000037	XC110318015338	2011/3/18	CN1101080029	D0072	E00222	B041	P2101010001	12-18-15（50kg）	38.00	2,560.00	10.00			3.30	四厂	WH093	WH068-001	汽运自提	北京市	海淀区	
X2011000038	XC110320015710	2011/3/20	CN1101080029	D0094	E00133	B041	P2101010001	12-18-15（50kg）	38.00	2,580.00	10.00			3.30	四厂	WH093	WH068-001	汽运自提	北京市	海淀区	
X2011000039	XC110322016474	2011/3/22	CN1101080029	D0094	E00222	B041	P2103020001	15-15-15（50kg）	38.00	2,580.00	10.00			3.30	四厂	WH093	WH068-001	汽运自提	北京市	海淀区	
X2011000040	XC110323016780	2011/3/23	CN1101080029	D0094	E00222	B041	P2103020001	15-15-15（50kg）	37.00	2,580.00	10.00			3.30	四厂	WH093	WH068-001	汽运自提	北京市	海淀区	
X2011000041	XC110325017223	2011/3/25	CN1101080029	D0094	E00222	B041	P2103020001	15-15-15（50kg）	38.00	2,580.00	10.00			3.30	四厂	WH093	WH068-001	汽运自提	北京市	海淀区	
X2011000042	XC110326017676	2011/3/26	CN1101080029	D0094	E00222	B041	P2103020001	15-15-15（50kg）	39.00	2,580.00	10.00			3.30	四厂	WH093	WH068-001	汽运自提	北京市	海淀区	
X2011000043	XC110326017509	2011/3/26	CN1101080029	D0094	E00133	B041	P2103020001	15-15-15（50kg）	38.00	2,490.00	10.00			3.30	四厂	WH093	WH068-001	汽运自提	北京市	海淀区	
X2011000044	XC110326017675	2011/3/26	CN1101080029	D0094	E00222	B041	P2103020001	15-15-15（50kg）	38.00	2,580.00	10.00			3.30	四厂	WH093	WH068-001	汽运自提	北京市	海淀区	

订单原始数据（修订）

图 3-24　某化肥企业的销售订单示例

基于以上数据表（只是数据表的表头示例），先增列，对单价类的数值型字段做总额计算增列，我们增加五个新列：销售额、折扣金额、运费额、短倒费、装车费。

其中对文本型字段进行计数计算，对数值型字段进行求和计算，去掉没有意义的字段，我们可以得到十个数量型数据指标：产品订单数、销售订单数、成交客户数、销售人员数、销售量、销售额、折扣金额、运费额、短倒费、装车费。

当然，如果需要做分析，对于一些相对固定的字段，我们也可以考虑在指标范围之内，在一般情况下会忽略这些不变的常量，如图 3-25 所示。

在进行求和或者计数计算的时候，我们可以对动态数据表和与动态数据表相关联的静态数据表一起计算，然后再删除我们不需要分析的数量型数据指标，或者没有统计分析价值的数据指标。

字段	字段数据类型	计算方法	对应的数量型数据指标
产品订单编号	文本型	DistinctCount	产品订单数
销售订单编号	文本型	DistinctCount	销售订单数
业务日期	日期型	不计算	
客户编号	文本型	DistinctCount	成交客户数
销售单位编号	文本型	DistinctCount	销售单位数（相对固定值）
业务员编码	文本型	DistinctCount	销售人员数
品牌编码	文本型	DistinctCount	品牌数量（相对固定值）
产品编码	文本型	DistinctCount	产品数量（相对固定值）
规格	文本型	DistinctCount	产品规格数量（相对固定值）
销售出库数量（吨）	数值型	Sum	销售量
销售单价（元/吨）	数值型	Sum	X 无意义
+销售金额（元）	数值型	Sum	销售额
标准价差（元/吨）	数值型	Sum	X 无意义
+折扣金额（元）	数值型	Sum	折扣金额
运费单价（元/吨）	数值型	Sum	X 无意义
+运费金额（元）	数值型	Sum	运费额
实际短倒单价（元/吨）	数值型	Sum	X 无意义
+短倒金额（元）	数值型	Sum	短倒费
实际装车单价（元/吨）	数值型	Sum	X 无意义
+装车金额（元）	数值型	Sum	装车费
生产单位	文本型	DistinctCount	生产单位数量（相对固定值）
仓库编码	文本型	DistinctCount	仓库数量（相对固定值）
库位编码	文本型	DistinctCount	库位数量（相对固定值）
发运方式	文本型	DistinctCount	发运方式数量（相对固定值）
所属地区-省	文本型	DistinctCount	省的数量（相对固定值）
所属地区-市	文本型	DistinctCount	市的数量（相对固定值）
所属地区-区	文本型	DistinctCount	区的数量（相对固定值）

图 3-25 通过求和和计数来计算数量型数据指标的方法示意图

② 均值型数据指标的计算。

均值型数据指标大多数为对效率进行统计的数据指标。经常提的客单价、人均销售额、人均产值、销售单价、坪效等都是均值型数据指标。在计算均值的时候，用总的统计量（Sum 或 Count）除以相关的统计量（Sum 或 Count）。

均值型数据指标的计算方法有三种：Sum/Count、Count/Count、Sum/Sum（不同单位）。这里对通过求和计算得到的数据指标和通过计数计算得到的数据指标进行排列组合，如图 3-26 所示。

第一种计算方法为 Sum/Count，理论上如果有 m 个 Sum、n 个 Count，则我们可以组合出 $m \times n$ 个均值型数据指标。当然，我们需要结合业务逻辑和业务含义，排除没有商业意义的数据指标，然后再去掉我们觉得没有必要统计的数据指标，如图 3-27 所示。

图 3-26　通过 Sum/Count 计算得到均值型数据指标

图 3-27　通过求和和计数的组合来计算均值型数据指标的方法示意图

针对我们手中的数据表，包括动态数据表和静态数据表，我们可以将通过求和和计数计算得到的数量型数据指标进行组合，如 Sum/Count、Count/Count，或者 Sum/Sum（往往是不同求和得出），然后看计算出来的数值是否有进行业务评价的意义。如果有意义，就保留；如果没有意义，就可以舍弃。这样我们可以穷尽可能的均值型数据指标。

第二种计算方法是 Count/Count，原则上采用"大 Count/小 Count"的模式。理论上如果有 m 个 Count，则可以组合出 $(m-1)×(m-2)$ 个均值型数据指标。当然，如果某个均值型数据指标没有商业意义，就可以将其去掉，如图 3-28 所示。

第三种计算方法为 Sum/Sum（不同单位），如果有 m 个 A 单位的 Sum 和 n 个 B 单位的 Sum，则理论上可以组合出 $m×n$ 个均值型数据指标，如图 3-29 所示。

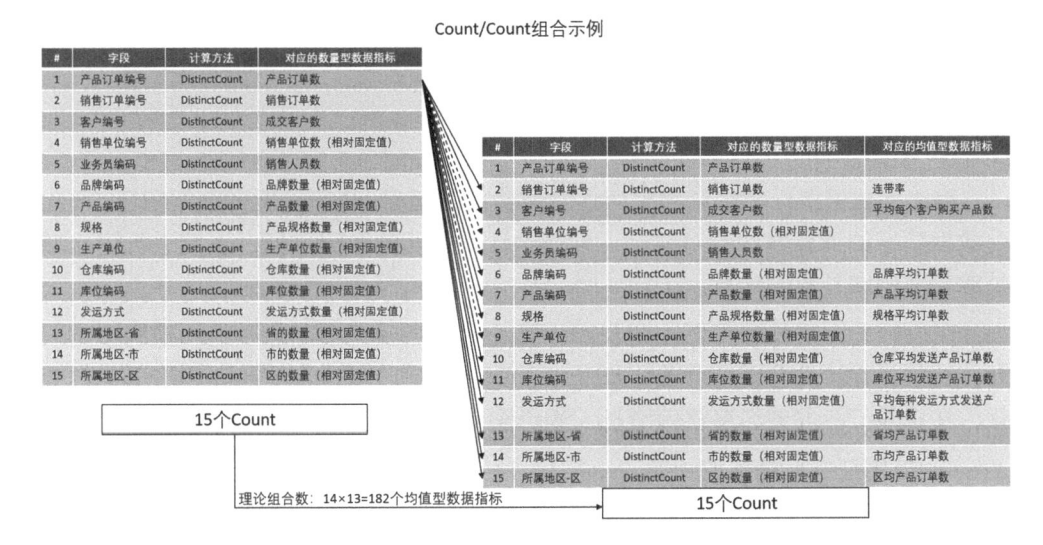

图 3-28　通过 Count/Count 的组合来计算均值型数据指标的方法示意图

图 3-29　通过 Sum/Sum（不同单位）的组合来计算均值型数据指标的方法示意图

在对均值型数据指标进行梳理的时候，具体要保留哪些数据指标，也要看我们是否需要对该数据指标进行管理，从业务逻辑和业务需求的视角进行遴选。以上利用排列组合来计算的思路是为了确保对均值型数据指标进行计算的全面性，并不代表所有计算出来的结果都有意义。

③ 比例型数据指标的计算。

比例型数据指标是通过相同单位的 Sum 和 Sum 进行对比计算得出的，原则上来讲，用小 Sum 除以大 Sum，小 Sum 最好是大 Sum 的一部分，这样得出的比率更具有商业意义。比如，折扣是小 Sum，销售额是大 Sum，其比值可以被看作折扣率。比例型数据指标的计算方法示意如图 3-30 所示。

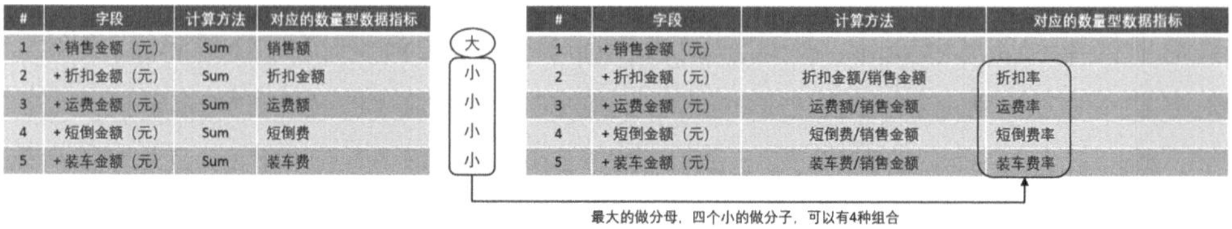

#	字段	计算方法	对应的数量型数据指标
1	+销售金额（元）	Sum	销售额
2	+折扣金额（元）	Sum	折扣金额
3	+运费金额（元）	Sum	运费额
4	+短倒金额（元）	Sum	短倒费
5	+装车金额（元）	Sum	装车费

大小小小小

#	字段	计算方法	对应的数量型数据指标
1	+销售金额（元）		
2	+折扣金额（元）	折扣金额/销售金额	折扣率
3	+运费金额（元）	运费额/销售金额	运费率
4	+短倒金额（元）	短倒费/销售金额	短倒费率
5	+装车金额（元）	装车费/销售金额	装车费率

最大的做分母，四个小的做分子，可以有4种组合

图 3-30 比例型数据指标的计算方法示意

比例型数据指标最好要体现部分和整体之间的关系，这样的数据指标可以代表某个分量指标占整体指标的比例。

④ 增比型数据指标的计算。

增比型数据指标往往是用来评估发展情况的指标，也叫发展类数据指标。增比型数据指标的计算方法是对前面三种通过计算得到的数据指标，直接进行同比增长率和环比增长率的计算。

在进行同比增长率和环比增长率计算的时候，我们会考虑一些外部的影响因素。比如，在计算公司营业收入增长率的时候，可以考虑整个社会经济形势的变化，在排除行业或者经济整体增长、物价增长等之后得出"净增长率"。

⑤ 排序型数据指标的计算。

排序型数据指标在日常管理中不经常使用，其代表着一种业务质量或者能力的分布情况。从某个产品的销售额在所有产品中的排序，可以看出这个产品整体的竞争力水平。排序型数据指标的计算方法是在计算出以上四种数据指标之后，看看哪些数据指标有排序评价的价值，然后对这些数据指标进行排序计算，其中用到的计算函数往往是 rank，当然不同的软件用到的计算函数不同。

通过对以上五类数据指标分别进行计算，我们可以得到所有表征销售活动的、基于销售订单数据表可以计算出的数据指标。这些数据指标的数量虽然很多，但是每一个数据指标都表征着业务活动的执行情况，都值得被遴选出来进行跟踪和分析。

2．岗位职责法

一种比较简捷地梳理数据指标的方法是岗位职责法，这种方法操作起来简单、高效，但是也有其局限性。岗位职责法是企业在实施 BI 系统或者管理者驾驶舱的时候所采用的一种"短、平、快"的方法。

岗位职责法的局限性包含两个方面：一方面，该方法是基于岗位的，所以我们所梳理出来的数据指标只能到岗位级，即 L4（按照六层数据指标体系，该方法只能精细化到第四层）；另一方面，该方法更关注结果，而过程管控中的数据指标往往不容易被梳理出来。第二个局限性是该方法最关键的局限性。

企业在推行 BI 系统的初级阶段，可以使用该方法把常用的数据指标梳理出来，并通过管理看板的方式快速呈现在各个业务人员面前，让他们先把业务信息系统中的数据应用起来。虽然这些数据不见得是最全面的数据，但是这么做对于让管理者养成看数据、分析数据、应用数据的习惯，是一种比较快速的方法，也是一种低成本的方法。

要想用岗位职责法来梳理数据指标，需要澄清一个基本概念，即"管理目标"。前面已经定义了"数据指标"是"指向管理目标的度量"。只要我们知道了管理目标，并对管理目标进行量化，就可以得到对应岗位的数据指标，所以我们需要弄清什么是"管理目标"。什么是管理目标？按照拆字的方法，"目"是眼睛，是"看"，是"方向"，是"目的"；"标"是标尺，是度量。"管理目标"是指"对管理目的的度量"。"管理目的"就是企业存在的目的。一个企业的管理目标一般包括七个方面：规模、发展、效率、效益、质量、风控和社会责任，这七个方面也是需求侧视角的七种数据指标类型，如图 3-31 所示。

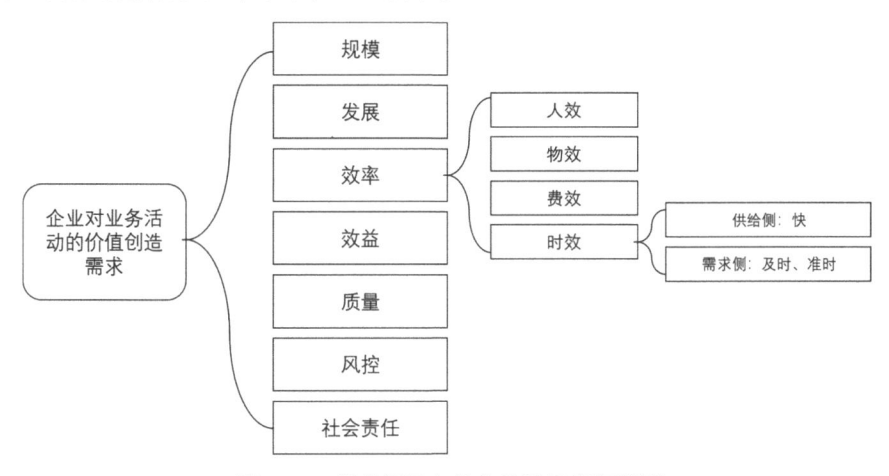

图 3-31 需求侧视角的七种数据指标类型

规模：做大是很多企业的目标，规模可以给企业带来更多的竞争优势。无论是银行的贷款信用额度、政府资源和政策的倾斜，还是企业在消费者心目中的地位，都是企业在做到一定规模之后所具有的竞争优势。在实际业务环节中，更多的人员、更多的客户、更多的订单、更广的业务范围，以及更多的合作伙伴，都是规模类的目标。规模是企业竞争力的体现。

发展：企业要想做大规模，必须持续发展，必须有快的增长速度，没有速度，不可能做大规模。即使是有规模的企业，如果没有发展，也会被时代淘汰，逐步走向落后，所以持续的增长率是企业要关注的目标。发展是企业做大规模的基础。在我们梳理发展类数据指标的时候，可以先梳理其他类的数据指标，然后针对梳理出来的其他类的数据指标，进行同比或者环比计算，得到的结果基本上就是发展类数据指标。

效率：要想获得效益，必须有效率，也就是投入更少，产出更多。如果把效益看作投入与产出之间的差，那么效率就是产出在投入中所占的比例。企业经营和管理的核心是在一定投入下，产出最大化，或者在产出一定的情况下，投入最小化。效率有四大类，对应着企业的四大核心投入：人、财、物、时。有人投入的地方要讲求人效；有物投入的地方要讲求物效；有钱投入的地方要讲求费效；有时间投入的地方要讲求时效。在时效方面，企业在供给侧思维下做事要"快"，在需求侧思维下供给客户要"及时、准时"。效率是企业获得效益的前提条件。

效益：效益是投入和产出之间的差，产出减去投入后的剩余部分可以被看作企业所获得的效益。企业要想做大规模，必须发展，发展需要消耗更多的资源，而获取资源需要成本，如果企业不赚钱，没有人愿意给企业投入更多的资源。所以，赚钱是企业发展和做大规模的基础。效益，有今天的效益（今天的效益是指企业实际获得的利润），也有明天的效益（明天的效益是指企业为了获得效益而准备或者储备的资源）。所以企业既有资源类的效益，也有伙伴类的效益、技术类的效益。效益是企业发展的动力。

质量：这里的质量是一个宽泛的概念，不仅包括产品的质量，还包括业务的质量、流程的质量、管理的质量和组织的质量。只有拥有好的管理、组织、制度流程、业务活动，企业才能够持续地有效率，持续地获取效益，持续地发展，最终取得一定的规模。

风控：企业在持续发展中面临着各种各样的挑战，这些挑战给企业的发展带来很多的不确定性。为了更好地应对各种不确定的挑战，企业必须有足够的风控能力，能够更好地应对各种风险，提前预知风险，并做好防范。

社会责任：规模比较大、社会影响力比较大、上市的企业，会强调社会责任，不完全考量盈利。比如，公共交通企业在晚上 10 点以后运行一趟线路可能会亏钱，但是其不能因为不赚钱而不运行，这就是社会责任的问题。

以上七种数据指标类型，可以为我们梳理岗位级数据指标提供一个检查清单（Checklist），通过这个检查清单，我们能够更加全面和体系化地梳理"指向管理目标"的数据指标，具体可以按照如下步骤来进行。

第一步，梳理岗位的关键职责。

第二步，按照岗位的关键职责提出七大管理目标的要求。

第三步，将提出的管理目标的要求量化为数据指标。

比如，对于服装零售连锁门店的店长，我们假定其职责包括六个方面，即门店销售绩效管理、门店团队管理、商品库存管理、店内陈列管理、客户开发和服务，以及促销活动执行。针对每一项职责，我们按照七大类管理目标逐一梳理，并对每类管理目标的要求进行量化，从而形成了该岗位对应的七大类数据指标，如图3-32所示。

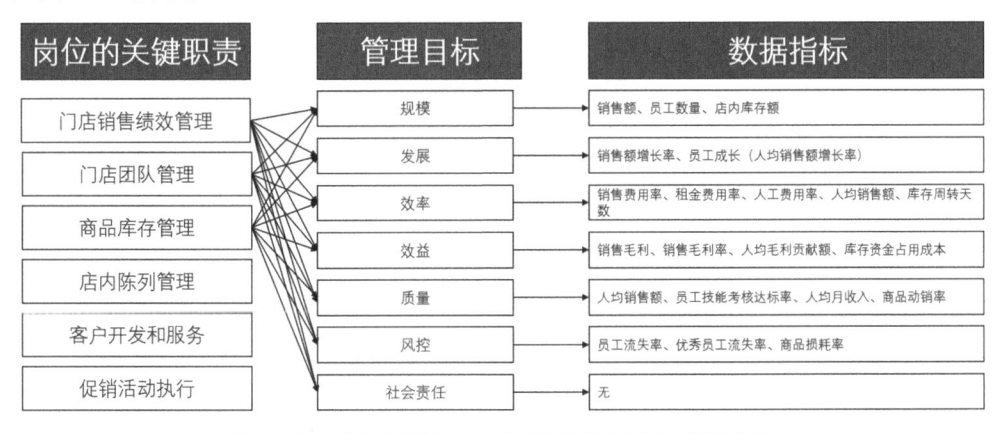

岗位的关键职责	管理目标	数据指标
门店销售绩效管理	规模	销售额、员工数量、店内库存额
门店团队管理	发展	销售额增长率、员工成长（人均销售额增长率）
商品库存管理	效率	销售费用率、租金费用率、人工费用率、人均销售额、库存周转天数
店内陈列管理	效益	销售毛利、销售毛利率、人均毛利贡献额、库存资金占用成本
客户开发和服务	质量	人均销售额、员工技能考核达标率、人均月收入、商品动销率
促销活动执行	风控	员工流失率、优秀员工流失率、商品损耗率
	社会责任	无

图 3-32 采用岗位职责法梳理岗位数据指标的示意图

该方法能够"短、平、快"地梳理出各个岗位的数据指标，其局限在于过度关注结果，对实际过程中的指标关注较少。同时，该方法只能梳理到L4（岗位级），对于具体活动（L5）和任务（L6）缺少细节的梳理。该方法依赖人力资源管理者对企业各个岗位人员的职责清晰度，即人力资源管理者对各个岗位人员所承担的职责的明确程度。如果人力资源管理者对各个岗位人员所承担的职责不明确，流程管理不规范，该方法执行起来就比较困难。

3. 流程目标法

流程目标法是指回归到业务流程中，利用管理目标体系来进行系统性的数据指标梳理的方法。该方法具有系统性的特点，能够根据流程管理的细节来决定所梳理数据指标的细节,即如果业务流程管理比较精细化、规范化和体系化,数据指标梳理就会比较精细化、规范化和体系化。

要理解该方法,需要理解一些流程管理的基本概念。

首先,流程是一系列的业务活动,有输入,也有输出。流程有三个要素:输入、输出和一系列的业务活动。一般输入是上一级流程环节的问题,所以我们在利用流程目标法来梳理数据指标的时候,不用关心输入,只关注输出和一系列的业务活动。根据输出所梳理出来的数据指标为该流程的结果指标;根据一系列的业务活动梳理出来的数据指标为该流程的过程指标。

其次,流程管理分层级。一般我们会把流程分为六个层级,从 L1 到 L6 分别是公司级、业务级、部门级、岗位级、活动级、任务级。针对每一层级的流程所梳理的数据指标就是该层级的数据指标,即根据部门级的流程所梳理的数据指标就是部门级数据指标,根据活动级的流程所梳理的数据指标就是活动级数据指标,根据任务级的流程所梳理的数据指标就是任务级数据指标。

最后,流程的管理目标。数据指标的定义是"指向管理目标的度量",我们梳理数据指标的方法还是要回归到目标管理体系,针对每一个流程,我们仍然用企业常规的七大类管理目标,即规模、发展、效率、效益、质量、风控和社会责任,将这七大类管理目标作为检查清单来进行系统性的梳理。

从流程到目标三步法梳理数据指标的过程如图 3-33 所示。

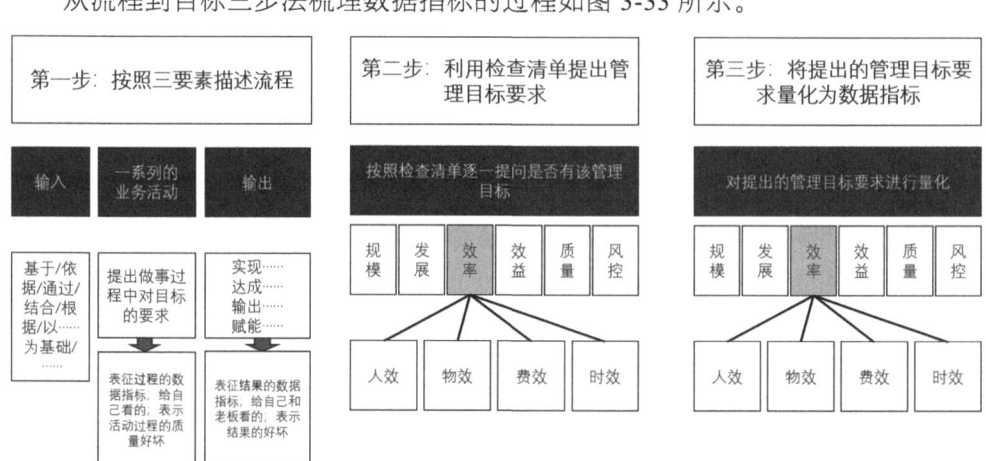

图 3-33 从流程到目标三步法梳理数据指标的过程

比如,对于招聘环节,招聘经理作为一个岗位(L4),执行三大类的活动:简历获取、人才遴选、员工入职,这是 L5 的流程。

第3章 企业数字化管理体系建设七步法（上）

（1）第一步，按照三要素描述流程。

招聘的流程三要素可以这样描述："输入"是业务部门的人才招聘需求；"一系列的业务活动"是在招聘渠道发布招聘广告，以获取候选人简历，筛选符合要求的简历；"输出"是满足人才遴选（面试环节，即流程下一个环节）的需要，如图3-34所示。

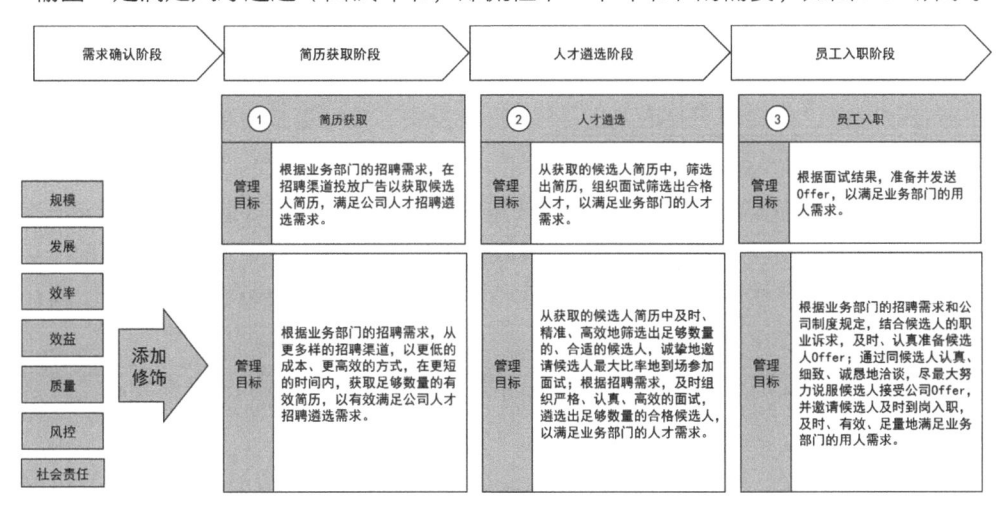

图 3-34 招聘的流程三要素

（2）第二步，利用检查清单提出管理目标要求。

按照规模、发展、效率、效益、质量、风控、社会责任的检查清单来"提出"管理目标要求（以简历获取阶段为例）。

招聘渠道：规模要求（更多样的招聘渠道）、质量要求（更有效的招聘渠道）。

发布招聘广告：质量要求（更具有吸引力的广告）、时效要求（及时发布招聘广告）。

获取候选人简历：规模要求（获得更多的候选人简历）、费效要求（以更低的成本获取）、时效要求（及时获得简历）、质量要求（获得更高质量的简历）。

筛选简历：规模要求（筛选出足够数量的简历）、人效要求（高效地筛选简历）、时效要求（及时筛选简历）、质量要求（准确地筛选符合岗位要求的简历）。

符合要求的简历：规模要求（更多的简历）、质量要求（符合岗位要求的简历）。

满足面试需要：规模要求（足够数量的合格简历）、质量要求（有效简历）、时效要求（及时满足面试需求）。

（3）第三步，将提出的管理目标要求量化为数据指标。

以简历获取阶段为例。

招聘渠道：规模要求（更多样的招聘渠道：<u>有效招聘渠道数量</u>）、质量要求（更有效的招聘渠道：单位成本下招聘渠道获取简历数量）。

发布招聘广告：质量要求（更具有吸引力的广告：广告发布后三日内简历获取数量）、时效要求[及时发布招聘广告：发布广告所需天数（从需求确定日期到广告发布日期）]。

获取候选人简历：规模要求（获得更多的候选人简历：有效简历数量）、费效要求（以更低的成本获取：有效简历获取成本）、时效要求（及时获得简历：有效简历获取速度、有效简历获取及时性）、质量要求（获得更高质量的简历：有效简历筛出率）。

筛选简历：规模要求（筛选出足够数量的简历：有效简历数量）、人效要求（高效地筛选简历：人均简历日筛选量）、时效要求[及时筛选简历：简历筛选用时（从获得简历到筛选完毕的时间）]、质量要求（准确地筛选符合岗位要求的简历:候选人面试通过率）。

符合要求的简历：规模要求（更多的简历：有效简历数量）、质量要求（符合岗位要求的简历：候选人面试通过率）。

满足面试需要：规模要求（足够数量的合格简历：简历数量满足率）、质量要求（有效简历：候选人面试通过率）、时效要求（及时满足面试需求：面试时候选人数量满足率）。

将提出的管理目标要求量化为数据指标如图 3-35 所示。

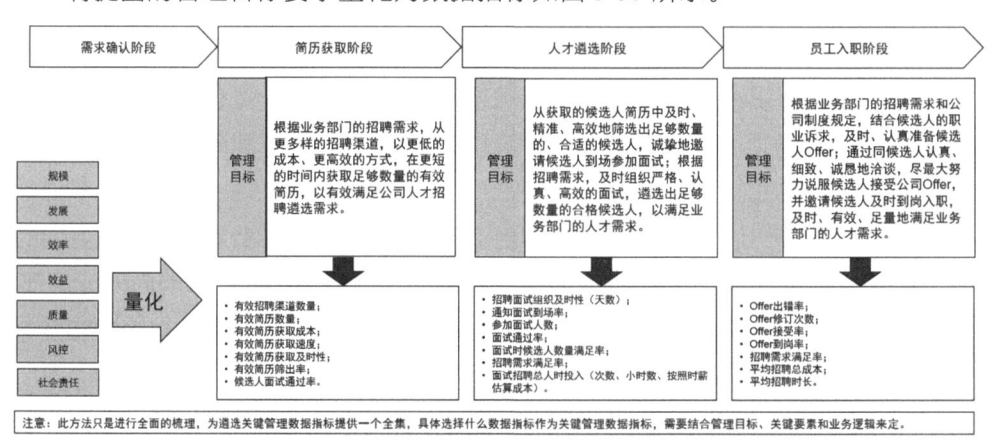

图 3-35 将提出的管理目标要求量化为数据指标

流程目标法是一种非常系统的方法。对企业业务全域进行数据指标的梳理，是一项非常繁杂的工作，需要由专业的团队来执行所有环节的数据指标梳理，以避免因为业务人员对该方法掌握不足、理解不够，导致数据指标梳理不彻底、不全面，这是该方法的缺点。该方法的一个优点在于可以将数据指标梳理得非常细致，不仅不依赖目前企业的信息化程度,反而会提出数据采集需求;另外一个优点是可以梳理到我们期望梳理到的细节。

当然,应用流程目标法是否能有效地梳理出科学和体系化的数据指标,依赖于企业流程管理的规范化程度。如果企业没有对业务流程进行过梳理,这种方法的执行就有难度。在必要的时候,企业可以一个业务域一个业务域地进行梳理,而不是全面铺开,即先从信息化覆盖程度比较高的业务域展开,积累经验,在数据指标使用过程中体会数据指标赋能业务管理的强大价值,从而帮大家树立信心。

4. 指标库参照法

指标库参照法是指将行业的标准或者标杆企业的数据指标作为参考和学习的对象,采用"抄作业"的方法确定企业的数据指标。比如,有的企业会将APQC(美国生产力协会)给出的流程和数据指标的标准作为参考范本。

不建议采用这种方法,因为每个企业的业务管理方式、业务流程设置和战略关键目标都不同。有些企业关注规模的快速发展,更关注发展类的数据指标,而弱化效益类和效率类的数据指标;有些企业比较成熟,更关注效益类和效率类的数据指标。不同的关注点,会让企业在遴选数据指标时有不同的侧重。

回归到业务流程、文化、业务经营模式,企业之间的差异会更大。数据指标是很难统一和标准化的。同时,随着企业的业务发展和内外部环境的变化,企业要对所需要管理的数据指标做相应的调整。笔者更倾向于企业根据自己的管理需求和业务目标动态地设定数据指标。

如果企业倾向于学习别人所长,习惯"抄作业",那么建议抄业内更先进企业的"作业",以学习的方式"抄作业",而不是照抄照搬,奉行"拿来主义"。

数据指标规范化管理

企业在将数据指标梳理好之后,要对其进行动态的管理,需要建立一套数据指标管理规范。如何建立数据指标管理规范呢?可以采用5W2H的框架来建立,从而形成数据指标的管理规范文档。5W2H分别是指Why、What、Who/Whom、When、Where、How、How much。

- Why(为什么):设定该数据指标的目的是什么?为什么要设置这个数据指标?该数据指标指向什么管理目标?
- What(是什么):该数据指标是什么?对什么进行度量?基于什么数据或者标准进行度量?

- Who（谁）：该数据指标的主体负责人是谁？该数据指标的评价或者度量主体是谁？
- Whom（谁）：该数据指标是评价和度量谁的？被该数据指标度量的对象包括哪些？
- When（什么时间）：在什么时间对该数据指标进行统计汇总？
- Where（用在什么地方）：该数据指标用在什么地方？哪个业务领域？哪个业务板块？用来做出什么决策？该数据指标的使用范围是什么？
- How（如何计算）：该数据指标是怎么计算出来的？遵循什么样的统计标准？是采用先入先出制、后入先出制，还是采用均值分摊制？计算的公式是什么？计算公式中的数据来自哪里？
- How much（该数据指标的取值应该是多少）：数据指标的标准就是用于对该数据指标的取值进行判断的标准。当数据指标的取值与既定的标准产生重大偏离时，该如何预警？

这里有一个非常重要的概念，就是数据指标的标准。比如，销售额是一个数据指标，我们对销售额设定的战略目标是 30000 万元，这个目标就可以被看作数据指标的标准。数据指标的标准的来源可以是企业的管理目标，也可以是企业的对标企业。数据指标的标准的建设是基于最佳实践、对标企业，还是基于企业发展的目标、业务管理的基本逻辑进行的呢？数据指标的标准的建设也是一个科学管理的体系化问题。

基于以上管理规范设置法则，我们可以对数据指标建立一套规范化管理体系，该体系包含数据指标规范化管理的十个要素。这十个要素分别是目的、范围、目标值、算法公式、计量单位、统计计算频率、数据来源、负责人、相关数据指标、备注，如图 3-36 所示。

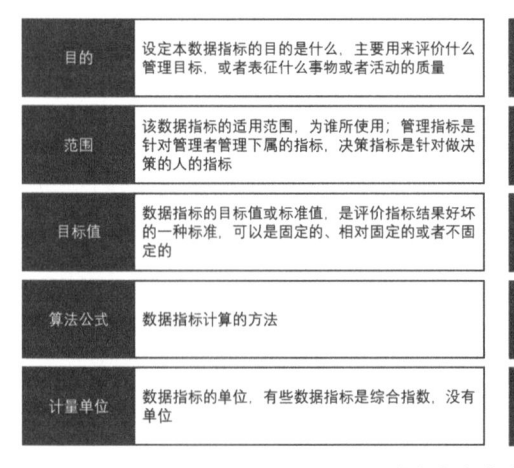

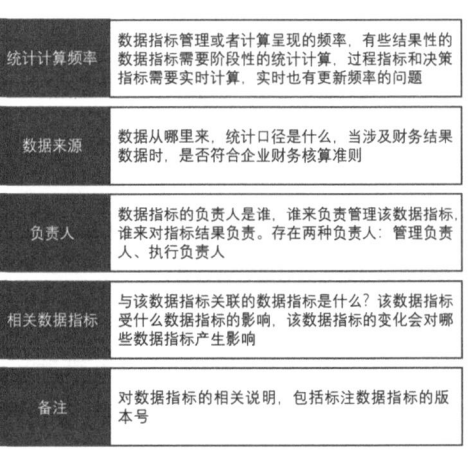

目的	设定本数据指标的目的是什么，主要用来评价什么管理目标，或者表征什么事务或者活动的质量	统计计算频率	数据指标管理或者计算呈现的频率，有些结果性的数据指标需要阶段性的统计计算，过程指标和决策指标需要实时计算，实时也有更新频率的问题
范围	该数据指标的适用范围，为谁所使用；管理指标是针对管理者管理下属的指标，决策指标是针对做决策的人的指标	数据来源	数据从哪里来，统计口径是什么，当涉及财务结果数据时，是否符合企业财务核算准则
目标值	数据指标的目标值或标准值，是评价指标结果好坏的一种标准，可以是固定的、相对固定的或者不固定的	负责人	数据指标的负责人是谁，谁来负责管理该数据指标，谁来对指标结果负责。存在两种负责人：管理负责人、执行负责人
算法公式	数据指标计算的方法	相关数据指标	与该数据指标关联的数据指标是什么？该数据指标受什么数据指标的影响，该数据指标的变化会对哪些数据指标产生影响
计量单位	数据指标的单位，有些数据指标是综合指数，没有单位	备注	对数据指标的相关说明，包括标注数据指标的版本号

图 3-36 数据指标规范化管理的十个要素

所以，在建立数据指标体系的过程中，我们需要建立一套管理数据指标的规范，从流程、组织、职责和规范的视角对数据指标进行体系化的管理，确保我们梳理出来的数据指标能够在业务中得到应用。

比如，对于销售额这样一个数据指标，我们可以构建一套管理该数据指标的规范，如图3-37所示。

示例：销售额	目的	用于定期统计公司、部门、员工、业务、产品的业绩，进行绩效评价和奖金核算；用于评价战略目标达成情况；用于分析经营策略和经营成果
	范围	公司范围内的统计；各业务统计；各销售部门的统计；个人统计
	目标值	目标值是公司销售额目标的值，包括年度目标、季度目标、月度目标的值等
	算法公式	由财务部门按照实际订单收款进行统计；由ERP系统实时统计后分发使用；按照收付实现制进行统计，已经发货但未回款的销售订单不计入当期销售额统计
	计量单位	元
	统计计算频率	每周、每月、每季度、每年进行统计；每月1日统计上个月销售额；每周日下午6点统计本周销售额，下午6时之后回款的计入下一周统计期
	数据来源	ERP系统中的财务收款记录和销售订单比对后给出的数据报表（销售回款清单）
	负责人	使用者为公司高层、销售部门团队成员、财务部门相关成员、人力绩效统计员；负责人为财务部门相关成员
	相关数据指标	战略目标、销售费用、预算目标、移动目标等
	备注	销售额数据不含已出货未回款的销售订单；按照财务收款标准进行核算；预收款的销售订单有退款的风险；对于计提回款的渠道，销售额与销售零售目标有差异

图3-37 数据指标规范化管理十要素示例

该示例虽然没有完全基于5W2H的框架，但是其基本的管理规则还是考虑到了5W2H框架中的相关要素，确保对销售额的管理有规范、有标准、有规则。

数据指标运营与动态管理

在将数据指标梳理出来之后，企业需要一套机制对其进行规范化的管理，并在业务发生变化的时候对其进行动态的管理。数据指标不是一成不变的，企业的业务目标、内外部环境、战略目标都在发生变化，相关的数据指标也需要发生变化。数据指标用于度量管理目标，管理目标发生变化，所需要的度量方式和度量办法肯定要发生变化，因此对数据指标的管理是动态的。

企业在梳理完数据指标之后，要对其进行运营管理。很多企业梳理完数据指标后，建立了一套数据指标管理的规范文档，并保存在企业的服务器中，或者放到企业档案库中，但是员工在实际工作中该怎么做还是怎么做，并没有按照规范文档的要求来做，这是一种"形象工程"。数据指标需要在业务管理中被应用起来，要在企业的管理、管控、评价、分析、改善等各种管理活动中发挥作用。

从组织管理的视角看，建议企业指定专业的组织部门来负责对整个数据指标体系进行动态管理。最方便的部门是 IT 部门，但是鉴于很多企业的 IT 部门没有管理权限，缺少推动的力量，建议由人力资源管理部门代为管理。

3.4 数据可视化与数据分析

众多的数据指标，无论是过程指标还是结果指标，组成了一套完整的数据指标体系，从而可以更清晰地表征业务活动的过程和结果。我们可以构建过程→结果的因果逻辑，形成跟踪业务效用管理的规范，洞悉好的结果，以及是什么样的过程带来的这样的好结果，从而形成企业最佳管理实践。将最佳管理实践作为过程管理标准和结果管理标准建立的基础，我们就可以更好地管理业务活动的过程，从而形成精细化科学管理的规范。

数据指标体系给企业管理带来的核心价值是让管理者能够更清晰地看到管理，看到业务活动的过程，并在过程中看到管理的结果，提升管理的能见度。如果我们将数据指标梳理到更细节的层次，如 L5 和 L6，那么管理者能够看到更精细化的过程，实现管理"看得清"。

在数据指标体系构建的过程中，我们可以梳理出非常多的数据指标，通过每一个数据指标都可追溯到具体的过程。在实际的企业管理中，管理岗位就有大量的数据指标，会形成比较复杂的报表。这会导致一个问题，数据指标一多，管理者就很难在繁杂的数据指标中发现问题。这个时候，企业需要引入数据分析体系。其中一个基本的、最常规的数据分析体系就是对数据指标进行体系化的可视化呈现，从而让管理者更容易地从数据指标及其变化中洞察业务活动的异动，分析业务活动背后的逻辑，发现问题、发现规律、发现机会、发现趋势，为做出管理决策提供依据。

数据可视化的历史

数据可视化不是一个新的概念，人类在非常早的时候就利用数据可视化来分析、洞察数据背后的逻辑了。历史上有很多通过数据可视化来说服人们并取得巨大成就的例子。比较知名并对人类历史产生重大影响的例子有俄法战争图、英国伦敦霍乱地图、南丁格尔玫瑰图。

用图形或者图表表达数据，能够让我们更清晰地看到数据背后的特征或者规律，从而更容易解读数据。数据可视化在管理中不仅可以让我们更容易看懂数据，还可以大幅度提高我们管理沟通的效率。

数据可视化背后的"七个看"

数据可视化在我们面对复杂的数据的时候尤为重要，可视化的数据图形能够让我们看到数据之间的差异、变化、结构、特征、规律、分布等，从而更好地洞察数据背后的内容。

我们先看一个虚拟的例子。假定有四个独立核算的业务单元，或者有四个独立核算的大区业务，分别是 A、B、C、D，每个月我们都会独立核算这四个业务单元的收入和支出，收入用 Y 标识，支出用 X 标识，$Y-X$ 就等于该独立核算业务单元的毛利。每个月财务人员都会独立核算这四个业务单元的投入和产出，每个业务单元都有 12 组独立核算的投入和产出数据，如图 3-38 所示。

A		B		C		D	
X_1（万元）	Y_1（万元）	X_2（万元）	Y_2（万元）	X_3（万元）	Y_3（万元）	X_4（万元）	Y_4（万元）
7.00	8.04	7.03	9.19	7.00	7.46	2.85	8.83
5.60	6.95	5.61	8.56	5.60	6.77	5.93	9.12
9.10	7.58	9.58	7.47	9.10	12.74	8.69	9.53
6.30	8.81	6.58	9.71	6.30	7.11	11.23	9.14
7.70	8.33	7.78	10.12	7.70	7.81	7.24	9.86
9.80	9.96	9.86	6.21	9.80	8.84	5.58	8.06
4.20	7.24	4.68	6.22	4.20	6.08	10.64	9.46
2.80	4.26	2.99	3.27	2.80	5.39	8.26	8.51
8.40	10.84	8.73	9.30	8.40	8.15	10.80	8.10
4.90	4.82	5.07	8.26	4.90	6.42	1.89	8.40
3.50	5.68	4.18	5.12	3.50	5.72	9.38	8.67
9.10	7.87	7.11	10.22	7.00	7.52	13.00	9.00
78.40	90.38	79.20	93.65	76.30	90.01	95.49	106.68

图 3-38 数据指标生成的多数据报表示例

虽然这里只有两个数据指标，但是当业务单元多的时候，就有 48 组投入和产出数据，这个时候从数据的角度，我们很难看出里面的问题，无法直接判断四个独立核算的业务单元中哪个毛利更高。

这个时候就需要通过数据可视化来分析数据。基于这样一个数据表，我们可以做成什么图形呢？我们需要思考要"看什么"。如果我们有一个完整的清单，按照检查清单的方式来思考需要看数据背后的什么问题，就可以基于思考来制作可视化的图形了。

通过数据可视化图形可以对数据进行七个洞察，即"七个看"：看差异、看变化、看结构、看关系、看分布、看特征、看层次。我们研究投入 X 和产出 Y 之间的关系，可以用"看关系"的思路来分析数据，从而制作出"看关系"的可视化图形，如图 3-39 所示。

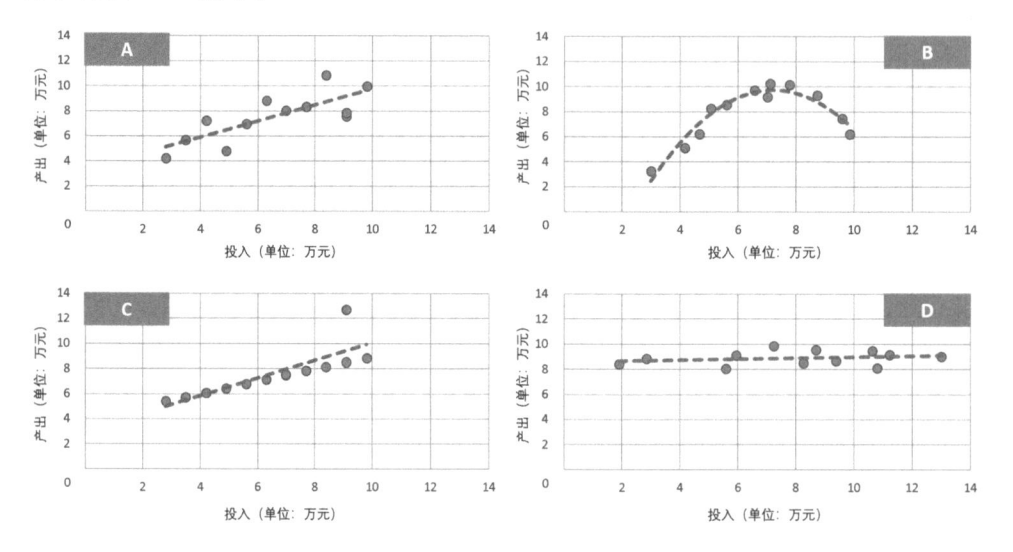

图 3-39　数据可视化示例：投入产出关系分析

利用散点图，我们把业务单元每个月的投入 X 和产出 Y 分别对应图表的横轴和纵轴，将每个月投入和产出的对应关系描一个点，每个业务单元 12 个月可以描 12 个点。通过描点，我们可以看到这四个业务单元投入和产出之间的关系。对于 A，随着投入的增加（X 轴从左到右），产出也在增加（Y 轴从下往上），但是有一定的不确定性，描点随机分布在趋势线的两侧；对于 B，随着投入的增加，产出在达到顶点（最大值）之后开始下降；对于 C，随着投入的增加，产出也在增加，但是除了一个点，几乎所有的点都在一条直线上；对于 D，无论投入如何增加，产出都没有太大的变化。

通过数据可视化，我们更清晰地看到了四个业务单元的投入和产出之间的关系，也看到了在对四个业务单元增加投入的时候，其产出是如何表现的，从而来评价每个业务单元对投入资源的利用情况，以及四个业务单元的经营能力和经营状况。如果没有对数据进行可视化的呈现，我们很难看清楚四个业务单元投入和产出之间的关系。

在使用数据图表分析、解读数据的时候，我们会有多种选择。数据图表各种各样，常用的有柱形图、条形图、折线图、饼图、散点图、扇形图（雷达图）、直方图等。不同的图表在表达不同的分析视角。比如，我们在用柱形图和条形图时，是在对比不同事物的大小、多少、好坏、优劣；我们在用折线图的时候，是在看事物随着时间的变化而产生的变化，从而试图分析事物发展的趋势或规律；当我们用饼图的时候，是在试图分析事物的组成部分，看事物的组成结构；当我们用散点图的时候，是在看两个数据指标之间的关系；在我们用扇形图的时候，是在利用多维度数据看事物的特征，找出其长板、短板，或者优势、劣势等。常规数据指标分析的"七个看"如图 3-40 所示。

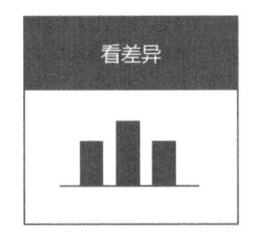

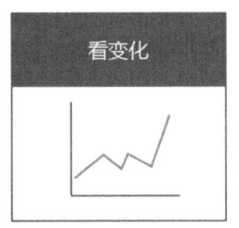

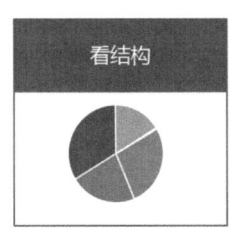

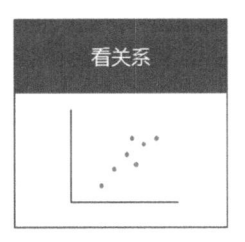

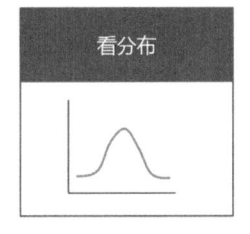

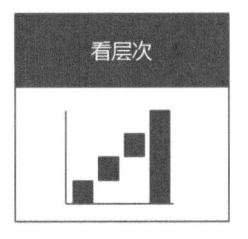

图 3-40 常规数据指标分析的"七个看"

一个数据分析视角的列表，可以帮助我们从七个视角看数据，从而产生有指导意义的数据分析结果，让我们不再依赖个人的感觉、灵感、经验，从而更体系化地分析手中的数据指标。

数据可视化表达的最简形式

在实际工作中，很多人喜欢将数据分析图表做得特别复杂，甚至有个趋势是不让别人知道自己是如何做出的图表，从而能够炫耀自己的技能。其实，数据可视化不是一个炫技的过程，而应该是让更多的人能够看懂，并能够理解数据的过程。让别人能够看懂数据，一个最基本的方法是用最简单的方式表达数据。

"七个看"给我们提供了一个基本的数据可视化表达的指引。我们该如何用最基本、最简单、最直接、最能够被更多人看懂的方式表达手中的数据，或者数据指标背后的规律，这是从数据到可视化图表的转化过程中需要考虑的问题。

通过对数据进行可视化表达，我们试图看数据背后的规律，一般会有"七个看"的需求，分别如下。

1. 看差异：事物对比

通过对比事物，我们可以评价事物的大小、多少、好坏、优劣。

要想表达事物之间的差异，我们可用的可视化表达方式是柱形图和条形图，通过柱形图的高度或者条形图的长度来标识不同数据指标的差异，从而更加直观地判断谁大谁小、谁好谁坏、谁优谁劣、谁快谁慢、谁长谁短，如图 3-41 所示。

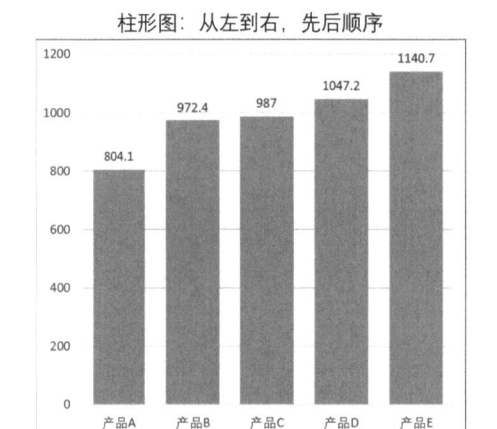

图 3-41　事物对比的可视化表达方式：柱形图、条形图示例

什么时候用柱形图，什么时候用条形图呢？

柱形图是按照从左到右的顺序排列相关数据的，根据常识，我们有"先后顺序"的概念，所以当我们要表达的事物有时间先后顺序的时候，可以用柱形图表达。条形图是按照从下到上的顺序排列相关数据的，当我们想表达次序的时候，可以优选条形图。

当我们要表达的事物没有先后顺序的时候，优选什么图形呢？一般来讲，绝大多数人的视觉对微小差异的识别敏感度，横向的大于纵向的。也就是说，为了更容易看到差异，我们应该选用条形图。

2. 看变化：时序对比

通过看数据指标的变化，我们可以分析事物的变化趋势和规律。

在规律解读上，我们可以查看事物的发生和发展是否具备趋势性规律、季节性规律、周期性规律；可以根据变化情况判断事物是变好了还是变差了，从发展趋势的角度预测未来；可以通过变化情况来分析事物的异动，洞察异动背后的原因。

时序对比常用的表达方式有两种：一种是柱形图，如图 3-42 所示；一种是折线图，如图 3-43 所示。柱形图强调大小，折线图强调变化，我们可以通过折线图去观察事物变化是否存在某种规律，如趋势性规律、季节性规律、周期性规律等。

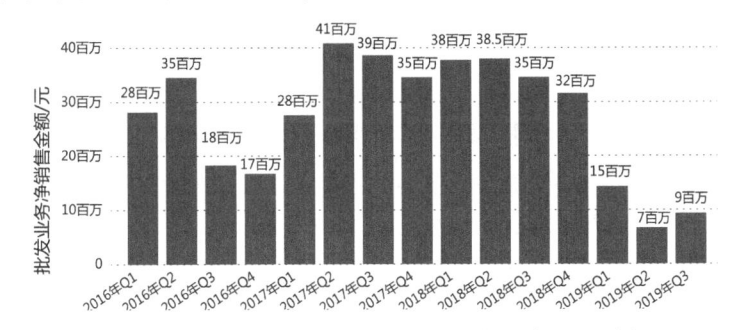

图 3-42 时序对比的可视化表达方式：柱形图示例

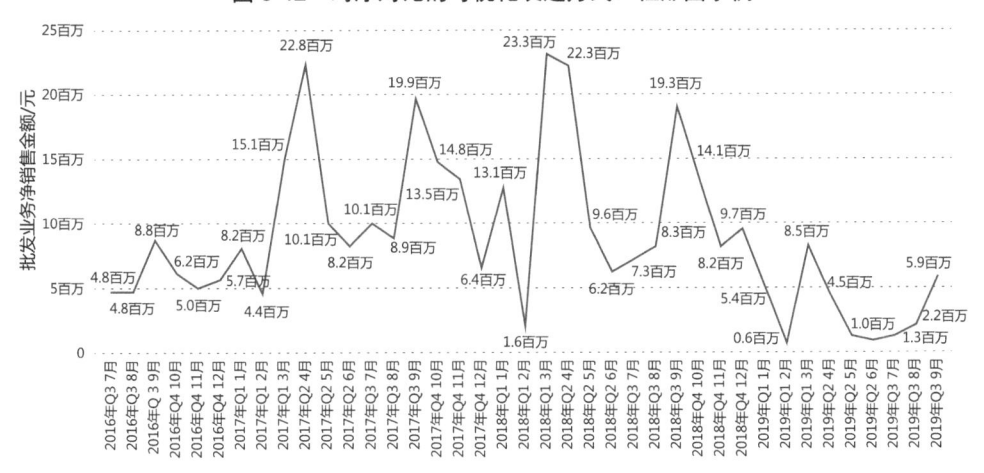

图 3-43 时序对比的可视化表达方式：折线图示例

我们在制作表达时序对比的图形时，一定要考虑到大众的阅读习惯，一般从左到右的横轴更容易被理解为时间的从先到后。

3．看结构：组分对比

通过看部分占总体的百分比，我们可以分析事物的组成结构，可以判断事物结构的合理性，也可以看事物的占比贡献，分析组分要素的组合配比，等等。

组分对比的可视化表达方式一般有四种：饼图、环形图、堆叠柱形图、堆叠条形图，如图 3-44 所示。

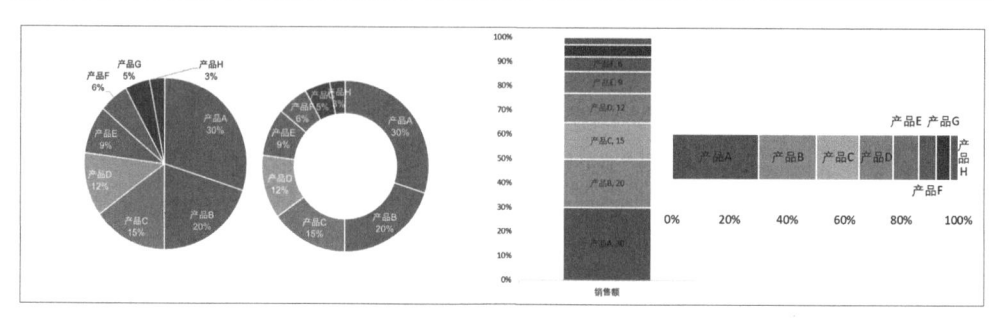

图 3-44 组分对比的四种可视化表达方式

很多人在做数据分析时常用的是饼图,但从以上示例中我们可以看出,对比产品 C 和产品 D,横向的堆叠条形图呈现的产品 C 和产品 D 的差距最大,其次是堆叠柱形图,然后是环形图,最后是饼图,即饼图中产品 C 和产品 D 的差距看上去最小。

从视觉差异识别敏感度来讲,横向大于纵向,方形大于圆形。图 3-44 中图形的视觉差异识别敏感度从左到右逐步提高。

4. 看关系:关系对比

对于事物之间随着时间变化的关系,我们可以用折线图来表达,如图 3-45 所示。如果是数据指标与数据指标之间的关系,我们可以用散点图来表达,如图 3-46 所示。

用散点图来表达数据指标与数据指标之间的关系,我们可以看到具体的关系情况,当一个数据指标高的时候,另外一个数据指标是否也高,当一个数据指标低的时候,另外一个数据指标是否也低,从而判断这两个数据指标之间是存在正相关还是负相关的关系。

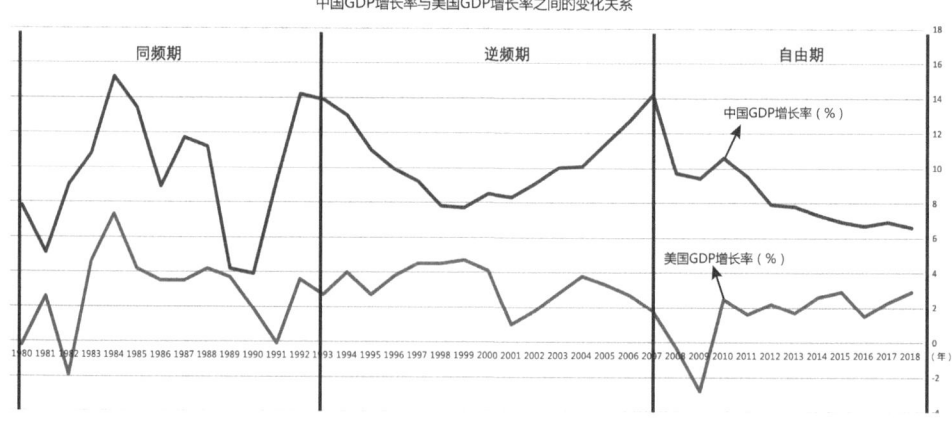

图 3-45 关系对比的可视化表达方式:折线图示例

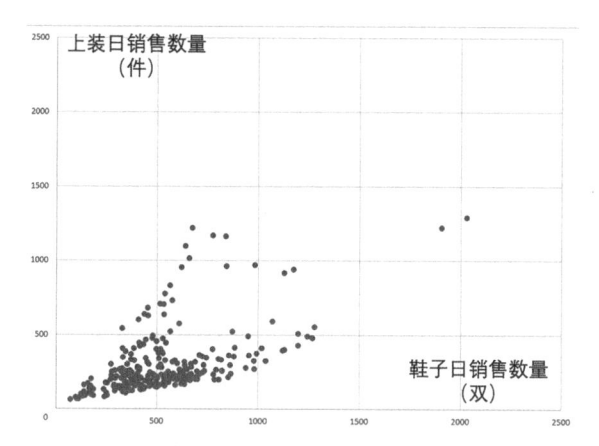

图 3-46 关系对比的可视化表达方式：散点图示例

5. 看分布：频布对比

如果我们要表达的活动记录数据中有地理位置的信息（业务活动是在什么地点发生的），我们可以在地图上标注活动发生的位置。在举行多次活动之后，我们可以看到标注点在地图上的集中分布情况，可以用热力图来表达。

看数据指标的分布情况，是指在相同数据指标比较多的时候，我们查看其分布特征。基于两组不同的数据指标，我们可以通过看分布的方式查看其数据集的分布特征，如图 3-47 所示。

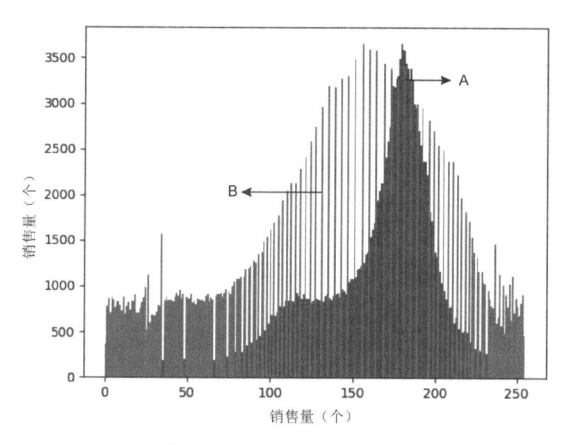

图 3-47 频布对比的可视化表达方式：直方图示例

在图 3-47 中，A 和 B 分别代表两个不同的数据指标数据集，虽然这两个数据集中数据指标的取值范围大致相同，最大值和最小值差别不大，但是数据指标取值的分布情况是不同的，A 的集中度更高，B 的离散性更强。

6. 看特征：多维对比

如果我们要表达的事物的量化维度比较多，可以采用扇形图或者雷达图的方式来呈现数据，从而能够看到该事物在不同维度上的表现，判断该事物在各个维度上的大小特征。

比如，员工 KPI 考核会有多个维度，有些公司采用平衡计分卡，会从四个维度考核员工（客户、流程、财务、学习成长），取值大的维度可以被看作员工的长板，取值小的维度可以被看作员工的短板，如图 3-48 所示。

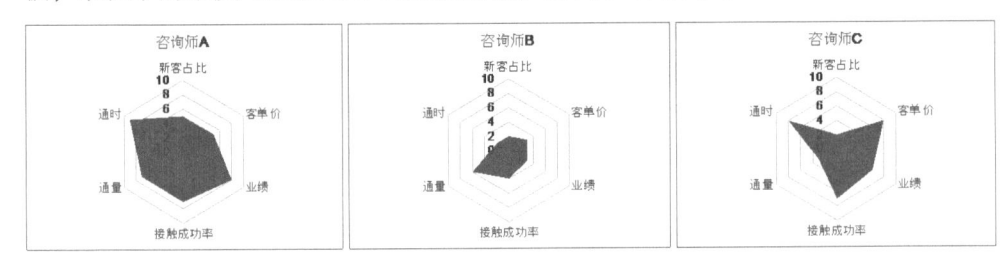

图 3-48　多维对比的可视化表达方式：雷达图示例

图 3-48 所示代表咨询师在多个数据指标维度上的不同，我们可以看到每个人的长板和短板，从而分析这是哪一类的员工。咨询师 A 是绩效较好的员工，新客占比和客单价是其短板，说明该员工是相对良好的老员工，但是在维护优质客户、提升客单价方面技能较差，需要提升；咨询师 B 在所有维度上都存在短板，这样的员工绩效非常差，在每个维度都差；咨询师 C 有两个明显的短板，在新客占比和表示勤勉程度的通话数量上相对较差，说明该员工不再开发新客户，勤勉度下降，有怠工或离职倾向。

7. 看层次：层次对比

对于事物的层次关系，我们在分析的时候需要钻取，无论是在时间上从年细化到季度、月、周、天，还是从事物的大类别到中类别，再细化到小类别，都需要构建动态钻取图形来表达事物的层次关系。

财务中的杜邦分析就是层次分析的一种表现。在生产管理上分析质量或者某些问题的原因，我们会用鱼骨图来解构问题，这也是一种层次分析的方法。

数据可视化结论的误导

我们在用图形表达数据的时候，还要注意我们希望表达什么结论，因为图形的呈现方式的不同会导致视觉结论的不同。同时，不同的作图方式，也可能会导致不同的视觉结论。我们需要先关注可视化数据图表表达的数据，然后再看结论是否成立，避免直接根据图形来得出分析结论，因为视觉有时候是会骗人的。

如图 3-49 所示，同样的数据，用不同横宽比的柱状图表达，我们得到的结论也有很大的差异。

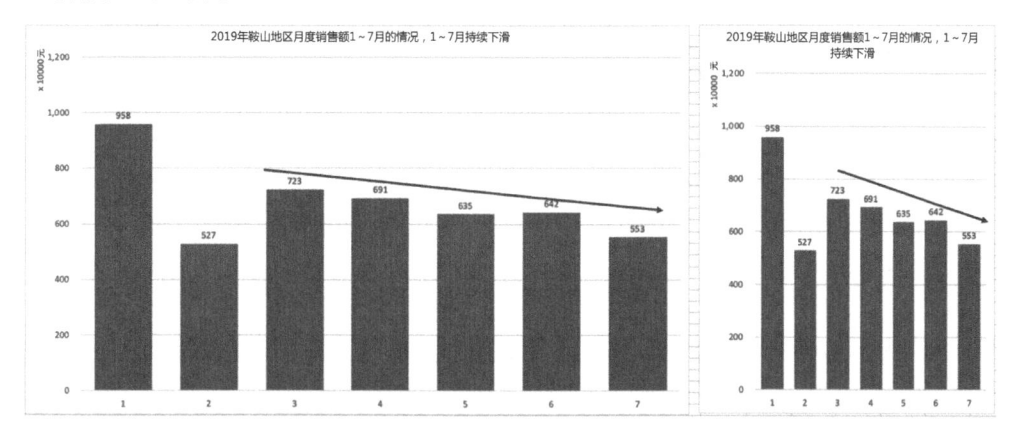

图 3-49　误导视觉的可视化方式之一：横宽比

在图 3-49 中，左边和右边图中的数据是一样的。我们看到的 2019 年从 1 月到 7 月销售额下降的速度是不一样的，左边的看上去更缓慢一些，右边的看上去更快一些。

这种视觉上的差异是图形"横宽比"不同所带来的。所以，图形的横宽比不太符合我们常规的视觉习惯（数据图表有可能存在放大或者缩小视觉差异的作用），存在左右视觉结论的情况。

企业在体系化地将数据指标通过可视化图表来展示的时候，要特别注意这些细节，确保能够从数据中看到业务的变化，也要避免因为数据的可视化而被视觉结论误导。

管理者数据能力晋级

通过信息化建设，企业用数据记录了经营活动和管理活动，使每一项业务活动都留存了数据记录。企业通过数据指标体系的建设，用数据指标表征业务活动的过程和结果，能够让我们更好地理解、分析和洞察业务过程。我们可以通过数据指标的可视化来对业务活动进行更加深刻的分析，从而发现问题、发现规律、发现机会、发现趋势，为业务管理和业务决策提供依据。而各个岗位的管理者是否能够看懂这些数据，并根据这些数据的可视化呈现快速做出判断和决策，是这些数据和可视化图表真正被应用起来的关键。

在传统管理方式下，如果没有管理者对这些数据和可视化图表进行解读，如果管理者无法读懂这些可视化图表背后的业务问题和业务规律，那么所有的数据指标体系建设和可视化呈现都是没有意义的。所以，数据真正赋能管理决策的"最后一公里"是管理者的数据分析和解读能力。

当然，在实际执行中，数据价值的发挥是否能够支撑业务决策，有两个关键：

第一，管理者可以看到数据和数据可视化图表；

第二，管理者能够看得懂数据和数据可视化图表。

管理者能否看到数据和数据可视化图表在于企业提供的管理技术条件，而管理者是否能够看懂数据和数据可视化图表在于管理团队的数据能力问题。一方面，企业需要系统性地建设数据应用的基础条件，另一方面，企业需要提升管理者的数据能力，从而形成一个良性的循环。在很多企业中，第一条制约着第二条，或者第二条制约着第一条。企业没有可以被看到的数据和图表，管理者就看不到数据和图表；因为管理者看不到数据和图表，所以企业对管理者就没有看数据和图表的能力要求；因为没有要求，所以管理者就看不懂数据和图表；因为看不懂，所以企业就没有必要给管理者提供数据和图表。很多企业在陷入这样的怪圈之后很难将其打破。

要破除这个怪圈，首先企业需要提供数据和数据可视化的条件，这是企业做出的第一步，然后要求管理者能够看懂数据，倒逼管理者自我提升，否则就逐步换人，从而构筑一个不断使用数据赋能管理决策的技术环境和文化环境。环境选择人，那些看不懂数据的管理者，表现就会差，就会逐步落后或者退出公司；那些能够利用数据做出更好业绩的管理者，逐步发挥更大的作用，成为企业的核心人才。

在企业数字化转型的过程中，一个非常重要的辅助举措就是系统提升管理者的数据能力。对绝大多数企业来讲，不可能将所有的管理者都换一遍，需要针对现有的管理者提升数据能力，以推动管理体系的数字化转型。仅依靠引进具备数据能力的管理人才是不可行的，一方面，既懂数据、又懂业务的人是很难招聘到的，研发新产品的人才需要时间熟悉企业的业务，理解企业的经营模式和管理方式；另一方面，真正懂数据的优秀人才在市场上是稀缺的，企业可能需要付出特别大的代价才能招聘到具备预期数据能力的人才。所以，提升现有管理者的数据能力是企业必然的选择。

如何提升管理者的数据能力呢？读者可以参考笔者写的《管理者数据能力晋级》一书，该书提供了管理者提升数据能力的4M模型，并给管理者提供了基础数据能力的框架和培养方法。

第 4 章

企业数字化管理体系建设七步法（下）

4.1 经营管理敏捷化与管理者驾驶舱

通过实现业务流程数字化，我们能够系统地采集与业务活动相关的数据；通过数据指标化管理，我们能够将数据加工成数据指标来表征业务，从而实现管理可见、过程可控、目标可达；通过数据的可视化，我们能够对数据指标进行洞察，接下来就需要利用数据相关技术来实现数据→数据指标→解读的实时动态的应用，即管理者驾驶舱体系。

当业务活动发生变化的时候，数据在更新，数据指标和可视化图表也在动态地更新。通过对数据、数据指标、可视化图表的在线化，我们能够实时动态地看到业务活动的变化状况，实现更敏捷的管理。

实时动态数据化管理

让管理者利用数据进行理性的判断、科学的决策，叫作管理的数据化。让管理者学会数据管理、数据处理和数据分析，并提供技术条件让其更加容易地获取数据，提供工具让其更高效地处理和分析数据，从而获得相关的业务洞察，是企业推动数据化管理落地的关键目标。

1. **易于获取数据**

为了让数据易获取，一方面企业需要构建数据资产管理平台，为员工提供一个访问数据的集中地,并通过数据资产编目,让员工更容易搜索到相关数据;另一方面,企业还需要强化数据的应用,不是等待着员工主动地去查询数据、获取数据,而是要改变数据传输的机制,从被动地等待员工去拉取数据,改为当数据产生的时候,就将数据推送到应该获取和使用该数据的员工面前。无论是将数据推送到员工的电脑端,还是推送到员工的手机端;无论是通过电子邮件、即时消息的方式推送数据,还是通过应用程序实时动态地呈现数据,都能让员工看到最新的数据。数据可视化分析的在线化模式转变如图 4-1 所示。

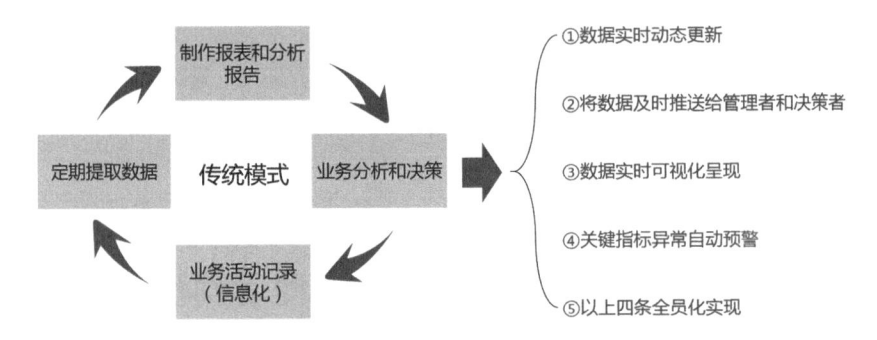

图 4-1 数据可视化分析的在线化模式转变

这种模式从本质上改变了数据的传输模式,从员工拉取数据转换为将数据向员工推送,将大幅度提升企业数据资产的应用程度和应用效率。

2. 善于处理和分析数据

为了让员工能够更好地处理和分析数据,企业需要提供更加简便、易用的工具。过去,企业使用 Excel 来处理和分析数据。当时企业的数据量少,数据关系比较简单,Excel 能够处理,用起来也比较简单。但是,现在数据量越来越大,数据表之间的关系越来越复杂,企业需要更高效的工具来处理和分析这些数据。

因此,企业需要升级过去的数据处理和分析工具。企业可以利用数据技术来实现数据的集中管理,对原始数据进行清洗,对数据进行加工处理。BI 系统是一种新的选择,现在 BI 系统具备越来越多的功能,能够给业务人员提供更加强大的处理和分析能力。

无论工具如何升级,提升企业管理者的工具能力都是企业不得不面对的问题。我们无法期望所有的人都能够擅长使用数据处理和分析工具。比如像 Excel 这种基本的工具,在绝大多数企业中,只有具有数据敏感度、善于学习使用软件工具的少数人,才具备较好的 Excel 使用能力。虽然绝大多数人的电脑上都安装了 Excel,大家也都知道这个软件,但真正能够熟练使用的人占比不是很高,最多用它来打开数据文件、查看数据而已。

当数据处理和分析工具升级到 BI 系统的时候,让管理者都会使用这些工具,是一个长期的挑战,企业不能期望靠一两次的培训就能够让更多的人用起来。这个时候,为了让数据更好地被利用起来,企业需要弱化对管理者的数据处理和分析能力的依赖,直接将相关的数据、指标、图表和分析思路交给他们,让他们随时随地可以使用,实现从过去"人找数"到现在"数找人"的模式变革,这才是最优的解决方案。

3. 实时看到数据

要想让员工实时看到数据,企业需要的不是让员工到系统中去找数据,导出数据,而是将数据实时地推送给他们,这需要企业将相关的软件工具直接连接业务信息系统后台的数据库。这需要数据技术的支持。

让员工实时看到数据还不够,企业还需要将数据进行分析后呈现给员工,从而让他们结合实际业务活动,实时动态地依据数据做出决策,进而实现敏捷的业务管理。这就需要将数据、指标、报表和相关的可视化分析图表动态地呈现在员工面前,让他们拥有量化管理、科学决策的依据。

企业可以利用企业级 BI 系统,为每个管理岗位上的员工实时推送可视化的看板,减少对管理岗位上的员工主动提取数据的依赖,也减少对他们处理和分析数据能力的依赖,而是从更专业的视角分析数据,用更体系化的方法实施数据应用。我们把这套体系叫作管理者驾驶舱体系。在"管理者驾驶舱体系"这个概念中,"管理者"是一个泛化的概念,不是单纯指管理团队的人,而是指在企业中管理资源和活动的人,无论是管人的,还是管物料、业务活动的,都是"管理者"。一线的销售人员在管理客户、商品和销售活动,仓库管理员在管理公司物料的流转,他们也属于泛化的"管理者"的范畴。

从数据分析报告到管理者驾驶舱

要想体系化地实施管理者驾驶舱,企业需要回归到日常的数据分析,包括撰写数据分析报告。企业需要从日常业务分析或者数据分析中寻找管理者驾驶舱中应该包含的数据,从而让管理者驾驶舱替代原来相对低效的业务分析活动或者数据分析活动,让管理者驾驶舱真正起到量化管理、科学决策的作用。

在业务活动执行中,管理者一般会有三大类业务活动:结果管理活动、过程决策活动和事后分析活动(包括复盘、沉淀、优化、改善等)。所以,企业的数据分析必须围绕着三大类业务活动的数据赋能需求来进行,管理者驾驶舱必须满足三大类业务活动的数据赋能需求，如图 4-2 所示。

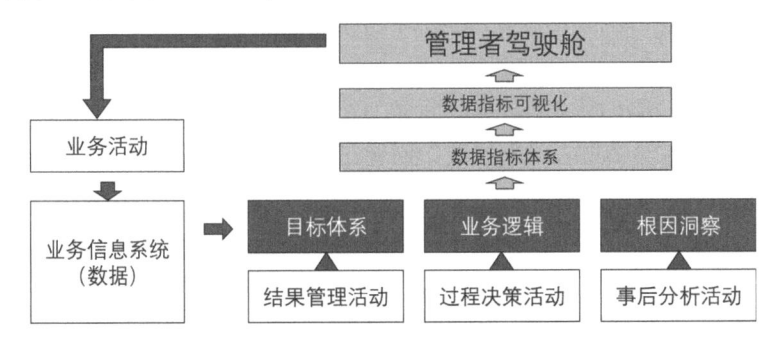

图 4-2 管理者驾驶舱赋能管理者的三大类业务活动

管理者驾驶舱中应该包括三大类看板：管理看板、决策看板和分析看板。管理看板主要呈现结果，让管理者在过程中管理结果，避免事后追悔莫及；决策看板主要赋能过程中的业务决策，为管理者做出业务决策提供实时动态的数据，确保每一个业务决策都有数据可依；分析看板的主要作用是提升业务分析的敏捷度，在业务指标出现偏差的时候，对业务指标偏差的原因进行分析，从而进行实时的调控，确保业务部门在阶段核算的时候不至于偏离太大。

很多企业让 IT 部门负责推动 BI 系统的实施，而 IT 部门并不太了解业务岗位到底需要什么数据，也不擅长对数据进行分析，在可视化呈现上没有体系化的分析思想，为了更快地推动 BI 系统的实施，往往采用的是人力资源管理部门设定的 KPI。这是一种错误的做法，也是很多企业的 BI 系统实施效果不佳的根本原因。KPI 是上级考核下级的指标，真正需要看 KPI 的是"上级经理"，如果将 KPI 放到看板中呈现给员工，则员工在日常查看的频率并不高，因为大多数的员工都知道自己的 KPI，而且对其很敏感，不会将其作为需要实时查看的数据。

三大类看板的作用不同，里面需要装载的数据也不同，对数据的分析方法和呈现方式也会不同。三大类看板到底装载什么数据，用什么方法分析数据，用什么图形呈现数据，企业在实施 BI 系统的时候，需要专业地进行体系化的梳理，确保能够满足管理者三大类业务活动（结果管理活动、过程决策活动和事后分析活动）的需要。

管理看板与数据指标梳理

管理看板中的数据指标如何梳理？要从管理看板的作用出发。管理看板用于管理者看本岗位所创造的关键结果，岗位需要创造哪些结果，体现了岗位的价值创造，要回归到岗位职责和管理目标。如果企业的目标管理体系比较完善，那么每个岗位都非常清楚自己要创造的结果或者价值；如果企业的目标管理体系不够健全，那么就需要进行体系化的梳理了。

在梳理管理看板中的数据指标时，我们可以采用进行数据指标体系建设时的岗位职责法，从岗位职责出发，将企业七大类管理目标作为检查清单，梳理出每个岗位应该创造的价值。

我们之所以不建议企业武断地将 KPI 作为管理看板的数据指标，是因为 KPI 并非是给自己看的，是给上级经理看的，是上级经理用来管理和评价下级员工的，我们在这里需要梳理的是给员工自己看的数据指标。

所以，在实施管理者驾驶舱的时候，企业需要员工的参与。因为只有员工才知道自己需要看到什么。他们懂得业务执行的逻辑，知道什么数据指标表征什么业务活动，知道什么业务过程的结果影响着自己最终为企业创造的价值，知道什么业务过程的结果才能影响自己最终的考核结果。

BI 系统的实施过程也需要员工的参与，但并不代表每个员工都需要参与。如果企业的销售人员有几百人，可以遴选业绩比较好、参加工作时间比较长、经验丰富的 5～10 人来参与该项目。这 5～10 人的数据需求基本代表了几百人的需求，结合他们的工作需求和业务管理需求梳理出来的数据指标具有代表性。笔者在实际咨询项目执行过程中经常采用的技术为"焦点小组[①]"。

在将具有代表性的观点梳理出来之后，再通过扩大调研范围，看看其他销售人员是否有补充，这样基本就满足了实际业务的需求，而不需要劳民伤财地调度几百人都参与到项目中。"每个人都需要参与"不适合项目过程，而适合项目实施后的应用。

决策看板与决策模型梳理

决策看板是帮助员工在实际业务执行过程中进行科学决策的，他们在做出决策的过程中，都将数据作为依据，确保每一项关键决策都是科学的决策，保证过程

[①] 焦点小组，英文为 Focus Group Discussion（FGD），是一种调研访谈的技术，抽取具有代表性的样本人员，让其进行集中的座谈，在主持人的提问和相互激发下，每个人都能够充分表达自己的观点，从而梳理出具有代表性的观点，以及具有创意性的想法。

的正确性、决策的最佳性，从而使最优的过程创造出最佳的结果。

决策看板到底要装载什么数据才能满足业务人员的决策需求呢？这要回归到业务人员的决策逻辑。决策逻辑的梳理仍然需要业务人员的参与，因为他们才是业务决策的"专家"。

比如，采购人员采购常规物料，采购什么物料、什么时候采购、采购多少是采购人员每日需要做出的业务决策，要想做出这样的业务决策，需要什么要素来支撑呢？这里不考虑报价议价过程，假定常规采购下的报价议价过程已经完成，就是日常的物料补充采购。其中所需要考虑的要素包括业务需求量、现有库存量、采购订单交期、每次采购的费用（包含物流费用、订单处理费用、收货抽样检验费用、入库管理费用等）。采购人员根据业务需求量，结合现有库存（实时库存），来计算现有库存能够使用多久，如果靠近采购交期，则需要采购。在确定每次到底采购多少时，涉及一个最佳采购量的概念，即在高频采购以减少库存的情况下，平衡采购费用和库存费用，计算一个最佳采购量，并根据库存来决定在什么时间采购。这是一整套的业务逻辑。

在这个过程中，我们需要用到的数据指标有实时库存量、业务需求量（每天）、采购订单交期（天数）、每次采购的费用（物流费用、订单处理费用、收货抽样检验费用、入库管理费用等）、库存财务费用（根据采购量、采购价格、财务费用率来计算的财务费用）等。

决策看板能够为业务人员的决策提供实时的数据，甚至可以通过算法为业务人员提供自动化决策支持，用算法来替代业务人员做出决策。决策看板是距离数智化最近的一类看板，在梳理决策逻辑的过程中，对于确定性程度高、逻辑清晰度高、变化小、流程规范、标准化程度高的业务流程环节，我们可以考虑对其进行数智化的改造。

分析看板与根因解构

在关键业务指标产生偏差的时候，企业需要确定从哪些维度和视角分析问题的根因，还需要将分析思路和过程用实时的数据来呈现。管理者在业务指标出现偏差之后，根据数据能够更敏捷地进行分析，从而实时做出业务的调整，以避免在错误的路线上走太久之后离最终目标越来越远。

分析看板需要装载什么数据，需要什么样的呈现方式，才能为管理者分析业务活动的问题提供思路和实时数据呢？这需要企业体系化、专业化地进行梳理。企业的经营模式、管理方式、商业模式、战略目标，都会影响每一个具体的业务活动的目标和逻辑。企业需要定制化地对每一个关键岗位的关键决策进行分析，以及分析业务逻辑过程，并细化到执行层，从而确定在哪个执行环节出现了问题。只要企业把整个决策—执行的逻辑树梳理清楚，用数据进行实时的呈现，当指标出现偏差的时候，就可以直接追溯到出问题的环节。

比如，笔者曾经服务过一家物业公司，帮助其梳理数据指标体系，搭建管理者驾驶舱，还梳理了"缴费率低"的根因看板，如图4-3所示。

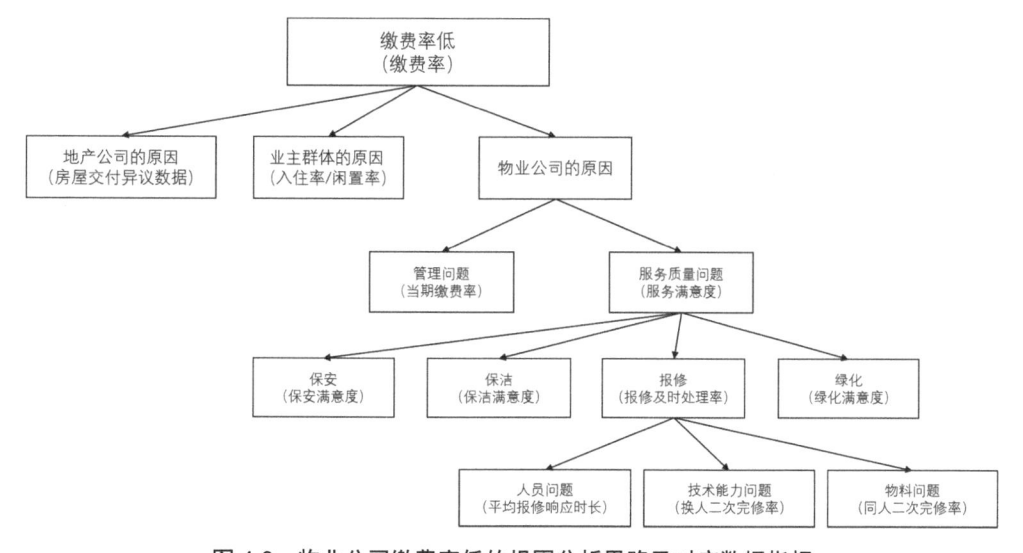

图4-3 物业公司缴费率低的根因分析思路及对应数据指标

缴费率没有达标，是什么原因呢？原因可以分成三类：地产公司的原因、业主群体的原因、物业公司的原因。地产公司的原因多是房屋质量比较差，交房纠纷未解决，我们可以用房屋交付异议数据来表征。业主群体的原因多是业主群体购买投资房，在收房之后一直没有居住。因为多年不居住，没有享受物业公司的服务，所以我们用入住率或闲置率来表征。闲置率比较高的小区，物业费收取难度大。物业公司的原因一方面是服务质量问题，我们用服务满意度来表征，另一方面是管理问题，我们用当期缴费率来表征。根据看板中展示的数据，我们一层层地拆解，将问题的根因层层解构，直到我们需要的层级颗粒度，或者到执行层，即业务活动层，将管理者的数据指标直接追溯根因到实际业务活动执行中，构建一个敏捷分析各种指标异常的看板。当问题出现时，我们不用一层层地质询，也不需要一层层地汇报相关原因。并且在这个过程中，任何人都无法作假。问题的实时呈现，为我们发现管理中的问题提供了一种敏捷、高效的方法。

每个企业的业务执行过程不同,业务逻辑树也会存在差异,因此拆解根因要回归到企业实际的业务流程,回归到业务活动执行的基本逻辑。当然,有些通用的业务逻辑可以参考具体的业务模型,比如,质量管理中的"人、机、料、法、环",先采用鱼骨图的方式梳理影响最终产品质量的业务过程,再找到具体的量化相关环节的方法,从而用数据指标来表达业务逻辑树。

4.2　业务决策模型化与算法管理

模型化是企业向"数智化"转型的基本方法。企业通过将实际业务的决策过程和业务逻辑用数学模型或者业务决策模型来表达,逐步实现从人脑决策向数据模型决策的过渡,以及业务决策的模型化和管理的"数智化"。

当然,业务决策模型化也是一个需要动态管理的过程,当实际业务发生变化或者模型在运行中出现偏离的时候,我们要对其进行动态化的管理,确保决策模型能够适配此情此景下的业务逻辑。

笔者在第 1 章曾经提及一个财务合同审批的场景,即财务部门审批业务部门的赊销合同。其中在提及算法的时候设定了一个标准:当企业现金流有富余的时候,允许信用分为 60 分及以上的客户签署赊销合同;当企业现金流平衡的时候,允许信用分为 70 分及以上的客户签署赊销合同;当企业现金流紧张的时候,只允许信用分为 80 分及以上的客户签署赊销合同。这个标准是我们在开始的时候设定的,随着业务的执行,在这个标准下,企业的赊销合同越来越少,企业现金流出现长周期的宽松状态,这说明当时设定的标准在目前的经营环境中偏高,需要下调。在下调了这个标准之后,企业的现金流开始出现紧张状态,说明下调后的标准过低,需要上调。这就是一个动态调整算法和算法所遵循的标准的过程。

除了进行标准的动态调整,还有对信用评分机制、评价信用的维度的动态调整,这些都是对算法进行的动态调整。随着企业对外部环境的认知能力、数据获取能力、算法运算能力、业务决策能力的变化,其考虑的因素、算法的依据、计算的方式也有可能发生较大变化。此时企业需要对算法采取"动态管理"的方式才能够让算法模型适应内外部环境的变化。

量化管理与管理计量学

用算法来替代人脑做出决策，需要一个将实际业务活动执行过程中的决策思路和方法进行量化的过程。我们经常将这个过程叫作"建模"的过程，即将现实世界用"数字"来表达。

我国的工业在短短几十年内就走完了西方国家的工业几百年走过的历程，虽然这几年我国企业向西方国家学习了很多实用的方法和工具，但是在背后的科学思想和量化思维上还有很大的提升空间。特别是利用数据去量化管理，我国企业在这方面还有很大的提升空间。

我国企业过去的快速发展源自国家促进市场经济发展的机会，这导致企业在实际业务管理上不够精细化、科学化，只要能够做成事情，不管过程，也不太善于总结，主要依赖个人的能力实现管理结果，并不追究过程的效率。这也是由数据意识不足导致的。

比如，企业打广告推广产品，但是不知道如何打广告才能够更有效地推广产品，于是招募了一个具有广告投放经验的人来负责这件事情。因为他有经验，知道怎样投放广告、投放什么样的广告，以及将广告投放在什么地方能够取得更好的效果，所以企业将巨额的广告费交给他来管理。这样企业就不用再投入大量的人力、物力去跟踪广告效果，用数据去量化这个广告投放的过程就可以了。企业因为招募一个优秀的人才而取得了巨大的成功，实现了业务的快速增长。这个快速增长是由什么驱动的，背后的业务逻辑是什么，企业并不关心，也缺少科学的复盘、总结、沉淀，更不会用"模型化"的思维来构建广告投放的"数学模型"。

在这个拥有广告投放经验的人离职之后，企业仍然不知道该如何投放广告才能获得良好的效果，只能再花重金去聘请一个优秀的人。企业依赖能人，也相信能人，但是不相信数据，更没有模型化的思维。

如果企业能够将第一个优秀的人投放广告的思路、方法模型化，将广告投放整个链条的思路用数据量化，从而构筑一个广告投放模型，那么当这个人离开的时候，广告投放模型仍然留在企业，能够为继任者所使用。即使这个继任者不具备丰富的经验，不是高薪聘请的"专家级"人才，也可以用留下的广告投放模型来高效地投放广告。

这就是量化思维和模型思维所具备的优势，也是其带给企业的可持续优化的经营诀窍。遗憾的是，在现实中，极少有企业具备这样的思维。大多数企业在快速发展过程中不能停下来或者静下来总结沉淀，"来不及"沉淀数据、总结数据背后的逻辑,只追求结果。这种短期成功的思维,让这些企业擅长抓住一切可以抓住的机会去快速成长,而能够沉淀下来的资产非常少。企业每一天都是新的,都需要重新探索、试错。

西方工业企业经历了两三百年的发展史,涌现了科学管理的思想。科学管理的思想从一诞生就带有一种"量化"的思维。科学管理理论之父泰勒的一系列实验就是对管理活动进行量化的实践。

1898年,泰勒在伯利恒钢铁厂开始做他的实验。这个工厂的原材料是由一组计日工搬运的(一个工人每天挣1.15美元,这在当时是标准工资),工人每天搬运的铁块的重量为12～13吨,对工人奖励的方法就是找工人谈话,有时也可以选拔一些较好的工人到车间里做等级工,并且给他们略高的工资。后来泰勒观察研究了75名工人,从中挑出了4名,又对这4名工人进行了研究,调查了他们的背景、习惯和抱负,最后挑出了一个叫施密特的人。这个人非常爱财,而且很小气。泰勒让这个人按照新的要求工作,每天给他3.85美元的报酬。泰勒通过仔细的研究,转换各种工作因素,来观察它们对生产效率的影响。例如,工人有时弯腰搬运,有时直腰搬运。后来泰勒又观察了工人行走的速度、搬运时持握铁块的位置和其他变量。

通过长时间的观察,泰勒把劳动时间和休息时间很好地搭配起来,使工人每天的搬运量提高到47吨,同时并不会感到太疲劳。他还采用了计件工资制,在工人每天的搬运量达到47吨后,工资也升到3.85美元。施密特在开始工作后,第一天很早就搬完了47吨,拿到了3.85美元的工资。于是其他工人也渐渐按照这种方法来搬运了,劳动生产率提高了很多。

1898年,泰勒在匹斯连钢铁公司发现以下现象。当时,不管是铲取铁石,还是搬运煤炭,工人都使用铁锹进行作业,公司所雇佣的工人达五六百名。而优秀的工人一般不愿使用公司发放的铁锹,宁愿使用个人的铁锹。同时,一个基层干部要管理五六十名工人,并且所涉及的作业范围相当广泛。

在一次调查中,泰勒发现一个工人一次可铲起3.5磅(约1.6千克)的煤粉,将煤粉换成铁矿石,则可铲起38磅(约17千克)。为了获得工人一天最大的工作量,泰勒开始着手研究每一锹最合理的铲取量。泰勒找了两名优秀的工人,让他们用不同大小的铁锹做实验,每次都使用秒表记录时间。最后发现:当一锹铲取量为21.5磅(约10千克)时,工人一天的工作量最大。同时,泰勒得出一个结论:在搬运铁矿石和煤粉时,最好使用不同的铁锹。此外,泰勒还实施生产计划,以改善基层干部的管理范围。泰勒还设定了一天的标准工作量,对超过标准工作量的员工给予薪资以外的补贴,对达不到标准工作量的员工进行作业分析,改善他们的作业方式，使他们也能达到标准工作量。结果，在 3 年以后，原本要五六百名工人进行的作业，只要 140 名工人就可以完成，材料浪费也大大减少了。

科学管理经过一百多年的发展，对管理中的各种活动进行量化分析，并进行优化。我国企业的工业化进程较短，缺少这种思维方式，都是通过优秀人才来完成高难度的管理工作。虽然我国的大学很早就开设了计量经济学这个专业，但是真正将其运用到实际业务管理中的企业少之又少。

进入数字化时代，各种业务活动的数据以更加低的成本被采集，企业可以利用这些数据对管理活动和业务活动进行精准的量化。通过对投入产出关系进行研究，企业可以持续地构建优化管理效率的模型，进行更加科学的管理实践。

数据建模分析与业务决策模型

要想充分理解模型化思维在企业从数据化向数智化升级过程中的作用和价值，我们需要理解几个基本概念：数据模型、分析模型、业务决策模型。这是我们在利用数字技术进行算法驱动的管理升级时需要理解的三个基本概念。

1. 数据模型和数据建模

数据模型是指数据本身的架构模式，我们用什么数据及哪些数据取值来表达现实世界，是数据建模的过程。数据建模从元数据（描述数据的数据）到各个数据集之间的关系构建，是数据的底层逻辑。

比如，我们要用数据记录客户下单购买商品的过程，这是一项现实中的业务活动，也是一种客户行为的记录。我们可以用销售订单这样的数据来描述客户下单的详细信息。这个销售订单包括一些基本信息，对现实世界的"活动"进行精准的描述，并且这些信息能够被复原或者追溯。这些基本信息包括：时间（日期/时间）、地点（在什么地方下单）、人物（客户、员工：哪个客户通过哪个员工下的订单）、上下文（活动产生的背景、活动所在的业务域，或者活动的来源，比如某次促销、参与某个促销活动等）、对象（下单的商品）、活动条件（交易条款、付费方式、送货方式、运费支付方式等），以及对该业务活动的计量（价格、优惠、数量、金额、用时）。用时是指对该业务活动所用时间的计量，即如果这个下单过程需要的时间比较长，那么我们也可以对其进行时间上的计量（开始下单时间、订单确认时间）。

基于此，我们就可以对该业务活动进行数据建模（建立数据模型），如图 4-4 所示。

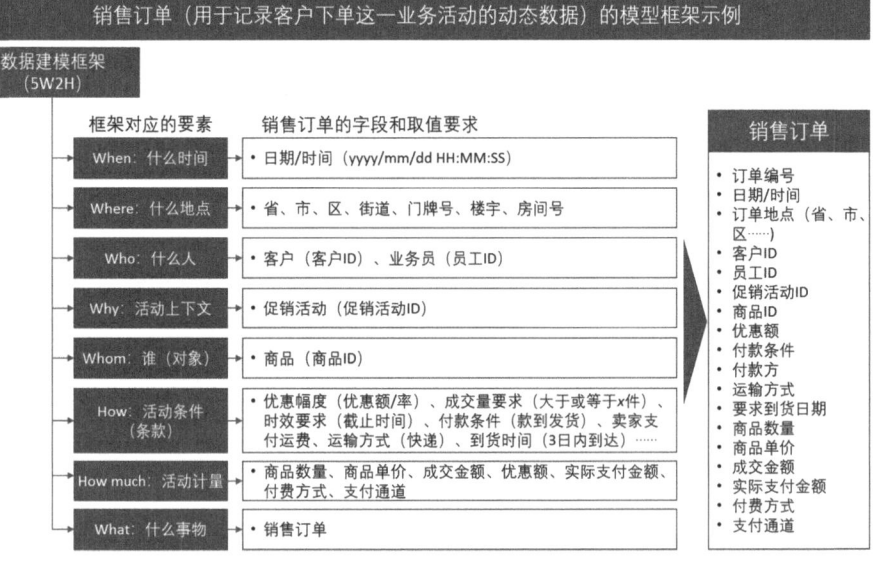

数字蝶变：企业管理数字化重构之道

图 4-4 数据建模示例

数据建模除了考虑数据表字段本身建模（内部建模），还要考虑数据表与数据表之间关联关系的建模（外部建模），从而实现企业全业务域的数据打通。用数据记录的业务活动中有很多业务对象，对于这些业务对象，我们可以采用静态数据表（主数据表）来采集更加丰富的信息，从而更好地对其进行管理。以上销售订单涉及很多业务对象，包括客户、员工、商品、促销活动、付费方式、运输方式、支付通道等，企业可以通过构建更详尽的描述表单，呈现数据之间的关联关系，从而实现整体数据集的联通，如图 4-5 所示。

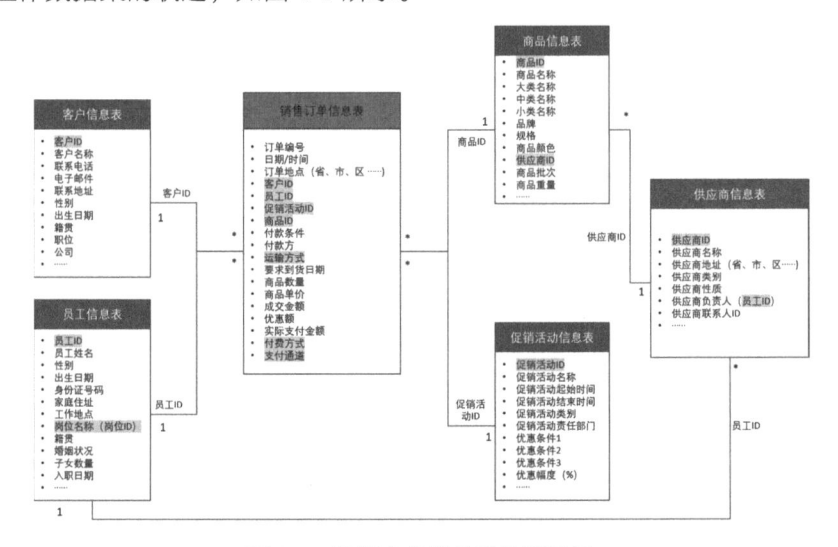

图 4-5 数据之间的关联关系示例

164

通过数据建模，我们规范了企业内部所需要采集的数据，以及数据字段的类型和取值标准，明确了数据之间的关联关系，从而在规范数据的同时，消除了数据孤岛现象。

2. 分析模型和分析建模

分析模型是在数据建模的基础上，对规范的数据进行分析，并形成洞察的过程，这是数学、统计学或者数据科学的技术问题。我们利用数据能够形成哪些洞察，用数据来回答业务管理决策中的什么问题，是数据分析和数据挖掘的价值所在。分析建模或者数据分析的过程是我们形成洞察的过程。为了构建决策模型，我们需要利用数据对现在的决策环境和业务状态进行基本的判断，再在洞察规律和逻辑的基础上进行决策，并且要有决策的依据。数据分析也是形成决策依据的过程。

分析建模是利用分析方法模型对业务进行深度分析，从而来回答管理问题，并形成业务洞察的过程。回答的管理问题如下。

- 发生了什么？
- 为什么发生？
- 将要发生什么？
- 在什么条件下该怎么做可以使活动结果最优？

这四个问题需要按顺序回答，从过去发生的事件中去寻找事物发生和发展的规律，从而回答"为什么发生"；通过事物发生和发展的规律来预测"将要发生什么"；结合过去发生了什么、得到什么结果，以及背后的规律来形成"因→果"的逻辑关系，知道过去在什么条件下做了什么，而得到最优结果。据此，我们构建"在什么条件下该怎么做可以使活动结果最优"的"条件→行为→结果"模型库，这也是企业最佳实践库，或者叫作最佳实践案例库。这是我们做出业务决策所需要的分析思路。业务逻辑模型梳理如图 4-6 所示。

我们将记录业务活动的数据加工成表征业务活动过程的数据指标，就可以得到"发生了什么"的数据指标，基于此我们可以对业务活动的执行过程和结果进行判断。

比如，销售人员拜访客户，我们可以通过销售人员拜访客户的活动记录来看其拜访了哪些客户，以及每次拜访都做了什么，从而构筑一个从客户开发到成交的拜访客户的漏斗。如果我们在数据建模的时候就构建了一个客户成交漏斗，那么就可以根据各个阶段拜访客户的行为，来分析什么样的拜访行为能够更高效地引导客户成交，以及在这个过程中哪些客户容易成交、成交率高，哪些客户不容易成交、成交率低，从而构筑"高潜"客户的判断条件，如图 4-7 所示。

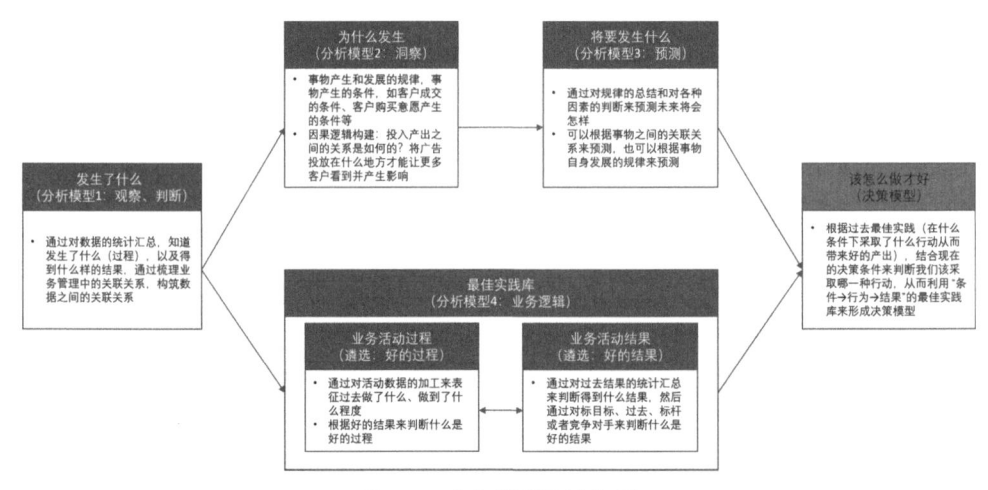

数字蝶变：企业管理数字化重构之道

图 4-6　业务逻辑模型梳理

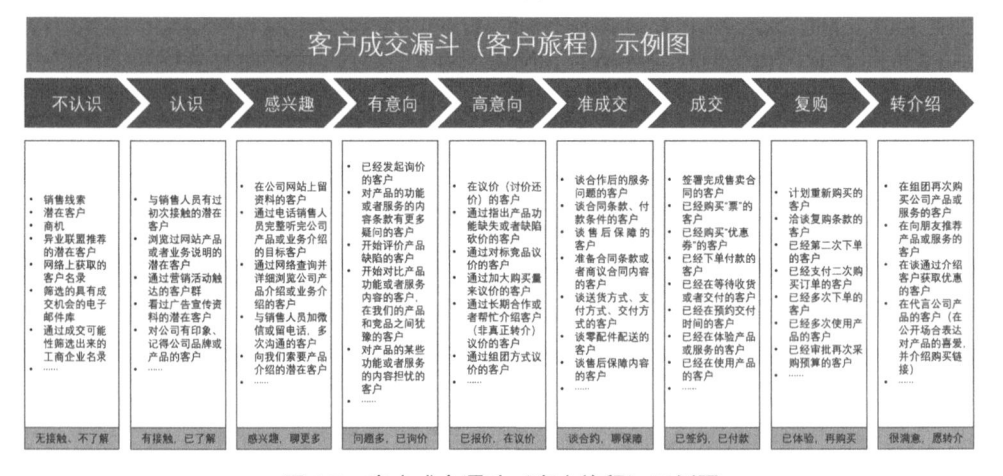

图 4-7　客户成交漏斗（客户旅程）示例图

通过研究拜访客户的过程和客户成交结果之间的关系，我们可以对实际业务活动进行指导，优化拜访活动，提高每个业务人员的成交率。这就是企业销售团队绩效提升分析的建模过程，即 SFE 研究建模过程。

我们做了哪些活动让客户产生购买意愿，并最终决定购买，产生交易结果？这是背后的基本逻辑分析，是成交背后的原因分析。当然，仅仅通过数据只能构筑行为过程与成交结果之间的关联关系，并不能真正回答"为什么成交"。要回答"为什么成交"，还要回归到客户的心理变化。客户的心理变化是看不见的，我们需要分析更多的客户心理活动数据来解决这个问题。

通过研究客户心路历程，我们可以对看得到的客户行为和看不见的客户心理变化进行分析，并经过多次的验证来更大程度地分析客户心路历程。在整个过程中，通过数据采集我们可以"看到"客户做了什么、说了什么，根据客户的"所行、所言"可以分析客户的"所想、所感",如图 4-8 所示。

客户成交漏斗（客户旅程）数据分析建模

	不认识	认识	感兴趣	有意向	高意向	准成交	成交	复购	转介绍
	无接触、不了解	有接触、已了解	感兴趣、聊更多	问题多、已询价	已报价、在议价	谈合约、聊保障	已签约、已付款	已体验、再购买	很满意、愿转介
做什么	购买过什么？ 浏览过什么？ 查询过什么？	浏览网站 百度搜索痛点解决方案（产品） 观看广告内容							
说什么	需要什么？ 有什么痛点？ 有什么需求？	"是我需要的" "我也有该情况" "这个不错"							
如何感	评价什么？ 希望得到什么？ 需要解决什么？	评价观点 判断谁好谁差 是否满足需求、解决痛点？							
感受是什么	痛点需求纠结 痛点难以忍受 迫切希望痛点能够得到解决	广告是否大气？ 广告是否变？ 介绍是否全面？							
	无接触、不了解	有接触、已了解	感兴趣、聊更多	问题多、已询价	已报价、在议价	谈合约、聊保障	已签约、已付款	已体验、再购买	很满意、愿转介
	如何触达客户？ 如何吸引客户？ 如何激发客户的了解欲望？	如何让客户感兴趣？如何激发客户的兴趣？	如何让客户产生购买意愿？如何触动客户的购买欲望？	如何激发客户的购买意向？如何提升客户的购买意向？	如何促进成交？如何让客户愿意付款？	如何让客户相信？如何让客户愿意买单？	如何提升客户体验？如何提高客户对产品的满意度？	如何让客户愿意为我们代言？如何让客户为我们背书？	

图 4-8 客户旅程中的客户"所行、所言、所想、所感"

通过采集客户旅程中相关活动的数据,对过程数据和结果数据进行关联,可以研究什么样的过程对应什么样的结果,并形成"好结果"对应的"好过程"的模型,从而根据数据来总结、沉淀客户成交过程中的最优转化方法,指导业务团队优化过程管理,产出最优化业务活动,提升成交率、客单价、连带率和复购率等与业务直接相关的数据指标。可以将此过程沉淀为最佳业务执行方法,这些最佳业务执行方法就是业务过程管理的"算法模型",集成后就是自动的算法指挥业务的系统。

3. 业务决策模型和业务建模

所谓业务决策模型,就是在业务活动的执行过程中,决定该如何做的"决策模型"。决策模型基于当时的决策条件和所需要做出的决策,形成对应的决策指令。就像我们到了一个路口,需要做出是该直行还是该转弯的决策,具体该直行还是该转弯,由我们选择的路线决定,我们的决策条件就是我们已经到达了该直行或者转弯的路口,我们做出的决策由规划好的路线所决定。

在开发客户的过程中,整体的路线就是客户的成交过程,即"不认识→认识→感兴趣→有意向→高意向→准成交→成交→复购→转介绍"。在这个过程中,到了哪个阶段,决策条件是什么,该如何做出决策,这些都是需要掌握的信息。比如,客户已经有了购买意向,即处于"有意向"阶段,接下来就是如何提升客户的购买意向,使其从"有意向"朝"高意向"转变。针对不同类别的客户,我们采取的转化方式也不同。对于注重产品或服务质量的客户,我们采取的转化方式是传达质量标准；对于对价格敏感的客户,我们要让其理解购买我们的产品才是最便宜的解决方案；对于重视品牌的客户，我们要向客户传达品牌价值和品牌理念，等等。具体应该采用哪个"动作"，需要结合客户所处的阶段，以及我们对客户在这个阶段的需求的理解来做出决策。

从过去的成功行为中找到取得成功的方法，是我们构建业务决策模型最简单的思路。当然，我们也可以结合科学管理、管理学理论、成功人士的分析或经验、聪明人的智慧。不管采用哪种方法，最终我们都需要利用实践来检验结果，并在检验的过程中存真去伪，留存最佳的业务决策模型。

即使留存的业务决策模型在短期内很有效，我们也不能一劳永逸，需要结合业务实际执行过程对业务决策模型进行不断的优化。

在什么时候该联系老客户？加油站就属于复购型客户，只要加油站开门营业，就需要进油，所以说它属于典型的复购型客户。在进货前加油站需要决定购买哪家的油，这个时候如果销售经理及时联络客户，就有更大的机会赢得客户的订单。这就需要销售经理能够及时把握客户在什么时间做出再次采购的决策。如果销售经理利用历史数据和经验判断出客户在每月 15 日要采购进货，在每月 13 日就决定从哪家采购、采购多少，那么就应该提前联络客户，说服客户购买自己的产品，而不是等客户做出决定了再去改变客户的决策。

所以，我们需要结合历史数据洞察客户的购买频次和做出决策的时间节点，并在每次客户做出决策之前联系客户，不能过早，也不能过晚。如果过早，客户还没有考虑，会认为这是骚扰；如果过晚，客户已经做出决策，那就真的晚了。这就是客户购买频次管理的精髓。

下面以常规采购决策为例来示范业务决策模型的构建过程。对于常规物料的采购，我们要决定采购什么、采购多少、在什么时间采购、以什么价格采购，而做出这些决策需要根据对应的数据来构建采购决策模型，如图 4-9 所示。

图 4-9 采购决策模型设计示例图

$Y=f(X)$ 与 DEA 量化关系模型

在计量经济学中有一个非常重要的、很多企业还没有采用的计量分析模型——投入和产出之间的量化关系模型，即 $Y=f(X)$，其中 X 代表着投入，Y 代表产出。在企业的实际经营管理中，业务活动在管理着投入资源，即 X，包括企业投入的人力资源、财务资源和物的资源，并通过资源经营活动，获得期望的产出 Y。这个产出可以是营收的产出或营收的增长、利润的产出或利润的增长，可以是成交客户的数量增加、业务区域的扩张，还可以是企业在市场上的竞争地位得到加强、品牌的影响力提升等。

所以，企业实际的管理过程就是通过优化投入 X（可以是多投入，如 $X_1,X_2,X_3,X_4,X_5,\cdots$），来最大化期望的产出 Y（可以是多产出，如 $Y_1,Y_2,Y_3,Y_4,Y_5,\cdots$）。我们可以把企业的投入和产出之间的关系表达为数学公式：

$$Y(Y_1,Y_2,Y_3,Y_4,Y_5,\cdots)=f(X_1,X_2,X_3,X_4,X_5,\cdots)$$

企业经营管理中的决策活动就是来实现这个转化过程的。管理者的最大价值就是在有限的 X 下最大化产出 Y，或者在产出 Y 固定的情况下，最小化投入 X。

我们可以用历史数据，即已知的 $X(X_1,X_2,X_3,X_4,X_5,\cdots)$ 和已知的 $Y(Y_1,Y_2,Y_3,Y_4,Y_5,\cdots)$ 来量化 Y 和 X 之间的关系，从而知道具体的投入和产出之间的量化关系，然后考虑如何优化 X 的配置，得到最大化的 Y。

为了简化研究，我们可以采用线性模型把该业务模型构建成数学模型。线性模型与实际的曲线模型存在误差，但在实际业务管理中，当我们研究的时间周期很短、误差在允许的范围之内时，我们就可以用线性模型来研究投入和产出之间的关系，如图 4-10 所示。

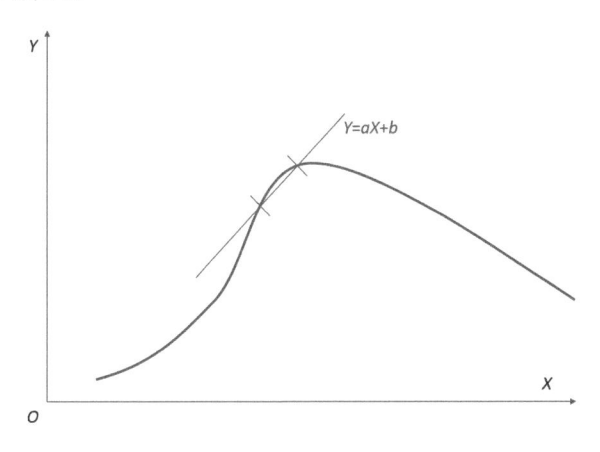

图 4-10 微分思想：当时间足够短时投入和产出之间呈近似线性关系

笔者曾经为一家乳品企业构建过一个销售费用（投入）和销售额（产出）之间的量化关系模型，该模型主要用来优化预算费用配置。在相同的预算费用下，如果将其进行配置，则能够使销售额最大化。

该乳品企业将其销售费用划分为六大类，分别是临期处置费用、渠道激励费用、终端建设费用、导购理货费用、价格促销费用、活动相关费用。我们以此构建的销售费用和销售额之间的量化关系模型如图4-11所示。

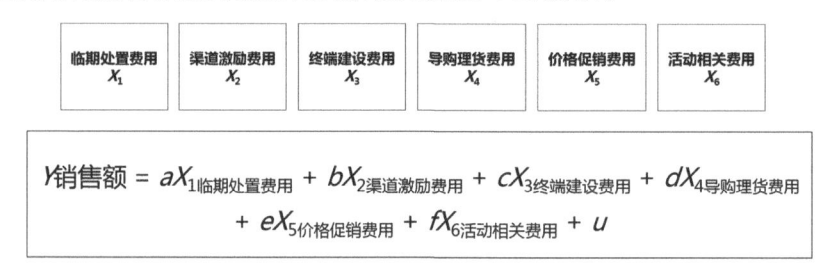

$$Y_{销售额} = aX_{1临期处置费用} + bX_{2渠道激励费用} + cX_{3终端建设费用} + dX_{4导购理货费用} + eX_{5价格促销费用} + fX_{6活动相关费用} + u$$

图4-11 销售费用和销售额之间的量化关系模型

公式中的 X 子项和 Y 都是已知数，X 子项前面的系数（a、b、c、d、e、f）和 u 是未知数，共有7个未知数。如果我们有足够多的历史数据，就可以解以上方程，从而得出这些系数。如果我们有足够多的历史数据，就能够构建更多的等式，用线性回归的方式来求解最优近似的系数，即 a、b、c、d、e、f 和 u。有了这些系数，我们就能够评价每项费用的转化效率：系数越大，转化效率越高；系数越小，转化效率越低。

笔者在该项目中利用少量数据做了演示，为了保密，此处不展示全量数据分析的结果，只展示用少量数据做演示的结果。这里利用14个大区1个月的销售费用和销售额做了演示，因为数据量太少，统计校验可以忽略不计，假定这些系数都通过了各种统计校验（注：该回归分析结果仅限演示该模型的用法，不是真实的数据结果）。

笔者利用Excel进行了回归分析。具体操作方法是在Excel中加载数据分析工具库选项，然后用数据分析工具库中的回归分析工具做线性回归。具体输出结果如图4-12所示。

我们需要观察的是"Coefficients"这一列的数据，对应的数值就是各项费用的转化系数。其中：

a=-29.87；

$b=0.10$；

$c=12.67$；

$d=14.51$；

$e=5.22$；

$f=-39.82$；

$u(\text{Intercept})=19,077.65$。

SUMMARY OUTPUT

回归统计	
Multiple R	0.9589373
R Square	0.9195607
Adjusted R Square	0.8391215
标准误差	35825.886
观测值	13

方差分析

	df	SS	MS	F	Significance F
回归分析	6	8.804E+10	1.47E+10	11.43174	0.004597004
残差	6	7.701E+09	1.28E+09		
总计	12	9.574E+10			

	Coefficients	标准误差	t Stat	P-value	Lower 95%	Upper 95%	下限 95.0%	上限 95.0%
Intercept	19,077.65	59,068.03	0.32	0.76	-125,456.60	163,611.90	-125,456.60	163,611.90
渠道激励费用	0.10	1.94	0.05	0.96	-4.65	4.86	-4.65	4.86
终端建设费用	12.67	4.07	3.11	0.02	2.71	22.63	2.71	22.63
价格促销费用	5.22	3.80	1.38	0.22	-4.07	14.51	-4.07	14.51
活动相关费用	-39.82	62.40	-0.64	0.55	-192.52	112.87	-192.52	112.87
导购理货费用	14.51	10.94	1.33	0.23	-12.26	41.28	-12.26	41.28
临期处置费用	-29.87	16.82	-1.78	0.13	-71.02	11.28	-71.02	11.28

图 4-12　利用 Excel 进行回归分析的输出结果

有了这些系数，我们就可以评价每项费用的转化效率了。$b=0.10$ 代表着"渠道激励费用"转化为产出的系数为 0.10，即渠道激励费用每增加 1 元，产出将增加 0.10 元，其转化效率非常低，因此该项费用是冗余的，多增加费用，带来的产出却非常少；$c=12.67$ 代表着"终端建设费用"的转化系数为 12.67，即终端建设费用每增加 1 元，带来的产出为 12.67 元，转化效率是非常高的。因此，我们应该减少渠道激励费用，并将省下来的费用投入到终端建设上。这样的表达方式只限在非常小的变动过程中，因为我们假定的线性关系的成立条件是研究时间足够短，这意味着数据指标的变化足够小。

这种研究思路可以被用到多投入和多产出的情况中，如果我们有足够多的数据配对关系，能够构建足够数量的基于历史数据的等式，就可以求解这些等式中的系数，从而得到各项费用的转化系数，这样就可以对转化系数较小的项目和转化系数较大的项目进行调整优化，如图 4-13 所示。

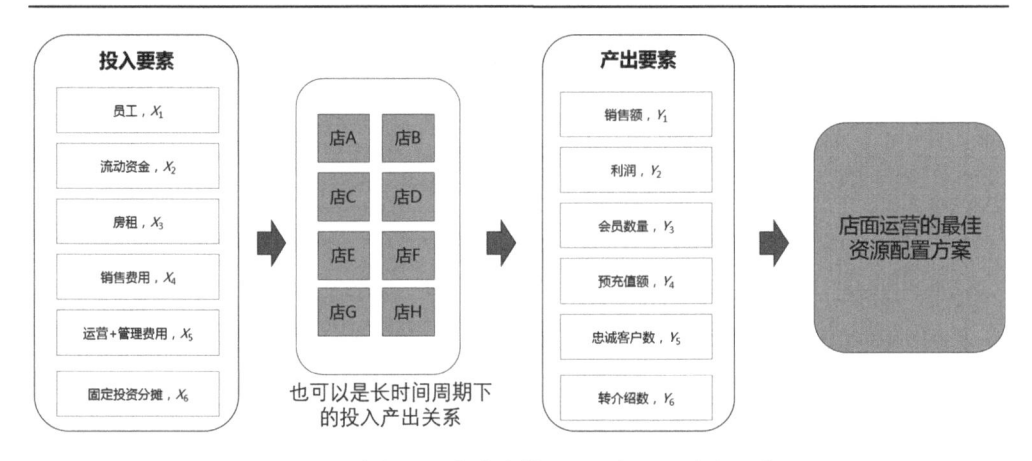

图 4-13 多投入和多产出情况下的投入和产出示意

基于每家门店每个月的数据，我们可以构建一个等式：

$aX_1 + bX_2 + cX_3 + dX_4 + eX_5 + fX_6 = K_x (gY_1 + hY_2 + iY_3 + jY_4 + kY_5 + lY_6)$

如果我们有 10 家门店，有 12 个月的数据，那么可以构建 120 个等式来求解等式中的转化系数；如果我们有 100 家门店，有 12 个月的数据，那么可以构建 1200 个等式来求解该等式中的转化系数。数据越多，门店的特点越雷同，得到的转化系数通过统计校验的可能性就越大，这些转化系数就越可信。接着对投入资源进行优化，那些转化系数较小的项目是可以优化的项目，转化系数较大的项目是可以增加费用的项目。

这个优化模型叫作 DEA（Data Envelop Analysis，数据包络分析）模型，DEA模型是计量经济学中非常重要的模型。该模型比较成熟，有专门的软件来计算和优化，也有很多变种。该模型相对复杂，在实际执行时对使用者的数学能力和统计学知识要求较高，在此不再详细讲解，感兴趣的读者可以参考相关的专业书籍，或者通过网络搜索相关知识来学习。

企业经营管理中的量化关系模型示例

在企业经营管理中，存在大量的投入与产出决策，也存在大量的可以量化的管理模型，需要我们去思考并构建量化管理的思维模式。当然，受限于数据基础问题，我们不见得将所构建的量化关系模型都应用于日常决策，但是这种量化决策的方式可以倒逼我们去采集数据、积累数据，为未来构建量化关系模型奠定基础。

下面介绍如何构建多个量化投入与产出的模型，读者可以结合自己所在企业的特点，考虑是否可以构建这些模型，然后参考本书的思路进行量化分析。

1. 模型一：人效优化模型

站在人力资源总监的视角，企业需要优化的是人效（可以用人均产值、人均销售额或人均营业收入等来度量）。

（1）企业可以通过招募更加优秀的人才来提高人效，优秀的人才可以创造更多的产出，当然企业也需要给更高的工资，可以用员工平均薪酬度量人才优秀程度，即 X_1 员工平均薪酬。

（2）为了让员工有更高的产出，企业可以为员工提供足够的培训，提升他们的技能，可以将员工人均培训费用作为提高员工能力的投入，即 X_2 员工人均培训费用。

（3）为了提高员工的产出，企业可以通过改善工作环境、提供更好的福利等，让员工更高兴地干活，即 X_3 员工人均环境和福利费用。

由此，我们可以构建一个量化人力投入和产出的模型：

$$Y_{人均营收额} = aX_{1\,员工平均薪酬} + bX_{2\,员工人均培训费用} + cX_{3\,员工人均环境和福利费用} + u$$

如果我们有历史的人力投入和人效产出的数据，就可以用该模型来进行量化分析，获得 a、b、c 和 u 的数值，这样我们就可以考虑通过增加人力资源的投入来提升企业的人效产出。这对于劳动密集型的企业尤为关键，因为劳动密集型企业本来就是靠人效产出来获取效益的，如果能够通过优化人力投入来优化产出效率，就可以科学地进行人力资源的投入。比如，我们可以决定，是花 1 万元/月招募优秀的人才，还是花 9000 元/月招募能力相对较弱的人，再花 1000 元/月对招募的能力相对较弱的人进行培训。

我们也可以用这种方法来研究员工满意度和人力相关费用投入之间的关系。为了提升员工满意度，我们可以考虑以下几种因素。

X_1：员工相对人均薪酬分位（相对于同行或人力竞争对象的工资比例）；

X_2：人均福利费用（各种补贴、津贴或者福利费用）；

X_3：人均办公环境建设费用；

X_4：人均通勤距离/时长；

X_5：人均企业文化建设费用；

X_6：加班比率（加班时长占总办公时长的比例），代表工作强度。

用以上因素构筑的量化关系模型如下。

$$Y_{员工满意度} = aX_{1\,员工相对人均薪酬分位} + bX_{2\,人均福利费用} + cX_{3\,人均办公环境建设费用} + dX_{4\,人均通勤距离/时长} + eX_{5\,人均企业文化建设费用} + fX_{6\,加班比率} + u$$

不同的企业可以考虑不同的因素，可以看到哪个因素对员工满意度的影响更大，从而将资源倾斜到相应的地方。

2. 模型二：质量改善模型

在质量管理中，为了提升产品的质量，我们可以考虑五个方面，即"人、机、料、法、环"，这五个方面分别代表提升产品质量的五个维度。

（1）人：人员因素，通过招募更熟练的工人，生产出质量更高的产品，或者通过给操作工人提供更多的培训来提升他们的技能，从而生产出更高质量的产品。我们可以用两个指标来表达：$X_{1\,员工平均薪酬}$和$X_{2\,员工人均技能培训费用}$，为了保证可比性和对应性，这里基于产品的均值来计算费用，即$X_{1\,产品均员工薪酬投入}$、$X_{2\,产品均员工技能培训投入}$。

（2）机：设备因素，通过购买更好的设备，或者对现有设备进行技术改造（简称"技改"），从而提升设备加工出来的产品的质量。比如，对车床进行技改，得到更高加工精度的设备，从而提升产品的质量。这里将设备技改投资平均到每个产品上，即$X_{3\,产品均设备技改投入}$。

（3）料：物料因素，为了提升最终产品的质量，企业可以购买更高价格的物料或者零部件。为了保证可比性和对应性，这里仍然基于产品的均值来计算费用，即$X_{4\,产品均物料质量改善采购价格变化}$。

（4）法：工艺改善的投入，为了提升产品质量而进行的工艺改善的投入。当然，我们需要将该投入平均到每个产品上，即$X_{5\,平均单位产品的工艺质量改善投入}$。

（5）环：环境改善的投入，为了提升产品质量而在生产环境上的投入。我们也需要将该投入平均到每个产品上，即$X_{6\,平均单位产品的环境改善的投入}$。

由此，我们可以构建一个产品质量提升（产品合格率）和"人、机、料、法、环"五个维度上的投入的量化关系模型。

$$Y_{产品合格率} = aX_{1\,产品均员工薪酬投入} + bX_{2\,产品均员工技能培训投入} + cX_{3\,产品均设备技改投入} + dX_{4\,产品均物料质量改善采购价格变化} + eX_{5\,平均单位产品的工艺质量改善投入} + fX_{6\,平均单位产品的环境改善的投入} + u$$

如果我们有足够多的历史数据，就可以求解这个等式中的系数，然后就可以判断为了提升产品质量，应该将费用投在什么地方。

3. 模型三：广告费用优化模型

研究并确定广告投入与广告产出之间的量化关系，一直是很多企业希望实现的，因为这样可以最大化广告投放效果，避免无效的广告投入。著名广告大师约翰·沃纳梅克说："我知道我的广告费有一半浪费了，但遗憾的是，我不知道哪一半被浪费了。"这句话其实远远高估了广告的投放效果。实际上，绝大多数的广告费都被浪费了。因为看到广告的人，大多数都是不会购买的，所以99%的广告投放是无效的。这种效率的浪费是整个企业交易成本的一部分，或者说是最大的交易成本。如果能够通过量化研究的方式，量化广告投入和产出之间的关系，就可以持续优化广告投放效果，从而节省广告费用，增加广告的效能产出。

广告的投放效果研究是比较复杂的，需要考虑的变量很多，但我们可以通过媒体监测数据，采集更多的投入和产出的数据，为量化研究提供良好的数据基础。

广告投放效果的影响因素有很多，包括投放市场区域、投放时间、投放渠道、投放方式（包括户外路牌、视频大屏、互联网视频、图文软文、广播音频、电视媒体等）、投放内容等，这些因素都可以被作为投入因素 X 来研究。而销售收入或者销售收入的变化被作为产出 Y 来研究。

研究的目的不同，可以采用的投入因素也不同。比如，为了研究各个市场区域的广告预算，可以将投放市场区域作为投入因素 X；为了研究不同投放时段的广告效果，可以将投放时段作为投入因素 X；为了研究不同投放媒体的广告效果，可以将投放媒体作为投入因素 X。

当我们研究某类因素的时候，可以将其他因素作为不变的因素来考虑，即将其他因素的影响当作常数，不予考量。

现在媒体都是"立体"的，消费者可能会在多个媒体渠道看到商品的广告之后才会产生购买意愿。每个媒体渠道的影响力不同，带动的是转化系数的不同。比如，要量化研究不同媒体渠道的广告投放效果，可以构筑的量化关系模型如下。

$$Y_{销售收入} = aX_{1\ 媒体渠道1的投放费用} + bX_{2\ 媒体渠道2的投放费用} + cX_{3\ 媒体渠道3的投放费用} + dX_{4\ 媒体渠道4的投放费用} + eX_{5\ 媒体渠道5的投放费用} + \cdots + u$$

我们根据各媒体渠道投放费用与销售收入之间的关系，可以构筑以上等式，求解出其中的转化系数，从而能够更清晰地了解各个媒体渠道的影响力。当然，在这个结果出来之后，我们不能直接砍掉某些影响力小的媒体渠道，因为投放媒体广告产生的是"立体"的影响，是综合效应。我们可以逐步缩减转化系数较小的媒体渠道的投放费用，增加转化系数较大的媒体渠道的投入费用，并在此过程中不断利用数据去分析各个媒体渠道的转化系数，进行持续优化。

4. 模型四：销售费用优化模型

对于销售费用与销售产出之间的关系研究，在本节开始的时候已经举例示范了。即使是面向企业客户的销售费用，我们也可以用这样的思路来进行量化分析和研究。在面向企业客户的销售中，销售费用包括以下几种费用。

X_1：销售团队成员的人力费用（总薪酬包含固定部分和浮动部分，我们也可以将固定薪资和浮动薪资拆分开来研究）；

X_2：销售团队成员的差旅费用（销售团队成员去拜访客户的差旅费、住宿费、客情费、招待费，以及销售团队成员给客户发放的营销物件或礼物等费用）；

X_3：销售团队成员的培训费用（产品培训费用、销售技能培训费用、管理能力培训费用等）；

X_4：销售团队开展营销活动的费用（会议费、展览费、KOL 活动费等）；

X_5：销售团队花费的其他费用（团建费用、文化活动费用、办公环境建设费用等）。

由此可以构建面向企业客户的销售费用与销售收入之间的量化关系模型。

$$Y_{销售收入} = aX_1 + bX_2 + cX_3 + dX_4 + eX_5 + u$$

为了提高销售团队的产出，我们该如何分配整体的销售费用呢？每一项销售费用的转化系数将给我们更好的量化指导。当然，我们不能因为某项销售费用的转化系数低而取消该项销售费用，因为产出是所有的销售费用综合作用的结果，我们只能采取微调各项转化系数的方式，逐步将其调节到最优配比关系。

对于销售费用和销售收入之间的关系的研究，我们还可以采用另外一种思路：流程化思路。我们可以研究在整个销售过程中，如何分配每个阶段的投入才能得到最好的投入产出比，最大化销售收入，如图 4-14 所示。

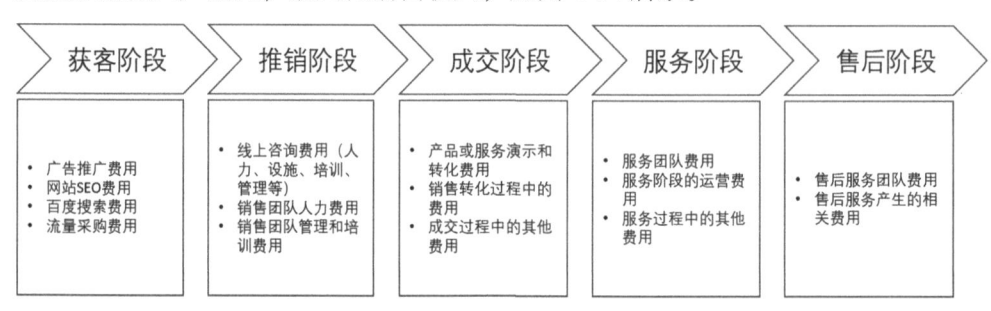

获客阶段	推销阶段	成交阶段	服务阶段	售后阶段
• 广告推广费用 • 网站SEO费用 • 百度搜索费用 • 流量采购费用	• 线上咨询费用（人力、设施、培训、管理等） • 销售团队人力费用 • 销售团队管理和培训费用	• 产品或服务演示和转化费用 • 销售转化过程中的费用 • 成交过程中的其他费用	• 服务团队费用 • 服务阶段的运营费用 • 服务过程中的其他费用	• 售后服务团队费用 • 售后服务产生的相关费用

图 4-14 销售费用和销售收入流程化梳理示例

把不同阶段投入的销售费用当作投入 X 进行量化分析，通过量化每个环节的销售费用投入，从而优化整个销售过程中的销售费用投入，使销售效率最佳。不同企业的销售过程不同，读者可以根据本企业销售过程的阶段划分进行具体的量化研究。

5. 模型五：电商客户开发模型

对电商平台的营销推广费用和销售收入之间的关系进行研究是非常重要的，其可以让我们更好地优化电商平台的投入，提高营销推广费用的 ROI。比如，我们可以研究网店在淘宝平台上的两种营销推广费用与新客户数量的关系。

X_1：钻石展位费用。

X_2：直通车费用。

Y：新客户数量。

可以构建模型：$Y_{\text{新客户数量}} = aX_{1\text{钻石展位费用}} + bX_{2\text{直通车费用}} + u$。

网店每天都在投入钻石展位费用、直通车费用，每天都有新客户来网店购物，我们可以通过以上等式进行动态的研究，只要我们有足够多的数据，就可以精准地研究营销推广费用和新客户数量之间的关系，如图 4-15 所示。

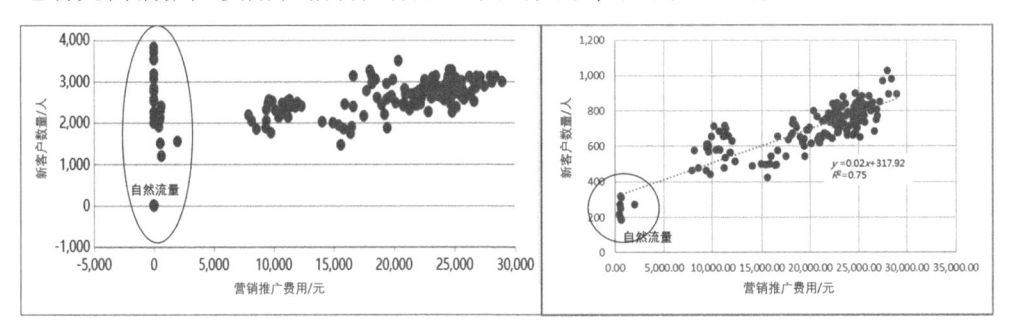

图 4-15　营销推广费用和新客户数量之间的关系研究

对于营销推广费用和新客户数量之间的关系，可以利用散点图来呈现，并利用回归分析模型进行量化，得到：

$$Y_{\text{新客户数量}} = 0.02X_{\text{营销推广费用}} + 317.92$$

据此量化关系模型，我们可以看出网店的获客成本为 50 元/人（系数为 0.02，意味着每增加 50 元营销推广费用，新客户数量将增加 1 个）。我们再看该店铺的客单价，如果客单价为 200 元/人，则该店铺的营销推广费用率为 25%。

6．模型六：独立核算业务单元绩效评价模型

利用 DEA 模型，我们可以分析独立核算业务单元的绩效，对独立核算业务单元的资源投入进行优化管理。这对于独立核算业务单元比较多的企业意义重大，比如，有众多门店的连锁经营的企业；有多个独立核算业务单元的多元化经营的企业等。

以物业集团公司为例，其有很多可以独立核算的分公司，管理不同的小区。物业集团公司可以通过构建投入与产出之间的关系图对分公司进行绩效评价，如图 4-16 所示。

数字蝶变：企业管理数字化重构之道

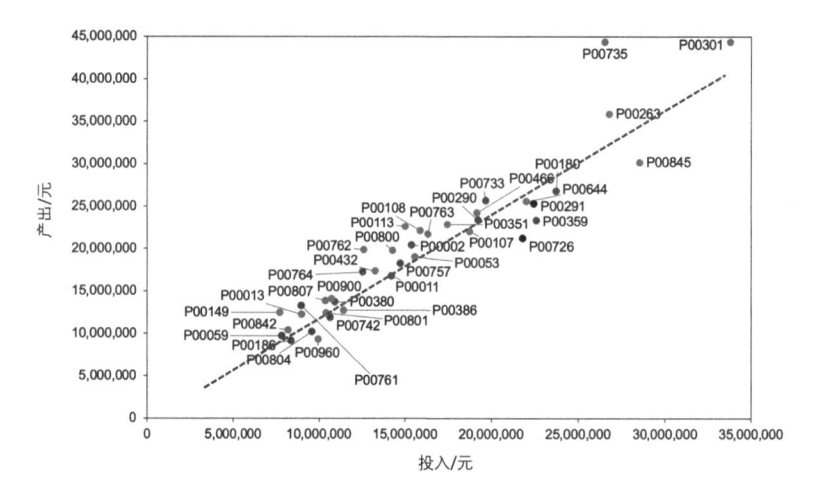

图 4-16 投入与产出之间的关系图

在散点图中，中间的虚线是分割线，分割线以下的都是绩效需要提升的分公司，分公司距离分割线越远，绩效越差。该类分公司可以通过提升收入（如物业增值服务收入），或者减少投入（如减少门卫数量、管家数量或者其他方面的费用）来优化。具体如何优化，可以用 DEA 模型来分析。

物业集团公司有大量的分公司，投入很多，当然，产出也比较多。在物业管理中投入和产出的对应关系如图 4-17 所示。

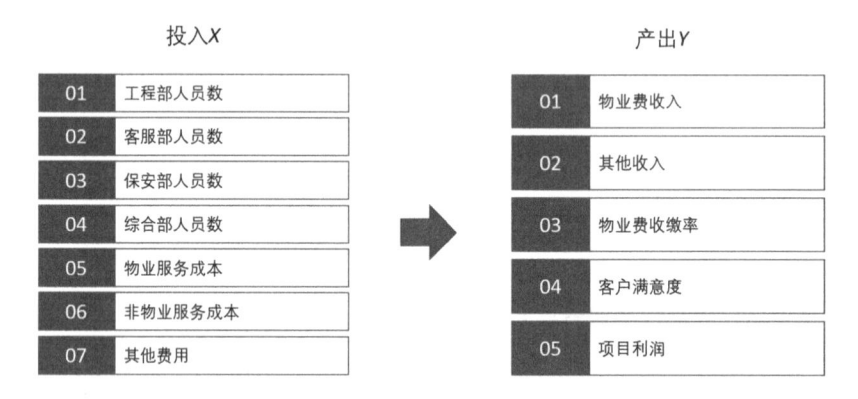

投入 X		产出 Y	
01	工程部人员数	01	物业费收入
02	客服部人员数	02	其他收入
03	保安部人员数	03	物业费收缴率
04	综合部人员数	04	客户满意度
05	物业服务成本	05	项目利润
06	非物业服务成本		
07	其他费用		

图 4-17 在物业管理中投入和产出的对应关系

通过 DEA 模型优化资源投入的算法比较复杂，在此不再展开讲解，感兴趣的读者可以参考相关资料进行深入研究，本书只是给读者提供一种思路，让读者知道有这样的模型可以解决类似的问题。

量化分析的思维是企业奔向数智化目标的关键思维。这种思维要摒弃传统的靠个人能力、凭经验的管理决策方式，从相信人转化为相信数据、相信模型，尊重事实，尊重规律，从听人指挥转化为听数据和算法指挥。这对传统企业来讲是很大的挑战，特别是当高层管理者或者"一把手"的决策和数据模型的决策冲突的时候，企业该如何选择，这是管理者层面的自我挑战。

在这一点上，我们要向亚马逊的贝索斯学习，贝索斯经常强调数据和算法。在开高层会议，甚至董事会议的时候，大家讨论算法是非常正常的事情，员工如果不懂算法和模型，在亚马逊是无法待下去的。这就是企业的数据和算法文化的养成问题。传统企业的管理者并不在乎数据和算法，也不关心管理体系问题，他们更关心市场机会问题、赚不赚钱的问题。随着市场经济发展到一定阶段，企业要从过去靠机会获得成功逐步转变为靠能力和精细化管理来提升竞争力。管理者转变思维模式，拥抱数字技术的红利，是顺势而为的必然选择。

"数据+算法"成为企业的竞争优势

如今，数据要素已经成为促进国民经济发展的关键要素之一。算法是发挥数据要素的价值的关键。"数据+算法"将成为促进国民经济发展的关键驱动力之一。

具有数据和算法先天条件的互联网和高新技术企业，已经在数据和算法上获得了积累，沉淀了大量的"数据资源"和"算法资产"。在数字智能时代，这些"数据资源"和"算法资产"成为其核心竞争优势的来源。在《数字蝶变：企业数字化转型之道》一书中，笔者将未来企业的竞争优势的计算公式修正为：企业竞争优势=数据×算法×算力。

在本书的前面提到董明珠两次直播带货的销售额差异巨大，销售额变化的核心原因不是格力的产品产生巨变，也不是格力的技术有了突破性的创新、格力品牌有了新的影响力，更不是董明珠的个人IP有了质的飞跃，而是数据平台的精准流量推送。与第一次直播"有流量，无销量"不同，在第二次直播中，数据平台的精准推流起到非常重要的作用。真正带来销量突破的不是格力的竞争力，而是平台的力量。

从这个案例中我们可以看出，传统企业，如"掌握核心科技"的格力，在面对具备"数据+算法"的流量平台时也没有太强的竞争力。在整个空调产品"研、产、销"链条上，话语权逐步从具有技术、产能、品牌、产品的传统制造企业，向具有数据和算法（精准推荐算法），以及流量的互联网平台转移。按照"微笑曲线"理论，拥有更高利润空间的将是拥有数据和算法的互联网平台，而传统制造企业在面对新的竞争优势时将会失去获取更高利润的能力。

"数据+算法"在企业经营、管理、运营的各个环节正在普及。领先进行数字化转型的企业在算法驱动管理上开始发力，用"数据+算法"来替代业务流程环节，提高了流程的效率，加快了业务活动的响应速度，提升了客户体验，降低了成本，甚至带来管理方式、经营模式和商业模式的创新。

大家不需要将"算法"看作非常神秘的或者难以实现的事物，其实每个人每天的管理决策都可以被看作算法的一种体现。我们需要做的是对业务流程环节进行梳理，将业务判断的逻辑整理出来，然后用数据和算法来实现业务流程环节的决策，提升业务流程环节的执行效率。

对比管理团队基于知识、经验和能力的决策，算法在决策过程中具备各种优势。这种优势不仅仅是成本上的优势，更是在科学性、敏捷性和效率上的优势。在科学性上，算法更加理性，不会依靠个人的感觉、喜好做出决策，也不会因受个人利益的影响而出现偏颇的现象；在敏捷性上，算法做出分析和判断几乎是秒级完成的，而人工做出决策需要一定的时间，在分析数据和处理数据上，人工模式效率低下；在效率上，算法能够实时做出相关决策，而人工模式则需要一定的响应时间，特别是在节假日期间。即使在工作日，管理者也有可能因为在开会、参加培训或者其他管理活动，不能即时做出决策，而算法就不存在这个问题。

4.3 决策模型系统化与算法迭代升级

对于处在正常运营中的企业，业务决策在流程环节中时时都在产生，这些业务决策大多都可以由算法做出，只有那些需要创新创意，或者变动性、不确定性很强的业务决策，暂时还不能由算法做出。

当然，在那些标准的、确定的、简单的、重复的业务流程环节，都可以考虑用数据和算法来替代人工做出决策。为了快速将标准的、确定的、简单的、重复的业务流程环节的决策交由数据和算法来实现，企业需要创造一个环境，这个环境包括软环境和硬环境。

所谓软环境，就是企业内部的人文环境、管理环境、文化环境，或者鼓励员工创新的环境（鼓励员工用数据和算法替代自己工作的环境）。

所谓硬环境，就是技术开发环境，让懂得算法开发的人员能够利用企业提供的技术平台进行灵活的开发。这个技术开发环境可以是低代码开发环境，也可以是由业务团队提出想法，然后由技术专业人员代为开发的环境。硬环境是未来企业的数字技术环境。

现在绝大多数企业的技术环境还不能满足全员的低代码开发，需要对接数字技术人员来实现各种业务环节的数智化升级改造。绝大多数企业缺少自主的技术开发团队，依靠外包服务或者雇佣第三方来实现算法的开发。

传统业务系统的局限与升级

传统业务系统的实施是为了实现业务流程的优化，并不是为了实现业务流程的自动化运转。无论是记录业务活动的业务系统，还是管理内部审批流程的办公自动化系统，都以记录业务活动为目标，而不是以替代业务流程为目标。

比如，早期的 ERP 系统中的财务系统，就是一个记账软件，当企业发生财务相关活动时，如业务的收款或付款，需要在 ERP 系统中记账，并归类到各种会计科目中。这种对业务活动进行记录的业务系统，并不是为了替代业务活动而实施的。再如，上线 MES 系统和 WMS 系统是为了记录企业的生产活动和物料的流转活动，并不是为了替代它们。

为了方便业务团队自主实现数智化转型，自主开发相关的算法，企业需要一种系统：这种系统能够在具备传统数据采集和业务活动记录等功能的基础上，进行自主计算、配置算法，能够在业务流程环节替代人工做出决策，能够生成指挥调度相关业务的指令，参与到业务活动管理和决策过程中。我们把这种系统叫作数字化的信息系统。如果企业的业务系统做不到这些，企业就需要搭建这样的系统，或者对原有的系统进行升级。

比如，对于财务人员经常使用的 ERP 系统或者财务管理软件，企业不仅要求其具备记账功能，还要求其具备算账功能，要求其在采集、填报数据的基础上，能够根据核算成本的方法、调账的方法、汇总统计的方法、分摊费用的方法、制作管理报表的方法等，在填报或者采集相关数据之后，自动进行成本核算、指标计算、报表生成，并推送到相关管理者的手机端、电脑端和大屏端。另外，在必要的时候，ERP 系统或者财务管理软件还可以对某些指标的异常进行预警，更好地为管理管控提供支撑。

如果原有的系统不具备这样的功能，则可以采取两种方式对其进行"升级"。一种方式是用更先进的系统来替代原有的系统，对原有的系统进行替换式升级；另外一种方式是将现有系统中记录的数据进行整合，在新的应用开发平台上进行算法的开发，将原有的系统当作业务数据采集工具。

建议企业采用第二种方式，这样就不用考虑对原有系统进行升级改造了，而是在一个公共的数据管理和数据应用平台上进行开发。只要原有的系统还能满足业务流程的需要，就可以暂时不用对其进行太大的改造，只需要在数据标准和数据规范上进行优化，满足数据应用程序开发的需要即可。

另外，即使新上线的系统具备算法开发的能力，企业仍然需要在公共平台上进行算法的开发，而不是在新上线的系统中进行。

一方面，企业在开发算法的时候，可能会用到许多业务系统产生的数据集，而不是基于单一业务系统产生的数据集。如果在某个业务系统开发算法的时候，该算法需要引用其他业务系统中的数据，就会导致业务系统之间数据传输的复杂度上升，为将来升级改造系统带来困难。因为一套基础的业务系统的改善或者升级，会影响很多基于该系统的数据开发的算法，导致项目实施难度加大。

另一方面，几乎每个厂家在开发产品的时候，都会为了满足客户应用数据的需求，在产品中设计算法开发和应用开发的功能。这会导致每个部门在实施自己业务板块的系统时，都需要采购具备算法开发功能和应用开发功能的模块，并自主开发相关的算法和应用。自主开发的这些算法和应用不在整个算法体系之下，会在管理上造成混乱。

在企业从信息化升级到数据化，再升级到数智化的过程中，建议在技术架构上采取"采管用"分离的模式，即数据采集、数据管理、数据应用的功能通过独立的技术平台来实现。

管理导航与算法驱动的管理方式

在笔者为某企业提供数字化转型咨询服务的时候，该企业的董事长总结了他们数字化转型战略的目标，提出了一个"三模一数"的概念。笔者在这里拿出来和大家分享。"三模一数"代表"模块、模型、模式"和"数据"。

1. 模块

所谓"模块"，就是将业务划分后形成的不同的模块，有大的模块、小的模块。大的模块可以被细化为业务域，小的模块可以被细化为具体的决策环节。每一个模块都可以被看作一个具体的决策业务域。

2. 模型

每个业务域的决策机制或者决策方法都可以被开发成具体的决策模型，从数据建模到分析建模，再到决策建模，用模型来梳理业务活动、管理活动和决策活动，利用数学的计量模型来理解业务决策机制。

3. 模式

将业务决策模型进行规范化和标准化，从而可以基于该模型对业务进行持续管理，并优化业务过程，形成一种业务执行的"模式"，或者形成一种新的"管理模式"。

4．数据

在整个业务执行过程中，数据都被记录了下来。基于数据构建模型，基于模型来沉淀模式、优化模式，用模式来规范业务，用数据来管理和决策业务，这样就构成了整个数字技术应用闭环。

"三模一数"的核心是"模式"。企业的"数智化管理"最终要形成一种"管理模式"，这是数字化转型的终极目标。我们不仅要将业务管理的模块开发成模型，还要将这些模型体系化地管理起来，不断进行优化，形成企业管理的"新模式"。

在构建这个新模式的过程中，企业可以通过对内部各个业务环节的决策节点进行系统性的梳理，建立业务团队管理人员的决策机制，用数据和算法来实现各个业务环节管理和决策的"数智化"模式。

为推动"数智化"模式的应用，企业可以成立一个"项目组"，或者一个专题职能小组，这个"项目组"或专题职能小组由技术团队、数据团队、算法团队和业务团队的成员组成，他们选择各种业务流程的决策节点，制定优先顺序，进行体系化的开发和长期的运营。这个项目组就是前面提到的"RPA小组"。一些领先进行数字化转型的企业已经成立专门的RPA小组，或者让职能部门来推动相关算法的开发和应用。

通过构建管理管控的模型，设计自动化业务管理和运营管控的模式，企业可以实现智能化的"管理导航系统"。之所以叫作"管理导航系统"，是因为它跟我们实际生活中的开车导航系统一样，让一线人员能够在系统指令下进行工作，能够根据系统实时的指令来处理相关的业务。

比如，在生产中，自动指挥调度系统利用数据和算法自动调度物料、机台和生产工人，让生产工人根据对应的生产指令进行工作。物料自动调度系统自动将物料配送到相关生产环节的生产工人手中，实现柔性定制化生产。

再如，物流的自动调度系统根据物流订单的需求，自动对司机和车辆进行排班，自动派单，然后用地图导航系统指挥着司机去送货。这个自动调度系统可以平衡每个司机的接单量，根据距离远近进行有效派单。这种调度算法也可以被用在生产系统中，结合历史设备维修中维修工的技能、维修工目前的工作状态、维修工距离故障设备的远近等，对维修工进行派单。

再如，销售人员使用的CRM系统，其根据客户的采购频次和采购需求，动态指挥销售人员去拜访或者联络客户，将销售人员派到最具有潜力购买产品和服务的客户身边。

以上都是利用算法来处理一线业务的自动指挥系统,其根据业务逻辑,用数据和算法实现动态指挥业务活动、动态调度物料、动态指挥一线员工,从而实现"管理导航"。

企业经营管理中的数据"采管用"闭环创新

企业要想实现管理导航,需要构建"数字技术闭环",这个闭环至少包括三个关键的环节,分别是数据的"采""管""用",对数据的全生命周期进行专业化的管理。

1. 利用数字技术采集数据

在数据采集方面,企业需要把握两个关键点:第一个关键点是"在线化";第二个关键点是"全生命周期"。无论是业务在线、员工在线、产品在线、客户在线,还是物料在线、设备在线、活动在线等,都是相似的概念,都是通过线上化来实现业务的数据采集。

2. 对所采集的数据的管理

在数据管理方面,企业需要把握三个关键点:第一个关键点是数据集中化管理;第二个关键点是对数据进行集中化管理的技术平台;第三个关键点是数据管理的"责权利能"体系的建设。业务系统中产生的数据都被存储在业务系统后台的数据库中,只要数据被存放在业务系统后台的数据库中,其所有权就是部门的,而不是企业的。要实现跨部门数据共享,就需要突破部门墙的限制,这是很多企业产生数据孤岛的原因。通过对数据的集中化管理,将数据放到一个技术平台上,通过业务逻辑进行授权的访问和使用,可以让数据的所有权从部门上升到企业,有效推动数据共享,打破部门墙。在将数据集中化管理之后,企业需要建立一套数据管理的"责权利能"体系:业务部门采集数据、保管数据、使用数据,对数据的质量负责;数据管理部门负责数据的集中管理、授权分配,数据质量监控和管理,数据管理体系的建设,以及数据管理技术平台的建设和运维等。

3. 对数据应用开发的管理

在数据应用开发方面,企业需要把握三个关键点:第一个关键点是在集中的应用开发平台上开发,而不是在各个业务系统上直接开发;第二个关键点是在调取数据服务应用的时候,从数据管理技术平台中调取,而不是到业务系统中去调取;

第三个关键点是对数据应用进行体系化的管理，在技术标准和规范、数据应用规范、安全标准等方面建立统一的规范和标准，确保各个数据应用遵循相同的规范和标准，从而在应用开发、管理和升级的过程中进行更高效、更规范的管理，避免乱搭乱建带来的安全隐患，避免因为缺少开发过程文档导致后期无法升级或者无法优化等。

传统的企业基本不具备构建数字技术闭环的条件。如果企业没有进行产品或者服务全生命周期的数据采集，就没有数据全生命周期的起点，没有起点的数据采集，就不可能构建数字技术闭环。

第一个方面：数据采集。

我们看一个案例。商用飞机发动机供应商 Pratt & Whitney（P&W）在设备上装载智能传感器，实时采集发动机设备的运行数据，并通过芯片进行计算，将数据回传到服务器。P&W 的服务器对回传的数据进行实时动态的分析，对故障进行诊断，对发动机的状态进行评估。这样就可以对发动机进行事前的诊断和维保，而不是被动地等到发动机出现故障后再去维修，从而实现在问题产生之前发现问题并解决问题。

飞机发动机全生命周期在线作为一种产品向服务延伸的新模式，值得很多生产制造企业参考。

对于推进"服务型制造业"发展，一个非常好的途径就是"产品全生命周期的在线化数据采集"。智能家居、智能出行、智能办公、智能制造、智能供应链、智慧医疗等领域，都可以考虑通过产品全生命周期的在线化创新，进行产品全生命周期的数据采集，通过大数据平台来实现产品全生命周期的管理和服务。

对传统企业来讲，或者对无法安装芯片和智能传感器的产品来讲，其无法像飞机发动机、智能手机、智能电视一样，利用设备上安装的智能传感器实时自动地采集用户使用产品的数据，并将数据通过有线网络或者无线网络传输到公司的数据平台上，这个时候就需要采用人工的方式采集并上传数据，或者利用开发的产品应用来传输相关数据。

北京沃德博创信息科技有限公司为了采集蛋鸡鸡苗在养殖客户端的数据，开发了一个 App（智慧蛋鸡），让养殖户在养鸡的过程中记录养鸡数据。智慧蛋鸡类似一个手机端的企业 ERP 系统，构筑了一个养鸡信息化的 SaaS 服务凭条，从而能够采集养鸡过程中的数据。该 App 能够指导养殖户科学养鸡，通过记账、数据统计、电商服务、鸡苗服务、饲料服务等为养殖户提供全面化的生产、采购、管理和营销服务。

智慧蛋鸡平台的官方网站截图如图 4-18 所示。

数字蝶变：企业管理数字化重构之道

图 4-18　智慧蛋鸡平台的网站截图（图片来自北京沃德博创信息科技有限公司网站）

采集数据是构建数字技术闭环的基础条件，而使这个基础条件持续满足的是数据的管理和应用，其核心逻辑是"创造价值"。数据只有在被使用之后才可以"创造价值"。只有让采集的数据为数据贡献者创造价值，数据贡献者才会愿意持续地贡献数据。这样企业就可以开发更多的数据应用场景，创造更多价值；数据创造的价值更多，数据贡献者就有更大的积极性来贡献数据，这是一个良性循环。

第二个方面，数据管理。

数据管理要遵循一定的标准。目前全球通用的一个标准是由"数据资产管理委员会"（Data Assets Management Association，DAMA）提供的数据治理方面的指引。中国国家标准委员会在 2018 年也出台了一个数据管理国家标准，即数据管理能力成熟度评估模型（GB/T 36073—2018）。该标准包含 8 个认证能力项和 28 个认证能力子项，如图 4-19 所示。

认证能力项（8）	认证能力子项（28）			
1. 数据战略	1.1 数据战略规划	1.2 数据战略实施	1.3 数据战略评估	
2. 数据治理	2.1 数据治理组织	2.2 数据制度建设	2.3 数据治理沟通	
3. 数据架构	3.1 数据模型	3.2 数据分布	3.3 数据集成与共享	3.4 元数据管理
4. 数据标准	4.1 业务术语	4.2 参考数据与主数据	4.3 数据元	4.4 指标数据
5. 数据质量	5.1 数据质量需求	5.2 数据质量检查	5.3 数据质量分析	5.4 数据质量提升
6. 数据生存周期	6.1 数据需求	6.2 数据设计与开发	6.3 数据运维	6.4 数据退役
7. 数据安全	7.1 数据安全策略	7.2 数据安全管理	7.3 数据安全审计	
8. 数据应用	8.1 数据分析	8.2 数据开放与共享	8.3 数据服务	

图 4-19　数据管理能力成熟度评估模型（GB/T 36073—2018）

这两个数据管理标准目前都被用来评估企业的数据管理能力，按照 5 分制来评分。感兴趣的读者可以参考相关文件和评估企业的介绍。

目前，数据管理方面的制度、流程、法律、法规都处在建设阶段。我国有两部非常重要的与数据相关的法律：《中华人民共和国数据安全法》和《中华人民共和国个人信息保护法》。这两部法律要求采集相关数据的企业要做好数据安全和个人信息的保护。企业内部也要针对这两部法律制定数据资产管理的相关制度和流程，避免在数据方面违法。

企业在采集客户、用户、渠道及合作伙伴的数据的时候，要承担起数据安全的责任，要强化内部数据资产管理，避免因为对法律法规的忽视而违法。

对于数据资产管理制度的建设，要重视起来，特别是已经开启数字化转型的企业。在信息化方面，如果企业拥有的业务信息系统超过 3 个，就要开始重视数据的规范化管理了。数据质量管理是从采集开始的，但是数据质量的保证则在管理体系中，即使采集了高质量的数据，没有可量化的管理体系，也会导致数据污染。要对数据进行全生命周期管理，即记录谁采集的数据、谁传输的数据、谁处理的数据、谁分析的数据、谁最终使用的数据，否则就无法用数据为业务管理提供依据，让大家不相信数据的真实性、准确性。脏、乱、差的数据还会导致人做出错误的判断。

第三个方面，数据应用管理。

无论是企业的数据看板系统、内部管理报表体系，还是算法应用程序、业务场景的小程序，都需要进行有效的统筹和管理，而不是任由业务部门无计划、无组织地开发。所有的数据应用都需要被纳入企业的管理制度和流程体系，以确保能够有效地保障数据安全，遵循企业的数据管理规范，避免相关人员因为业务利益的驱动而违反法律法规，给企业的数据体系带来威胁。

企业应当尽量避免在原有业务系统中开发数据应用。比如，企业要建设财务报表体系，在搭建自动成本核算、自动实时结算、实时业务指标计算等应用的时候，应该尽量避免在财务信息系统或者 ERP 系统上直接搭建，而是要将财务信息系统或 ERP 系统中的数据同步到数据管理技术平台上，在数据管理技术平台上开发数据应用。在数据管理技术平台上开发数据应用比在业务系统中直接搭建数据应用具备优势：首先，可以集中管理，确保所有数据应用的开发都在企业的管理体系下进行，并对相关的数据应用进行体系化的管理；其次，在数据管理技术平台上开发数据应用，可以确保从唯一的数据源获取数据，特别是当数据应用需要调用多个业务系统的数据的时候，这个优点就特别明显；最后，在数据管理技术平台上开发数据应用，可以让数据的"采""管""用"全链路得到体系化的管理。该平台拥有统一的开发环境、开发流程、开发项目管理标准、数据应用运行维护方案等，可以更高效地管理数据应用产品。

算法管理

在企业数据管理的基础上，随着有更多的场景利用算法来执行业务流程、指挥调度业务活动、做出各种业务管控的决策，算法会越来越多，算法管理就要被看作企业管理体系的一部分。另外，我们也要把"算法"的概念进行扩大化，比如业绩统计的方法和标准、计算成本的方法，都可以被看作"算法"的一部分。

对企业内部管理来说，算法的科学性和适用性是非常重要的，决定着企业的竞争力和经营管理效率；对企业外部管理来说，算法可能会给合作伙伴、客户、供应商带来社会上的影响力，特别是2C企业，算法可能影响消费者对社会的认知，必须慎重地对其进行管理。如果算法不科学、具有太强的商业利益驱动、带有误导性，就会给社会带来比较大的影响。这个时候企业一方面要承担社会责任，另一方面可能会受到法律的制裁。企业经营要关注社会公平性，而不是只追求商业利益，最大化消费者产出，导致不公平的算法出现。

企业算法接受社会的公共监督已经不是新闻，亚马逊的算法一直备受各方关注，其曾因广告推荐算法的差异性被罚款，还曾因内部员工调度算法而受到欧盟总工会的外部审查。

对于企业算法的管理，要保证算法的准确性、科学性，要有算法立项、开发、测试、跟踪、版本迭代、追溯等各种相关管理制度和流程。

企业内所有的数据计算方法都应该被纳入算法管理的范畴，包括财务的成本核算、费用计算、报表数据统计汇总、人力的绩效统计算法、数据指标体系的计算方法等。

对于业务调度、管理和管控的算法，需要确保其业务逻辑的科学性，在正式推广之前，要进行小范围的测试。特别是运营公共服务平台的企业，只有在确保算法无虞之后才可以全面推广。

针对企业运营和管理方面的算法，要建立制度和流程进行体系化的管理。比如，谁对算法负责，谁对开发过程负责，谁来负责算法的审查，谁来进行测试，谁来跟踪、监控算法的运行状况等，都要进行设定，从而确保所有的数据计算方法和算法模型都在企业管理的范畴之内。

企业要建立一个算法目录，当算法比较简单、数量比较少的时候，算法目录不是很重要。就像图书馆，如果只有几十本书，就没有必要建立目录来管理这些图书；如果有几十万本图书，那么建立一个科学的、易于索引的分级目录就很有必要了。同理，当企业的算法比较多的时候，给每个数据计算方法和算法模型构建一套目录也很必要。

企业要对正在使用的算法进行定期的盘点，确保现有算法不会因为业务的调整而过时。企业要给每个算法设定一个有效期，在算法的有效期到了的时候，要对其进行审查，确认其是否继续有效、是否还适用企业当前的管理环境，如果答案是否定的，那么就需要重置该算法的有效期。企业可以利用有效期机制建立一个周期性的审查机制。

内部审计部门也要对算法管理体系进行审计，将对算法的审计工作纳入内审工作的管理范畴。在进行内审的时候，内部审计部门要对企业正在使用的算法进行审计，确保算法的计算符合企业制度流程、外部法律法规的规范要求。

算法管理不能手动进行，因为算法的复杂度比较高，需要采用技术平台来进行。和管理数据资产一样，管理算法也要利用技术平台才能实现高效的管理。

4.4 企业管理数智化与未来智慧型企业

"数智化"企业建设是数字化管理体系升级的最终目标，也是数字化管理体系升级七步法的"第七步"。算法驱动的管理比人工模式的管理更具有优势，不仅费用更低、效率更高，而且实时、动态，让管理更加敏捷。从较长周期来看，这关系到企业的"生死"问题。因为在利用数据和算法实现管理提效之后，企业更具有优势，在激烈的商战中，能够有更高的存活率。

数智化，即数据智能化，也可以叫作"智慧化""智能化"。这三个词的含义是一样的，都强调了数字智能。

数智化企业（智慧型企业）的概念和未来

什么是数智化企业？利用数字技术构建企业管理体系，利用数据和算法实现业务流程运转、业务活动执行、业务活动管理与管控、自动化调度资源等，这样的企业就可以称为"数智化企业"。数智化企业存在一个数智化程度问题，并不是所有的业务管理和业务执行的环节都可以用"数据+算法"来替代，有些领域的数智化程度很高，有些领域的数智化程度有待提升。企业谋求数智化是一个终极目标，但是很难完成所有业务活动和管理体系的数智化。

比如，滴滴网约车平台在核心业务的运营和管理上实现了数智化，利用数据和算法调度司机去接乘客，实现自动计费和收费，对网约车司机进行绩效管理和服务水平评价,对司机的佣金进行核算和结算,等等,其核心业务的数智化程度非常高。

但是,在其他方面,如应用程序开发、算法模型设计、内部人员管理、财务管理、战略管理、司机招募与培训等,滴滴网约车平台仍然通过人工模式来完成。在这些业务管理域,其数智化程度是有待提升的。

随着数智化场景不断地被开发,未来企业的数智化程度会越来越高。

根据万科董事长郁亮先生发布的微博,算法机器人员工崔筱盼被评为万科2021年度"优秀数字员工"。这个事件的背后是数字化转型领先企业的数智化尝试,这种现象会越来越普及。一名无薪酬的"数字员工",可以完成数百名真人员工的工作。2022年,崔筱盼完成了185875次沟通,协作了13702名员工,这个工作量超过一百名真人员工的工作量。这种成本效率是很多企业正在追求的,不计算该算法机器人带来的管理实时性、决策效率和管控的及时性等优势,仅仅是人工费用的节省,就达到了上千万元(按照100人工作量,每人年薪10万元估算),如图4-20所示。

图4-20 万科算法机器人"崔筱盼"

数据和算法正在重塑企业的竞争优势,在传统的人力资源、品牌、资产、资金、资源、关系、技术等竞争优势的基础上,一项更高维度的竞争优势正在产生,那就是"数据+算法"。数智化场景越来越多,当达到一定数量的时候,企业的管理方式也会达到一个临界点,流程环节中的数智化算法会带动那些人工操作、人脑决策的环节不得不更快地适应"算法机器人"的流程环节,从而促进更多的人工操作、人脑决策实现"数智化"。大家可以想象一下,当万科的"崔筱盼"跟你线上沟通你的任务完成情况的时候,你在这个协作流程中不得不按照"崔筱盼"的"催办"指令去做,将你所负责的环节去进行数智化的改造。

当企业管理方式中的数智化场景越来越多,算法机器人负责的流程环节越来越多时,企业就进入一种状态:"数智化"的管理方式状态。我们将这类企业叫作"数智化企业"或者"智慧型企业"。数智化企业的概念不是绝对的,而是有一个"成熟度"问题,即用"数据+算法"替代人工管理、人脑决策有一个覆盖面的问题。就目前的认知来看,还没有"无人的企业",即企业全部的管理和决策都交由

"算法机器人"来进行。企业数智化升级是一个无止境的、没有终点的目标，那么企业的数字化转型就是一个没有终点的过程，没有结果。

作为未来管理的新模式，"数智化"将成为很多领先进行数字化转型的企业的必然趋势。这将重塑企业的管理方式、经营模式和商业模式。

实现数智化企业的技术

这几年人工智能技术发展非常迅速，特别是最近非常流行的 ChatGPT 的问世，带来了一轮人工智能热潮，也引发了大量的争议。新技术的发展和应用都会经历几个具有规律性的阶段，按照 Gartner 的人工智能技术发展曲线，人工智能技术已经进入了应用阶段，并在很多领域为企业的生产、经营和管理创造价值。

当然，根据 Gartner 的人工智能技术发展曲线，人工智能技术已经被应用到各个细分领域，在不同领域的成熟度不同，发展阶段也不同。在不同的阶段，企业需要考虑不同的投资策略，过早投入往往曲高和寡，过晚投入就会跟不上技术的发展，领先半步是绝大多数企业的选择。

无论是人工智能技术，还是机器学习技术，在本质上都在利用数据和算法来模拟人类的决策机制，从而利用实时采集的数据来替代人类做出决策。人类如何利用数据来做出决策是构建人工智能的基础。也就是说，在企业经营管理和运营管控的活动中，人类如何做决策的机制是搭建人工智能和机器学习的前置条件。企业通过总结、分析人类的行为模式、决策习惯等机制，来构建人工智能和机器学习模式。为了更有效地开发人工智能和机器学习的场景，企业可以构建人工智能和机器学习小组，总结沉淀企业的最佳实践、最优决策、最好过程管控等场景，然后用数据和算法来模拟这些场景。这是企业搭建人工智能和机器学习场景的最佳模式。

企业中的人工智能和机器学习的场景应越建越多、越迭代越完善，这是一个不断开发新场景、迭代旧场景的过程，这个过程会使领先企业持续领先。

在客户服务环节，根据常见的服务需求，企业可以在人与人交互的过程中构建人机交互模式，通过学习优秀客服人员回答客户问题的方式，构建规范的话术，由机器人来替代人工客服。

在营销环节，根据优秀营销人员的工作过程，企业可以构建营销人员推动客户成交的模型，利用数据来判断客户的真实需求、购买意向、可能会有的疑问等，用数据和算法来指导销售团队执行下一步的业务活动。人工智能机器人可以指导营销人员进行销售活动。

只要我们用心去研究，几乎所有的业务活动，都可以用人工智能机器人来重构。即使是离不开人的线下活动，我们也可以让人工智能机器人参与。

从生产制造到生产智造

在哪些流程环节企业可以优先考虑采用人工智能的方式来替代人工或者人脑呢？在咨询服务实践中，笔者设定了四个标准：在简单的、重复的、标准的、确定的流程环节可优先考虑开发人工智能应用。基于以上四个标准，生产制造领域存在很多合格的场景。在生产制造工艺、配方或者BOM（配料表）确定之后，几乎所有的流程环节都符合以上四个标准。所以，在企业数智化升级过程中，生产制造领域是首选业务域，这也是智能制造体系发展较快的原因。对于"采、产、研、供、销"一体化经营的企业，在生产制造领域推动数智化，推动人工智能和机器学习的应用，可以更快地取得效果、获取价值、享受红利。

生产智造与过去传统的自动化生产还是有区别的，这个区别在于生产智造不是机器和设备的自动控制，也不是传统意义上的自动化生产，而是在过去需要人工执行、人为调整和适配个性化需求等方面，利用数据和算法来实现智能化决策，用数据和算法来替代人工和人脑。当然，生产智造与自动化生产在生产条件、内外部环境等的适应性方面还是一致的。

当几乎所有的生产管理环节都由人工智能机器人来完成的时候，工厂中就可以没有"工人"，没有"管理人员"，这个工厂就成为"无人工厂"。既然没有人，工厂就不需要为人来构筑相关生存条件，如空气温度湿度控制、空气质量管理、噪音控制、灯光照明等。只要生产环境能够满足人工智能机器人和生产工艺所需即可，这样的工厂也被称为"黑灯工厂"。

对于需要满足客户个性化需求的"定制"类产品的生产，要想灵活地调整产线上的物料、工艺、加工过程，需要根据客户订单进行柔性调整。如果进行人工调整，因为信息传输效率的问题，定制化生产就会增加很多流程环节，增加很多成本，导致生产的灵活性不足；如果通过采用数智化的方式调整，可以实时调动资源，优化资源的使用效率，实时调整生产过程，实现柔性生产。

比如，在生产服装时，批量生产会非常高效，流水线上的每个工位负责一个环节，进行重复操作，实现规模化的高效生产。如果是高端服装定制，每件产品都有可能是不同的，这个时候流水线上使用的物料、加工的过程可能都不同，那么如何实现柔性生产呢？如果采用数智化的方式，每个工位上的工人在完成一件衣服的加工过程后，就会接到下一件衣服的定制化生产工艺，并收到制作下一件衣服的物料，这样在不降低效率的情况下，该工位上的工人可以按照生产工艺准确地加工每件衣服。这就要求整个工厂中工人的操作都应在准确的算法的指导下进行，并配合物料实时自动配送系统，让整个工厂成为柔性定制的智能化产线。

借助互联网、物联网、数据、算法、智能硬件、智能终端等相关技术和工具的应用，数智化的方式在柔性定制化生产方面更有优势。

在供应链领域，数智化流程的应用，可以大幅度提升供应链的效率，在保供的基础上降低库存，实现柔性按需供应。传统企业的"零库存"在一定意义上并非真正的"零库存"，而是将库存在供应链上进行的"转移"。比如，某家整车厂为了实现零部件的"零库存"，自己不备库存，而是让供应商在自己的工厂内建立零部件仓库，其根据需要直接从供应商的零部件仓库中领用零部件，然后根据结算周期同供应商进行结算。这种模式虽然对整车厂来说是"零库存"，但对整个供应链来说并非"零库存"，"羊毛出在羊身上"，供应商的库存成本也会反映到整车厂的采购价格上。

如何通过采用数智化的方式来解决供应链中的问题呢？一是实现数据的打通；二是用算法来实现整个供应链的联动；三是供应链上的上下游企业之间建立长期的战略合作关系，并在合作模式上采用公开透明的供给逻辑，避免一方利用信息的不透明来谋求更大的利益。

某家整车厂为了实现高端车型柔性定制生产，在产线上实现自动排产、自动排班、自动配料，实时动态调整车款和车型，在用算法指挥每一个工位和工艺环节的同时，还在供应链上实现基于算法的自动调度，在供应商、物流、仓储、生产和销售上实现基于数据和算法的联动。比如，终端4S店接到客户的高端车型订单后，该订单就直接被发送到企业的销售部门；销售部门进行销售策略制定、销售绩效核算，随后将订单发送给仓储部门；仓储部门制订仓储物流计划，将订单发送给工厂；工厂制订排产计划，将该订单数据拆解成零部件，发送给零部件仓库；零部件仓库结合库存数据，将该订单数据直接转化为采购订单，发送给采购部门；采购部门结合生产计划、采购计划和库存计划，将零部件的需求发送给供应商……利用数据打通和算法，该整车厂实现了从过去的串行传输订单模式到并行传输订单模式的转变，大幅度缩短了高端定制车型的交期，并避免了人在传输数据和信息时出现的错误。

营销销售体系的数智化升级

营销销售体系因为价值高和数据丰富程度高等因素，成为很多企业数智化升级的重点领域之一。随着移动互联网的发展，很多业务活动因为线上社交媒体、通信软件的发展，线上化程度越来越高。无论是营销推广活动，还是销售活动、交易活动，线上化程度越来越高，留存的数据越来越多，也因此越来越具备实现营销自动化、销售智能化的条件。

C 端的营销销售体系相对成熟，因为 C 端的数据已经非常丰富了。消费者在线上留存的数据越来越多，不仅留存了线上购物的浏览动作数据，还留存了线上购物流程数据和查询信息、了解产品的相关数据。现在各大平台正在逐步打通相关数据，从而能够采集更多有关消费者需求的数据，洞察消费者的习惯和需求，为精准营销提供大量的、多维度的数据集。

B 端的营销销售体系，受企业采集相关数据较少、数据都是由各个企业自行采集的而缺少整合和共享、B 端客户的采购决策机制更加复杂等因素的影响，数据化和数智化程度较低，处在刚刚开始发展的阶段。

比如，石化企业的主要产品包括汽油和柴油，其主要被销往加油站。加油站作为 B 端客户，是比较典型的复购型客户，因此石化企业需要长期为加油站提供成品油。在这个合作关系中，石化企业可以利用数据和算法来指导销售人员维护好加油站这个客户。

再如，在笔者的咨询客户中有一家医疗器械贸易型企业，该企业代理德国的几个医疗设备品牌，销往国内的医院。该企业销售团队中的每个销售代表开发医院客户的周期都很长，平均成交周期差不多是一年。为了提高成交率和缩短成交周期，提高销售代表的绩效，该企业就采集销售行为管理数据，利用优秀销售代表的最佳实践，指导其他销售代表的销售行动。

为了采集数据，该企业要求所有的销售代表在拜访医院客户之前在 CRM 系统中填报拜访计划。如果是陌生的医院，销售代表事前还要查询好医院的相关信息、科室信息、拜访对象的相关信息，并填报在 CRM 系统中，这个过程叫作"商机登录"。销售代表每次到达拜访的医院时，都要在医院打卡，记录拜访开始时间和地点；在拜访完成之后还要再次打卡，记录拜访完成时间和地点；最后填报拜访记录，记录本次拜访做了哪些销售动作、见了哪些客户、介绍了什么产品、演示了产品的哪些功能、将客户成交推进到哪个阶段、客户问了哪些问题、自己是如何回答客户的、客户的感受和体验是什么、接下来的任务是什么、后续需要采取什么样的销售动作、考虑了哪些销售策略，等等。

该企业根据拜访记录，采集了每个销售代表推进销售工作的活动数据，根据销售成交绩效指标，包括成交额、成交周期等，每个月都会总结出成交额大、成交周期短的 5~10 个"最佳实践"。根据这些最佳实践，该企业梳理出一条最佳成交路径。沿着这条最佳成交路径，销售代表就知道在每个节点上该采取什么策略、该做什么销售动作、该有哪些话术、该提供哪些销售物料等，从而形成针对不同客户群体（护士、护士长、科室医生、科室主任、采购院长、设备科员、设备科长等）的关系推进策略方法，在成交的不同阶段采取不同的销售行动。这样，针对普通的销售代表及其正在跟进的医院客户，该企业梳理了一条有时间轴的医疗设备销售成交路径，并用该成交路径指导销售代表，完成针对销售代表的"导航指令"，如图4-21所示。

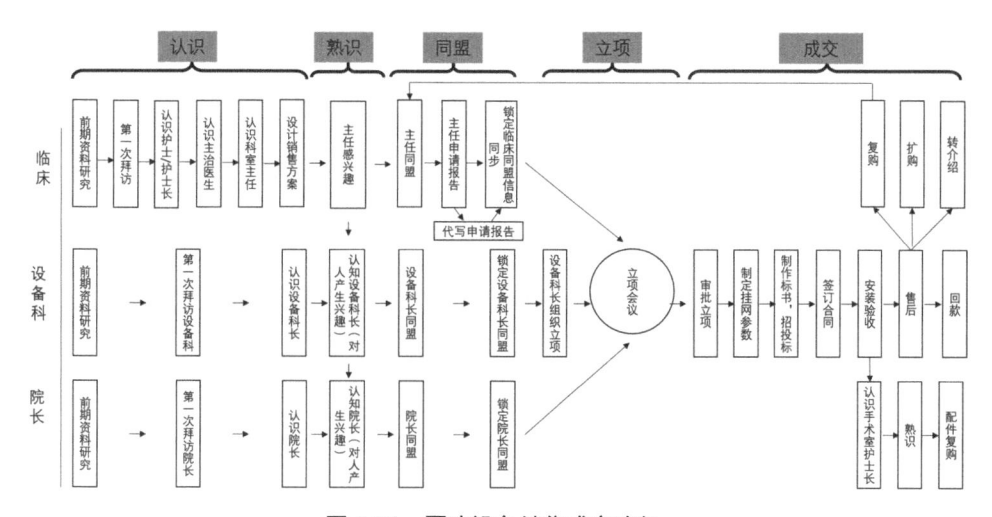

图4-21 医疗设备销售成交路径

从以上两个案例我们可以看到，数据和算法也可以被应用在具有复杂人性、不确定性的领域，不见得都被应用在符合前文所设定的四个标准（简单的、重复的、标准的、确定的）的领域。这四个标准只是我们在确定业务场景的优先顺序的时候所使用的，用来挑选相对容易推进的业务场景，或者更快看到价值的业务场景。越是复杂、不确定的业务场景，数智化难度越大，尝试和验证所需要投入的精力越多，迭代算法的周期越长。在这个过程中，企业可能会因为首次尝试效果不佳而让团队失去信心、放弃努力。其实，越是复杂的、不确定的业务场景，所能够带来的价值越大，投入和产出往往都是成正比的。

组织管控和审批流程的数智化升级

在组织管控领域，特别是日常业务管理中的审批流程，因为涉及"替代人工或替代人脑"的过程，影响到个人的利益或者权力，操作起来难度会比较大。这个难度不是来自技术，而是来自组织和人员的阻力。

第一，组织中每个人都不希望变化，都追求稳定，这是内心的安全感所需。

第二，组织中的人都不希望放弃自己手中的权力，不希望自己的工作被算法替代，这会给个人带来职业上的不安全感，在自己的工作被算法替代之后，他首先想到的是如果没有接手其他工作，自己会不会被"裁员"。

第三，自己现有的工作被替代了，不得不去找"新工作"，要么会干别人的工作，要么自己无事可干，容易缺少价值感、成就感。所以，企业管理数智化在组织管控领域更容易遇到"人性挑战"。

数据的采集、传输、加工处理、分析和应用会推动企业业务活动的透明化，这种透明化让很多企业内存在的违规操作、违法操作或者不能够阳光化的操作显现出来，给企业管理数智化带来一定的挑战。所以，越是正当经营的企业，受到的阻力会越小。

就像本书曾经提及的财务审批的案例一样，企业内部的管理、过程管控、行政审批等领域，可以将决策的逻辑设计成算法，由企业的业务信息系统进行自动的审批，从而替代人工或者人脑。

在财务管理、人事行政、组织管控等领域，很多流程环节都可以用数智化的方式"再造"。一个拥有 20 万名以上员工的集团企业，人事服务工作杂且多，需要耗费大量的人工为员工提供包括劳动合同、入职手续、晋级手续、人事证明、各种请假销假、员工工服、社保公积金、各种证明文书等在内的 100 多项人事服务。绝大多数的人事服务都可以通过线上化、无纸化、无介质化、无人化的方式，由数据和算法来替代。

人事服务数智化如图 4-22 所示。

>3小时获得人事证明

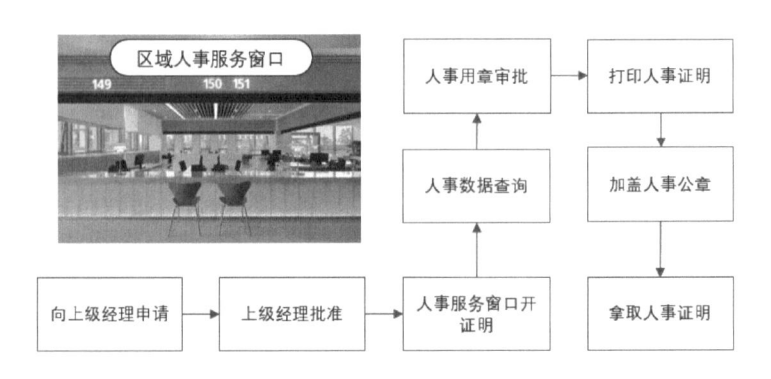

图 4-22　人事服务数智化

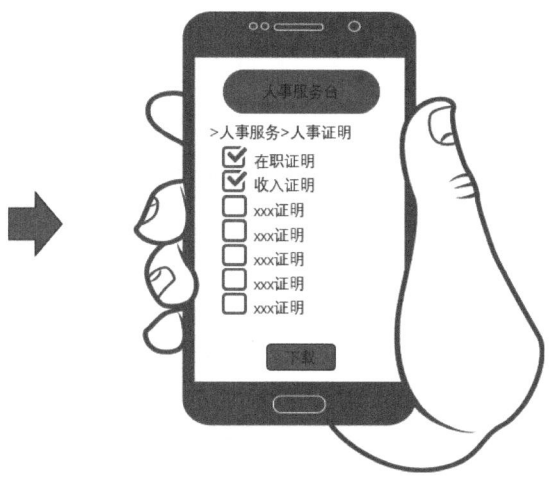

图 4-22 人事服务数智化（续）

通过对该企业人事服务工作的梳理，笔者发现过去服务 20 多万人的人事工作需要由一个近 300 人的团队来完成。在通过人事共享服务平台完成数智化再造之后，目前该企业只需要不足 50 人的团队就能够完成服务 20 多万名员工的人事工作，节省了 250 多人，每年节省的人工成本超过 3000 万元，而且员工对人事服务的满意度从 84.5 分提高到 95 分以上。这个案例告诉我们，企业业务流程数智化再造，带来的不仅仅是效率的提升、决策科学性和敏捷性的加强，还有成本的降低和效益的增加。

第 5 章

企业数字化管理体系建设实战

数字化管理体系的建设包括两个阶段：第一个阶段，从信息化到数据化；第二个阶段，从数据化到数智化。

结合咨询服务实践，笔者梳理了企业数字化管理体系建设路线图：七步法。企业数字化管理体系建设路线图还是要落实到具体的业务场景中的。其中涉及哪些场景？这些场景该如何进行数字化管理体系的建设？具体的业务场景要具体设计。这里将通过四种思路来展开本章的实战内容。本章内容仅供推进数字化管理体系建设的企业参考，不同企业的侧重点不同，读者可以有选择地阅读本章内容。

第一种思路，从价值创造的角度来设计数字化管理的实战场景。

第二种思路，从价值链的角度来设计数字化管理的实战场景。

第三种思路，从客户价值的优化和升级的角度来设计数字化管理的实战场景。

第四种思路，从数字生态的角度来设计数字化管理的实战场景。

5.1 基于价值创造的实战场景地图

从需求侧思考业务场景的数字化，我们可以将其分为两类：一类是通过业务管理方式的数字化改造来提升效率；一类是通过业务管理方式的数字化改造来进行创新，包括业务模式创新、业务内容创新和商业模式创新。业务管理方式的数字化改造，会创造一种新的管理方式，是管理方式的革命，也是管理科学的升级。

图 5-1 所示为基于价值创造的实战场景地图。

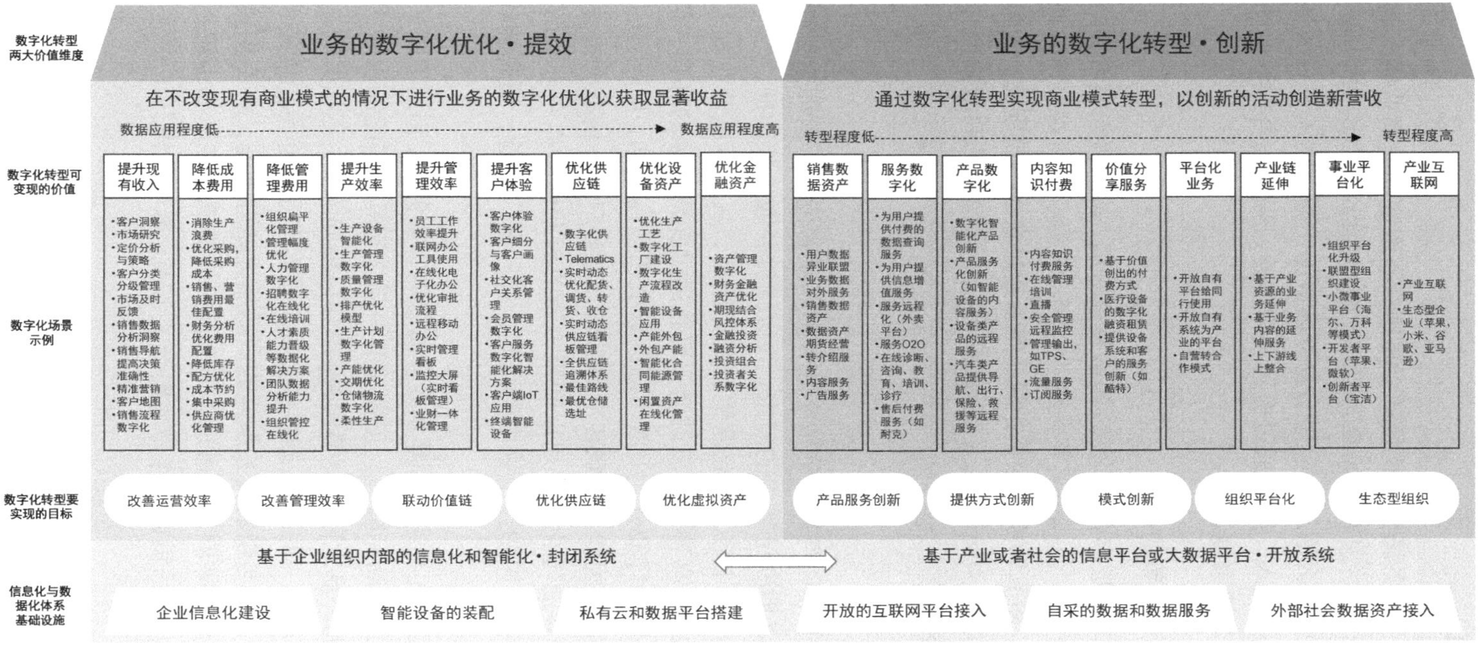

第 5 章 企业数字化管理体系建设实战

图 5-1 基于价值创造的实战场景地图

增加效益

所谓数字化业务场景优化提效，是指在不改变现有商业模式的情况下进行数字化业务场景优化，以获取效率的提升和效益的提高。为了提升管理决策的效率，增加效益，企业要么通过数字化的业务场景优化增加收入，要么通过数字化的业务场景优化减少投入，要么通过提升客户体验、强化与合作伙伴的合作来提升业务成熟度和运营健康度。

1．提升管理决策的效率

无论是管理的数字化优化，还是数智化升级，都能够大幅度提升管理决策的效率。在数字化方面，企业先采集一线业务活动的数据，再对采集的数据进行统计汇总、加工计算，将其转换成数据指标，然后通过在线的可视化，为各个层级的管理者提供实时动态的决策依据。这样做既可以提高数据的利用效率，也可以提高管理者的决策效率。

2．增加收入

企业可以通过业务场景的数字化，提高获客能力，增加业务收入；可以通过客户洞察，更好地满足客户的需求；可以通过获取外部数据，进行深度数据分析和挖掘，研究外部市场，优化营销和销售策略，从而提高营业收入，保证新品上市的成功率，或提高客户的忠诚度；可以通过优化商品的陈列，增加单店产出；可以通过对客户进行细分，采取不同的营销和销售策略，从而增加客户群体的产出；可以通过客户画像，洞察客户的需求，对客户进行精准的推荐，提高客户成交率和营销漏斗的转化率；可以利用丰富的数据构建客户全生命周期的体验地图，优化在每个客户触点上采取的策略，提升客户体验，提高转化率和客单价，从而增加收入。

比如，笔者在为某家连锁零售企业提供咨询服务时，利用不同产品之间的关系来优化终端门店的商品陈列。正相关的产品之间具有搭配销售的关系，可以上下陈列；负相关的产品之间具有替代关系，可以横向陈列；不相关的产品之间没有关系，可以分开陈列。同时，根据客户购物车里面产品的连带销售关系，优化产品品类的陈列关系，将连带销售关系强的产品品类就近陈列，将不相关或者连带销售关系弱的产品分开陈列。在通过以上数据分析来优化产品品类和产品之间的陈列关系后，该企业产品销售的连带率提升了12%，客单价提升了9%，单店产出环比增长10%。

通过研究投入与产出之间的配置关系，我们可以更好地优化费用配置，从而提升费用的产出效率。前面讲解过投入和产出之间的量化关系模型，该模型和

DEA 模型都是优化成本配置、最大化投入产出效率的模型，都可以利用数据来降本增效。

提升客户体验和客户满意度

通过梳理从客户开发到成交的全流程，利用数字化的技术手段，采集客户全生命周期的数据，构建完善的客户体验地图，洞察客户在每个流程环节的需求（包括物质需求和心理需求），优化客户触点，把触达客户的点变成触动客户的点，可以提升客户体验，提高各个营销阶段的转化率、成交率、客单价，提高客户的忠诚度、复购率、转介率。

通过客户体验地图，梳理客户触点，并采用数字化的方式改造或者优化每个触点的数据采集、数据分析和数据应用，根据客户体验地图中客户的四个维度（所说、所做、所思、所感）来梳理和分析客户洞察，可以优化客户体验。

在构建客户体验地图的过程中，除了要详尽地采集客户行为数据，还要根据优秀销售人员和客服人员的经验和体验来分析客户心理活动，从而更好地梳理从触达客户到触动客户的逻辑，优化客户全流程的体验。

在使用客户体验地图的时候，应始终坚持以"客户价值"为导向，以客户的感受为核心，不能为了采集数据而给客户带去不好的体验。特别是在对客户还不是特别熟悉的情况下，强行要求客户填报信息、提供数据，会让客户反感，不仅获得不了真实的数据，还有可能让客户产生逆反心理，导致客户关系变差、客户体验降低。在什么时候客户愿意提供自己的数据？一，在法律法规的要求下。比如，在入住酒店的时候，客户会提交身份证进行身份验证。二，数据采集行为能够为客户创造价值。比如，"为了给您的孩子提供更适合他/她水平的作业辅导，我们需要知道他/她的年纪、学校及学习成绩"。三，基于采集数据提供的服务能够快速兑现。拖得时间越长，客户对填报数据的抱怨程度就会越深，基于提供的数据，回馈的价值最好马上兑现。比如，客户在注册会员之后，立马就可以获得优惠券或者积分等。

降低成本

通过数字化的管理，企业可以减少全业务域的浪费，降低成本：通过数据分析洞察不良品出现的根因，减少不良品产出；通过对客户反馈数据进行分析，可以发现过度生产；通过分析全业务流的数据，可以发现各种流程环节上的等待，减少等待，缩短交期；通过数据分析可以发现各种闲置，包括物料闲置、人员闲置、机台闲置、空间闲置等；通过对质量管理数据的分析，可以洞察过度加工和质量浪费；通过对全业务流动作数据的分析，可以减少多余动作、无效转移、无效流程、低效环节等。

比如，笔者在对某家生产制造型企业所有流程环节的数据进行分析后发现：在30多道加工工序中存在大量的等待环节，这种流程环节上的等待导致了大量的人力、物料和机台的闲置，理论上12天的加工过程，在实际中平均超过了25天；为了满足重点客户的订单，经常存在人为的订单插队现象，一个订单的插队有可能带来多数工艺环节的等待和各种资源的闲置。交期长、等待多、闲置率高，导致该企业原有的产能不能满足客户订单高波动性的要求，让很多客户不满。

为此我们通过OTD数据的透明化，完善数据采集，并根据加工工艺路线和每个工艺环节的用时、用工、用料、用费等数据，设计了生产计划优化、订单排产优化、生产订单派单优化、岗位排班优化、物料领料配料优化等的算法，基于工位、机台和技工的排产顺序实时优化生产订单，大幅度提升了工位、机台的利用率，减少了人力和物料的等待和闲置时间，缩短了交期。在新的算法实施后，插队现象减少了70%，订单平均交期缩短到15天左右，客户满意度大幅度提升，该企业快速响应客户订单的能力得到了提高，对一些交期短的订单也有信心接下来了。

通过数据来实现全流程的透明化，通过数据分析和算法模型来优化全流程，消除各种浪费，可以降低企业的成本，从而提高收益，增强企业的成本竞争力。该角度的数字化管理体系建设特别适合传统生产制造型企业，这是因为：一方面，传统生产制造型企业往往是成本领先的，特别是对比欧美的生产制造型企业；另一方面，在传统的管理方式下，管理水平有比较大的提升空间，数字化管理体系的建设能够带来明显的管理效果改善。

创新方法或方式

数字化管理体系能够对业务活动、业务运营、业务管理进行方法创新，使企业采用新的方法来执行业务活动、业务运营和业务管理。

首先，企业要进行数字化业务流程再造，通过对传统的业务活动、业务运营、业务管理进行方法创新，用数字化的方式开展原有的业务活动、业务运营和业务管理。

哪怕是一个访客流程，我们也可以采用数字化的方式来改善。传统的访客流程是访客到达厂区大门口，在门卫处进行纸质登记，押上自己的身份证，从门卫处领取访客证，然后进入厂区；被访者进行接待，然后在访客单据上签字；在拜访完成之后，访客拿着签字的访客单到厂区门卫处换取自己的身份证。这个访客流程虽然有各种登记、签字等，但是并没有留存数据。人工验证的流程也容易出错。通过采用数字化的方式，企业可以实现线上预约，给访客在线发放进厂验证的二维码。当然，访客也可以通过照片来预约，这样就可以通过刷脸进厂。拜访结束，可以由被访者结束拜访流程，也可以将访客出厂作为拜访结束的标志，然后让二维码失效。这个过程不仅取消了人工登记、验伪、纸质的卡证，还记录了拜访过程中的所有活动。

在生产制造型企业的领料流程中，当生产线上的领料员需要领取物料的时候，填写领料申请单，班组长或者车间主任根据当日的排产情况在领料申请单上签字，领料员拿着已签字的领料申请单到仓库去领取生产所需要的物料。仓管员在登记领料情况后，发放相关的物料给领料员，然后由领料员将物料运送到车间机台或者工位进行生产。这个传统生产制造型企业的领料流程完全可以用数字化的方式进行再造。生产管理系统根据当日的排产情况，自动给领料员下达领料指令，领料员在到达仓库之后，通过刷二维码或者自己的员工证领料，仓管员根据生产管理系统下达的领料指令为领料员配备物料，由领料员领取并运送到车间机台或者工位。当然，这里的领料员和仓管员都可以是智能机器人或者 AGV。

其次，在业务端，企业跟合作伙伴的合作关系，跟供应商的商业关系，跟客户的营销供给关系，都可以用数字化的方式重构。

创造新模式和新范式

当数字化管理方式延伸到企业边界之外时，在企业与合作伙伴、供应商、客户，以及用户之间就会产生数字技术闭环。在该闭环中进行数据采集、分析和应用，采用数字化的方式来管理合作关系、合作方式、利益分配等，可以带动业务模式创新和商业模式创新。

1. 与合作伙伴的合作关系创新

在与合作伙伴合作的过程中，企业利用数据和算法将各个环节和相关方进行智能的精准匹配，利用数据平台撮合交易和合作，可以增进与合作伙伴的合作关系，提高合作的敏捷度。这种合作方式比人与人交流、洽谈的合作方式有更高的效率，并通过透明化大幅度降低交易成本。

比如，某家研产销一体化的企业为了解决产品的技术难题，除每年投入大量的研发费用构建研发团队之外，还跟很多的科研机构、大学教授、技术专家进行合作，构建了一个技术合作平台。该企业将产品需要解决的技术难题发布在技术合作平台上，然后以技术转让、技术合作、技术采购、合作共享等方式，让平台上的科研机构、大学教授、技术专家等参与解决这些技术难题。科研机构、大学教授、技术专家根据自己所掌握的技术，选择自己能够接受的合作方式来解决技术难题。该企业给产品所需要解决的技术难题打上各种标签，也让平台上的合作伙伴根据自己所擅长的技术领域，给自己打上标签。在一个技术难题发布之后，技术合作平台就会利用标签进行匹配，将技术难题推送给相关技术领域的合作伙伴，邀请他们来解决这些技术难题。经过几年的运营，技术合作平台每年能够解决该企业遇到的三分之一以上的技术难题，大幅度加快了产品研发的速度，提高了产品迭代创新频率，缩短了产品上市的周期，大幅度增强了产品的技术竞争力。

2．与供应商的合作方式创新

在长期合作的条件下，企业通过打通组织边界的数据，加速数据和信息的传输，可有效提升供应链效率，与供应商的合作关系也从过去的批量供给关系转变为实时供给关系。

传统的采购模式往往是批量供给模式。需求方根据采购计划，分期、分批地向供应商下采购订单，供应商利用库存来确保及时供应。在这种模式下，需求方在批量生产的持续消耗下，需要保有一定的库存；供应商为了及时供应，需要给需求方备货，确保在需求方下单之后能够及时发货。

在这种模式下，双方都需要有库存。即使是定制化的专向采购，需求方为了缩短生产周期，也需要保有一定的库存，这会导致库存风险。在需求方有较强的采购谈判能力和议价能力的时候，为了降低库存，甚至提出"零库存"，将库存的压力转向供应商。

比如，在汽车行业，整车厂往往具有较强的采购谈判能力和议价能力，要求零部件供应商在仓库中备货，自己则保持"零库存"，在需要用零部件的时候就直接到供应商的仓库中领用，按照领用数量定期结算。整车厂是"零库存"，供应商不是，这是库存的变相转移，并不是真正意义上的"零库存"。

如何规避批量采购带来的库存风险？在长期合作、定制化专向采购的情况下，需求方可以通过与供应商的实时数据共享，将异地的供应商当作自己的一个虚拟车间,将生产计划、采购计划、排产技术、库存数据实时同供应商共享;供应商也将自己的采购计划、生产计划、库存计划、生产数据、库存数据、物流配送数据跟需求方共享。双方像一家企业内部的部门一样进行数据和信息的共享,甚至通过算法来实现实时的物料调度、计划安排、生产安排、物流调度等。这种模式就是我们所说的"实时供给模式"。

从批量供给到实时供给,依靠的是数据的联动、信息的共享。在这种模式下,供需双方就不能将供给量、库存量等作为价格谈判的筹码了,要建立互惠互利的合作关系,这样才能实现数据与信息的实时共享。

3. 与客户的合作方式创新

企业通过与客户实时共享数据,实现客户需求的精准化满足,能够大幅度提升供应链的效率、降低交易成本、减少库存数量和降低断货风险。

比如,某家领先的快消品公司与其全国重点客户建立数据共享协议,其全国重点客户将基于 POS 系统的数据、WMS 的进出仓和库存数据、SRM 系统的采购订单数据,根据该协议构建数据 API,实现实时数据接入。这样他们就能够知道该快消品公司供应的产品的发货、在途、在库、货架、销售情况,再结合供应链各个环节的数据,以及销量预测、安全库存管理、优化配货批次等算法,实现敏捷的动态配送,在大幅度降低库存、配送费用的同时,减少了基于每种产品的断货,实现了基于市场变化的快速响应模式。特别是在应对大型促销活动、节假日销量高峰时,这种快速响应模式发挥了很好的作用。

4. 与用户的服务关系创新

企业通过实时采集终端用户的数据,在用户全生命周期提供多样化、全面的服务,改变了过去只提供产品的模式,使终端用户获得的体验更加丰富。

比如,普通冰箱升级到智能冰箱,在用户使用冰箱的时候,其往冰箱里放入什么东西、取出什么东西,都能够被智能识别。在采集用户使用冰箱的数据时,智能冰箱可以采集到用户购买什么品牌的鸡蛋、每天取用几颗鸡蛋、冰箱中还有几颗鸡蛋、冰箱中的鸡蛋还可以用几天等数据。这样在用户需要购买鸡蛋的时候,智能冰箱就会提醒用户,并让用户通过冰箱上的触屏或者手机端的冰箱 App,一键下单采购鸡蛋。

只要企业持续采集用户的数据，就能够更好地洞察用户的需求，给用户提供更多的服务。这个时候，企业向用户提供的不仅有具有冷藏和冷冻功能的冰箱，还有实时采购提醒服务和采购鸡蛋服务等。在从提供产品到提供产品和服务的转变过程中，企业可以满足用户更多元的需求，对服务用户进行业务的创新、服务的创新和营收的创新。

数据采集的无边界会带来数据应用的无边界，数据应用的无边界会带来企业经营和管理的无边界。在开放思想的指导下，企业通过数据的打通和共享实现了新的合作关系的升级，提升了合作效率，创新了合作方式。

5.2 基于价值链的实战场景地图

除了可以从价值创造的角度来设计数字化管理的实战场景，我们还可以应用供给侧思维，从数字技术应用出发去改造和升级业务管理场景，通过采用数字化管理方式来推动数字化管理体系建设。这种供给侧思维就是对"如何做事"的思考。无论是数据化的管理方式升级，还是数智化的管理方式升级，都是在传统管理方式的基础上实现的数字化管理方式升级。

基于企业管理价值链，在价值链的每一个环节、每一个活动、每一个场景，以及每一个链条上，利用现有的业务环节、业务活动和业务场景的数字化再造来建设企业的数字化管理体系，是该方法的基本思路。

目前，很多企业都是按照价值链的方式来组织生产的，通过专业分工，对流程环节进行基于价值创造过程的再造，形成一个价值链地图。在这个价值链地图上，每个价值创造环节该如何进行数字化管理方式升级？企业只需要根据实际的业务执行方式，用数字化的思想进行升级即可。

基于价值链的实战场景地图如图5-2所示。

第5章 企业数字化管理体系建设实战

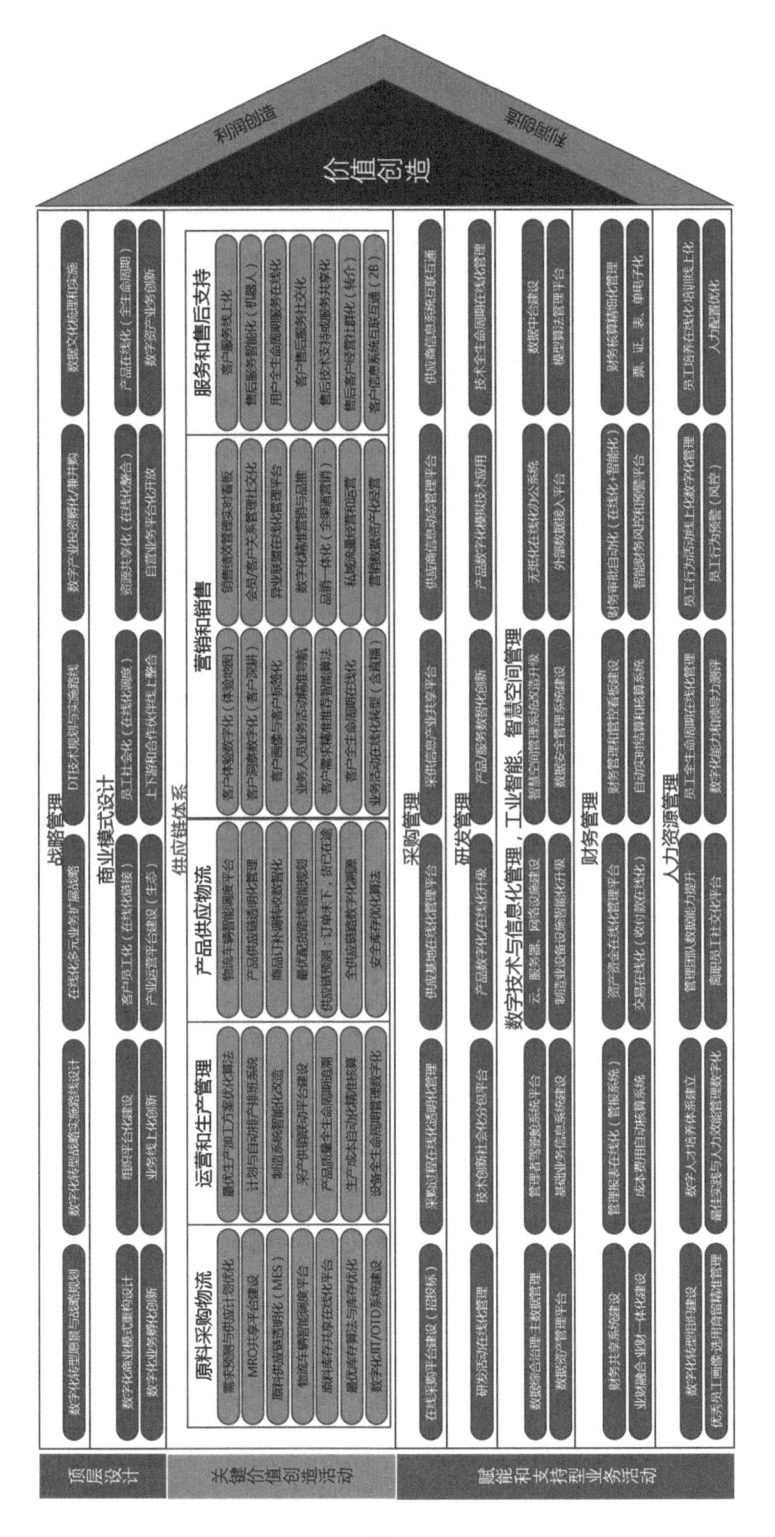

图 5-2 基于价值链的实战场景地图

一般来讲，典型企业的价值链分成以下几个部分：顶层设计，包括战略管理和商业模式设计，属于规划部分，也叫"使能"部分；关键价值创造活动，包括价值输出的关键业务环节，如原料采购物流、运营和生产管理、产品供应物流、营销和销售、服务和售后支持；赋能和支持型业务活动，也叫"赋能"部分，包括采购管理，研发管理，数字技术与信息化管理，工业智能、智慧空间管理，财务管理，人力资源管理，以业务活动为中心提供服务，从而保证关键业务活动能够正常运行。

利用该思路梳理数字化管理体系建设的场景地图，有一个缺点就是容易让每个场景"孤立"，成为"孤岛"。所以，在利用该思路梳理数字化管理体系建设的场景地图的时候，要考虑整个价值链各个业务环节之间的逻辑，要实现各个业务环节之间的联动。这种利用价值链来梳理业务环节之间的关联关系、联动关系和因果关系的方法叫作"利润链模型"，即企业创造利润的"链条"机制。

战略与顶层设计数字化

首先，数字化管理体系建设应该被纳入企业的战略规划范畴，并被上升到关键战略举措的高度，通过设定数字化管理的愿景，设计实施路线，规划数字化管理业务场景的升级步骤，设定阶段性里程碑，在战略部门的推动下逐步实施。战略部门要督导整个实施过程，监控实施结果，并将其纳入企业战略目标进行考核。

其次，在战略规划领域，也存在从数据化向数智化升级的问题。比如，在对企业经营的宏观经济、外部环境、产业环境、市场环境的研究中，我们可以建立相关监测模型、分析模型和动态预警模型，从而形成自动化、智能化的外部环境动态监控系统；再如，在战略目标管理领域，我们可以建立分析模型，其可以根据外部环境的变化，自动调整战略目标，从而优化目标管理体系。

最后，在战略管理领域，企业通过采集各关键业务环节的数据，构筑数字化管理体系，实现实时动态的战略管理和管控，从而提升战略管理的效率、战略决策的科学性。

对宏观经济形势的分析和动态跟踪，通过接入外部宏观经济的数据，并对其进行实时动态的敏捷分析，可以为企业的整个经营管理策略进行动态预警，使企业能够动态调整战略目标。特别是对于与企业经营目标和经营预期高度相关的经济要素的相关数据，要通过实时动态的接入，并采用规范的分析思路和方法，将其推送到进行战略决策的管理者面前，确保他们在制定业务决策和业务目标的时候，能够适应大环境的变化，从而提高企业顺应经济发展趋势、适配大环境的能力。

比如，笔者在为某家石化企业提供咨询服务的时候，给其战略部门提供石化产品进出口的数据，对各种石化产品的进口依赖度、价格变化趋势进行分析，为他们选择石化产品、规划新产品投资（通过投资相关技术和装置来增加新产品）提供了思路。

外部环境数据越来越丰富，不仅有宏观经济的数据，还有产业的数据、行业的数据、企业的数据，这为企业从战略上快速响应内外部环境的变化，动态调整发展战略构建了数据基础，这也是国家数字化基础设施建设的一部分。企业要通过内外部环境数据体系的建设，为战略规划、战略管理和战略动态调整提供实时可用的数据集，以及对应的分析和应用方法。

核心业务活动数字化

在创造核心价值的业务活动中，数字化管理体系建设是关键的部分，也是能够创造可见价值的部分。

比如，对于与企业经营相关的上下游数据，要通过外部环境数据接入，实时动态地将其推送给相关业务决策单元，支撑它们的业务决策。在给某家石化企业提供数字化管理咨询服务的过程中，笔者通过实时动态地接入外部市场环境数据，让业务决策单元，特别是生产部门、物流部门、采购部门、销售部门，实时掌握这些数据及其分析方法，掌握行业的基本规律，从而进行动态的决策。对这家石化企业来讲，外部环境数据包括上游数据、同行数据、下游数据。上游数据包括原油价格，以及影响原油价格的要素数据，如原油期货数据、外汇汇率数据、欧佩克原油产量数据等；同行数据包括同行的开工率、产能和产量数据、库存数据、大修停产计划数据等；下游数据包括下游的开工率、物流行业指数（克强指数中的耗电量、铁路货运量和贷款发放量等）、相关行业的 PMI（采购经理人指数）等数据。

举一个例子，前些年全国物流车辆流动性减弱，乘车出行频率下降，汽油消耗量下降，汽油、柴油的需求量下降，各石化企业纷纷通过降低产量和开工率减少汽油、柴油的供给。石化企业的开工率和产量下降，导致渣油的产量也下降，但是渣油相关行业的 PMI 和行业指数并未下降，这表明渣油的需求量稳定。在产量下降的情况下，渣油的价格肯定会上升。该石化企业的渣油业务部门及时向同行购进了一批渣油，保持了非常高的库存量。这期间，渣油价格从约 1100 元/吨上升到近 2000 元/吨，使该石化企业获得了较高的交易利润。

在核心业务活动管理上进行数字化的升级，主要利用的是内部数据。企业利用内部数据进行实时动态的运营管控，可大幅度提升运营管理的敏捷度和快速响应能力。

在采购管理方面,通过联通整个需求端的数据,对未来的需求量进行实时的动态预测,可以更好地优化供应链。在保供的条件下,能够更好地降低库存、控制成本,加强供给端的快速响应能力。

在物流供应方面,通过打通供应商的产出和库存数据、物流在途数据和需求量数据,可以优化物流供应频率,在不增加物流成本和库存的情况下,以更好地提高供应的敏捷度。

在生产管理方面,无论是成本的管理,还是产量和质量的管理,都可以利用数据来实现对整个生产的快速响应能力,在充分利用现有产能的情况下,敏捷地满足需求端的产品需求,甚至通过算法来实现柔性定制化小批量生产。当然,在生产管理方面,有大量的管理场景是可以通过数据和算法来实现自动智能指挥的。

在营销和销售方面,可以通过采集整个营销和销售过程中的数据,根据品销一体化思想,洞察客户需求,实现数字化的精准营销;也可以通过数字化的业务流程再造,提升客户的数字体验,提高客户的满意度和忠诚度,提升复购率和客单价,从而增加企业的营收。

在客户全生命周期数字化管理方面,可以通过采集更多的客户数据,进行更深的客户需求洞察,从而拓展业务范围和领域,实现基于客户数据的多元化业务创新。

在客户体验方面,通过全客户体验流程的数字化再造或升级,可以采集更多的全客户体验流程的数据,利用该数据进行深度客户分析,洞察客户行为和需求,能够更好地满足客户需求,提升客户体验。

在关键价值创造活动领域,有很多基于数字技术闭环的新概念、新方法和新理论,包括全渠道营销、品销一体化、数字化精准营销、数字化供应链、智能制造、平台化采购、共享合作等。这些新概念、新方法和新理论都是优秀企业在数字化转型的过程中,进行最佳实践后的总结和沉淀,为数字智能时代管理学的创新提供了新的探索。读者需要多多关注该领域的案例,并不断地进行尝试和实践,从而更好地把握数字技术红利,保持竞争力的持续领先。

赋能业务活动数字化

无论是财务管理的数字化转型,还是人力资源管理的数字化转型,都可以为业务部门赋能。作为内部可控的业务活动,企业的数字化管理体系建设更具有可操作性。在关键价值创造活动领域,企业有大量的业务活动是与外部连接的,在数字化转型实践中需要外部的配合或者协作。然而在数字化管理体系建设的过程中,企业的可控性相对较差,或者某些方面的数字化管理体系建设只能通过影响力来推动。

在财务管理方面,存在大量符合简单的、重复的、标准的、确定的这四个标准的工作,包括总账的记账工作,会计的算账工作,出纳的业务收付操作工作,指标、报表和报告的处理工作,审计工作,过程控制工作,财务分析工作等。

在总账的记账工作中,随着企业收支的线上化程度越来越高,基于会计准则或者内部深化的会计规范,自动化成为一种趋势。按照业务分类,基于企业线上收支活动数据,系统自动将账记到企业的ERP系统或者财务软件中,并打上财务属性标签,将数据自动归类到相关的会计科目,利用RPA(机器人流程自动化)的软件,实现总账管理的数智化。

在会计的算账工作中,我们可以用算法来替代会计结算、核算和手工生成报表的逻辑和方法,这样当业务活动发生的时候,就可以用算法自动计算相关财务数据指标,自动执行实时的结算、核算,从而为业务管理团队实时动态地提供相关的数据,改变过去每个月做一次核算、结算和报表的模式,提高了管理的敏捷性。

在财务分析工作中,数据和算法会起到实时、动态、准确、敏捷的作用,为业务提供支持。特别是在大多数企业都推进的"业财融合""业财一体化"方面,利用财务数据和业务数据的打通,可让财务数据更好地表征业务,从而更好地洞察业务。财务管理方面数字化管理升级的阶段性目标,就是通过业财融合实现财务对业务的真正"赋能",优化企业资源产出,降本增效。

在人力资源管理方面,很多业务管理流程具有标准化和程序化的特征,特别是在人事服务方面,标准化和程序化程度更高,从而更容易推动数字化管理的升级。

在人才发展方面,企业可以利用优秀员工的行为特征,业务活动特征,经历、阅历,知识、技能,以及性格特征等方面的数据,构筑优秀员工的"画像",基于该画像推动优秀人才的遴选、晋级评估等,从而更好地遴选人才、发展人才。

在行政事务管理方面,数字化管理体系的建设可以利用企业各种资源和业务活动的数据,整合企业内部各业务系统的数据,进行数字化再造,提升全员的工作体验。比如,在班车、食堂、厂区人流管理、厂区车流管理、空间管理等方面,都有大量的数字化实践可以借鉴。

举一个例子,在笔者服务的一家生产制造型企业中,厂区内有两万多人,每天为这两万多人提供早午餐就是一个比较复杂的问题。为了更好地管理食材,给员工提供更健康和更可口的饮食,该企业开发了一款食堂App。

(1)员工可以在App上订餐或预约自己喜欢吃的饭菜,食堂根据员工的预订情况,为第二天的餐食进行最优的采购,确保浪费最少的食材。这样做既降低了库存,又保证了食材的新鲜度。

（2）员工自选饭菜，剩饭和剩菜量也大幅度减少，"光盘率"大幅度提升。

（3）员工在每天用餐时都扫 App 上的二维码结账，系统以此对员工食用的饭菜进行数据采集，利用用餐数据，结合员工的点餐数据，预测未来的用餐需求，洞察用餐需求的发展趋势。

（4）员工还可以在用餐完毕后对菜品进行点评和打分，基于此，企业每个月都可以评选出最受欢迎的菜品。

（5）基于员工对菜品的点评结果，食堂可以不断地优化饭菜品种，改善饭菜味道，提升员工的就餐体验。

（6）员工可以在 App 上上传自己的体检数据、健康数据等，基于这些数据，系统会为员工推荐适合其身体状况的饮食，帮助员工进行饮食健康管理。

（7）企业将该 App 上的数据跟员工手机里的健康数据打通，了解员工的锻炼和健康情况，据此制定员工健康管理政策，并为员工安排健身活动。

该 App 采集了大量的员工餐饮需求和健康数据，有大量的应用场景，在提升员工体验的同时，也创造了真实的业务价值。该 App 成为这家企业第二个高频使用的 App，广受员工的好评，大幅度提升了企业的行政服务水平。其从需求数据出发满足员工的需求，避免了过去行政管理中的"卡、管、堵、控"等让员工感到不舒服的一些措施。

其实在企业内部的各种管理活动中，只要我们发挥主动性去设想，就可以发现行政 App 拥有大量的数字化应用场景。

集团运营管控数字化

在集团管理领域推进数字化管理体系的建设，需要对集团下属各个子公司的数据进行集中化管理和应用。数据推动了子公司业务的透明化，让集团对子公司的业务经营和管理有更好的洞察，从而提高集团管理团队指挥、管控和干预子公司业务经营和管理活动的能力，让管控模式发生变化，推动集团管控的集权化；随着数字化管理体系建设的推进，一线业务人员掌握更多的数据和决策算法，从而能够直接做出决策，使决策权限得到扩大。因此，数字化管理体系的建设会推进集团管控模式的两极分化：高层的集权化和低层的分权化，以此来进行组织架构的变革，使整个组织呈现扁平化的趋势。

对于集团型的企业，在构建数字化管理体系的数据底座（如数据治理平台、数据资产管理平台、数据应用平台、数据标准和规范）时，最好的方案是从集团层面来建设，以统一企业的数字化管理体系。无论采取哪种管控模式，这种数据资产管理和应用集中化的方案都可以带来集约化效果，避免各自为政，构筑更多的数据孤岛。

对于财务管控型的集团，对财务管理的数字化管理体系建设进行统一化管理，能够带来财务管控效率的提升，集约化管理集团的财务资源，最大化集团财务资源的产出；对于人力管控型的集团，对人力资源管理的数字化管理体系建设进行统一管理，能够更好地管控子公司的人力资源，实现人力资源的最佳调度、最优发展，从而促进集团管控的集约化；对于战略管控型的集团，在战略规划、战略发展、战略目标管理等方面，构建统一的数字化管理体系，能够在战略管理敏捷化方面对下属业务板块进行统一的指挥、管理、调控等。

对于拥有多元化子公司的集团型企业，因为下属子公司之间有更多的业务关联和协作，构建统一的数字化管理体系，能够有效地联动关联企业间的协作，强化关联业务的协作关系。在推进统一的数字化管理体系建设的过程中，集团要同步地进行组织架构的调整，以匹配数字化管理体系的一体化。比如，某个家电集团过去分为多个事业部，每个事业部管理一类家电，成为子集团。在传统管理方式下，各个子集团自行发展，并构建了自己的业务信息系统。无论是管理小家电的事业部，还是管理大家电的事业部，都独立经营和管理。随着数字化转型的推进，过去集团的组织架构成为"数据孤岛"产生的原因，每个事业部都有自己的 CRM 系统，但是这些 CRM 系统中的数据没有被打通，集团无法确认购买某款空调的消费者是否买过集团的冰箱、洗衣机、电视和微波炉，无法集中管理客户资源，不能集中采集消费者全生命周期的"动态数据"。

对于非多元化的企业，构筑统一的数字化管理体系的结果是利大于弊。比如，某个家电集团在发展过程中进入了地产行业，将地产、物业和家电等板块的数据在集团层面进行集中化管理，为各板块联动协作提供机会。再如，物业公司可以采集到在本集团物业管理范围内的业主群体到底购买了哪些品牌、哪些型号的家电，这是一个集团内部可以运营的"测试市场"，可以为家电板块带来更好的客户洞察，从而优化业务决策。同时，家电板块的客户数据集可以为地产板块提供潜在购房客户的销售线索，地产板块可以在原有的家电客户 App 中推广自己的地产项目，从而实现业务间基于数据的相互赋能。

5.3　基于客户价值的实战场景地图

在企业各个业务域中，对与企业盈利能力关联度越高的业务域进行数字化管理升级，可以有效地提升企业的盈利能力。在绝大多数情况下，做大企业规模，增加营业收入，不仅能够提升企业的盈利能力，还能够提升企业的市场影响力，增强企业在市场上的话语权。在竞争中，规模大的企业会有相对的优势，所以追求做大规模是很多发展中的企业的首选。在数字化管理体系应用领域，通过基于客户价值的场景梳理，推动客户价值提升，提高客户的满意度、忠诚度和转介率，也是遴选数字化管理体系应用场景时的首选思路。

客户体验旅程数字化

在客户价值创造方面，推进数字化管理体系建设的一个方法是梳理客户体验旅程。该方法的基本思路是对所有触达客户的点进行梳理，根据客户成交的过程来梳理客户体验旅程，并在客户体验旅程中针对每个触点推动数字化管理体系的建设。

如何梳理客户体验旅程？一般按照客户漏斗来梳理。当然也可以按照从营销到销售再到产品或服务交付的全过程来梳理。在一般情况下，无论是2B企业，还是2C企业，与客户建立关系都需要经历一个从不知道到知道、从知道到感兴趣、从感兴趣到有意向、从有意向到高意向、从高意向到准成交、从准成交到成交、从成交到交付、从交付到售后、从售后到复购、从复购到转介绍的过程。

在整个过程中，在每个触点到底如何触动客户并使其到达下一个环节，是数字化管理体系建设的重点。企业应通过采集数据、分析数据，洞察数据背后的客户行为和心理，从而找到触动客户的优秀做法，优化整个客户体验旅程，提升客户体验。同时，还要对每个触点进行数字化的改善，用数字化管理方式替代传统管理方式，提升客户的数字化体验，提升需求匹配精准度，降低客户转化和交易的成本，提升客户转化的效率。

在数字化客户体验旅程建设的过程中，企业可以考虑采用更有效的数字化的方法来缩短建设整个旅程的用时，减少建设该旅程的精力和资源投入，提升建设该旅程的"效率"（包含时效、费效、物效和人效）。

如何降低交易成本？在转化成交的过程中，企业可利用数据化的洞察，提高客户转化的效率，让信息触达更加高效，通过提高信息传输的精准度来减少信息传输所产生的费用。本质上，营销费用、推广费用、信息传输所产生的费用都是交易成本，属于企业成本的一部分。通过数据化的研究，可让信息传输更精准，从而降低交易成本，这既是社会效益高的一种体现，也是社会进步的一种体现。

客户全生命周期在线化

在客户价值创造方面推动数字化管理体系建设的方法，是对客户全生命周期进行梳理。客户体验旅程主要关注的是客户的成交过程，而客户全生命周期所涵盖的流程更长，从潜在客户开始，到客户使用产品或者享受服务结束。比如，家电企业向客户销售家电的过程可以被看作"客户体验旅程"，而客户全生命周期不仅包含整个客户体验旅程，还包含客户将家电产品拿回家中并使用，直至该家电产品被淘汰或者被作为"废品"处理掉的全过程。

除了在客户体验旅程中关注客户触点，在客户使用产品的过程中，我们也可以构建数字技术闭环，采集从客户使用产品到产品全生命周期结束的数据，并基于采集到的数据洞察客户需求，实时满足客户需求，从而为客户提供更多的产品。

要想采集客户使用产品过程中的数据，就需要将客户使用产品的过程"在线化"。一种方法是在产品上加装"智能传感器"采集数据，将产品升级改造为"智能化产品"；另一种方法是在客户使用产品的时候利用周边软硬件记录数据，实现数据的采集，可以是人工方式，客户填报并上传数据到"线上"，也可以自动方式，利用周边的硬件或者软件来记录产品的使用过程。

客户全生命周期在线化是一种经营思维方式，特别是在客户使用产品的时候，我们通过"在线化"采集客户使用产品的数据，如他们是在什么时候、什么地方使用产品的，他们是如何使用产品的，产品的使用量、使用时间、使用频次，他们使用产品是为了满足什么需求，需求是否通过使用产品得到了满足，以及他们有什么体验、有什么不满、有什么额外的需求等。

对于2B业务，因为成交金额往往较高，所以投入成本、时间和精力去采集这个过程中的数据是值得的，或者说回报往往是较高的。但是对于2C业务，因为消费者购买能力或者交易规模的限制，所以投入大量的成本、时间和精力去采集这个过程中的数据，往往得不偿失。这个时候，企业就需要研究在采集这些数据之后，如何能够得到更多的商业机会，如何创造更多的推广产品或者服务的机会，从而获得更高的回报，以弥补采集数据、构筑数字技术闭环的投入。

基于现有的产品或者服务采集数据，可以对客户的需求了解更多，可以洞察客户更多的需求，可以在客户洞察的基础上为客户提供更多的产品或者服务，从而获得相关的回报，这是在互联网时代大家经常说的一种商业模式——"羊毛出在猪身上"。

产品全生命周期在线化

梳理数字化管理场景的方法是围绕着产品全生命周期进行数字化管理再造。产品全生命周期和客户全生命周期有一定的差异。客户全生命周期是指从不是客户到是客户再到不是客户的过程，而产品全生命周期是指从产品开发到产品生产，到产品销售，再到产品被使用，最后到产品被淘汰、回收的全过程。对企业来讲，围绕产品全生命周期进行数字化管理再造，比围绕客户全生命周期进行数字化管理再造更具有可控性，但其数据采集和应用具有更大的局限性。

实现产品全生命周期的在线化，可以在产品上安装智能硬件，如传感器和联网装置。比如，大型家电产品（空调、洗衣机、冰箱、电视等）通过连接联网装置，将控制芯片中的数据直接传输到互联网，互联网将数据传回家电企业的中央服务器，这样家电企业就能够采集消费者使用家电产品的数据，包括使用时间、使用模式、使用周期、使用目的等。这些数据为企业改善产品提供依据，同时，企业可以基于采集的数据，洞察消费者的痛点和需求，从而为消费者提供更多更好的服务。

针对养殖企业，阿里云推出了一套智慧管理的方案。该方案能够在养牛期间采集牛的全生命周期数据，实现对牛全生命周期的动态监控；通过冷链系统实现牛肉流通领域的全流程追溯；通过大数据平台实现对牛肉从养殖、屠宰、冷链到餐桌的全过程溯源和品控，如图 5-3 所示。

图 5-3　阿里云畜牧业数字化方案示意（图片来自阿里云官方网站）

在产品上安装智能硬件并不总是可行的，如果产品不具备安装数字智能硬件的条件，那么就需要采用人工模式来采集数据。如果采集数据的难度比较大，就需要采取更好的策略来鼓励利益相关方提供数据。本书曾经举过一个例子，智慧蛋鸡通过为养殖户提供数据服务，吸引养殖户将养鸡的过程数据进行填报。从这个例子中我们可以看到，只有为利益相关方提供足够的价值，才能确保利益相关方将真实的数据进行填报。这条原则适合各种场景，即使是企业内部各业务活动的数据采集，企业在将数据采集上来后也必须向利益相关方提供价值。比如，公司要采集销售业务活动数据，销售人员填报真实数据的基础条件是其所填报的数据能够为他们创造价值，如果只要求销售人员填报数据，且填报这些数据跟他们的利益没有关系，那么他们填报数据的积极性、所填报数据的真实性和准确性就会出现问题。

客户洞察在线化

客户洞察是企业满足客户需求的基础，也是企业业务健康发展的基础。将客户洞察进行在线化改造，并进行数字化管理升级，可以提升数据的丰富度、应用度，从而更高效地感知客户需求，洞察客户心理，进行更有效的业务运营。

对于电商企业，可以通过对所有的客户活动进行在线化，获得与客户接触时的数据。比如，电商企业在各大平台上购买流量、发布广告，就可以利用各大平台提供的客户点击、浏览、跳转和转化的行为数据来洞察客户的行为和需求。电商企业无论是在电商平台上销售产品，还是在本企业的网站上销售产品，都可以根据客户成交过程中的行为数据、订单数据、支付数据、评论和评价数据、送货/退货数据等洞察客户的行为和需求。业务线上化程度越高，获得的数据就会越多，将客户洞察进行在线化，通过数据和算法，进行商品精准匹配和精准推荐，可以提升客户体验和客户成交率。

对于传统企业，特别是以线下业务为主的企业，鉴于过去的销售活动和客户的各种行为都是在线下进行的，缺少信息化的手段或者数字化的手段来自动采集数据，这个时候需要销售团队基于客户旅程、产品全生命周期来实现在线化，从而采集更丰富的数据，让客户洞察更加全面和准确。

根据在线采集的数据，我们需要洞察四个核心问题，这四个核心问题也是客户洞察的基本问题。

1. **第一个问题：客户是谁**

根据客户基本信息数据、客户行为数据和客户购买商品的数据，对客户进行画像，贴上各种标签。描述客户的维度很多，哪些维度是关键维度呢？回答这个问题很简单，与企业业务推进有关系的维度就是关键维度。比如，客户的年龄数据是否重要？这要看公司提供的产品或者服务是否与年龄相关；在客户成交过程中，对于不同年龄段的人有不同的决策要素，需要采取不同的营销方案，这也影响到对客户年龄数据的采集。如果产品或服务与客户孩子的性别有很大的关联，那么就需要采集孩子的性别这样的信息；如果没有很大的关联，那么在客户购买产品或服务的时候，就不需要区别对待，也没有必要采集孩子的性别信息。

不同的产品或服务，从客户开发到交付的过程也不同，需要采集的数据的维度也不同。

在给客户贴标签的时候，一方面，要根据采集的客户静态数据对客户进行分类，另一方面，也是最重要的方面，要根据客户的行为数据来对客户分类。比如，客户购买了户外运动装备，我们就可以给客户打一个"户外运动爱好者"的标签，如果客户采购了很多户外高端装备，我们就可以给客户打两个标签，即"户外运动爱好者""高端户外装备爱好者"。客户的每一个行为都反映了其自身的特征。

一名35岁的女士购买了小学生在画画时要用的颜料、画纸、画笔等文具，我们可以给这名女士贴上标签："小学生的妈妈""孩子的兴趣有画画"，根据其购买的画画材料的品质和价格，以及购买的频次，可以再为其添加更加丰富的标签，如"高品质画画文具购买者""品牌消费者""品牌忠诚者""对送货时效要求高者"等。

2. 第二个问题：客户需求是什么

客户需求的背后要么是客户的痛点，要么是客户的追求。客户购买产品或服务要么是为了追求幸福，要么是为了逃避痛苦，一般逃避痛苦的动力会大于追求幸福的动力。基于马斯洛需求层次理论，客户总是在满足底层需求之后才会满足更高层级的需求。根据KANO模型，客户的需求满足也有程度问题，或者客户需求的满足程度是有差异的，不是在某个层次的需求完全满足之后才会追求上一个层次需求的满足。

另外，只有客户自己说出或者承认的需求才是客户真正的需求。不是每个小学五年级的孩子都有补习小学课程的需求，不是每个高三的孩子都有高考前辅导的需求，要从行为上去判断客户的需求是否"属实"。

在客户还没有意识到或者通过行为表达自己有某方面需求的时候，我们只能通过客户触点上的引导来激发客户的需求，或者通过客户心中的形象来激发其需求。所以说，客户需求不是一成不变的，是一个动态变化的概念。

3. 第三个问题：客户偏好什么

根据客户的网上行为数据和历史订单数据，我们可以判断客户的偏好。虽然客户的偏好会有一定的惯性，但是客户对不同品类商品的消费偏好不见得一致。比如，客户在购买服装时喜欢知名品牌，但是在购买袜子时不见得要购买知名品牌的袜子；客户在耐用品上可能更关注品质和品牌，在快消品上可能更关注物美价廉。

在判断客户偏好的时候，企业可以从以下几个维度去考虑。

（1）价格。这里的价格是相对价格，即客户实际下单时商品的价格在同类商品中处在什么位置。当价格偏高的时候，要特别注意是什么因素影响了客户最终下单，从而判断客户在其他维度上的偏好。

（2）品牌。在同一行业内具有一定的品牌排名。根据客户下单的商品的品牌在同一行业内所处的地位，可以判断客户的品牌偏好：是喜欢知名品牌，还是喜欢小众品牌。品牌的原产地有时候对客户偏好影响也很大，客户在购买国内品牌的商品时会看原产地，在购买国际品牌的商品时更会受原产地影响。

（3）时效。企业可以根据客户在下单时对不同产品的选择，对客户的购物偏好进行判断。在相同产品、相同品牌的条件下，哪怕送货更快的产品的价格更高，客户仍然选择送货更快的，这说明客户对时效的要求很高。如果有足够的历史数据，我们还可以构建一个时效和价差之间的关系模型，从而判断当价格高多少时客户就会选择价格更低的商品，而不是选择送货更快的商品。

（4）排名。有些客户会非常关注商品的销量排名情况，排名高代表着大多数人会选择该商品，代表着该商品的市场占有率很高，代表着该商品经受住了大家的使用检验。

（5）评论。查看其他客户对商品的评论可以给自己选择商品提供更好的参考。每一条评论都是非常有价值的，因为只有极少数人才愿意写下好的或者坏的评论。在排除竞品的恶意评论之外，一般的评论都是可以用来洞悉客户需求的。当然，客户表达自己的观点，是他们主动做出的非常重要的行为。

4．第四个问题：客户如何决策

客户的决策行为数据非常有价值。客户在做出购买决定的时候，经历了哪些行为？这些行为都是值得研究的数据。具体哪些行为需要被重点关注呢？

（1）商品比较：客户是否浏览过竞品，以及浏览过哪些竞品；客户是否做过比价，以及选择哪些竞品做过比价；在进行商品比较的时候，客户在哪些维度上花费的时间更多。这些行为都可以被捕捉以采集数据。

（2）客服询问：客户是否在线上同客服沟通，以及询问了哪些问题；客户是否浏览过客服答疑的内容，以及重点关注了哪些答疑问题等。

（3）评论浏览：客户在下单之前是否浏览了评论区；客户查看了哪些评论，是否全部看完，等等。这些都代表着客户在做出决策时对应的影响要素。

关注、加入购物车而不及时下单、下单之后未及时支付、订阅降价通知等行为都是客户的决策行为，这些行为对研究客户心理、制定促进成交的策略非常重要。

对于以上四个问题，企业应根据对应的行为数据，做出实时动态的标签，针对不同标签下促进客户成交的策略，开发出数智化的销售动作，从而提高数字化营销和数字化运营的效率。

完成以上四个问题对应的数据闭环构建工作，对于电商或者线上业务比较容易，但对于线下业务或者2B业务，难度较大。这就需要以线下业务为主的企业在客户触点上利用各种数字技术采集数据，从而为客户洞察提供足够的数据集。没有数据采集，就没有客户洞察。数据采集深刻影响着客户洞察的在线化和自动化。

比如，销售代表在拜访客户的时候，需要将整个拜访过程记录下来，特别是要采集与客户行为相关的数据，这样才能更好地洞察客户在不同阶段的需求，制定优化成交过程的策略，甚至可以将其开发成指挥一线业务人员经营客户的导航系统。

客户需求精准导航

通过采集客户数据，洞察客户的需求，针对不同客户对不同商品或者服务的需求，精准地导航业务团队去满足，以提升客户体验，提高客户满意度，是数字化在客户需求满足领域的重点应用场景。

如果不了解客户的需求，一切都靠猜测、靠试错，在试错的过程中，利用排除法来满足客户的需求，那么就会导致客户的不满，给客户带来困扰。广告之所以叫"广"告，是因为靠"广撒网"以"告知"。广告触达了1万人，其中真正的目标客户不足百人，触达费用的利用率不足1%。很多企业在高铁站、地铁站、飞机场做户外广告，具体有多少人是目标客户？估计连1%都没有。企业的广告费用、营销费用、推广费用、销售费用，其中的一半都被浪费了，甚至99%都被浪费了。

如果企业不了解客户的需求，所有的销售推广就都是广撒网，乱箭齐发，射中谁算谁。真正的销售是满足客户需求，而不是乱箭齐发。如果你在想睡觉的时候得到了一个枕头，你不会认为是广告推销，也不认为是骚扰，更不会认为是无礼，反而认为送枕头的人很贴心。当你正在为如何给孩子选择一门钢琴技能提升课而发愁时，一个匹配孩子钢琴水平的课程"广告"被推送到你的手机端，你高兴还来不及呢，不会觉得这是骚扰。

无论是营销，还是销售，一项最关键的能力就是让营销和销售都基于"需求"，衡量这项能力的指标就是"精准度"。为了让营销和销售的推广都精准，企业必须基于数据和数据分析形成洞察。过去的营销和销售靠的是人为的判断、人的经验、人的聪明程度，而利用数据来洞察客户需求，并精准地满足客户需求，是数据和算法可以发挥作用的领域。从过去我们能够猜准1%，到现在利用数据我们可以猜准10%，再到数智化时代我们可以猜准30%，完全是不同数量级的提升。

如何提升精准度？比如，通过历史数据发现，有两个孩子、年龄在35岁到40岁之间的妈妈，有30%的概率会购买某品类、某品牌、某款式的产品。那么，针对这类客户群体，我们在向她们推广该产品的时候，就有30%的概率获得销售转化。相对于我们将产品推广给所有的妈妈来讲，这次产品销售意向推送（通过购买线上平台流量）获得的转化率就会从1%提升到30%。广告信息的精准推送是营销和销售成功的关键，也是数据分析和洞察所追求的目标所在。

不精准的广告信息推送给客户带去的是信息骚扰，所以很多人会直接屏蔽广告信息，甚至将来电标注为广告电话，让很多电话营销失去了继续广撒网的机会。精准的消息推送就像雪中送炭，不会被认为是骚扰信息，也不会让人反感，反而会让人欣喜。

5.4 基于数字生态的实战场景地图

数字化管理体系是企业传统管理体系的升级，企业传统管理体系本身就是一个有机的生态系统，我们经常将一家企业比作一个有机体。企业在建设数字化管理体系时，也要将这个体系看作一个有机生态系统。

一个有机的生态系统不仅包括内部生态系统，还包括该生态系统与外部环境融合交互而产生的外部生态系统。企业在建设数字化管理体系的过程中，除了要考虑内部可控的有机生态系统，还要考虑该系统与外部环境的结合。

利用仿生学的思维来思考有机生态系统，我们可以将其类比为人体的生态系统。从内部来讲，人体有多套生态系统，如血液循环系统、神经网络与大脑中枢系统、细胞组织系统等，这些系统类似于企业的财务管理系统、数据决策系统和人力资源管理系统。

从外部来讲，人体的生态系统是社会生态系统中的一部分，人这个有机体是社会的一部分，需要从社会中获取自己成长和发展的资源，获取生存所需要的物质"食粮"和精神"食粮"，当然也要为外部环境创造价值，有一个成长和发展的过程。企业的发展也要依赖外部的市场、行业、产业等大环境。只有与外部环境进行交互，以获取资源，为社会创造价值，企业才能有更好的发展。

"数字生态"有两层含义：第一层含义是企业内部的数字生态，第二层含义是企业与外部环境所构建的"数字生态"。有条件的企业可以经营管理外部生态，没有条件的企业要学会在数字生态中更好地生存。

基于数据和算法互联互通的内部数字生态

在企业内部构筑数字生态相对较为容易，因为内部环境属于企业内部可控领域。无论是在关键价值创造活动中，还是在财务、人力、行政等管理领域中，企业都可以采用数字化的方式来构建内部生态运营系统。

企业内部业务活动都是由组织执行的，业务活动留存的数据都是关联在一起的。只要企业的数据记录足够完善，就会形成现实业务生态的数字孪生，如图5-4所示。

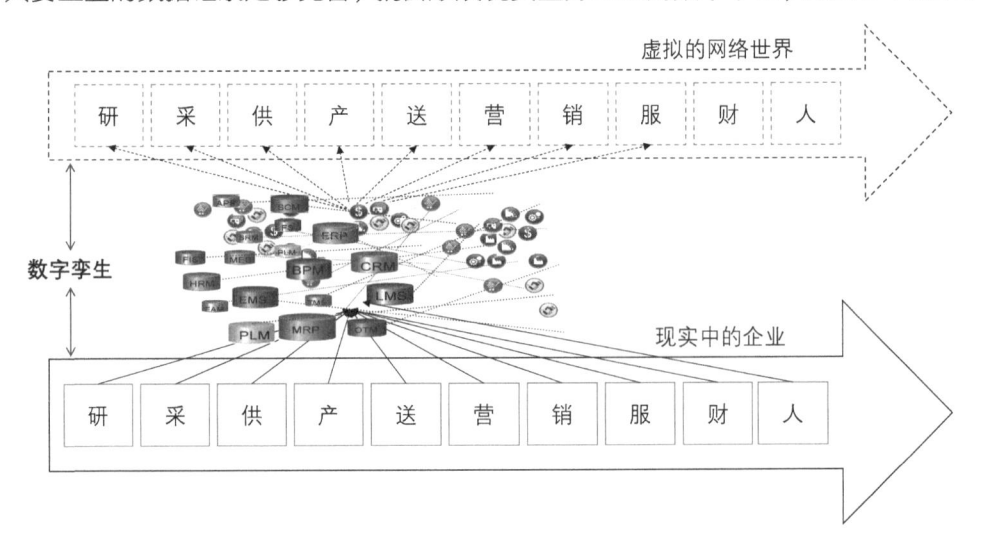

图 5-4 数字孪生示意

通过安装的业务信息系统、智能硬件装备，我们记录了现实世界中企业的各种业务活动，现实中人、财、物的活动都被记录下来，在企业的业务信息系统服务器中就生成了现实世界的"快照"，形成了跟现实世界并行的"孪生兄弟"。之所以叫作"孪生"，是因为企业的业务活动不仅可以在现实世界中"自动运行"，还可以在虚拟世界中基于数据、业务逻辑、算法"自动运行"。这是一个现实世界和虚拟世界互动的过程，这个互动过程才是"数字孪生"所描述的场景。

企业数字化管理体系是一个生态系统，在这个生态系统内，企业各个数字化业务场景之间是互动的关系，无论是企业 OTD 的全链路，还是为 OTD 赋能的其他业务活动，都是相互关联在一起的，这种关联关系用"牵一发而动全身"来形容一点儿也不为过。这说明企业某个环节在进行数字化管理升级之后会带动其他联动环节的数字化管理升级，一个业务领域的数字化应用，会带动相关领域的数字化应用，从而逐步实现全业务域的数字化管理升级。这种现象叫作"数字化场景网络效应"，即企业内部一个业务场景的数字化会带动关联的业务场景的数字化需求产生，从而驱动企业内部各个业务域都产生数字化需求。

供应链领域的数字化，会要求为供应链服务的相关业务域推进数字化，以满足供应链效率提升后的要求。当物流配送的业务活动通过数字化实现自动智能车辆调度、自动物流效率跟踪、自动物流费用核算时，就会要求对应的订单管理和仓储出入库快速响应物流配送的需求。

当核心业务环节（如采、供、产、销）进行了数字化管理升级时，就会要求对应的财务管理体系进行数字化管理升级，从而可以实时进行整个过程中的成本核算，以及对各个环节的效率进行评价。

基于这种联动关系，企业可以逐步实施业务场景的数字化管理升级，而不是跳跃式地选择业务场景来实施数字化管理升级。

当企业的数字化管理体系建设到一定程度时，各个环节会齐头并进地推动数字化转型。在多点并行的过程中，企业要注意整个生态体系的联动关系，需要遵循一定的标准和规则，使用一套数据和技术，从而保证各环节之间的兼容性和连接性，避免形成一个一个的数据孤岛。这种多项目联动管理的模式，叫作"项目群"管理。项目群总管理岗位为项目总监，项目总监统筹所有项目间的协作关系，以及所采用的数据标准、技术标准和相关的开发规范，确保将来各个项目能够并轨、联通。比如，在数据的采、管、用环节中，各项目间必须确保原始数据拥有唯一入口，指标数据拥有唯一出口。

企业外部横向截面的市场数字化生态

在传统企业的营销端，各项业务之间是竞争关系，无论是 2C 业务，还是 2B 业务，都在争夺相同的客户群。各个企业在与客户互动的时候采取的都是"单线"联络，使整个市场呈孤岛状。虽然有些客户会跟多家企业合作，但是相同市场上的企业间是孤立的，哪怕有些企业自建了电商平台，仍然无法改变这种孤岛状。

随着互联网、移动互联网和数字技术的发展，越来越多的客户，无论是 2C 市场上的消费者，还是 2B 市场上的企业客户，都开始习惯到一个共同的线上平台来遴选自己需要的产品或者服务。在这个平台上，客户可以获得更全面的信息、更透明的价格、更高效的交易规则，从而能够更集约化地采购到所需的产品或者服务，减少了信息不对称所带来的低效率、高价格、高交易费率等问题。

在消费者端，这样的交易平台发展比较完善，流量比较集中，无论是什么品类，消费者都可以找到相关的平台来采购。比如，日用商品到淘宝、京东上购买，蔬菜和食品到超市 App 上购买，订餐到美团或者饿了么上进行，等等。这些平台是消费者端商品领域的"截面"平台。在消费者端，这些截面平台的流量集中度很高，而且几乎所有的平台都是多元化平台，并不是按照专业的市场或者行业进行分隔的。

在 2B 领域，不同的行业会有自己的交易平台，限于技术问题、需求差异问题、供给多样化问题、物流区域化问题，集中度不是很好。虽然 1688.com 是多品类、多行业的电商平台，但是在定制化、个性化和差异化方面，1688.com 相对较弱，比不上一些专注于某个行业的垂直化电商平台。

无论是 2C 的平台，还是 2B 的平台，它们打通了不同企业之间销售或者采购的联通问题，让供给方将产品或服务放到一个平台上比价，让采购方在一个平台上获得更多的供给信息，从而实现"货比三家"的透明化采购。

拥有行业资源、对行业有足够的业务逻辑洞察力、有强大的资本运营能力的企业，可以考虑构建行业交易平台，为本行业中的企业提供采购、营销和市场信息服务，并通过采用精准的算法来实现平台效率的提升。

过去限于技术手段不足，以及信息的标准化程度和数据的规范化程度低，大多数的平台都是围绕着标准化的实物商品进行交易的。随着信息化和数字化的发展，结合大多数企业的业务在线化习惯的转变，一些非标准的服务也开始在这种行业内的线上交易平台上进行交易了。其实，几乎所有的需求内容都可以在平台上进行交易，包括信息、商品、服务、产能、设备、技术、人力、方案等。图 5-5 所示为平台交易内容示例。

通过平台进行供需匹配、撮合供需之间的交易，提高交易效率，降低交易成本，提升整个行业的运营效率，这是平台利用数据和算法能够实现的。其实，平台的本质是匹配供需、撮合交易的场所，这个场所可以是线下的具有时间和空间限制的场所，也可以是线上的没有时间和空间限制的场所。通过将线下平台线上化，可以突破交易的时间和空间的限制，让供需匹配得更加精准，让撮合交易的成本更低，从而让线下平台具备与线上平台竞争的能力，成为具有竞争优势的"平台"。

目前，大多数 B2B 平台还有发展的空间，限制其发展的是数据采集、数据分析和数据应用闭环的构建。过去很多企业不愿意开放自己的数据，无论是需求数据，还是供给数据，以免给竞争对手或者上下游企业带去谈判的筹码，或者在竞争中处于不利的地位。开放数据的程度影响着这些平台的构建。随着企业间数据的共享程度越来越高，以及企业在平台上留存的数据的丰富度不断提升，算法的应用会越来越广泛。

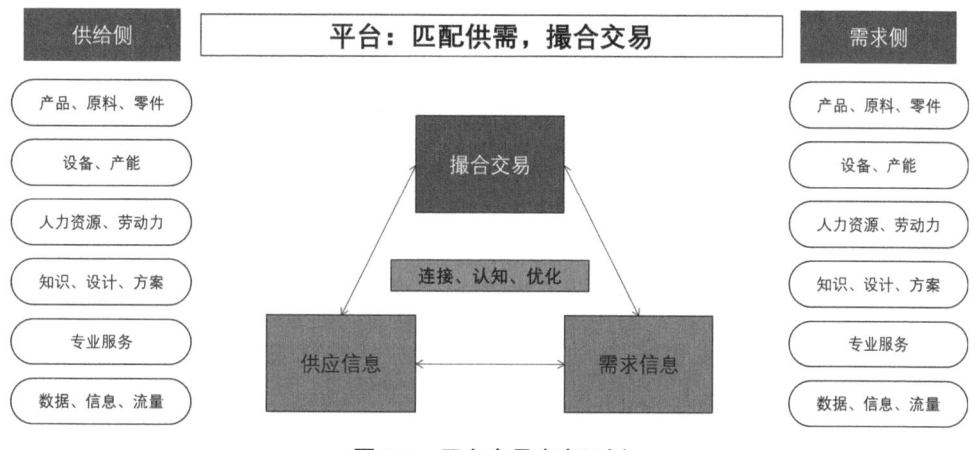

图 5-5 平台交易内容示例

企业外部纵向联动的产业数字化生态

当数据采集、数据分析和数据应用扩展到整个产业链上并发挥"匹配供需，撮合交易"的作用时，就可以构建基于整个产业运行的数据平台了。产业互联网纵向联动的平台模型如图 5-6 所示。

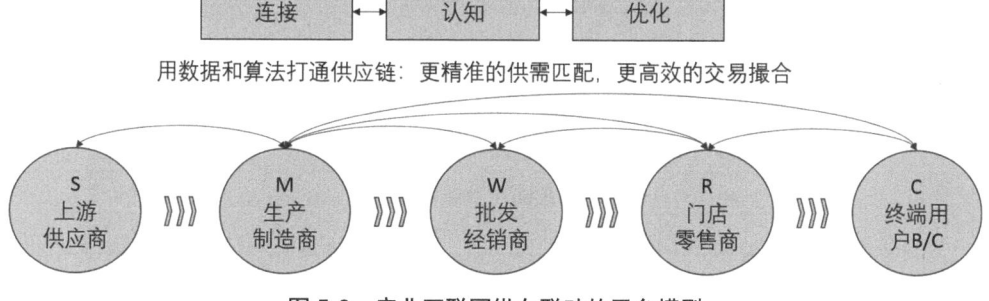

图 5-6 产业互联网纵向联动的平台模型

通过采集相关方的数据，包括供给方和需求方的各种业务活动数据、交易数据等，以及用数据和算法来打通整个产业供应链，这时的平台就跟过去的截面平台有了差异。数据采集、数据分析（算法）、数据应用（匹配、撮合）的闭环是产业平台的精髓，只有构筑了成熟的数据采集、数据分析和数据应用的闭环，平台才能健康地发展。如果还是通过人为的方式来运行平台，那么这个平台就不可能具备竞争力，反而会因为在采集数据、分析数据和应用数据的过程中增加了人力、物力、利益相关方而增加了交易成本。所以，算法是平台的核心竞争力，没有算法驱动的平台，跟过去传统的线下平台没有本质的区别。

比如，在外卖餐饮方面，美团成为匹配做饭的、吃饭的和送饭的截面平台。在聚集更多餐馆的同时，美团通过为餐馆提供运营管理信息系统，包括记账、算账的 ERP 系统，POS 收银软件，门店点餐软件，后台配餐调度软件等，将所有餐馆的进销存管理、财务管理、菜品食材管理、运营管理、销售和营销管理的数据都集中在一起。通过分析这些数据，美团能够清楚地知道餐馆采购什么样的食材、出售什么样的菜品、每天的出品量是多少、食材的消耗量有多少、在什么时间需要采购什么食材等。再通过预测未来 1~3 天的销量和采购量，给餐馆老板推荐线上食材的采购，美团直接从"做饭—送饭—吃饭"的交易撮合平台向上延伸到食材供应平台，并且基于每天的销售量、不同餐馆的不同需求，满足一个市场区域内各个品种的食材的供应。这样美团就可以再向食材供应链的上游延伸，延伸到物流、批发和原产地。这种从原产地到终端消费者的长链条平台就是纵向的平台。

该平台实现了整个产业链的数据采集、数据分析、数据应用，利用数据和算法实现了高效、精准、实时动态的敏捷运营管理。美团产业互联网模型如图 5-7 所示。

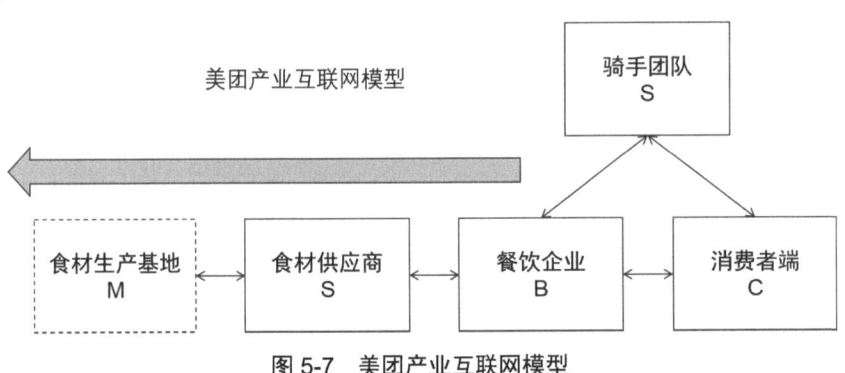

图 5-7 美团产业互联网模型

很多行业都有类似的平台，如地产行业、家具家装行业、家电行业、服装行业、石化行业、3C 消费电子行业、快消品行业、医药贸易行业等。这种源自产业的平台是纵向的产业生态运营平台，能够大幅度提升整个产业的运营效率，降低交易成本，从而提升整个社会的经济效益。

图 5-8 所示为华世界的产业互联网模型，其定位是家居家装材料供给链平台，从消费者、终端门店、装修工程、加工制作作坊或工厂到原料生产制造，实现了 C2B2S2M 的产业链的打通。当在这个平台上采集的数据足够丰富时，利用算法就能够实现供需的精准匹配，以及撮合交易的低成本、高效率。这个平台的商业模型

设计是符合时代趋势和数字技术平台的理论框架的，如果做不起来，就是执行和运营的问题，绝对不是商业模型的问题。

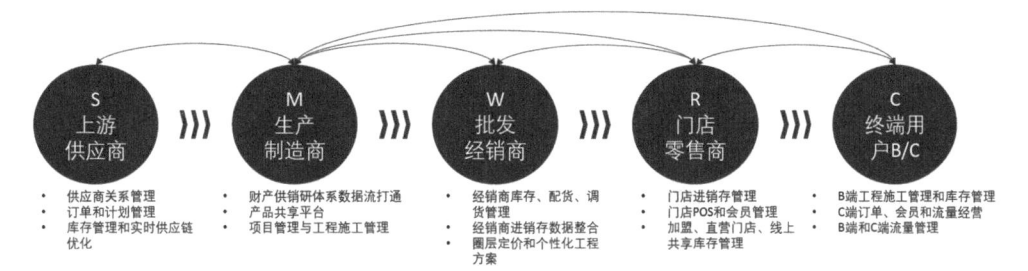

```
S           M           W           R           C
上游   »»  生产   »»  批发   »»  门店   »»  终端用
供应商      制造商      经销商      零售商      户B/C
```

- 供应商关系管理
- 订单和计划管理
- 库存管理和实时供应链优化

- 财产供销研体系数据流打通
- 产品共享平台
- 项目管理与工程施工管理

- 经销商库存、配货、调货管理
- 经销商进销存数据整合
- 圈层定价和个性化工程方案

- 门店进销存管理
- 门店POS和会员管理
- 加盟、直营门店、线上共享库存管理

- B端工程施工管理和库存管理
- C端订单、会员和流量经营
- B端和C端流量管理

图 5-8　华世界的产业互联网模型

数据和算法驱动的产业互联网

数据采集是构建数字闭环的基础，当一个行业内有越来越多的数据被采集，并且数字化和信息化的程度逐步提高时，这个行业就已经具备产业互联网化的基础了。这几年我们看到在消费者端，因为智能手机的普及和应用，4G和5G移动互联网让消费者的日常活动"数字化"，被越来越多地记录并上传。在消费者生活的方方面面被记录之后，算法在消费者生活体验优化方面起到了越来越重要的作用。

根据这个逻辑，在一个产业中，如果数据采集相对规范且越来越集中，就会产生算法驱动的平台，并且这个平台开始整合整个产业的资源，优化整个产业的效率，提升整个产业的效益。当美团把越来越多的餐饮企业的经营数据和运营数据纳入自身并管理的时候，就开始整合该行业的相关资源了。这时美团就会转化为纵向的产业链平台。

除了基于发展理论产生的产业互联网平台，我们还可以在数字化理论的基础上，用技术和资本来构筑产业互联网。当然，这需要一个产业互联网的发起者，这个发起者就像"上帝之手"一样，从顶层设计产业互联网，然后整合行业的资源"上网"，让产业全链路上的参与者，特别是每个环节的头部企业，都能够"拥抱"产业互联网，并利用技术和算法来实现不同环节数据之间的打通，从而逐步实现线上业务的打通，把整个产业互联网经营起来。这是基于"创新理论"塑造的产业互联网。

基于"创新理论"塑造产业互联网，企业需要具备三个条件。

第一个条件是具有行业资源禀赋。这里面包括对行业运行逻辑和行业内规则的理解和洞察，对行业规则，特别是潜规则的理解是构筑数据和算法的基础；包括发起者在行业内的影响力，在整合数据和业务的时候，发起者要有足够的话语权、影响力或者控制能力，能够让产业中的从业者到平台上来，愿意分享数据，愿意将他们的数据留存在平台上；包括在整合整个产业链上数据的过程中的开放能力，如果过早地基于商业目的，在获取一定的数据和信息之后就想谋取利益，这往往是不能实现的，至少是不能长久的，利益创造和共享是数字技术闭环持续运营的基础。

第二个条件是具有足够的技术实力。技术实力包括行业内特定场景的数据采集能力，涉及与数字技术相关的硬件、软件、应用等；包括数据处理能力，即对数据入、存、管、出的处理能力，以及整合数据的能力；包括算法设计和开发能力，算法的设计和开发是基于对行业运行逻辑和行业内规则的理解和洞察而进行的。

第三个条件是具备足够的资本实力。资本实力包括启动整个项目的初始资金，具体需要多少资金，这要看所面向产业的大小和项目的难度。即使是相对较小众的产业，所需要的启动资金也不是一个小数目，对中小企业来讲，这几乎是不可能提供的。资本实力也包括平台能够自负盈亏前的资金来源。企业要么有足够强大的融资能力，要么有足够强大的影响力，要么有足够的资金支持该项目。资本实力还包括在项目成功之前与竞争对手的竞争能力。一旦一个项目快要成功了，就会有很多人模仿、复制该项目的模式，这个时候要投入足够的资本去构筑"护城河"或者"防火墙"。这是项目成功的最后保障。

无论是基于发展理论逐步产生的产业互联网平台，还是基于创新理论产生的产业互联网平台，都已经成为一种趋势，在很多行业内开始出现。有些企业正在经营这样的平台，有些企业开始向这样的方向发展，以期能够建立产业互联网平台。当然，在很多行业中，构建这样的平台是一种机会，留给有识之士和有能力者去做。

第 6 章

企业数字化管理体系建设中的瓶颈与难点

企业数字化管理体系建设,是一项体系化的工程,不仅仅是数字技术的应用,更是业务管理方式、决策方式的转变,还影响到了组织、流程、数据、人才能力等方方面面。对于这项体系化的工程,企业需要谨慎管理,才能逐步实现数字化管理方式的升级。笔者在为企业提供咨询服务的过程中,总结了经常碰到的瓶颈与难点,以及突破这些瓶颈与难点的思路和方法,在此分享给大家。

6.1 企业数字化管理体系建设面临的十个瓶颈

在企业数字化管理体系建设的过程中,十个常见的瓶颈(问题)分别是数据基础问题、人才能力问题、场景应用问题、利益冲突问题、技术引进问题、跨部门协同问题、跨组织协同问题、企业文化冲突问题、人文伦理问题,以及法律法规问题。

数据基础问题

传统企业的信息化建设并不是围绕数据分析和数据应用进行的,其在数据质量方面因为缺少统一的标准和规范,以及系统化的数据管理体系,导致数据之间的连通性较差,数据呈孤岛状存在,数据质量差,数据被散乱地存放在不同的地方。这些问题制约着数字化管理体系的落地。企业数据管理现状和问题如图 6-1 所示。

数据不全	数据不准	数据不细	数据不实	数据不用
• 数据采集不全面，信息化建设覆盖率不足，需要的数据没有被采集，无法为管理层所用 • 表面上业务信息系统很多，有的还具有重复的功能，但是没有从整个价值链全链路去梳理，存在数据采集盲点	• 数据采集缺少标准和规范，采集上来的数据不准确，大家对这些数据的认可度较低，不相信这些数据 • 对应的数据统计口径或者采集方法存在问题，导致前后不一致，不能满足管理需要	• 数据颗粒度不足，只记录结果，不记录过程，或者只记录交易环节，导致我们看不到过程 • 企业的业务流程管理本身存在问题，流程没有被体系化地梳理，经常变动，无法记录	• 数据采集方法或者记录人有问题，导致数据不真实，存在人为修改数据、胡乱填报数据的情况 • 为了掩盖问题或者某些特殊事件，瞒报、不报、瞎报数据的现象经常出现	• 数据不能被有效地使用，管理者凭经验和知识，甚至是直觉做出管理判断和业务决策，带来经营管理风险 • 数据没有得到有效使用的原因是数据质量不高，不可用、无法用。很多企业管理者觉得数据很多，拿出来的数据却脏、乱、差

图 6-1 企业数据管理现状和问题

底层数据基础问题如下。

1．数据孤岛

传统信息化建设是按照部门或者流程来进行的，部门的职责范围往往就是业务信息系统所覆盖的范围，也是数据采集的范围。数据在被采集之后，被留存在业务信息系统的服务器中。在这种模式下，数据呈孤岛状存在，数据所有权是部门的，不是企业的，其他部门在需要数据时要向数据所有方发送申请。

数据的散乱存放、多方管理、多方所有等现状，给数据的统一加工处理、数据的联通联动、数据的体系化应用带来了困难。

2．数据不统一

大家采集数据只是为了满足业务流程的需要，并没有考虑数据分析所要求的规范问题。比如，按照客户地址来送货，"京""北京""北京市""北　京"都可以被物流人员识别，这样物流人员能够准确地将产品送到客户手中，但是对数据分析来讲，这四种记录地址的方法记录的是四个不同的地址。我们需要规范地址的数据结构，对地名进行规范填写。这就要求在录入数据时要规范，而不是靠后期的加工处理、数据清洗和数据转换。

3．数据没"数"

因为缺少统一的管理，具体企业有什么数据、有哪些数据、数据都在哪里，没有一个人能够说清楚。即使在 ERP 系统中，财务部门的人员也无法说清楚企业都有哪些数据。当企业数据不多的时候，不需要弄一个数据目录来列出所有数据；当数据越来越丰富的时候，企业就需要对数据进行统一管理了，可以建立一个结构化的数据目录来索引数据。

4．数据重复记录

不同的业务信息系统之间缺少联通，当企业上线新的业务信息系统的时候，并没有考虑其与原有系统的打通，导致各个业务信息系统都采集了同一条数据。各个业务信息系统都是不同的厂商提供的软件，不同软件厂商采用了不同的标准和规范，所以即使各个业务信息系统采集了同一条数据，相互之间也无法关联。

比如，笔者在对某家石化企业进行诊断的时候，发现该企业现有的业务信息系统超过 25 个，其中有 5 个业务信息系统都在采集和记录客户的信息：ERP 系统中的开票业务需要采集客户的信息；TMS 需要记录客户的信息，特别是地址信息；合同管理系统需要记录客户的信息；OA 系统要对客户的登录进行行政审批，以验证客户是否有危化品经营许可证，也记录了客户的信息；收发油系统在客户加油时，也需要记录客户的信息。这导致客户的信息这条数据被重复记录。

5．数据不一致

上例中的 5 个业务信息系统都在采集和记录客户的信息，采集的内容不同，采用的标准不同，记录的方式也不同。虽然这 5 个系统都对客户进行了编码（客户 ID），但是采用了不同的编码标准，所以生成的编码并不一致，有的是五位数，有的是七位数，有的是十位数。在客户付款后，财务人员要到合同管理系统中去查询相关的合同条款，从而验证收款的准确性，这需要手动去查询和验证，编码不一致导致无法通过计算机来验证数据。

数据不一致会导致在使用数据的时候无法对数据进行统计汇总，得到的数据指标和报表也会不一致。因此，各个业务部门在统计数据时会存在偏差，从而无法达成一致的意见和观点。

6．数据滞后

数据被记录在业务信息系统中，我们在使用数据的时候需要导出数据，然后对其进行统计汇总，这种方式导致使用的数据具有"滞后性"。上级经理需要一个数据统计报表，于是安排相关人员到各业务信息系统去查询数据，该人员利用透视表对数据进行统计汇总，甚至有时候还需要向各个部门发送数据请求，让不同部门的人员导出数据传给自己，然后再统计汇总。这种获取数据的方式，导致企业需要花费大量的时间来满足数据需求。

数据基础问题不单纯是数据管理问题，还是一个更系统性的综合治理问题。企业需要从制度、流程、组织、技术等维度对数据进行综合治理。

这几年大家对数字化转型已经有了一个共识，即数据是像石油一样的资源，是企业非常重要的资产。既然数据是资产，那么我们是否可采用管理资产的方式来管理数据呢？遗憾的是，目前绝大多数企业都没有采用管理资产的方式来管理数据。

如何将数据当作资产来管理呢？可考虑采用以下方法。

比如，财务部门需要建立一个台账来管理固定资产。同样，企业需要建立数据目录来管理数据，并让员工知晓企业拥有什么数据、拥有多少数据、数据都是在哪里采集的、谁在管理这些数据、谁对这些数据的质和量负责，等等。

针对固定资产，财务部门会定期进行盘点，确保账实相符，确保其得到了良好的管理。针对数据资产，企业需要定期进行盘点，根据数据目录（数据资产的台账）来看业务部门是否在采集和管理这些数据，以及需要采集的数据是否被按照相关标准采集了，是否有遗漏，质和量是否得到了保证，等等。

针对固定资产，财务部门会定期进行跟踪分析，分析内容包括这些固定资产是否得到了很好的利用、哪些高净值固定资产处于闲置状态、该如何利用好这些固定资产等。针对数据资产，企业也要进行跟踪分析，分析哪些数据在被使用、哪些数据处于闲置状态、哪些数据的使用率高、业务部门还需要哪些数据但没有规范地采集和管理，等等。

针对固定资产，财务部门需要建立一套采购、使用、维护和管理的制度和流程体系。针对数据资产，企业也需要建立一套制度和流程体系，从而更规范地进行管理。

针对固定资产，当固定资产比较多时，财务部门可以用 EAM（Enterprise Assets Management，资产管理）系统来管理。针对数据资产，如果数据不是特别多，企业可以使用财务软件来管理（如 ERP 系统中的资产管理模块）；如果数据比较丰富，企业就需要应用专门的软件来管理这些数据了，这就涉及数据资产管理平台了。数据资产管理平台的常见功能如图 6-2 所示。

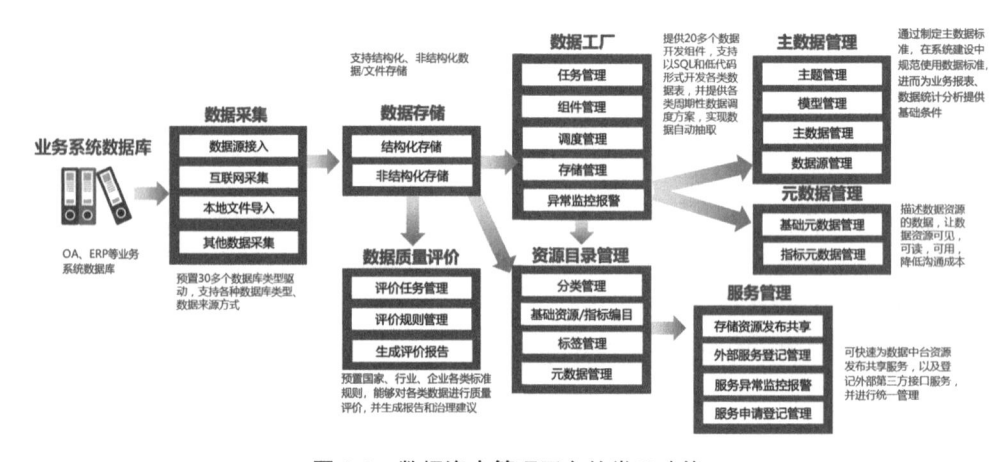

图 6-2　数据资产管理平台的常见功能

以上这些管理范畴，都需要规范化地建立相关的体系。在管理中，原有的 IT 部门是执行方，或者叫作服务方，而不是管理方。管理方需要安排专门的组织和人力去管理。数据资产管理的内容非常多，本书限于篇幅和定位，无法全面展开。感兴趣的读者可以参考相关的专业图书，也可以求助咨询公司来获得更好的方法和体系。

人才能力问题

建设数字化管理体系需要管理者基于数据进行管理、做出决策、采取行动，这就需要管理者获取数据、分析数据、洞察业务，从而利用数据来进行管理和做出决策，甚至将获取数据、管理数据、分析数据和做出决策的过程用算法模型来执行。管理者的数据能力是企业的数据发挥作用的关键。

数字化管理体系是一个全面的体系，只要有管理和决策的地方，就是数字化管理体系需要覆盖的范畴，几乎所有的管理者都需要具备数据能力，从而推动数字化管理体系的落地。所以，人才能力的培养要全面覆盖。虽然不同业务部门和管理层级的管理者所需要具备的数据能力不同，但是在推动数字化管理体系落地的时候，所有的管理者都必须具备足够的数据能力。

管理者的数据能力是新技术发展、数字化转型、数字化管理体系落地对管理者提出的新的能力需求。过去我们希望管理者是 T 型人才，既要有较宽泛的知识储备，又要在自身的职业领域内有深度。在企业进行数字化管理升级的时候，几乎所有管理者都要在 T 型人才的基础上构建数据能力，T 型人才就变成了 π 型人才。

关于管理者数据能力的范畴和维度，读者可以参考笔者的另外一本书——《管理者数据能力晋级》。该书提供了管理者需要提升的能力，能够带给读者一些较为体系化的方法和工具。另外，人力资源部门也要为企业的数字化管理体系建设引进专门的、服务全员的相关课程，持续地推进管理者数据能力晋级。企业不可能把所有的管理者都换一遍，只能对现有的管理团队进行能力培养，这是必然的选择。虽然企业可以通过招聘少量地引入具备数据能力的职能管理者，但少量的懂数据、具备数据能力的管理者不足以满足整个管理体系升级的需要。

除需要构建或者升级数据能力之外，企业的管理者还需要提升数字化的领导力，从而能够更好地进行企业管理方式的体系化升级。笔者在为企业提供咨询服务的时候构建了一个数字化领导力钻石模型，供大家参考，如图 6-3 所示。

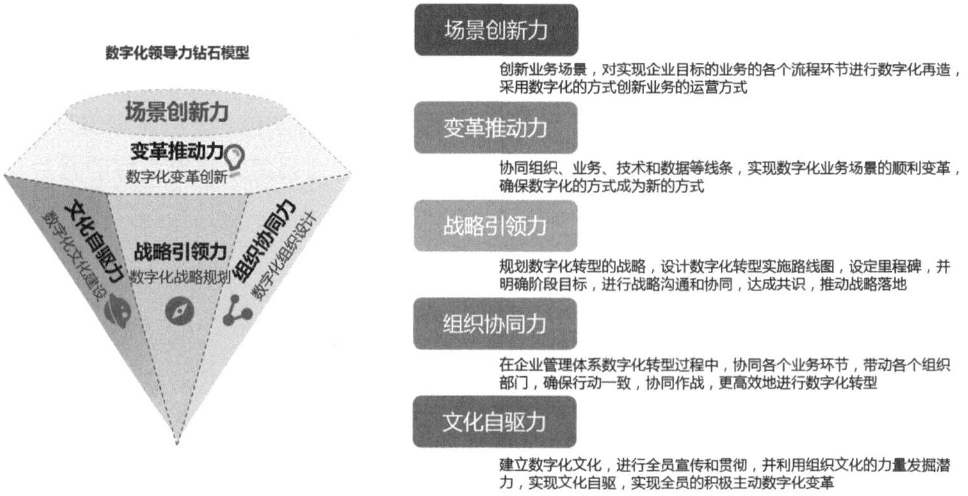
数字化领导力钻石模型
场景创新力
变革推动力
数字化变革创新
文化自驱力
数字化文化建设
战略引领力
数字化战略规划
组织协同力
数字化组织设计
场景创新力
创新业务场景，对实现企业目标的业务的各个流程环节进行数字化再造，采用数字化的方式创新业务的运营方式
变革推动力
协同组织、业务、技术和数据等线条，实现数字化业务场景的顺利变革，确保数字化的方式成为新的方式
战略引领力
规划数字化转型的战略，设计数字化转型实施路线图，设定里程碑，并明确阶段目标，进行战略沟通和协同，达成共识，推动战略落地
组织协同力
在企业管理体系数字化转型过程中，协同各个业务环节，带动各个组织部门，确保行动一致，协同作战，更高效地进行数字化转型
文化自驱力
建立数字化文化，进行全员宣传和贯彻，并利用组织文化的力量发掘潜力，实现文化自驱，实现全员的积极主动数字化变革

图 6-3　数字化领导力钻石模型

另外，为了更专业地推进数字化管理体系的建设，企业还需要培养或者组建一个团队——专职的数字人才团队，推动数字化管理体系从信息化到数据化再到数智化的逐步升级。这个团队包括三类人才：卓越中心的专职人才，能够规划设计数字化管理场景、引进先进的技术、制定数字化管理体系升级的战略，并推进该战略落地；共享服务中心的人才，需要具备将企业所有数据化和数智化的业务场景采集的数据资产进行体系化管理的能力，并为业务部门提供数据服务，其中包括专业的 IT 人才；服务业务的专职数据人才，又叫业务分析师，相当于数字化管理方面的 BP，在各个核心业务板块专门负责数据分析、业务分析、数字化场景设计、数字化场景算法迭代等工作。

通过构建专门的数据组织（这个组织可以称为“数据中心”），培养专职人才，企业可以专业地推动数字化管理体系的建设。推动企业从信息化到数据化再到数智化的变革，需要数据中心具备长期性、专业性和话语权，所以要推进数据中心的职能化建设。数据中心的职能化包含了四层含义。

（1）长期的。数字化管理体系建设是一个长期的、持续性的战略举措，既然是长期的，就不能由临时性组织来领导，所以企业要在组织架构上设置职能部门，该职能部门是和企业的财务部门、人力资源部门、销售部门等一样的职能部门。

（2）专业的。数据中心的人员要具备四大专业能力：

一是懂信息化，包括硬件、软件、网络设施等；

二是懂数据，懂数据管理和数据综合治理的知识、底层数据架构和数据结构、数据建模，以及数据库的开发和运维；

三是懂分析，懂数据分析，以及数学、统计学、算法建模的知识；

四是懂业务，懂业务运行的规则和逻辑，以及企业战略的业务需求，能够将数字相关技术应用到企业各个业务领域，完成数字化的转型和升级。

（3）全职的。数据中心的人员都应该是全职的，不应该是兼职的，因为兼职会影响他/她对数据中心时间和精力的投入。

（4）赋权的。成立数据中心这样的职能部门，必须从组织架构上进行赋权，确保数据中心的人员能够行使相关的权力，能够在数字化管理转型的过程中起到决定性的作用。

场景应用问题

数字化管理体系必须在具体的业务场景中落地。其在落地的过程中，必然会带来一种新的管理方式，这种新的管理方式会影响传统的管理方式和决策方式。过去我们听上级经理的，现在我们需要听数据的。当我们根据数据来做决策的时候，具体谁掌握数据，谁对数据有更深的解读，谁能够从数据中发现问题，这些都是影响管理方式的问题。因为并不见得每次都是上级经理看懂了数据，发现了管理中的问题，得到业务洞察，形成决策方案。这个时候就会产生冲突：我们是听数据的，还是听上级经理的？

数字化管理方式影响着过去传统管理方式的权力机制和利益机制，这会带来一种阻力。这种阻力来源于人不希望变化，不希望失去自己的权力和利益。因此，如果要让数字化管理体系在具体的业务场景中落地，必须解决"人"的问题，而不是技术和数据的问题，也不是业务的问题。

另外一个常见的问题是版本迭代问题。当一个场景采用数字化管理方式来进行管理的时候，刚开始数据、指标、报表和看板的使用都会不顺畅，第一个原因是数据可能不全，第二个原因是数据可能不准确，第三个原因是大家不太习惯看数据，也看不懂数据。这些原因导致在第一个版本的数字化管理体系落地的时候大家都持怀疑态度，觉得这些数据不对、这些指标不好、这些报表不贴切、这些看板无价值，然后就失去了信心，放弃了变革，接着就开始指责实施变革的人，对相关项目进行负面评价。

数字化管理方式是一种创新，是一种新事物，我们要相信这是一种趋势、一种方向，是一种更高级的管理方式。在企业的管理方式转型和升级的过程中，出现一些错误，走一些弯路，有些需要调整的地方，都是正常的。我们不能因噎废食，不能因为一些数据不准、算法不合理、报表不准确而否定这种管理方式，而是要想着如何改善。这是场景变革过程中大家必须秉持的一种态度。

在场景应用中，还有一个难点在于如何实现不同场景之间的联动，避免场景孤岛出现。在前期试点某些场景的时候，可能构建的是一个个的场景孤岛，我们要考虑这些场景孤岛之间的关联问题，需要从业务流、数据流、资金流、人的活动流的角度保持场景之间的关联和联动，通过一致性的设计来实现前后打通，避免因为场景实施先后顺序不同而导致场景孤岛出现。

避免场景孤岛出现的方法是统筹规划、阶段实施、逐步扩展、确保联动。如果没有一体化的规划，就容易形成场景孤岛，应用场景之间就会相互孤立。企业应建立一套标准体系，包括数据标准、算法标准、技术标准，并统筹管理，确保单体项目必须在整体规划之下，在相同的标准和规范的管理之下进行。

利益冲突问题

数字化管理方式会让整个公司的业务活动因为数据采集、数据传输与数据共享而"透明化"，让所有人的活动都在"阳光之下"接受追溯和复查，接受数据指标的表征和度量。这会带来一个非常核心的问题，即企业管理中很多不能透明化、阳光化的活动被迫"曝光"。不存在没有管理问题的企业，企业在传统的管理方式下会存在各种各样的问题，这些问题一旦透明化、阳光化，就会使相关的问题被发现，这是一种管理上的进步。

一些不合规的操作会受到挑战，如商业贿赂的问题、个人偷懒耍滑的问题、权力寻租的问题、信息不对称的问题（撒谎的问题）等，都是在采用数字化管理方式后可能会暴露出来的问题。

无论是采购端，还是销售端、生产管理端、物流管理端，都有可能因为管理的非透明化出现一些不在管控范围内的利益冲突问题，甚至在常规的管理领域，也会出现权力寻租问题。这些地方是非常容易产生利益冲突的地方，是企业需要将管理理念进行深化，将法律法规进行渗透，将诚实、正直的文化进行传播的地方。

利益冲突问题不仅仅出现在利益高的常见领域，还出现在企业的实际操作中，这会带来企业级的利益冲突。比如，某些企业的税务筹划产生的成本费用不见得是真实的，即使这些数据是真实的，也会因为财务记账或者成本费用核算的规则问题，与实际的账目产生偏差。一旦采用数字化管理方式，这些偏差就会显现出来。因为无法对外公开或者无法通过外部审计，有些企业在某些影响利益的领域不希望真实数据被记录或者呈现。这也是企业在数字化管理体系建设过程中不得不面对的问题。

解决利益冲突问题的关键在于，企业随着数字化管理体系的建设，逐步在各个领域进行整理整顿，确保大家都在诚实、正直的治理环境下工作，确保每个员工都站在企业的视角进行管理和决策，而不是以个人的利益为先导。这是一个非常复杂的经营管理过程，无论是流程透明化，还是管理逻辑和业务逻辑的正规化，都是为了推动数字化管理体系的建设。在传统管理方式下，员工的表面收益可能很少，为了保证数字化管理方式的推进，企业不得不提升某些领域的收益，让成本增加在明面上。

技术引进问题

引进数字技术面临的问题包括什么样的技术能够满足企业现在的需求，以及该技术是否有足够的扩展性。现在数字技术的发展已经超越了绝大多数企业的需要，但是很多企业仍然选择自主开发。在咨询顾问眼中，这跟"重复造轮子"没有什么区别。市场上已经有非常成熟的技术来满足企业数字化管理的需要，为什么还要劳民伤财、耗时耗力地自主开发呢？

当然，现在很多技术公司对产品的宣传都超越了其实际能够解决的问题。在数据的整个"采管用"体系中，很多企业都在宣传其产品能够覆盖数据全生命周期的应用。在咨询实践中笔者发现，确实存在一个产品或平台无法满足企业的数据全生命周期的需求的情况。不同企业的数字技术产品的优势各不相同，缺点也非常明显，这就要求企业在选型的时候睁大眼睛、仔细选择。一旦选型错误，就会使某个环节的问题变得复杂，数字技术产品也不能真正在应用端发挥作用。

在引进数字技术的时候，很多企业，特别是中小型企业，都希望其能够马上发挥作用、创造价值。但是，数据基础没有建立，团队能力没有提升，数据应用经验缺乏，这些影响了企业对数字技术的评价。在绝大多数情况下，对数字技术所发挥作用和所创造价值的评价受到数据基础、团队能力和数据应用经验的限制，不是数字技术本身的问题。

在引进数字技术的过程中，很多企业只选择其中一个环节的数字技术，导致最后应用脱节。比如，很多企业在原有业务信息系统的基础上实施 BI 系统，缺少数据资产管理的平台，甚至直接用 BI 系统来管理数据，这是有流程缺陷的，只有将

数字蝶变：企业管理数字化重构之道

整个闭环构建起来，数据才能发挥作用、创造价值。整个闭环是"采—管—用"全流程。缺少对数据的管理，会限制企业对数字技术的应用。企业直接从采集数据的业务信息系统中取数，然后用 BI 系统来进行可视化呈现，在小范围内应用数字技术问题不是很大。但是当数据比较多、应用场景比较广泛的时候，管理起来就很混乱，需要专业的技术人员去协助取数。这样做每次都要付出很大的代价，因为中间缺少了"管"这个环节。

在技术应用过程中，绝大多数的数字技术产品存在的问题是与管理"最后一公里"的对接问题，即如何将数据应用与日常管理关联。这也是实施项目时在技术环节需要投入精力最多的部分。为了将数据、指标、报表、看板、管理者驾驶舱、智慧工作台与日常管理对接起来，笔者开发了一个技术方案，将数据、指标、报表、看板、管理者驾驶舱和智慧工作台的数据用 OA 系统的社交功能应用起来，使每一个数据应用要素（数据、指标、报表、看板、管理者驾驶舱、智慧工作台）都可以利用 OA 系统进行分享、推送、质询、评论、摘要、点赞、回复、答疑，并利用授权体系来解决分享过程中的数据安全问题。该技术方案将新兴的数字化管理方式与传统的互联网社交软件（如 OA 系统、钉钉、企业微信、飞书、Teams 等）进行融合，实现"最后一公里"的管理，而不是让管理者单独去某个应用上看数据、查询图表和报表。对此技术方案感兴趣的读者可以加笔者的微信号 data2biz_com。该技术方案的架构模型如图 6-4 所示。

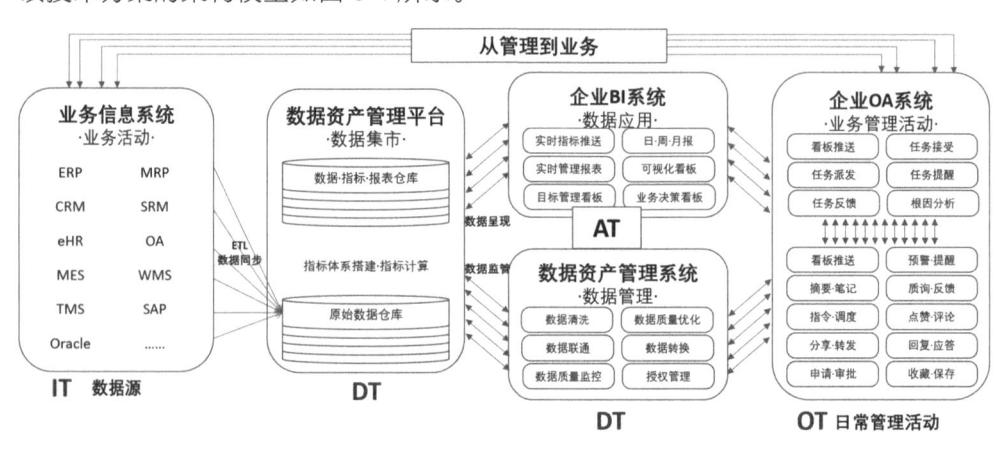

图 6-4 该技术方案的架构模型

跨部门协同问题

现在绝大多数企业都是以科层制方式组织的企业。在科层制组织架构下，部门的划分是以专业为依据的。只要存在部门，就会有部门利益，就会存在部门墙。这个部门墙构筑了专业的领域，也构筑了业务的领域，甚至权力的领域和利益的领域。在跨部门协同的过程中，必然会出现跨专业的问题、业务联动的问题、权力划分的问题和利益冲突问题。

数字化管理体系是一整套的解决方案，单纯的某个模块的数字化只能出现在进程中，而不能长期存在。一个模块的数字化会对联动系统和联动流程提出新的要求，所以在数字化管理体系建设的过程中，最好先进行系统的规划，然后根据轻重缓急有步骤地协作实施，而不是孤岛状地实施，在必要的时候还要打破部门墙、流程环节壁垒，实现数据的联动。

笔者在咨询服务中总结的经验是，在规划设计阶段就让多个业务环节或者业务部门抽调相关人员加入项目组，共同研讨跨组织部门、跨流程环节、跨业务系统的协作和联动方案，以积极、包容的态度参与到整个数字化管理方案设计中，并在实际执行环节商讨可能的影响，重新划分责、权、利。

对于国有企业，还要研讨数字化管理体系实施后带来的人员调整和编制变化的问题，以及对相关人员是否有足够好的安置方案，因为可能会涉及某些岗位上的人员下岗的问题。

跨组织协同问题

跨流程、跨部门的协同问题主要产生在企业内部，主要通过内部的管理和协调解决。对于需要企业与合作伙伴、供应商、渠道商、客户一起解决的跨组织协同问题，应从商业合作强化、价值创造的角度来思考解决方案。当数字化的业务流程再造或者数字化的管理方案在实施后影响到协作方（客户、供应商、渠道商或者合作伙伴等）的时候，企业要本着互惠互利、开放共享的原则，与协作方进行充分合作，不能只考虑单方利益。特别是在前期进行体系建设的时候，企业可以考虑己方先行投入建设，大家共享数字化转型所创造的价值的方式。

笔者服务的一家企业为了将渠道商的商品物流数据采集上来，开发了一套渠道商业务管理软件，该软件涵盖了 POS 系统、ERP 系统、WMS 和 TMS，并将这些系统通过 API 接口打通。在向渠道商推广这套软件的过程中，该企业购置了服务器，开发了软件，免费给渠道商使用，并为渠道商提供实时的数据报表和报告，在成本优化、库存降低、敏捷供应、动态物流管理等方面优先给愿意使用这套软件的合作方提供改善建议，利用数据让使用这套软件的合作方看到成本的优化、库存的降低、费用的下降、效率的提升，逐步吸引更多的渠道商来使用这套软件，实现了整个供应链条的数据打通。

跨组织协同的数字技术闭环构建的一个基本方法是，让参与方获得价值，让他们感受到参与到这个闭环中能够给自己带来利益。利益的驱动比任何技术的驱动都有吸引力。

跨组织协同的数字技术闭环的构建是可以带动企业经营模式的转型的，甚至在数字化的应用场景不断扩展之后，能够带动企业与合作伙伴的合作关系的变化，带动企业的业务创新、模式创新和商业创新。企业在必要的时候可以跟合作伙伴、供应商、渠道商和客户一起构建联动市场、行业或者产业的生态平台，从而成为生态平台的前期创造者和运营者。这是一种共创未来的模式，也是一种吸引各利益相关方开放数据、共享数字技术红利的方式。

企业文化冲突问题

数字化管理体系建设会带来企业管理的阳光化和透明化，同时也会改变企业的决策方式和权力机制，这可能会与企业过去的文化或者经营理念产生冲突。

比如，有些企业讲求"家文化""孝文化"，或者将国学的某些理念融入管理中。在这种文化模式下，决策机制会有"尊重长辈""尊重资历""尊重级别"等现象，与数字化管理的"尊重事实""尊重规律""尊重数据""强调数据分析和数据论证"不同，这就容易产生决策冲突。如果下级对问题的分析与上级对问题的分析出现了偏差，上级是否尊重下级的判断？这就是文化冲突问题。

在推进数字化管理升级的过程中，企业要同步进行数据文化的建设，并系统梳理企业文化，当发现其与数据文化有冲突时，要进行文化变革，在不影响企业整体利益和文化根基的情况下，酌情修订企业文化，并进行全员的宣传和贯彻，确保企业文化与数据文化保持一致。

在数据文化方面，有几个关键点值得企业考虑。

（1）重视数据采集。只要是发生过的业务活动，就要形成数据记录，"没有记录的事情就没有发生过"。如果没有拜访客户的过程记录，该客户拜访就"没有发生过"，所以就不能报销差旅费，不能申请销售费用，需要销售人员自己掏腰包。

（2）尊重事实和规律。不以个人的喜好为决策依据，可以试错，但不可以没有数据依据。在创新领域，更要重视数据采集和记录，重视数据分析，从而更快地掌握新事物发展的规律。无论是新市场、新产品，还是新客户，都要通过数据来推动业务的创新和开展。

（3）重视创新和求变。求变是数据文化非常重要的一部分。在数字化管理体系建设过程中，企业要一直谋求更完善的数据和更科学的算法，要在进行数字化管理的过程中，谋求迭代升级、持续改善。这跟过去信息化建设的模式有所不同，在上线信息化软件的时候，企业特别希望一套软件用十年，甚至多年不用变更，但是在数字化管理过程中，在实施数据模型、算法模型的时候，就要谋求迭代的机会，持续改善。迭代思想是数字化与信息化不同的地方。另外，企业设定的数字化管理方式和算法模型都会因为环境的变化而产生各种变化，所以，在企业文化方面，企业要不断地创新、求变。

（4）开放和共享。在科层制组织架构下，企业是封闭的状态，内部按职能划分的部门都有自己的"地盘"，都有自己负责的固化领域。另外，企业在对外合作中，也是相对封闭的。在数字化管理体系建设过程中，企业不仅需要内部跨部门、跨流程的联动，还需要跟外部环境进行联动，开放数据、共享数据，这样才能适应持续变化的内外部环境。如果大家都不迈出共享这一步，那么跨部门和跨组织的联动就无法实现。开放的心态、共享的理念，是数据文化的关键要素。

（5）尊重算法。当算法成为我们的同事的时候，我们需要以更开放的心态去接纳算法成为我们工作和生活的一部分，并关注算法、尊重算法。亚马逊创始人贝索斯天天带着董事会的成员讨论算法，进行算法的优化，设计新的算法。人人懂算法，人人会运用算法，也是一种企业文化。这种企业文化能够推动企业从数据化向数智化升级。

以上并不是数据文化的全部内容，只是笔者根据咨询服务经验总结的几个关键点。这些关键点将会构筑一个软性的文化氛围，从而让大家从理念和思维上接纳新的管理方式。

人文伦理问题

数字化管理体系建设必然引领企业从数据化向数智化升级，因为算法决策比人工决策更有优势、更有效率、更敏捷、更公正。低成本、高效率的竞争优势为企业带来了超越竞争对手的竞争力。在这个过程中，会出现人文冲突，甚至对伦理的挑战。

2021年万科十大优秀员工中就有一个算法机器人员工，名叫崔筱盼。与机器人一起共事，是未来的一种常态化现象。万科的算法机器人员工是一种新现象、新事物。人与人、人与机器人之间的关系和情感就有可能催生新的社会问题。比如，一个人类员工爱上了算法机器人员工，将会怎样？

算法机器人员工带来的职业冲击也是企业需要面临的一种伦理问题。算法替代人脑进行工作，会使大量的手工劳动者或者脑力劳动者失业，或者给其带来竞争压力，给其生活、家庭带来影响，这种影响中会有人文伦理问题。人类劳动者在失业之后，如何生存？如何保证生活的质量？当人类劳动者找不到工作的时候，社会该如何运行？这都是未来企业可能面临的问题。

对单体企业来说，这些问题可能不是大问题，因为社会问题由社会来解决，企业关心的是自身的生存问题和盈利问题，但是对于大型的央企、国企、上市公司，解决这些问题就变得比较重要了。所以，在算法机器人替代人工和算法替代人脑的过程中，企业必须考虑好员工的安置措施，或者为他们提供机会去提高能力，让他们适应企业的数字化转型和数字化管理的升级。

法律法规问题

企业的数字化转型已经开展很多年。随着企业数字化转型的推进，越来越多的企业开始采集数据、分析数据、利用数据来提升经营效率和管理效率，进行业务的创新，获得了较好的效果，也享受到了数字技术的红利。

新事物在发展过程中总是会碰到各种各样的问题。与数据相关的法律法规的颁布，虽然落后于企业的实践，但是为很多企业采集数据、管理数据和利用数据提供了规范，同时也对企业采集数据、管理数据和利用数据进行了法律法规上的约束。企业如果不能及时管理好所采集的数据，不能及时管理好对数据的利用，就会违规，甚至违法。

2021年11月1日正式实施的《中华人民共和国个人信息保护法》和2021年9月1日正式实施的《中华人民共和国数据安全法》，是与企业采集数据、管理数据、利用数据相关的两部法律。企业在业务经营管理活动中采集相关数据时，特别是在采集个人、企业、社会的相关数据时，要谨慎对待，保证数据的安全，管理好、利用好这些数据，不能给国家、社会、公民带来各种安全风险。企业在采集个人相关信息时，要做好对个人信息的保护。

企业在销售环节留下了潜在客户的信息，这些信息都是涉及个人隐私的数据，如果管理不善就容易违法。比如，销售人员在接触客户的过程中留下了客户的资料，在成交未果之后，将该客户的信息透露给了同行，并收取了一定的"信息费"。同行在"购买了"这个高潜客户的信息之后，就会联系该客户，向该客户推销其公司的产品或者服务。这在过去是数据交易的灰色地带，但是，在这两部法律颁布之后，这种交易就存在违法风险了。

对进行数字化转型和数字化管理体系建设的企业来说，无论从外部采集的数据是多还是少，都要在管理上引起重视。比如，房地产经纪公司在带客户看房的过程中会让客户留下资料，如果员工存在买卖客户资料的情况，就可能面临着违法的风险。

企业在升级到数智化阶段之后，要对算法管理重视起来。企业要建立一套算法管理体系，要定期或者不定期地对业务活动中采用的算法进行审查，确保其公平、公正、科学、合理，并且要站在公共的视角，而不是商业的视角对算法进行审查。

2022 年 3 月 1 日，《互联网信息服务算法推荐管理规定》实施，对互联网的精准推荐算法给出一定的法规性规范。

企业数据责任部门需要引起重视，要学法、尊法、守法，这是企业数字化转型和数字化管理体系建设中的重要举措，也是严控违反法律法规风险的关键举措。

6.2 企业数字化管理升级中的项目群管理

在传统的信息化建设中，项目管理的好坏决定着业务系统落地的成功率的高低，以及其所能够创造价值的多少。这带给我们很多启发，特别是在推动数字化管理的过程中所碰到的数据孤岛现象、数据质量问题。到了数字化时代，我们要避免这种现象和问题产生。所以，对于不同项目、不同应用、不同业务链条之间在数字化方面的协作，企业要统一管理，应用统一的标准和规范，使其能够更好地互联互通，更好地实现全业务链路的连接。

项目运营管理

在数字化转型或数字化管理体系建设过程中，我们常见的一个问题是，企业进行了规划设计，实施了开发，缺少的是长期的运营。其实，数字化比信息化更需要运营，数字化的价值创造是在运营中实现的，并在迭代升级的过程中持续放大。无论是人工分析数据的数据化管理，还是算法分析数据的数智化管理，都有迭代升级的问题。

在运营中，企业需要形成一个数据采集→数据分析→优化决策的闭环，这个闭环叫作 PDCA（Plan-Do-Check-Action）闭环。

在数据化管理中，企业管理者负责这个闭环，解决采集什么数据、判断现有的数据是否充分、需要新增哪些数据等问题，并在运营迭代的过程中不断完善数据体系。在人工分析数据时，如何分析，采用什么分析方法，分析结论中还有哪些不能确定的结论，还需要什么数据来保证结论的正确性，解决这些问题，也是一个不断完善、不断迭代的过程。在用数据分析优化决策的过程中，我们基于分析结果可以做出决策、采取行动，之后我们还需要继续采集数据来进行跟踪、验证，形成闭环，并在这个闭环中进一步总结经验、沉淀模型、优化决策。

在数智化管理中，企业更需要在采集数据、分析数据和优化决策的过程中进行迭代优化。这个迭代优化比人工分析数据时更加迫切，因为在利用服务器程序自动分析数据、利用算法做出决策时，一旦设定程序和算法时的环境发生变化，所设定的程序和算法都需要做出调整。企业的运营团队需要持续关注数智化过程，监控分析结果和决策结果，并在其出现偏差的时候进行动态的调整，对算法设定的相关条件进行优化。否则，算法一旦失效，就会带来巨大的影响，甚至是损失。

如果规划、设计、开发、实施和持续运营加起来是 100 分，那么持续运营要占到 90 分。无论是人力资源和技术资源的投入，以及数据资源管理的成本投入，还是时间、精力的投入，持续运营都占到绝大多数。这样才能保证数据化或数智化应用场景落地并创造价值。

笔者在咨询实践中发现，有些企业开发了数字化管理场景，因为缺少迭代思想、运营团队和持续运营，实际效果与预期效果有偏差，然后就放弃了，最终项目以失败告终。绝大多数的数字化管理场景的失败都是因为运营不力，如果企业有比较强的运营迭代能力，即使前期规划设计和实施开发有错误，也可以在运营过程中不断改正，从而让考虑不周全的前期设计在后期的实施中完善。

笔者曾经为某家石化企业提供过一个通过价格预测每日定价的定价模型。笔者利用各种要素，结合大量的历史数据，开发了一种比较复杂的预测算法。在实际执行的时候，因为预测永远不可能绝对精准，所以结果存在误差。半年后，该企业的定价团队就放弃了这个预测算法。因为缺少运营，该企业不是进一步通过分析各种要素来修正存在误差的预测算法，而是因为初期设计的算法存在误差，或者某天的价格预测存在较大误差，认为该预测算法不好，放弃执行。

项目管理十要素

项目管理是一个非常专业的管理领域,需要专业人士来实施,为此业界有专门的项目管理专业人士认证项目,也有对应的培训和证书。

一般来讲,项目管理要关注十个要素。在企业数字化管理体系建设的过程中,可能会有一些周期短、费用少、人力少的项目。无论项目大小、周期长短、预算多少,企业都应该以专业的态度和方法来管理,不能因为项目小而不去管理,让项目自生自灭。这十个要素如图 6-5 所示。

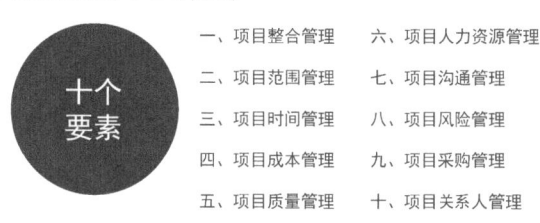

十个要素	
一、项目整合管理	六、项目人力资源管理
二、项目范围管理	七、项目沟通管理
三、项目时间管理	八、项目风险管理
四、项目成本管理	九、项目采购管理
五、项目质量管理	十、项目关系人管理

图 6-5 项目管理要关注的十个要素

1. 项目整合管理

数字化转型和数字化管理场景的项目往往都是复杂的,会涉及企业内部业务环境、业务活动、相关组织、业务人员,还涉及数据和技术环境的问题。对于每一个项目,企业要从定向、定位、目标、计划、最终成果、周期、成本等视角进行明确,并确保这些视角之间是体系化的、完整的、全面的,还要将与该项目关联的相关环境的协同问题考虑到。

项目整合管理还包括整个项目周期过程中的系统性变更管理、项目过程中的持续管控和调整程序,以及项目结项后的复盘等。所谓项目整合管理,就是把项目当作一个系统工程来统筹考虑、协同管理。

2. 项目范围管理

在项目开始前,特别是在项目设计阶段,明确项目的范围和边界,并在项目实际执行的过程中控制好项目的范围和边界,是非常重要的。如果项目在执行和实施过程中没有明确的范围和边界,往往会因为"应该"的问题,不断扩展范围和边界,导致拖沓、费用超标、周期不断延长。

对于数字化管理场景项目,要明确以下内容:业务的范围与边界,可以从流程的角度明确项目范围中包括哪些实际的业务流程;组织的范围与边界,组织包括哪些业务部门,涉及哪些岗位;内容的范围与边界,内容包括哪些业务、数据、技术、流程、组织、人才、文化等,是否包括业务流程数字化再造,是否包括智能硬件的选型和装备，是否包括数据标准和规范，是否包括相关数据的治理，是否包括对历史数据进行清洗和规范入库，是否包括决策算法的开发，是否包括人员能力的提升，等等。

项目范围管理是贯穿项目全生命周期的，并非只存在于项目设计阶段，过程中的范围控制更加重要。另外，企业还需要在范围管理和边界控制的过程中协调好各方利益，做好范围和边界调整的认知协同工作。

3．项目时间管理

对项目中的任务进行精细化的拆解，并在项目实施过程中，针对每一项任务做好时间预测，确定关键执行路径，确定前序和后序关系，严格控制各项任务的完成时间，从而做好过程中的时间管理，确保在既定的计划时间内完成项目，达到交期要求。

为了保证项目如期完成，企业还要确保人力资源、费用资源、伙伴资源的合理调度，确保项目过程的顺畅。只有做好计划管理，才能做好时间管理。

4．项目成本管理

鉴于数字化管理场景项目往往都是内部可控的项目，所以内部资源的调度、组织间的协作、流程环节上的衔接是非常重要的。对于过程中的成本，要在事前做好预算，事中做好管控，事后做好核算和结算，并进行分析和反馈。

这里最容易忽略的是隐形成本，特别是人力费用中的隐形成本。比如，开会中的等待时间，定好 9 点开会，9 点 10 分才开始，浪费了准时到场人员的时间，这就是隐形的时间成本。从企业的角度来讲，在这 10 分钟内，企业也要支付相关人员的薪酬。再如，定好某年某月某日需要完成某项任务，拖延一天，导致后面工序的人员等待一天，这也是隐形的时间成本。闲置、等待、无效流转、无关事项打扰等都是造成隐形成本的原因，企业需要做好过程中的协调，规范地管理项目。

5．项目质量管理

数字化管理场景项目涉及实物质量的情况不太多，但会有工作质量、作业质量、数据质量、开发程序代码质量的问题。如果每个人都是专业的，就不会有太大的问题。专业化和职业化是保证项目质量的基础。程序员写代码的质量、备注和说明的质量、开发文档的质量、开发记录的规范，是软件开发工程所要求的。管理者要建立相关的规范，不能因为软件程序有了结果就不管代码的质量，否则在后期进行修订或者改版的时候，大家都不知道该程序的代码是什么了。

涉及硬件的，一定要确保硬件的质量和硬件运行的稳定性。比如，进行人脸识别的摄像头，不能因为安装问题、环境光线问题，在多次尝试后不能识别人脸，也不能因为识别敏感度问题而带来安全性问题。

6．项目人力资源管理

每个项目都是多方协作的结果，其中人力资源的配置，人员是否具备足够的能力，人员是否对项目足够重视并投入足够多的精力，项目中的人力配备是否满足项目交期需求，项目中人员之间的协作是否顺畅，都是影响项目人力资源管理的关键要素。

项目中人力的配置和时间安排是一个科学统筹规划的问题，避免任务间的等待、减少人员的闲置、充分利用项目配备的人力，是项目人力资源管理非常重要的目标。在项目实施过程中，某些兼职的、跨项目调度的人员需要协调项目间的关系，避免在关键的时候无法到位。如果关键任务链上的某项任务出现延期，那么后期的关联任务也不得不延期，从而导致承接后续任务人员的等待和闲置，造成浪费。

7．项目沟通管理

充分的沟通是保证大家顺畅协作的基础。在项目开始的时候，需要让每个相关人员都知道项目的目标、范围、流程和预期结果，对项目价值有充分的认知，知道自己的职责、任务，任务对应的目标、质量、交期等要求，以及他们可以支配的费用等。

在项目实施过程中，虽然人人都要知道项目的进度和过程，明确计划、任务和职责，但是也要避免过度的沟通，避免无效的文档准备和会议。为了促进项目中人员之间的协作，企业可以充分利用微信群、OA 系统的聊天群、项目管理社区等，将相关的资料、文档、安排和协作内容进行分享，做好文档的编码编目和命名，对阶段性的资料进行有效的存档等。

8．项目风险管理

数字化管理场景项目风险的来源有很多：一是底层数据和技术的问题，二是业务和流程改善的问题，三是组织，四是大家的期望值管理问题。如果大家在开始的时候对项目的期望值过高，就会导致实际结果和期望值产生偏差之后的评价问题，以及该项目在实际执行中的持续性问题，这些都是项目执行过程中的风险。

还有一种风险是项目执行过程中的技术迭代。当我们采用一种技术来改善项目的流程时，在项目中期发现所采用的技术已经过时，已经出现了更加高效的技术，从而导致具体实施的场景项目被大家诟病。项目还没结束，就已经落后，我们不得不在项目执行期间变更技术方案。要想避免变更技术方案，企业要一直关注前沿技术，并掌握无纸化、无人化、无介质化的"三无原则"。

所谓"三无原则"，就是在技术选型的时候选择不需要纸质的流程、不需要人工参与的流程、不需要介质的流程。

9. 项目采购管理

在企业数字化转型的过程中，会有咨询服务外包采购或者技术外包采购，甚至还包括一些智能硬件的外包采购。在外包采购过程中，传统企业经常会出现一些问题。

采购智能硬件时的选型问题非常重要，企业可能受限于预算，会选择较为便宜的智能硬件，导致安装了过渡产品，刚上线不久智能硬件就过时，从而不得不再次采购。这种现象比较普遍。

笔者服务过的一家企业曾经上线一套无人值守的访客系统。该访客系统是这样的：访客可以通过微信关注企业的公众号，然后在公众号内申请入厂，填报访问对象、访问时间和入厂门口，被访人员在微信上进行审批，之后访客获得一个二维码，然后在访问时间内到达入厂门口，在一个类似鸟巢的排柜上刷二维码，柜子开门，访客取得带有芯片的访客卡，然后刷访客卡通过门禁闸机；在拜访完成之后，访客刷卡出厂，在排柜上刷二维码还卡，该排柜会打开一个柜门，访客将访客卡放到柜子里，关上柜门，完成访问。

这个系统的成本不算太高，六个厂门，加上软硬件系统和柜子，总成本约30万元。但是，在该系统上线之后不久，一种新的访客系统出现了。新的访客系统是这样的：访客通过企业微信申请访客二维码，直接刷二维码进厂。在访问时间超过了之后，二维码自动过期，这样不需要安装柜子，也不需要访客去取访客卡。这就是在数字化智能硬件选型过程中，企业因为缺少对新技术的理解而选择了过渡产品，在新技术的应用过程中走了弯路的例子。

在进行智能硬件选型的时候，掌握"四无"原则可以让我们选择的智能硬件具有更长的生命周期。"四无"就是无人化、无纸化、无介质化、无脑化。无人化是指在整个流程改造过程中不需要人工的参与，不需要人员的值守，也不需要设置相关岗位；无纸化是指在这个过程中不需要任何纸质的申请表单，也不需要纸质的签字，更不需要纸质的证明文件，全部线上化；无介质化是指在全流程环节中能够避免使用介质（如手持设备、含芯片的卡片，或者具有实体介质的卡片）的，全部采用无介质的验证，如验证指纹、人脸、二维码等；无脑化是指能够用后台的系统算法验证的，不需要人动脑来验证。

在咨询服务的采购方面，绝大多数的企业是没有经验的，往往根据硬件、材料或者设备的采购模式来采购，将价格作为关键的考量和评价因素，导致应用过程出现问题。其实，咨询服务的采购是知识型采购，无论是在采购决策方面，还是在付款的条件方面，都与硬件、材料或者设备的采购存在较大的差异。原则上来讲，对于成熟的知识，以实际经验为参考因素；对于新知识，以认知协同为评价标准。在付款条件上，咨询公司往往采用先付款后服务的模式，这跟传统的货到付款有本质上的差异。对于知识类的服务，客户一旦获得知识，知识就没有价值了，客户已经掌握的知识是没有价值的，没有掌握的知识则是无价的，所以咨询公司往往要求客户先付款，再把知识给客户。这使得很多企业不得不选择不适合自己的付款条件，最终导致很多知识成为束之高阁的 PPT 文档，而不是实际落地的方案。

另外，在咨询服务的采购方面，因为采购决策的复杂度高，决策困难，很多企业都遵循"品牌导向"的决策潜规则。如果你选择顶级咨询机构，最终发现咨询方案错了，或者咨询方案无法实施，那么问题不在顶级咨询机构，而在你自己。对企业的采购决策者来讲，选择顶级咨询机构，本身就是一种决策错误，是一种不负责任或者没有决策能力的表现。对国有企业来讲，这种现象特别明显，民营企业往往是以价值为导向的，而国有企业是以"无错"为导向的，为了避免出错，降低决策风险，规避责任，将最好、有经验、价格高作为决策时的参考因素，这反而导致了决策风险或者决策失误。

在面对新方法、新理论、新事物时，速度决定领先度，企业不要看价格、品牌，而要看认知协同，即大家的认知程度是否一致，是否对行动方案有更高的认同度。大家存在认知偏差，这是最为危险的，不仅会耽误时间窗口机会，还会带来巨大损失。

在软件产品的采购中，需要注意的是选型决策机制的问题。传统的信息化软件的采购往往是基于稳态的流程进行的，选择完整的信息化软件，在上线之后就不再变化了，但是数字化所需要的软件和软件功能，需要不断地迭代、升级。这种思想让企业在做出采购决策的时候，除了考虑现在的需求，还要考虑未来的需求，以及可能的变化，避免为了适应不可预知的变化而迟迟不做出决策，影响项目进度。

数字技术产品采购尽量避免采购一次性到位的"系统"或者模型，应选择更具有开放性的软件系统，从而适配未来的需求。在厂商选择上应尽可能选择可以长期合作的厂商，通过定制化的合作方式，强调二次开发。一种较为适合这种方式的合作方法是"技术人员外包"，即企业在跟相关厂商合作的时候，在软件平台的基础上，通过外包人力服务的方式获得其持续的支持，为数字化业务场景和数字技术产品的应用提供定制化方案，并按照人力成本来结算。

10. 项目关系人管理

项目在实施过程中涉及多方的管理人员，其中，对影响项目进度、过程决策和最终结项付款的项目关系人的管理是非常重要的，是项目成功的关键。在项目实施过程中，企业管理者应与项目关系人进行充分的沟通，获得并满足其关键需求，让其理解相关技术实现的方法和方案，让其参与到项目决策和项目方案的设计和调整中。这样在评价项目是否成功的时候，项目关系人因为在项目实施过程中的参与和对相关技术方案的理解，最终会给出满意的评价。

在项目实施过程中，项目关系人的参与是保证项目满足客户需求的关键点，即使是再完美的前期方案，在实际实施过程中也可能出现偏差。在项目实施过程中，项目关系人对相关变更的知悉、理解，以及参与决策，是项目最终落地，避免客户排斥、拒绝执行的基本条件。

项目关系人包括企业的高层管理者，以及实际使用项目成果的业务部门、财务预算控制部门（特别是在项目中可能出现超出预算的变更时）、技术责任部门、关联业务部门（流程上的关联关系）的人员等。

项目管理人才培养

进行数字化转型或数字化管理体系建设的企业需要为数字化转型项目培养项目管理人才，从而更专业地管理多个项目。无论是串联运行的项目，还是并联运行的项目，企业都要确保这些项目的成功，避免因为项目管理问题导致某些场景转型失败，让大家失去进行数字化转型或数字化管理体系建设的信心。企业可以遴选高潜人才去参加 PMP 的学习和认证，将领先的项目管理专业方法引入数字化转型或数字化管理体系建设的相关场景中，从而更好地、更专业地对相关项目进行管理，确保项目成功落地。

很多企业已经培养了一些项目管理人才，让其负责常规的变革项目。企业的数字化转型或数字化管理体系建设，需要这些熟悉业务、掌握传统管理学知识的项目管理人才再掌握一定的数字技术相关知识，并在实施和管理数字化项目的过程中对数字化有更加深刻的理解，从而逐步迭代数字化项目，让数字化项目得到有效实施。数字化项目和传统项目的差异在于，传统项目都是单维度的，如流程再造项目、设备技改项目、工程建设项目，而数字化项目涉及的业务范围更广泛，涉及的专业领域更多维，涉及的技术领域更专业。这就要求项目管理人才有足够丰富的知识来驾驭数字化项目，无论是从技术的角度、数据的角度、业务的角度，还是从组织和文化的角度，都能够游刃有余地洞察项目成功的关键因素，从而更好地确保数字化项目的成功。

项目群协同管理

数字化项目不会是孤立的项目，无论是数据标准的一致性、所采用数字技术的兼容性，还是业务流程间的关联性，以及所使用的数据资产管理平台的同一性，都要求企业的数字化项目必须是一体化的、联动的。所以企业在进行数字化转型或数字化管理体系建设时，就不能像过去进行信息化建设时孤立地进行了。过去的信息化建设由各个业务部门主导，由信息部门提供技术支持，根据业务部门的需要单独选型、单独实施，采用不同厂商的产品，以满足业务部门的单体需求为选择依据，并做出最终的决策。比如，销售部门在上线 CRM 系统的时候，会考虑到其跟 ERP 系统的连通性，因为要利用财务系统来处理订单、确认收款等，但不会考虑其跟 SRM 系统的连通性或一致性，也不会考虑其跟 MES 的关系，最终建立了一个个的数据孤岛：数据标准不一致，数据不联通，业务信息系统"各自为政"地服务业务流程。

在实施数字化项目的时候，要考虑数据标准的一致性、技术标准的一致性、技术架构的一致性、技术平台的同一性等。这就要求企业对各个数字化项目进行协同管理，无论是连续立项的项目，还是并行执行的项目，都要进行协同管理，对于后续项目，要参照前序项目的相关标准进行管理。我们把这种管理方式叫作"项目群协同管理"。在这种管理方式下，企业不仅要考虑并行的项目间的协同，还要考虑前面已经完成的项目和后续要立项的项目间的协同。在做项目的设计和架构的时候，企业要考虑到后续项目的兼容性。

数据标准的一致性。数字化项目都会涉及底层的数据，要在整体数据治理战略的管理下，构建企业所有可能的数据需求，然后建立统一的数据标准。当涉及相关数据的时候，无论是流程前端的数据，还是流程后端的数据，都按照统一的数据标准来实施。

技术标准的一致性。在选择技术的时候，企业也要考虑各个项目所采用标准的一致性。如果一个项目将 Java 作为编程语言，最好各个项目都以 Java 为编程语言，如果前面的项目将 Python 作为编程语言，那么后续项目也应将 Python 作为编程语言，便于将来在迭代开发时进行技术管理，否则企业需要配备多种语言擅长者来保证项目的二次开发或者迭代升级。

技术架构的一致性。企业所有的数字化项目都要采用相同的技术架构。如果其中一个项目采用的是 C/S 架构，其他项目就都采用 C/S 架构；如果其中一个项目采用的是 MVC 开发模式，其他项目就都采用 MVC 开发模式。在技术架构方面，我们建议企业建立统一的标准，然后让各个项目都遵循该标准。另外，在整体架构设计上，企业应基于数据全生命周期管理的理念进行，将数据的"采""管""用"分离。也就是说，用来采集数据的业务系统，其功能仅限于数据采集和流程管理，不要在基础业务系统中开发数据管理和数据应用；对于用来对数据进行管理的系统，尽可能不要将其当作业务系统来采集数据和支撑流程运转；对于用来开发数据应用的系统，不要将其作为数据采集系统。

现在很多技术产品都具备多种功能，进行数据应用开发的 BI 系统，也可以用来填报采集的数据；服务业务流程的业务系统，也可以对采集的数据进行可视化呈现。比如，ERP 系统、CRM 系统都具备数据报表和数据可视化呈现的功能，笔者不建议企业在 ERP 系统或者 CRM 系统中做数据图表和看板，因为这会使对数据图表和看板进行全业务域管理更加复杂，也不能对正在运行的图表和看板进行统一的管理。在数据应用上，随着企业信息化覆盖度的提升，很多看板中的数据往往来自多个业务系统，或者企业需要利用多个业务系统来实现看板和图表的联动分析。如果将看板开发在业务系统上，跨系统调度数据就会让后续管理变得复杂，给后期对数据资产和数据应用的管理带来难度。将数据的"采""管""用"分离是我们建议的原则，也需要企业尽早考虑构建数据管理平台，从而在该平台上开发数据应用。

技术平台的同一性。不同的技术平台所具备的功能不同，各有所长。有的平台擅长互联网数据的接入和处理，有的平台擅长处理生产设备的实时数据，有的平台擅长处理大数据，有的平台擅长数据安全管理。根据企业的需求，管理者有时候不得不选择多个平台：生产体系要选择擅长管理实时数据、设备数据、仪器仪表数据的平台，在选择销售体系的平台时要考虑互联网数据接入、电商平台数据接入等，这会导致两个平台在管理数据的规范上出现不同。如果可能，企业最好只选择一个平台来管理所有数据，实现所有数据在一个平台上的打通。采用多个平台不仅会带来管理上的困难，还会带来新的数据孤岛问题。

阶段目标与持续迭代

企业数字化转型是一个长期的过程，即使是一个环节的数字化转型，也需要进行持续的迭代。迭代的内容包括数据采集方法和数据采集量、数据处理方式和方法、相关决策模型和算法模型等。"变"是数字化项目的典型特征，这跟过去企业进行信息化建设的思路是不一样的。之前企业在对业务系统进行选型的时候，考虑的是长期需求和该系统的稳定性。在数字化转型过程中，企业上线的进行数据采集、数据处理、数据分析、业务决策的系统，都需要基于业务变化和内外部经营管理环境的变化进行适配性的调整。我们不能因为项目需要变化而等待，也不能因为变化而否定项目过去的成绩。

所以，企业需要设定项目的阶段性目标，在阶段性目标完成之后，马上进行迭代升级的准备，在不断求变的过程中进行持续的优化，在优化的过程中让数字化更聪明。在一个数字化项目实施完成之后，企业就要开始立项对它进行改善了，而不是在实施完成之后就认为其已经结束了。在很多时候，数字化项目的落地只是开始。

对于绝大多数的业务决策场景，企业都不可以用成熟的算法来对其进行"数智化"再造，而是需要设定一个从"数据化"升级到"数智化"的路径，并设定一个时间段来实现从"数据化"到"数智化"的升级，并在实施"数智化"的过程中，持续监控数智化模型的有效性，对运行中出现问题的系统进行持续的迭代优化。这个过程中容易出现的问题就是，当算法不准确的时候，我们是选择优化算法，还是选择用人工替代算法。很多企业会选择后者，而这种做法会让企业绝大多数的自动决策模型流产。这种选择是逆趋势的做法，只有选择优化算法，让算法更加精准，才不会退回到从前。

6.3 企业数字化管理升级中的变革管理

建设数字化管理体系是时代的趋势，但其对企业管理体系的冲击是巨大的。如果认为建设数字化管理体系只是技术实施的问题，那就大错特错了。很多人都有捷径思维，认为只要应用了新的数字技术，就能提升企业的管理效率，如果管理效率没有得到提升，那就是数字技术的问题。实际上，在建设数字化管理体系的过程中，变革管理是其落地的基础，也是其创造价值的基本条件。

如果企业仅仅推动数字技术的应用，不注重管理变革，或者变革推动力弱，就会成为"技术天真派"；如果企业只想着变革，拥抱数字智能时代，但在数字技术方面缺少投入，或者没有足够的能力推动技术的应用，就会陷入"管理乌托邦"，靠想象去拥抱数字智能时代。应用数字技术和管理变革矩阵如图6-6所示。

企业要想成为数字化的领导者，利用数字技术的红利来引领其他企业顺应时代趋势，提升竞争力和盈利能力，推动持续经营，甚至是永续经营，就要在应用数字技术和管理变革上,"两手都要抓,两手都要硬"。对比"应用数字技术"和"管理变革"这两只手,应用数字技术是相对简单、容易的。只要企业有强大的专业能力和足够的资金,应用数字技术就不会有问题,如果专业能力不强,企业可以招募人员来补充;相对于应用数字技术,管理变革才是最难的,涉及方方面面,复杂度会因企业组织和人员关系复杂度的不同而不同。

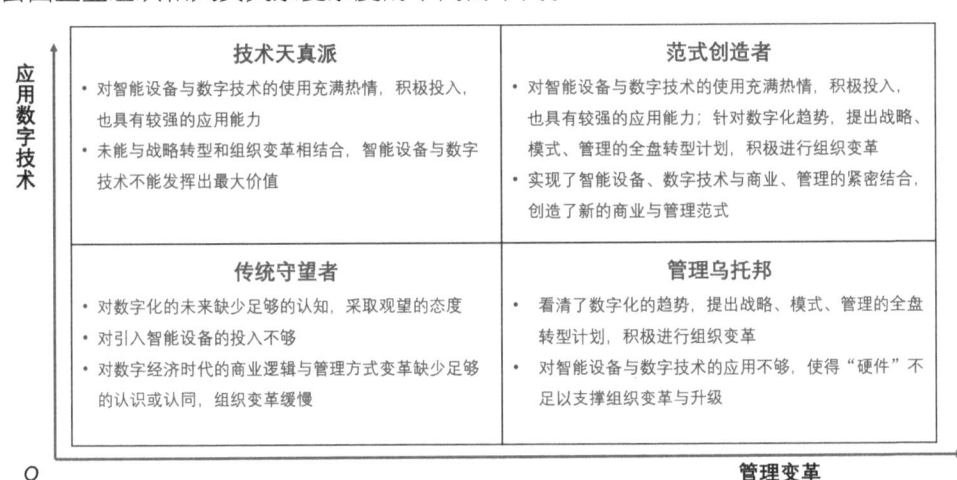

应用数字技术	技术天真派 • 对智能设备与数字技术的使用充满热情,积极投入,也具有较强的应用能力 • 未能与战略转型和组织变革相结合,智能设备与数字技术不能发挥出最大价值	范式创造者 • 对智能设备与数字技术的使用充满热情,积极投入,也具有较强的应用能力;针对数字化趋势,提出战略、模式、管理的全盘转型计划,积极进行组织变革 • 实现了智能设备、数字技术与商业、管理的紧密结合,创造了新的商业与管理范式
	传统守望者 • 对数字化的未来缺少足够的认知,采取观望的态度 • 对引入智能设备的投入不够 • 对数字经济时代的商业逻辑与管理方式变革缺少足够的认识或认同,组织变革缓慢	管理乌托邦 • 看清了数字化的趋势,提出战略、模式、管理的全盘转型计划,积极进行组织变革 • 对智能设备与数字技术的应用不够,使得"硬件"不足以支撑组织变革与升级

图 6-6 应用数字技术和管理变革矩阵

蝶变认知:破而后立,做好变革管理

数字技术与信息技术不同,其改变的是企业的管理方式,带来的是管理方式的升级和决策方式的变革。决策方式在企业中代表着人的权力和权利,所以在数字化管理体系建设过程中,其会带来组织中人员的权力和权利的变化。这必然会影响个人利益,从而使人员因利益受到影响而进行抵制,这种抵制就是数字化管理体系建设的阻力。要想推动数字技术在企业管理中的应用,企业必须做好与这种阻力斗争的准备,这样才能做好变革管理。

笔者曾经为一家石化企业提供数字化咨询服务,帮助该企业开发了一个定价模型。该定价模型根据历史石油行情数据、历史定价数据和销售量数据,以及油价行情来决定每天的出货量,再根据每天的出货量来预测每天的定价。该定价模型利用大量的历史数据来预测成品油每天的价格,从预测的角度来看,效果还是不错的。但是预测结果总会有一定的误差,而且基于算法,也很难预测到一些不确定的事件。该定价模型给这家石化企业的定价团队提供了非常好的指导,但是后来这家石化企业的定价团队以无法准确预测为由停止了对该定价模型的使用。

其实，之所以该定价模型没有被持续使用下去，是因为这家石化企业的定价团队感受到了定价模型给他们的决策权带来的挑战，他们觉得失去了"决策权"，甚至觉得将来会面临失业问题。该定价团队有七八个人，如果算法越来越精准，可能只需要一两个人做决策就可以了。另外，算法决定了价格，他们就不能起到决定作用，权力和权利都受到挑战。在产生这种想法之后，大家就会产生抵制心理，借偶然事件下的不准确停止了对该定价模型的使用。

这种现象在很多企业实施数字化管理方式变革时都会出现。在应用数字技术之后，企业的决策方式逐步从数据化升级到数智化，在这个过程中，算法会替代人做出决策，这会削弱人的权力，影响人的权利，阻力必然会产生。这个时候，企业高层的干预、坚持就变得非常重要，应调整企业中的责权利关系，使其顺应数字技术的发展，推动数字技术的应用，而不是逆趋势而为，再退回到从前的决策方式。

在建设数字化管理体系之前，团队成员要达成变革共识，协同认知，共同做好变革管理。虽然我们说企业的数字化转型是"一把手工程"，但是企业的数字化转型不是老板一个人的事情，而是整个组织的事情。"一把手"是发起者，是推动者，企业的数字化转型需要大家去实施、去创新，所以企业要自上而下地协同员工对变革的认知，使其一起"蝶变"，让每一个人都成为变革的推动者。

笔者在跟企业合作实施数字化项目之前都会组织一次协同认知会，会上会讲解数字化管理升级的知识，以及数字化可能给大家的管理方式带来的变化，然后与企业在要不要做、要不要参与、要不要变革上达成共识。另外，会生成一些推动变革的口号，写在墙上或者发表在企业内网上，让大家组织学习和背诵，这些口号就会成为大家的共识，从而保证没有人会成为企业数字化管理升级的阻碍者。比如，数字化会让管理透明化、阳光化，谁是阻碍者，谁就是有问题的人；在数字化管理升级的过程中，谁跟不上谁就会被淘汰；数字化让管理阳光化，谁不拥抱数字化，谁就有灰色收入等。虽然这些语言直白了一些，但对企业进行数字化管理升级非常有帮助。那些本身没有既得利益的人，会积极地拥抱数字技术带来的管理变革，而且实践也证明了，那些阻碍企业进行数字化管理升级的人，的确是既得利益者。所以说，谁有问题谁就会阻碍变革。当企业内的员工对这种说法达成共识的时候，变革的推动力就会大一些，那些既得利益者也会在大趋势下收敛，将既得利益的损失当成必然的损失，减少公开阻碍企业数字化管理升级的言论和行为。

推动数字化管理升级的企业要认识到，变革必然会触动某些人的利益，必然会有矛盾冲突，必然会有人因此不得不放弃原有的管理方式、做出让步，否则企业的数字化管理升级就会成为口号，说得很好，讲得很多，做得很少。

专业引领：用专业的态度管理变革

企业在进行数字化管理升级的过程中要谨慎，前期大家都没有信心，都在试错，如果前期项目的失败让团队成员对数字化丧失信心，那么项目就容易半途而废。这个时候，精心策划，并在专业人才的指引下行动，是最好的选择。在前期几个项目取得成功，大家享受到相关红利，有了足够的信心之后，才更容易发动更多的人参与到这场颠覆性的变革中。

在试错的过程中，具备专业人才很重要，但这也是矛盾所在。对新技术进行应用探索，各个企业都处在试错阶段，没有足够的具备经验和专业能力的人才，对专业人才的需求很大；企业很难招募到专业人才，市场上没有足够的专业人才，这就是专业人才的供需矛盾。

在没有足够的专业人才的时候，企业需要从学习的视角去研究、设计项目，在实施相关项目的过程中，要进行更加充分的总结，沉淀经验，每一步都应谨慎地研究、仔细地规划设计，并在每一步完成后进行充分的复盘，以专业的态度来推动变革。对于出现的错误，要谨慎地对待，以开放的心态接受、包容，给团队成员更大的空间进行才能发挥，而不是一出错就追责、惩戒。

复盘是加速团队成员成长的优秀方法。通过持续的复盘，将过程中成功的做法总结下来，让大家一起学习、一起成长；对于过程中出现的问题，谨慎对待，寻找解决的方法；面对问题和大家的异议，用开放的心态来管理，包容错误，鼓励创新，兑现过程中的价值创造，从而构筑一个创新求变的氛围。

在专业知识方面，企业可以参考变革管理大师约翰·科特的《领导变革》一书，其提到的管理变革的八个关键步骤如图 6-7 所示。

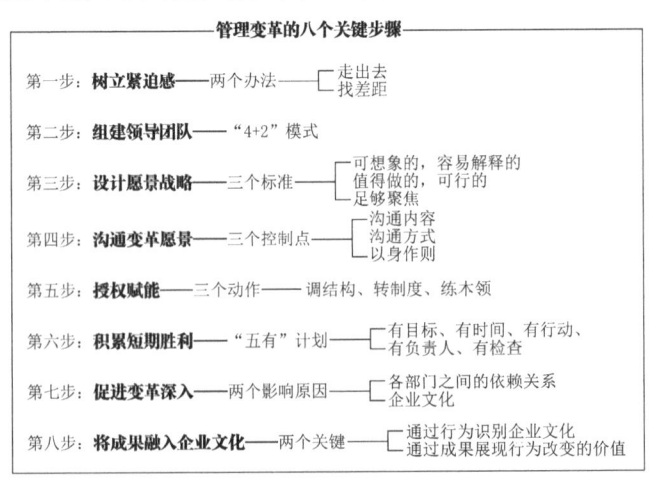

图 6-7　管理变革的八个关键步骤

避免夭折：持续迭代与持续优化

在创新求变的氛围下，企业要以求变的思想迭代项目。一方面，企业要在项目实施完毕之后开启迭代优化的程序，而不是根据信息化建设的思维模式，在项目实施之后就期待其长期不变。虽然企业在变革过程中需要有一个固化期，但在项目实施之后，企业需要密切观察实施效果，让业务给予实时动态的反馈，根据反馈，寻求新的改善，在改善的过程中迭代优化。另一方面，企业要在原有成功项目的基础上复盘成功的关键要素，在总结过去成功经验的基础上，向其他项目输出经验，从而再次思考前期项目，对其进行迭代改善。成功的关键要素有可能是大家的配合、业务的求变，也有可能是外部竞争的压力、团队的创新思维、技术的易用性。

为了避免项目夭折，我们需要给予数字化管理场景较长时间的并行运行期，让数字化管理逐步成为一种管理习惯；给予算法一定的时间去运行成熟，确保数字化管理习惯的养成。在并行运行期，发现数字化管理场景的问题，要及时调整。无论是出现数据不足以支撑做出更好的分析和业务洞察的情况，还是我们需要采集更多的数据以辅助管理者做出更好的业务决策的情况，都需要我们及时调整。我们对算法不断进行微调，对不确定性问题进行预测，加上人工的判断，能够确保算法在不断优化下有更好的决策科学性。当并行运行期的新管理方式出现问题的时候，不要回归到原来的管理方式，而是要调整新的管理方式，让新的管理方式能够成长，保证变革成果的落地。所有团队成员要达成共识，要为改善新的管理方式献计献策，而不是站在局外诟病新的管理方式的缺点。

突破阻力：相信相信的力量

在企业转型之初，自上而下要达成共识：数字化转型或数字化管理升级是企业必须要做的，是企业生存发展的必然选择，那些不参与的人只能选择离开企业，那些推动数字化转型或数字化管理升级的人会成为企业的核心骨干。同时，大家要认识到，这次变革是艰难的，会有很多问题，需要大家群策群力地去解决，大家要成为解决问题的贡献者，而不是阻碍者。要想做到前面两条，一种共识就是要相信这是正确的方向，是企业持续生存的基础，更是企业管理的未来。相信是一种力量，只有大家有足够的信心，在转型的过程中才会做更多的努力，遇到阻力才会去想突破阻力的办法，而不是浅尝辄止，碰到问题就往回退。

数字技术给企业的管理方式带来的变革是质变，是非连续性的变革。数字化管理成熟度高的企业拥有更强的竞争优势，拥有更成熟的数字化管理技术。将数字化管理方式与传统管理方式进行对比，结果是费用降低、时效提升、响应速度加快、决策准确性提高。

举一个例子。叫车服务不是新鲜事物，以前的出租车公司也有叫车服务，乘客给出租车公司的呼叫中心打电话，呼叫中心的接线员接到乘客的叫车订单，然后通过对讲机呼叫各个出租车司机，询问谁有时间、谁方便、谁愿意接单，然后人工告诉出租车司机乘客的地点，完成该叫车订单。网约车平台通过"数据+算法"来给司机派单、对司机进行管理。我们可以从费用、派单时效、响应速度和决策准确性等方面来找到传统管理方式和数字化管理方式之间的差别。

呼叫中心的接线员一天能够完成几单呢？如果 10 分钟能够完成一次接单、派单，每天工作 8 小时，就可以完成 48 单，约每天完成 50 单，这已经非常高效了。在费用上，假设一个呼叫中心的接线员每个月的工资为 6000 元，每天的工资为 200 元，完成 50 单，每单的人工成本是 4 元；"数据+算法"能够实现实时派单，1 千瓦·时电能够让服务器的算法运行上万次，每单的电费只有 0.01 分，成本上存在巨大的差距。在派单时效上，接线员 10 分钟完成派单，服务器利用"数据+算法"进行派单用不了 1 毫秒，这也是巨大的时效差距。在响应速度上，服务器实时接单、实时派单，并能够随时监控乘车需求和司机位置的分布均衡性，动态调整司机到分布不均衡的地方去接单，而在传统管理方式下，司机只能在道路上空驶待客。在决策准确性上，网约车平台能够根据"数据+算法"看到空闲司机在整个城市中的分布状况，从而精准派单，传统管理方式下的司机只有在接不到单的时候才换一个地点，决策准确性完全不在一个量级上。另外，对出租车司机的管理管控，对服务质量的改善，在传统管理方式下靠人来完成，而网约车平台可以实时完成。

数字化管理方式是一种更高级的管理方式，是时代给企业提供的机会。如果企业不能把握住这个机会，这个机会就会成为企业发展的威胁，竞争对手在管理上的数字化转型，给企业带来的是更高维度的打击。就像网约车取代传统出租车一样，企业也会因为在数字化管理升级的竞赛中落后竞争对手而被打击。所以，企业不仅要相信自己正在做着符合发展趋势的变革，而且要树立危机感——如果不能把握"机会"，就会被打击。

当然，相信也是一种能力，只有看得到未来的人才会相信未来，对数字技术的远见，是相信的基础，也是产生相信力量的源泉。并不是所有的人都可以看得见未来、相信未来，绝大多数人都是因为看见才相信的，并不是因为相信才看见的。所以，管理者要在这个过程中通过各种案例、示例，以及以身作则的行动，领导着大家去经历这场时代大背景下的企业组织的变革，这样才能使企业在行业的数字化转型方面处于领先地位。

持之以恒：持续变革，异中求同

变革在于坚持，与数字化相关的转型更需要坚持。"坚持"有两层含义：一层含义是持续到数字化相关项目的落地；另外一层含义是在相关项目落地之后还需要对其进行持续迭代，直到该项目的相关应用成为一种常态化的管理方式，相关算法逐步成熟并具备自运行的条件。

数字化相关项目涉及的范围、专业和领域广而杂，复杂度高，难度大，所需要的时间可能很长，所以更需要坚持，更需要多方的配合。数字化转型一旦开始，就会延伸，一个流程环节的数字化转型会带动相关流程环节的数字化转型，因为在一个流程环节转型成功，其效率和数字化程度提升之后，其他流程环节就有可能成为整个流程数字化转型的瓶颈，这些流程环节就有了进行数字化转型的动力。另外，企业通过前期的转型项目，积累了经验，丰富了数据，培养了人才，普及了认知，树立了信心，其数字化转型成功率会因此而大幅度提升。这也带来一种现象，即数字化领先企业会持续领先，会带动其他企业更快地突破行业增长瓶颈。

对于数字化管理场景这个新鲜事物，不同的人可能会有不同的认知视角，有不同的想法和做法。在实际规划设计的时候，我们一方面要听取专家的意见，另一方面，如果团队内部存在不同的想法和做法，要在整体方向上先达成一致，然后在基础工作上达成共识，在做的过程中逐步解决异议，一定要避免一味地听取级别高的人员的意见。大家要在商议中达成一致的看法，并在实际执行过程中不断地讨论，以开放的心态听取意见，吸纳好的想法和做法。大家都在摸索中前行，所以不是级别高的、口才好的人就一定看得清、想得明。在必要的时候，我们要走出去，看看其他企业、其他行业和其他类似场景的做法，多学习，多参考。

第 7 章

企业数字化管理体系建设的技术架构

数字化管理体系建设的技术体系为企业的数字化转型提供了基础公共设施，这也是构建数字化管理体系建设的技术体系的原因。企业的数字化管理体系是跨各业务口径的，只要是需要管理的地方、需要做出业务决策的地方，就是数字化管理体系所覆盖的地方。其他的业务活动，无论是智能制造，还是智慧供应链，或是数字化互联网营销等数字化转型的专项业务场景，都应该在企业的数字化管理体系上进行嫁接，并与其融合，让数字化转型业务场景所产生的数据、所开发的算法、所有的过程和结果，都融合到企业的数字化管理体系中。

一方面，数字化管理体系建设的技术架构要具有整体性，能够融合全业务域的管理；另一方面，数字化管理体系建设的技术架构要照顾到其他业务域的数字化转型需求，从而能够兼容并蓄，承载整个企业的数字化转型战略的落地。在推动数字化管理体系建设的时候，一个完善的、科学的、规范的技术架构就变得尤为重要了。

7.1 企业数字化管理体系建设的技术闭环

数字技术与信息技术的区别在于，数字技术是一个闭环体系，与信息技术赋能流程效率的线性逻辑不同。数字技术是一个包含数据采集、数据分析和优化决策的闭环，这个闭环有两种状态：初级状态是人工模式，即由管理岗位上的人员来分析数据，并做出相关业务决策；高级状态是智能模式，即由算法来实现对数据的分析，并由此产生决策指令，指挥业务人员进行各种活动。数字技术闭环需要利用相关的数字技术来实现，靠人工来实现是不现实的。构筑这个闭环需要用到各种数字技术，而数字技术是多种新兴技术的组合。所以，构建这个闭环就会出现两个问题，第一个是采用哪些技术的问题，第二个是这些技术如何协同作业，兼容地满足闭环要求的问题。

企业数字化管理升级的关键技术

构建数字技术闭环的第一步是数据采集。在数据采集方面，可以通过信息化的软件来完成，也可以用简单易用的小程序来完成，还可以用智能硬件、带智能芯片的设备、装有传感器的设施来完成。比如，智能硬件上的数据采集装置、智能化的仪器仪表等，具有图像识别功能的摄像头，具有温度测定功能的传感器等。具体采用哪种方式，可根据不同的业务场景来确定，这里没有固定的方式。而且随着互联网、移动互联网、物联网技术的发展，新的方式和方法不断涌现，成本不断下降，业务部门需要多了解，采用先进或前沿的技术。这里面涉及的技术包括信息技术（信息化技术）、互联网技术、移动互联网技术（4G/5G）、物联网技术、智能硬件技术、智能设备技术（工业智能技术）、智能传感器技术等，我们把这些技术统一用 IoT 技术来代称。

根据选型的原则，不需要人手动录入数据的，千万不要让人来录入数据，虽然采取手动录入数据的方式前期实施成本很低廉，但是后期的数据采集需要人工的参与，还需要人工进行管理，成本会很高，而且数据的质量难以保证；能够采用固定设备的就不要采用可移动设备，因为用可移动设备采集数据会有人的参与，会占用人的工时，需要人进行管理，会有人为篡改数据的可能，从而影响所采集数据的真实性和准确性。

在采集数据和应用数据之间，还有一个环节，就是数据管理。现在已经有越来越多的企业开始重视数据了，并把数据当作资产来管理。无论是构建数据目录、盘点数据资产、审计数据质量和数据使用情况，还是管理数据安全、提取数据进行分析、搭建数据可视化管理看板，都需要技术平台来完成。采用人工模式来做这些数据管理工作是不现实的，你不可能让人到业务系统的数据库中去看有多少数据、数据质量如何，所以必须通过技术平台来高效地完成以上数据管理工作。

在数据管理方面最基本的技术就是数据库技术，也叫"数据仓库"。为了更好地管理数据，我们需要从业务系统的数据库中将数据提取出来，导入到数据仓库中。最常用的提取技术是 ETL 技术，即 Extract（提取）、Transform（转换）和 Load（加载）。我们通过设定一定的程序自动执行 ETL，定期或者定时将业务系统产生的数据"同步"到数据仓库中进行集中化管理。在将数据从业务系统导入数据仓库的时候，我们需要做几项"转换"工作。首先，对数据进行统一管理，确保导入数据的质量；其次，对数据进行分类管理，特别是对数据的安全等级进行设定，以便我们在将数据导入数据仓库后能够进行授权管理，对密级比较高的数据进行加密处理等。在加载方面，我们要根据数据目录对数据进行有效管理，并通过自动化的软件程序进行定期的增量同步，确保数据与原有业务系统保持一致。这个同步可以不是实时同步，如果要求所有的数据都与业务系统保持同步，对业务系统的负载也是一种干扰，有些数据也没有必要与业务系统保持实时的同步，有些数据可以按照每 15 分钟、1 小时、3 小时、12 小时和 24 小时的频率与业务系统保持同步。

为了更好地管理数据，我们可利用数据管理技术平台，或者相对简单的"数据仓库"，对从各个业务系统采集的数据进行集中化的管理。即使是简单的数据仓库所带来的数据资产的集中化，也让业务数据的"所有权"从业务部门转移到了企业，有利于数据的共享，也有利于数据价值的充分开发和利用。所以，不要试图在每个业务系统中去管理数据资产，这个难度大，跨部门之间也会在管理力度和管理标准规范上不统一。这也是企业对数据资产进行管理应采取采、管、用分离的原则的原因。

在数据管理技术方面，除了集中统一化管理，企业的需求不同，所需要的技术也会有一定的差异。比如，我们需要采用数据清洗技术，将业务系统产生的脏、乱、差的数据进行清洗之后导入数据仓库；有些企业需要对数据进行详尽的、精细化的安全管理，需要对数据库、数据表、数据字段和数据条件进行安全的分类分级管理，对不同的业务域和不同层级的人进行授权管理等；有些企业需要建立数据管理监控看板，让高层能够实时动态地了解企业的数据资产状况等。在不同需求下，所需要的技术会有差异。数据管理技术平台目前发展很快，功能不断丰富，成本也在不断下降，企业可以根据自己的需求进行定制化的选型。

接下来就是数据分析和应用了。现在绝大多数的企业都是由业务团队和管理团队的管理者来进行数据分析的，需要将算法单独作为一个技术应用来提供，或者说绝大多数企业目前还没有给团队开放开发算法的平台，由团队自由开发算法来替代日常管理。所以，在数据分析环节，笔者建议进行数字化管理升级或者数字化转型的企业应先行建立一个供团队进行数据分析的平台，让大家更高效地获取数据、分析数据，更好地基于数据分析来做日常的经营管理决策。

现在比较流行的数据分析平台是 BI 平台，或者叫作数据可视化平台。其实企业可以根据团队数据分析能力的不同、数据分析深度要求的不同来选择数据分析平台。最简单的是通过可视化对数据进行分析，当然针对高深数据分析和挖掘数据分析算法的需求，企业可以选择具备数据分析模型和算法的平台来满足。

大多数的数据应用平台都是围绕着赋能管理者做出决策所开发的，即使是由算法指挥业务的企业，也采用定制化的方式来开发程序，服务业务流程。我们先搭建独立的数据应用平台，然后将其与独立的数据管理平台、独立的 OA 系统连接起来，实现数据采集（业务信息化软件系统）、数据管理（数据管理平台）、数据应用（数据应用平台）和实际业务管理（OA 系统）的全生命周期打通，从而实现从数据应用到业务管理的闭环。

未来的数据应用平台应该是具备开放性的平台，给员工提供一个低代码开发工具，员工就能够将自己开发的程序在企业的数据应用平台上发布，用算法来替代自己工作，通过授权机制来解决开发、上线等流程环节的管理问题，将自己的业务活动嫁接到企业的数据应用平台上，这样就给员工设计算法、开发算法、运行算法、实施算法提供了工具平台。目前这样的平台产品还处在研发期，或者说只有少数企业拥有这种具备开放性的平台。

数据和算法的互动升值

数据资产这个概念越来越被企业所接受，有越来越多的企业将数据作为资产来进行管理，并搭建了数据资产管理平台。虽然现在数据资产还无法成为企业资产负债表中的一部分，但是让数据资产真正有价值的不是数据资产管理平台，也不是数据资产的多少，而是对数据资产的利用。无论是将数据加工成表征业务活动的指标，还是将其加工成业务管理部门所需要的报表，还是利用 BI 系统将其加工成业务部门监管业务的看板，数据都得到了利用。只有被利用的数据，才能体现价值，才能赋能业务管理。没有被加工利用的数据是没有价值的，既是企业的成本，也是企业管理的负担。

数据如果被加工利用，能够使企业的管理效率得到提升，为企业的管理决策赋能，提升管理决策的科学性、敏捷性，其价值就得到了体现。数据只有被管理者分析和挖掘，或者被开发利用，才有价值。数据和算法是可以相互赋能的，通过相互利用而放大价值。数据越多，对算法精准性的要求越高；算法的精准性提升，会用到更多的数据，会有更多的数据需求，带动数据的丰富度和全面性的提升。

数据和算法都可以被看作企业新的资产来管理和使用。数据资产需要管理，算法更需要规范化管理，哪怕是用来计算数据指标的算法，也需要管理。企业数据指标的计算方法是什么，这些计算方法有没有发生改变，计算规则是否发生变化，我们要对这些进行记录和跟踪。

算法管理与算法迭代升级

对算法的管理不仅包括对数据指标和算法模型计算方法的管理、对算法版本的管理，还包括更加严谨的管理方案，甚至是管理体系。特别是在企业的算法对业务的影响比较大、对社会公众的影响比较广的条件下，企业内部对算法进行管理更要慎之又慎。

在算法管理方面，一方面，我们要用管理数据资产的方法来建立规范的管理体系，在算法审计上要对算法的公平性和公正性进行详尽的审计，确保企业所采用的算法不会损害消费者的利益，也不会给社会公众造成伤害；另一方面，我们要对算法的运行流程进行监控，确保企业不会因为算法不合规而受到制裁，甚至被强制关停相关业务。

算法管理比数据管理复杂的地方在于对算法的迭代升级的管理。一方面，算法的运行是基于业务逻辑的，而业务逻辑会因为内部环境和外部环境的变化而产生变化，企业需要基于业务环境对算法进行动态管理；另一方面，对算法的准确度要进行持续监控，对出现的管理决策偏差进行持续修正，找到问题关键点，对算法进行优化，必要时进行版本的迭代升级。在进行算法版本的迭代升级时，要进行关键测试，或者 A/B 测试，确保新的版本比之前的版本更稳定、更准确、更科学。

在对算法进行管理的时候，要建立完善的算法文档，并用技术平台或者软件系统进行管理，不能单纯地依靠一些算法说明文档，这样容易造成混乱。对不同版本的不同之处和运行机理进行深度的管理不容易，特别是当用到的数学公式和算法模型比较复杂的时候，绝大多数管理人员不可能一下子就能够发现算法中的问题。所以，相关文档和在线测试校验结果等内容都要被作为管理文档进行存储。

在对算法进行迭代的时候，要跟相关业务部门和相关业务流程环节进行沟通，确保不是一个流程环节独自对算法进行修正而不顾相关影响，也要确保在迭代算法之后整个流程的顺畅性、相关流程环节的配合度，以及调整后的算法与相关流程环节的协同。

比如，网约车派单算法之前按照最近派单原则给闲置司机派单，客户体验很好，但是有可能造成接单的司机会一直连续接单，已经好长时间未接单的司机一直接不到订单，使长时间未接单的司机感到不满。于是，企业对算法进行了调整，在乘客下单之后，按照 3 公里内遴选的原则，不是让距离最近的司机去接单，而是让等待较长时间的司机去接单。在调整这个算法时，要做好测试，确保在不同的时段、不同拥堵路段，这种调整对乘客满意度的影响在一定的容忍度之内。在调整算法之前，企业除了做好测试，还要让相关业务部门知悉对该算法的调整，以及这种调整可能在一定时间内造成的影响，确保将影响减到最少。比如，对客户满意度的影响：这种调整是否会造成某些乘客因为等待时间过长而选择其他平台，或者在某些时段、某些路段、某些竞争度比较高的市场带来客户的流失。要让相关业务部门，如营销管理部门、客户关系管理部门等，做好对新算法影响情况的监督，对新算法的实施进行监控，对新算法在某些特定条件下造成的影响进行调整和优化。

算法治理与算法治理平台

随着企业内部应用的算法越来越多，对算法进行规范化治理被提上日程，针对算法的相关法规被提出和实施。2022 年 4 月，国家互联网信息办公室发起了一个"清朗·2022 年算法综合治理"专项行动，重点检查互联网企业算法平台的合规性、合法性、合理性和安全性，包括组织自查自纠、开展现场检查、督促算法备案、压实主体责任、限期问题整改五个方面的工作。2023 年 6 月，国家互联网信息办公室出台 AIGC 算法（Artificial Intelligence Generated Content，人工智能生成内容算法）应采取网络备案制，并对美团在线智能客服算法、快手短视频生成合成算法、百度文生图内容生成算法、百度 PLATO 大模型算法、天猫小蜜智能客服算法等 AIGC 算法进行备案审查。

国家相关部门对算法的治理会越来越有经验，也会越来越专业。进行数字化转型的企业，随着转型变革深度和广度的不断加大，应用的算法会越来越多，其要在算法治理和算法管理上规范起来，避免在相关法律出台之后，因为算法的问题而受到影响，甚至受到制裁。

算法治理是一个大的概念，其含义比算法管理的含义更广。算法治理不仅包括对算法本身进行信息化赋能的管理，还包括对算法的全生命周期进行制度和流程的建设，并在算法目录、算法模型应用条件和应用范围、算法的开发过程、算法的运行监控、算法对应的业务责任体系、算法实施和管理相关制度等方面进行管理，建立责权利体系，用 PDCA 闭环进行管理。在算法治理方面，难度较大的是对算法价值的评估。算法为企业创造的价值、在为客户提供服务时创造的客户体验价值，以及为融资和上市企业创造的价值的评估，目前都是难度较大、没有标准的管理项。

与管理数据资产一样，企业也不能通过人工的方式来对算法进行管理，更不能用离线的方式来管理，这样的管理方式不能满足对算法进行实时动态管理的需要。所以，企业需要建立一个技术平台来管理算法，或者在数据资产管理平台上开发算法管理的相关功能，对系统中运行的算法进行实时动态的监控。该技术平台（算法治理平台）对算法调用的数据进行监控，对算法的运行日志进行管理，对算法产生的决策进行管理，对算法决策带来的结果或产生的决策指令进行监控和管理，即当算法在业务应用服务器上运行的时候，算法治理平台就在对算法的运行进行监控。这需要我们在算法代码中插入对算法运行进行监控的代码，确保对业务系统中的算法运行数据进行实时动态的采集。

算法伦理与算法审计

随着算法在企业管理中的普及，其会成为我们的"同事"，我们需要与算法"共事"。此时我们会碰到一种常态化的现象，在业务流程链上，前序工作可能由算法来执行，或者后续工作可能由算法来执行。在工作中，算法有可能会来"质询"我们的工作，监督我们是否完成了相关任务，并对我们的作业活动进行提醒、提示、监控、评价和管理。

我们知道，算法在被执行的时候是无法考虑到人文、伦理和情感方面的内容的，但是算法是由人来开发的，人是有情感、有喜好、有伦理道德、有法律法规约束的。所以，企业要对算法背后的伦理道德与算法的合规合法性进行管理和审查。

有些时候，企业为了追求商业利益，会以"更赚钱"为原则来设计算法，这无形中可能会与客户的需求与偏好产生偏差。比如，乘客为了更快地叫到车，在选择车型的时候同时勾选了舒适型专车、经济型快车和出租车，如果同时有距离客户最近的出租车、稍近的经济型快车和较远的舒适型专车，网约车平台算法可能会从商业利益出发，以收益最大的舒适型专车作为优先派单的选择，这跟乘客的需求就产生了背离。

为了追求商业利益，当经常叫专车的乘客偶尔叫快车的时候，网约车平台在派单上不按照乘客下单顺序派单，让乘客等待更长时间；当乘客叫专车的时候，网约车平台很快地为乘客派单，变相地倒逼乘客多选择专车。这些都是算法设计所涉及的伦理道德和法律法规的问题。

随着人工智能开始在全社会普及，使用 AI 算法的企业也会越来越多，AI 算法应用涉及的伦理道德、法律法规问题会成为数据相关技术的焦点问题。欧盟从 2015 年 1 月就开始成立机器人和人工智能相关法律的工作小组，在研究算法伦理与算法治理立法方面走在了各个国家和地区的前列。2017 年 5 月，欧洲经济和社会委员会发布了一份关于 AI 的意见，指出 AI 给伦理、安全、隐私等 11 个方面带来的机遇和挑战，倡议制定 AI 伦理规范，建立 AI 监控和认证的标准系统，并将 AI 相关立法作为立法的重点工作。2019 年 4 月，欧盟先后发布两份与 AI 算法有关的文件，即《可信赖人工智能伦理指南》和《算法责任与透明治理框架》，这两份文件成为 AI 伦理和算法治理方面的重要参考性文件。

欧盟的 AI 伦理中有五项基本原则：①福祉原则、向善原则；②不作恶原则、无害原则；③自治原则、保护人类自主性原则；④公正原则、确保公平公正原则；⑤可解释原则、透明运行原则。这五项基本原则给 AI 算法的开发和使用提供了基本指引，也为企业进行算法治理提供了底线。

企业在对内部算法进行治理和审计的时候，可以参考以上两份文件，确保在追求商业利益的时候，不能违反一些基本原则，否则就会受到公众的诟病，也会带来公共舆情风险，甚至是法律风险。

7.2 企业数字化管理体系的五层架构

构建一套清晰的、科学的、完善的技术架构，为越来越多的数字化项目提供框架性的、原则性的管理方案，可以让企业数字化管理体系的建设在基本框架和相关原则下更有序地进行，给不断增加的场景、不断开发的应用、不断落地的算法的管理带来便捷性、一致性和连贯性，减少重复建设，避免数据孤岛出现，降低管理复杂度。

基于专业、高效、便捷和易管理的要求，结合为企业实施项目的经验，笔者开发了企业数字化管理体系的五层架构，让数据的全生命周期闭环管理更专业、更高效。这五层架构分别如下。

- 基础设施层：进行底层的数据采集，通过数字化智能硬件、服务器、网络设施等实现联网采集数据。
- 数据层：数据资产管理层，对数据进行入、存、管、出的管理，接入数据，然后对接入的数据进行体系化治理。
- 算法层：基于数据模型、分析模型、决策模型对数据层的数据进行加工处理、分析，并提供开发算法的基础系统。
- 服务层：为业务应用场景、业务应用程序或者 RPA 提供数据服务。
- 应用层：管理业务应用程序，满足业务管理或者数智化业务流程的需要。

这五层架构的优势在于对数据全生命周期闭环进行专业化的管理，将数据采集、数据管理、数据处理、算法管理和场景应用在技术上进行分层管理。这五层架构使数据链条清晰化，按照专业技术进行分层，对数据资产（数据、指标、报表、算法、应用）进行体系化的集中管理，避免数据孤岛出现，以平台化的方式进行系统性的监管。企业数字化管理体系的五层架构如图 7-1 所示。

应用层	智能管理App	业务流程自动化	实时管理报表系统	共享服务平台终端
	BI看板展示端、大屏	智能排班排产系统	智能结算、报表推送	智能预警系统
	总经理、各岗位驾驶舱	智能定价决策系统	智能采购决策平台	智能自动推荐系统

服务层	数据指标订阅	BI报表图表开发	消息推送、共享、评论	链接OA与业务系统
	指标异常预警	管理者驾驶舱设计	转发、收藏、关注	指标标准管理

算法层	数据统计汇总算法	数据分析算法模型库	人工智能、机器学习算法模型	算法审计
	指标统计口径管理	大数据算法模型库	RPA、智能决策模型	算法版本跟踪

数据层	数据转换/接入	数据存储	数据管理	数据服务
	外部数据接入	数据存储、关联	访问权限管理	数据指标订阅
	内部数据ETL接入	数据清洗、转换	数据访问跟踪监控	数据报表开发
	智能硬件数据接入	数据密级分类和加密	数据目录、盘点、质量评估	数据指标消息推送
	数据填报系统（手工）	数据规范优化	数据安全防护	数据访问预警

基础设施层	IDC机房和服务器	物联网设施	业务信息系统	业务App
	数字智能硬件	智能设备	4G/5G/Wi-Fi、互联网	各种传感器

图 7-1　企业数字化管理体系的五层架构

为了让该五层架构落地，企业在进行技术产品选型的时候，不需要考虑其他因素，只需要精准地定位技术产品的功能，以满足本层技术需求作为选型标准。同时，企业在进行实际业务的数字化转型的时候，应避免因为原有业务系统具备该功能就直接使用该功能，这虽然会带来一时的便捷，但会增加长期管理的复杂性和困难度。

比如，财务部门需要做一个管理报表可视化的看板，新实施的 ERP 系统有数据可视化的功能，于是就在 ERP 系统管理报表的基础上进行了可视化看板的开发。虽然在技术上 ERP 系统具备了数据可视化的功能，但是这种以数据采集功能为主的信息化软件系统还具有场景应用的功能，这会给后期数据指标、报表、看板的体系化管理带来一定的难度。按照这样的思路，CRM 系统中有销售部门需要的数据可视化看板，SRM 系统中有采购部门需要的数据可视化看板，MES 中有生产部门需要的数据可视化看板，WMS 中有仓储部门需要的数据可视化看板，TMS 中有物流部门需要的数据可视化看板。具体企业有多少数据、指标、看板和应用，大家的应用情况如何，数据指标的统计算法是什么，各个部门统计的数据是否一致等，你需要到多个业务信息系统中进行整理。

同时，这样散乱的管理方式，也会带来另外的问题。比如，一个数据指标出现问题，我们需要到其他业务信息系统中去查找原因，即使不考虑查找原因的时效问题，也需要考虑数据一致性问题。在多个业务信息系统上开发应用场景，即使不考虑开发难度和技术标准的一致性，管理者也需要熟悉不同的平台，考虑应用场景的联动问题。

这样的管理方式最大的问题在于多源数据的联动分析。当我们制作一个管理层需要的看板时，需要销售部门的数据、物流部门的数据、生产部门的数据，以更好地分析企业 OTD 中的瓶颈，优化客户交付体验，但我们不知道在哪个业务信息系统上制作这个看板。各个业务信息系统中的数据不能直接访问会成为这个场景的技术难点。如果我们严格遵循五层架构的模式，只在应用层开发应用场景，只到数据层去取数据，就不用关心数据来源于哪一套业务信息系统了，也不需要关心数据是在哪一个业务流程环节采集的，更不需要关心这些业务信息系统的数据是否打通，只需要关心这些数据是不是该模型所需要的数据即可。这就是应用数字化管理体系五层架构的好处。

数字化数据采集

基础设施层包含了多种业务信息系统，以及智能硬件。考虑到敏捷采集数据的问题，我们可以用一些简单的 App 来实现某些小场景的数据采集。通过各种硬件、软件采集的数据先被传输到五层架构的第二层——数据层，然后被处理、加工、分析和应用。

数字化数据采集要全面，在全业务流中采集业务数据，在管理活动的关键点采集管理数据，特别是影响业务执行的关键点，从而实现数据的全面采集。企业可以通过全面的业务流程梳理来盘点信息化的覆盖程度，或者数据采集的全面性。对于数据的断点和盲点，可以用小程序进行查漏补缺。

企业要尽可能利用智能硬件来采集数据，实现数据采集数字化。比如，能够利用智能硬件的，不要用软件，软件都需要人工填报或者录入，在执行中需要占用人的时间和精力，这都是潜在的人力成本，而且容易出现人为篡改数据或者记录不真实的情况；能够在线采集数据的就不要离线进行，或者用电子台账记录数据。如果是能够让员工或者客户扫码登记的数据，就利用线上技术来实时采集，而不是用 Excel 表格进行记录。比如，在进行产品出入库时，如果没有 WMS，就通过小程序扫码录入数据，而不要让仓管员用 Excel 表格记录产品的出入库活动。

数据采集方面的原则是数据入口唯一，不要出现重复录入，要单点录入、多点共享。比如，对于客户信息，要在接触客户的初始点就录入该数据，然后在其他业务系统中共享该数据，不要重复录入，可以补录不全的数据或者修订不准确的数据，但一定不能将已经录入的数据在其他业务系统中再次录入，对于录入不全或录入不准确的数据，要回归到原始数据入口来录入或修订。在刚刚接触客户时，就要在 CRM 系统中录入客户信息，赋予客户编码，不要在财务系统中再重新录入客户信息，哪怕财务人员在开票时需要客户信息。如果在 CRM 系统中没有精准录入开发票所需要的统一社会信用代码，业务部门要在 CRM 系统中补录该发票税号信息之后，再在财务系统中处理开票问题，而不是直接在财务系统中补录发票的开票信息。这样做保证了原始数据入口唯一，否则容易开放数据录入权限，导致数据不规范、数据不一致、多系统间的数据存在冲突等问题。

针对各个环节的数据录入，在上线智能硬件或者业务信息系统之前，企业要建立数据标准和规范，然后在全业务流中采用相同的数据标准和规范。比如，对物料的命名和编码，要在安装业务信息系统之前就建立数据标准和规范，然后在采购、生产、物流、仓储等环节采用该数据标准和规范，并让相同的物料在全业务流中使用同一个编码、同一个名称。事前制定命名规范和编码机制也是保证原始数据入口唯一的基本方法。

集中化数据管理

采集的数据会被散乱地存储在业务系统中，或者小程序的云端数据库中。为了更好地管理数据，强化数据的应用，企业要对这些散乱地存储的数据进行集中化的管理。

在技术上，在业务系统产生数据之后，要利用数字技术将数据提取或者同步到一个独立的数据库中，这个数据库叫作"数据仓库"，简称"数仓"。这个提取过程叫作 ETL（Extract、Transform 和 Load）；"同步"是一种理想要求，我们可以定期同步，也可以设定一个同步的频率。在同步的过程中，可以不用将所有的原始数据都同步，而是根据对数据的需要进行同步；也可以不用将数据原样同步到数仓中，在对数据进行转换之后再加载到数仓中。

在将数据集中到数仓之后，可以对其进行基本的加工处理，将不规范的数据进行规范，将既不符合标准又无法改变原始数据采集系统的数据，进行转换处理，使其符合我们使用的需要。同时，我们还可以加工出一些常态化管理的数据指标，生成基本业务报表，以供业务管理和业务分析使用。对于公司常态化建立的数据指标，要进行管理和跟踪，从而生成常态数据指标访问跟踪报告。在必要的时候，可以将这些根据实时业务系统产生的数据加工出来的数据指标反馈到业务系统中，或者通过数据应用系统推送到业务端，以满足业务端业务管理和决策的需要。

在导入数据的过程中，可以构建数据表与数据表之间的关联关系，将动态数据与静态数据进行关联，将动态数据之间的关联关系进行连接，从而构建出一个数据关联的数据库。其中的大部分工作需要在建立数据同步关系的时候进行。我们需要在业务执行过程中实时校验数据表与数据表之间的对应关系，对于无法对应的数据表，反馈给业务系统，让其去维护数据，或者反向同步数据。比如，我们在同步财务系统的数据和 CRM 系统的数据的过程中，通过实时数据关联校验，发现 CRM 系统中某些特定客户的信息在 ERP 系统中还不存在，就需要通过数仓去反向将该客户信息同步到财务系统中。这种逆向同步机制，需要数仓对业务系统有数据改写权限。这是数仓建设中需要谨慎处理的事项之一，也是数仓建设的难点之一。

在从业务系统接入数据的时候，要依赖原有业务系统的数据开放性，有些封装的软件系统并不具备数据开放式接入的功能，需要相关厂商提供技术文件或者数据接口。另外，还需要考虑相关厂商的合作条款中是否包含数据接入的功能和服务，如果原有合作条款中不具备这样的功能和服务，那么在要求对方提供该功能和服务的时候可能会产生相关费用。

数据接入不仅包括从内部业务系统中接入数据，还包括从外部接入数据。从外部接入的数据有的是通过定期提供的数据文件接入的，有的是通过数据接口接入的。

数据仓库对数据的集中化管理，可以实现业务系统与业务系统之间的数据共享和同步，从而确保各个业务系统之间是打通的。过去，我们在打通业务系统的数据的时候，采用的是让新建业务系统与原有业务系统进行通信的方法，在选型的时候就要求新建的业务系统与原有业务系统打通，避免数据孤岛出现。这种模式叫作"搭桥"，即搭建业务系统与业务系统之间进行数据通信的桥梁。这种做法给上线新的业务系统带来了挑战，因为后上线的业务系统必须要有能力从原有的业务系统中读取数据，还要有能力反写某些数据到原有业务系统中，以确保业务系统之间相关数据的同步。要想读取原有业务系统中的数据，就要知道原有业务系统中数据库的结构和数据存放的方式，回归到原有业务系统的实施方式，需要生产厂家的相关技术文档，甚至需要原有业务系统的实施团队来提供相关的技术服务。原有业务系统的实施团队可能已经不存在了，甚至连生产厂家也不在了，这个时候就很难实现"搭桥"模式下的数据打通。

"搭桥"模式还有一个难点在于，当原有业务系统比较多的时候，新上线的业务系统可能面临着与多套系统之间的数据通信要求。当我们已经有 10 套业务系统的时候，再上线第 11 套业务系统，就需要将其与之前的 10 套系统都打通数据，这几乎是一项不可能完成的任务。即使这个时候有生产厂家的产品能够满足这个要求，实施难度也非常大。

如果采用数据仓库来完成各个业务系统之间的通信，那么我们对新业务系统的数据打通要求，只需要在这套新业务系统与数据仓库之间进行通信就能满足。这套新业务系统既能从数据仓库中读取其他业务系统产生的数据，也能将自己的数据写入或者同步到数据仓库中。这使得在进行新业务系统选型的时候，从"一对多"的要求变成了"一对一"的要求，可选择的产品更多了，这个时候就不会因为要选择能打通数据的产品而不得不在满足业务需求方面做出让步了。

在将数据集中到数据仓库之后，可以在数据仓库中开发更多的数据实时管理功能。比如，对数据构建目录，使我们更清楚目前所拥有的数据资产情况；建立数据安全分类分级制度，对同步过来的数据进行数据安全管理，使不同业务部门或者岗位采用授权的方式来访问数据，避免数据在不被授权的情况下被访问，造成数据安全问题；对数据资产的质和量进行动态的监控和评估，将结果实时反馈给业务系统；对数据资产的使用和访问进行跟踪，借助相关日志对数据的使用量和使用频率进行跟踪，以监控数据使用中的异常，预警数据安全问题；对数据的使用情况进行评估，对那些无人使用的数据进行分析，论证是否有必要花费时间和精力采集该类数据，或者提醒业务部门对这些数据进行使用，或者通过研讨数据的应用场景和使用方法，激发业务部门思考数据的应用场景，从而将这些"闲置"的数据应用起来。这些功能是我们对数据进行管理所需要的，必须通过数字技术来实现，无法通过人工的方式来实现。

当数据仓库具备以上这些功能的时候，我们可以将数据仓库叫作"数据资产管理平台"。这种平台产品已经非常成熟，而且各个信息软件厂商或者互联网技术公司在过去几年都在积极开发此类产品。这种平台产品目前有四大类，包括擅长接入和管理互联网数据的产品、擅长接入和管理生产设备数据的产品、擅长接入各种 ERP 系统的产品，以及擅长管理算法的产品。企业可根据自己业务的需求进行有效的选型。

体系化数据分发

在将数据实时同步到数据资产管理平台之后，我们需要对其进行实时的处理，然后将反映业务过程和结果的数据指标计算出来，分发到业务端。可以在数据应用平台上进行分发，也可以通过 OA 系统进行分发。特别是建立了表征业务活动过程和结果的指标体系的企业，要快速地进行数据加工和处理，进行指标计算，并实时反馈到业务端，从而提高数据使用的敏捷性。同时，对数据进行初步加工处理，生成二级指标和报表数据集，即中间数据库，为数据应用平台提供中间报表数据，可减少数据应用平台利用原始同步数据开发数据应用时的数据处理量，起到提高数据处理效率的作用。根据笔者的经验，对于在绝大多数的数据应用看板中使用的数据，我们不需要从原始数据开始统计计算，可以基于对可复用报表的加工，生成中间报表，然后为数据应用平台提供数据报表集。

比如，在做销售业绩统计时，业务部门会需要销售业绩日报表、周报表和月报表，形成可视化的管理看板。这里不需要每次都基于订单的原始数据进行数据统计。我们可以在将销售订单数据同步之后生成日订单数据统计汇总表，然后基于这个日订单数据统计汇总表来开发业务端的报表和看板。这样计算量少了，对原始数据造成的访问压力小了，终端呈现的响应速度也得到了大幅度提升。特别是当终端每天的销售订单数据比较多的时候，这种做法带来的效率提升是非常明显的，如零售行业、餐饮行业、2C 的服务行业等。

数据实时处理和分发要体系化地进行。第一，业务端的需求，就是业务端需要对什么数据进行实时处理和分发，业务管理岗位需要看到什么数据指标和报表等。第二，数据报表和业务应用需要什么样的数据，基于这些报表和应用对接入的数据进行实时处理，并分发给这些报表和应用的数据库。这些都需要体系化的规划，从而让业务端在原始数据同步过来之后，就实时生成相关的数据指标和报表，或者对数据指标和报表进行实时更新。第三，作为管理和决策所需要的数据，数据指标和报表的出口要统一，要体系化地建立计算方法，确保大家看到的数据是在达成共识的计算方法上统计出来的。其中，在上线传统业务系统的时候，也会有一项非常重要的工作，那就是"报表开发"。很多企业会在大型 ERP 系统上线的时候开发上百个报表，甚至上千个报表。我们需要对这些报表进行体系化的管理，结合实际需求，分门别类地使用。

很多技术人士认为应该将数据指标处理和报表开发放到应用层，以方便业务应用的开发。笔者之所以将其放到第二层（数据层），是因为当企业数据量比较大的时候，通过构建数据层可提高技术平台的响应效率。如果企业的数据量不大，未来也不会有太大的数据量压力和响应效率压力，那么是可以将数据指标处理和报表开发放到应用层的。

也有一种观点是，将数据指标的加工处理放到业务系统的层级，即业务系统在采集数据后就直接将其加工成数据指标，传输给应用层。这样和企业在实施信息化时开发报表是一样的。笔者不建议采取这种做法，因为这种做法不利于对数据指标和数据报表进行集中化管理。企业可以利用数据资产管理平台来完成数据指标和数据报表的计算和开发，特别是当开发某些数据报表可能需要跨业务信息系统的数据时，利用数据资产管理平台来开发更具有优势。

平台化算法服务

无论是指标体系的建设，还是数智化场景的开发，都需要开发很多算法。为了便于将来对算法进行集中化管理，很多企业在建立技术架构的时候就考虑到了服务层，虽然很多企业对这一层级的需求还不是很高。

服务层要实现的功能是对数据加工、处理、分析，以及数字化业务场景中所使用的计算方法、算法模型、决策模型进行集中的管理，为企业开发算法提供在线化的管理服务，并为企业的算法治理提供技术支撑，也方便外部对企业内部使用的算法进行审计。算法层是为企业的算法管理提供技术支撑的，算法管理虽然目前并不是很多企业迫切的需求，但随着企业数字化转型的推进和数字化管理体系的建设，算法越来越多，算法的版本也会越来越多，企业需要通过技术平台来对其进行体系化的管理。鉴于算法的复杂性，人工或者线下的手动管理并不现实，利用线上平台可对算法进行体系化的管理，自动校验算法的科学性和公平性，以及对算法的更新迭代进行版本跟踪，所以用平台化的技术来管理企业的算法是企业进行数字化转型到深水区时的必然选择。

算法层为企业的数字技术平台体系提供两种服务：第一种服务是提供算法模型，算法模型类似于函数库或者程序库，供企业的数据应用平台进行调用，类似于编程技术中的函数调用，这种服务叫作"算法服务"；第二种服务是对企业数字技术平台体系中使用的算法，包括数据处理的算法、数据指标的计算方法、数据分析模型、业务决策模型等进行管理，这种服务叫作"算法管理"。

在算法管理中，不仅要对每一个计算方法、分析模型和决策模型，以及这些计算方法、分析模型和决策模型的版本进行跟踪记录，形成一个算法目录，还要对每种算法的使用情况进行统计，对每种算法的科学性进行基于数学、统计学、管理学，以及基本业务逻辑的自动评估，对算法做出的决策进行验证，对不同算法的差异进行对比分析，对算法的合规性进行基础的审查。如果通过人工来执行这些算法管理活动，那么其对执行人的专业能力要求非常高，甚至有些算法的校验不在模拟执行的情况下是无法完成的。这些功能的实现所需要的技术构成了服务层，不仅要求算法平台提供这些算法模型，还要求算法平台对用这些算法模型开发的算法进行跟踪管理。

产品化场景应用

应用层主要的功能是为业务管理和业务决策提供服务，包括数据指标推送、数据指标预警、可视化图表或者看板推送、管理者驾驶舱推送、业务指挥调度算法推送、业务应用推送等。在数据资产管理平台上开发业务数据的应用场景的时候，建议将其开发成面向业务端的 App 产品。这里的"产品"是指数据产品，或者数据应用类的产品，并非实体产品。

建议开发成面向业务端的 App 产品，有两个方面的原因：一方面，我们把业务数据的应用场景叫作产品，是为了让企业在开发业务数据的应用场景的时候有"产品"思维、用户思维，从而在满足应用场景需求的时候，照顾业务端的需求；另一方面，企业要用产品思维来设计、开发、实施、运维业务数据的应用场景，特别是最后的"运维"阶段。很多企业在进行数字化转型和数字化管理体系建设的时候，只关注前面的设计阶段、开发阶段和实施阶段，一旦开始实施就认为项目已经结束，其实这只是数字化转型和数字化管理体系建设的起点。

利用产品思维开发业务数据的应用场景，能够让企业在创新这些场景的时候，按照产品模式来设计、开发、实施、运维，从而开发出一个个像珍珠一样的场景，并在过程中不断地将珍珠串成美丽的项链。

利用产品思维开发业务数据的应用场景还有一层含义，就是要有确定的需求、范围、目标、技术实现方法、开发周期、阶段性成功标准或者里程碑，而不是在场景设计、开发和实施过程中因为需求的变化、范围的不断扩大、目标的不明确，以及技术实现方法的不断调整，让该场景一直处在不断变化的过程中。在这个过程中，无休止地讨论、无控制地提出新需求、无管理的资源投入、无阶段性的评估标准，都会导致管理上的混乱和失控。

利用产品思维开发业务数据的应用场景的另外一个优势就是，企业可以像互联网企业一样，设置一个"产品经理"职位，产品经理可以根据业务需求提出技术需求，由技术人员完成开发和迭代，然后再交给业务人员去实施，产品经理对一款产品的最终业绩目标负责。在数据全生命周期管理上，我们可以类比地采用这种"产品经理制"来管理"数据产品"，从需求调研、应用场景的业务范围设计到技术实现，都让产品经理负责。在产品上线之后，产品经理还负责该应用场景"产品"的运营管理，在业务部门进行推广。这样的管理方式有利于业务数据的应用场景得到全生命周期的管理，否则在将业务数据的应用场景开发完成并实施之后，在没有责任人管理的情况下，问题很容易反弹，让企业为数字化转型所付出的努力付诸东流。

在企业数字化管理体系五层架构的第五层，是由懂硬件技术、软件技术和数字技术的专业人员开发的相关"产品"。在未来，技术壁垒逐步被打破，普通的管理人员也应具备程序代码编写能力和场景产品的开发能力。企业为了降低这个门槛，需要将第五层的技术平台搭建成让大多数具备基础软件开发能力、数据开发能力、模型开发能力、场景开发能力的管理人员能够利用的技术平台，让他们按照自己的思路和方法开发业务数据的应用场景。这个技术平台将来会是一种开放式的平台，在有效的管理机制和安全机制下，管理人员可以在这个技术平台上进行业务数据的应用场景的开发。这个技术平台还可以是一个低代码开发平台，从而弱化对管理人员在专业技术、编程技术、数据库操作技术、前端后端技术等方面的要求。管理人员只要具备一定的技术，就可以使用这个技术平台。这个技术平台甚至可以是一个无代码的平台，管理人员只需要拖动几个流程环节的图标，构建业务逻辑，加入数据和算法，就能够执行各种流程环节，开发出指挥、调度和管理管控的数智化业务场景。

7.3 企业数字化管理体系建设中的关键点

目前，数字技术发展非常迅速，在各个经济场景中的应用也越来越广泛，在高科技企业或者互联网企业中得到非常频繁的应用，只是在传统企业中的应用较少。所以，数字技术对传统企业的数字化管理体系建设来讲并不是技术瓶颈。我们也可以说，数字技术的发展远远领先于绝大多数传统企业的管理变革需求的发展。

数据分析能力的培养

虽然说数字技术的发展领先于绝大多数传统企业的管理变革需求的发展，但对于在数字化管理体系建设中所需要的 IT 技术、DT 技术、分析技术（这里指数据分析技术）、决策技术四大关键技术，它们的成熟度也有差异。过去二十多年快速发展的互联网技术、信息技术已经让 IT 技术和 DT 技术日臻完善，很多中小企业，甚至小微企业，都能够享受到互联网技术发展的红利，甚至有些提供云端服务的信息化软件（SaaS 平台）对小微企业采取免费的措施。

在四大关键技术中，传统企业相对欠缺的是数据分析技术。数据分析技术包括微数据分析技术和大数据分析技术。如果说传统的没有大数据资源的企业对大数据分析技术的应用度较低情有可原，那么很多企业仍然欠缺微数据分析技术，应用度不高，成熟度不足，就是企业对数据价值挖掘和利用的意识问题了。

过去，数学、统计学、计量经济学等专业的大学毕业生找不到对口的工作，在大学中也没有太多学生选择这些专业，这是供需关系决定的专业的发展情况。现在，越来越多的企业意识到数据分析的重要性，开始重视对这些专业的毕业生的招募，但是，专业人才的供给侧需要经过多年才能增加这类毕业生的输出，急需这类专业人才的企业有点"远水不解近渴"之感。

目前，无论是大型企业，还是中小型企业，都意识到了数据分析对管理的重要性，开始招募数据分析人才，优化数据的质与量，提高数据分析技术在运营管理中的地位，这造成了供需不平衡的问题。数据的供需不平衡在短期内可通过数字技术的应用来解决，数据分析方法和算法需要相关人才结合企业的业务场景和数据来开发，所以数据分析技术的瓶颈在于人才。

招聘"挖墙脚"不是好的解决方案，很多企业都有人才需求，都招募不到人，都在抢人，造成这类人才的市场价值越来越高。成本的增加让很多中小企业不能承受，也容易破坏企业内部的薪酬结构和薪酬体系，导致组织管理的复杂度提升和岗位间工作协同的问题。另外，新招募的"优秀人才"不能快速地理解企业的业务逻辑，容易"水土不服"，导致生存不下去，干了没多久就选择离职，没有给企业创造太多价值。

如何破局呢？笔者的建议是请专业的培训机构或者咨询公司为本企业的管理人员进行培训，提升其数据分析能力。在普遍提升管理人员数据分析能力的过程中，从理解企业业务逻辑的人员中遴选对数据分析感兴趣、学习能力强、积极性强的员工进行专门的培养。虽然这需要比较长的时间，对追求短期效益的企业来讲不是最好的选择，却是绝大多数进行数字化转型的企业的最佳选择。因为这种方法在三年内就能够使企业的状况改观。如果不采用这种方法，企业在三年后还是没有合适的数据分析人才可用。采用这种方法的另外一个优势就是，在企业内营造一种数字化管理的氛围，当人人都会数据分析、人人都用数据分析来进行管理、人人都把数据分析作为管理能力的基本功的时候，一个快速学习的学习型组织就建立了。

管理方式的智能化升级

当大家都习惯通过数据分析来做出各种管理判断和管理决策的时候，企业就会育成一种数据文化，营造一种人人重视数据、分析数据、科学决策的文化氛围。大家就会在数据中沉淀经验，总结规律，重视知识管理，丰富经营管理企业的诀窍。在这种文化氛围下，企业就会逐步积累对各个业务环节规律和原则的总结，沉淀最佳实践背后的优秀做法，形成管理者该在什么时候做出什么动作的模型。这个时候企业就具备了算法开发的基础。

企业经营、运营和管理中的算法源自企业自身的实践，其他企业的算法不见得适合本企业,即使适合本企业,不同企业的数据是不同的,直接复制其他企业的算法也是不可行的,至少在绝大多数的场景下是不可行的。数据文化和数字化管理,以及数据化决策习惯的养成是算法开发的土壤,没有这个土壤,企业不重视在日常经营、运营和管理中利用数据做出决策背后的规律总结,就很难拥有更多开发算法的方法。

利用经验进行管理的方式被称作"才智驱动"的管理方式。为什么称其为"才智驱动"的管理方式呢?是因为企业需要拥有丰富经验的人才在各种复杂的场景中做出最优的决策,做出这种决策依赖人才的经验、判断能力、智力水平(聪明程度)、创新能力,以及在不确定环境下或者在少量信息的情况下的判断分析能力。这种人才就是我们所说的"优秀人才"。在"才智驱动"的管理方式下,企业非常依赖人的能力。企业在招聘的时候,要招募有经验的、在优秀企业工作过的人。在人才流动率很高的一线城市,这种人才是很"贵"的,越优秀的人越贵。这种管理方式又是高风险的,一方面,企业招募的非常贵的优秀人才,其经验和能力不一定适合企业的情况;另一方面,当未来企业内外部经营环境变化的时候,该优秀人才不一定还会继续适配,其在不适配时做出的决定可能会给企业带来巨大的决策失误和商业损失。

利用数据来做出各种管理决策的管理方式叫作"数据驱动"的管理方式,是企业管理体系数字化转型的必经阶段之一,也是从信息化到数智化的过渡阶段。采取这种管理方式的企业拥有数据基础,管理团队具备数据管理、数据分析和数据应用的能力,大家都在数据的基础上做出科学的决策,并拥有丰富且高质量的数据集来支撑各业务口径管理团队的数据分析需求。这样的企业还拥有各个业务流程环节和业务环境下数据分析方法和分析模型,管理团队需要积极沉淀各种数据分析方法和业务决策模型,使其能够全员普及,形成一种数据决策的文化。在这种管理方式中,数据成为做出管理决策的基础,企业管理决策水平与大家用数据分析方法和业务决策模型的能力有关。采用"数据驱动"的管理方式的企业,管理决策更加科学,产品上市成功的概率更高,市场决策更加科学,失误减少,浪费减少,竞争力远超采用"才智驱动"的管理方式的企业。

利用管理者分析数据并进行业务决策的逻辑,开发业务决策模型,由计算机系统自动生成决策指令,实时动态地指挥业务活动,这种模式叫作数智化模式。比如,本书提及的财务自动化审批场景、网约车平台利用数据和算法来调度司机服务乘客的例子。"数据+算法"会使企业管理决策的效率、敏捷性大幅度提升,最终使企业竞争力的维度升级,这种管理方式称为 "算法驱动"的管理方式。企业通过在业务流程环节开发各种 RPA,用算法机器人和数据来实时做出业务决策,提升经营、运营和管理的时间效率、准确性、科学性,从而提升管理的敏捷性,快速应对内外部环境的变化，实时动态地管理各个流程环节。"算法驱动"的管理方式依赖于企业在对业务逻辑洞察下开发的算法的准确性和科学性，也依赖于企业的数据基础。算法驱动的场景有覆盖率问题，其代表着企业经营、运营和管理的数智化成熟度。数智化成熟度高的企业在经营、运营和管理的效率和科学性上远超人通过分析数据做出决策。因为人会受到各种因素的影响，这些因素包括情感、利益和偏好，甚至情绪，而算法不会；人通过分析数据做出决策是慢的，是高成本的，算法做出决策则相反。算法取代人做出各种决策是一种趋势，将在越来越多的企业经营、运营和管理场景中普及。

目前，人工智能技术开始走入普通企业的各种业务场景，不仅包括代码撰写、程序编制、应用开发的软件技术领域，还包括各种创新的业务环节，如 AI 创作 Logo、图标、宣传画、广告语等领域，还包括技术研发、智能客服、管理决策等领域。2023 年年初，以 ChatGPT 为代表的大模型的兴起及其在各个企业中的应用，带来了部分脑力劳动者被 ChatGPT 替代，导致某些创新创意岗位上的人员失业。

以科技领先的企业都在积极投入人工智能应用的大营，高科技型企业在大模型技术上开始了新的赛跑，这些大模型包括 ChatGPT、GPT4、MetaAI、苹果 Siri、华为盘古、360 智脑、商汤日日新、阿里通义千问、京东灵犀、昆仑万维天工、科大讯飞星火、腾讯混元、百度文心一言。这种"千模大战"的"赛马"模式，会给高科技型企业带来压力，让其从商业的视角不断拓展应用领域。这种新现象的出现代表着一个时代的开启，虽然应用领域有限，但作为一个起点，在时代趋势下，应用场景普及的速度将被加快。

这些 AI 技术产品的竞争将从最初的算法竞争转为应用场景的竞争，这是非技术型企业的机会。非技术型企业快速引入这类技术，将提升经营、运营和管理的水平，提升竞争力。顺势而为，拥抱技术红利应该是绝大多数企业的选择。主动选择得到的是权力和权利，被动选择将是痛苦的。

算法替代管理者的变革驱动力

算法替代人工做出各种业务环节的决策是时代趋势，这种趋势是企业积极主动地推行数字化管理变革所带来的。但是，对于单体的企业，这种变革是痛苦的，不仅是某些岗位上的人员可能面临失业，造成社会人伦问题、企业社会责任的问题，更是企业的权力和权利机制的变革。

从一般意义上讲，任何人都不想失去自己的既得利益，不希望改变过去已经习惯的做法，不希望面对不确定性。

面对不可预知的不确定性，人们的第一反应往往是恐惧、担惊受怕、焦虑。所以，企业要想推动数字化，特别是推动算法替代管理者做出决策，需要强大的变革推动力。从才智驱动到数据驱动的难度是相对较小的，为什么呢？因为在这一过程中，企业还是需要现有的管理团队做出决策，维持他们的权力（话语权）的。虽然他们做出的决策是由数据分析和业务决策模型决定的，但是这个数据分析和业务决策模型是被他们使用的，他们在这个决策过程中起着主导作用，对个人权力和权利的影响较小，对既得利益的改变较小。

企业从人工做出决策的数据化模式转变为算法做出决策的数智化模式，对现有管理岗位上的管理者的冲击是巨大的。每个管理岗位上的管理者都会想："原来决策是由我做出的，我说了算，现在数据和算法说了算，企业不需要我了。"他们首先会想到"下岗""失业""无收入""破产"，然后会产生各种恐惧。所以，企业想依靠管理者主动地开发算法决策模型是不现实的，虽然很多企业的算法决策模型的开发依赖原有的管理者，依赖他们通过分析数据做出决策的逻辑和方法，这个转变离不开他们的参与。这种几乎让管理者"自残"的变革是很难推动的。这是企业数字化管理变革最大的阻力，算法开发、技术实现反而不是最大的阻力。

面对这么大的变革阻力，企业如何建立更大的驱动力来突破变革的瓶颈呢？基于咨询实践，笔者认为企业需要建立四个驱动力。

首先是"一把手"工程。企业的"一把手"必须下定决心做这件事，"一把手"的信心和决心是变革的第一驱动力。如果"一把手"比较弱，优柔寡断，就会使变革在各种声音中"流产"。有时候一个较为强势的"一把手"才能推动具备一定规模的企业变革，否则"一把手"考虑到各种反对的声音就犹豫不决，容易造成相关项目落地困难。换句话说，实行铁腕式管理的企业更容易实现数字化变革，否则宁可成立一个新的企业，也不要在原有企业内进行数字化变革。红领集团的董事长张代理在推行数字化柔性定制西服业务的时候，没有在原有业务上进行变革，而是选择了重新成立新的业务单元，从零开始也是一种不得不做出的选择。

其次是共识。在推动数字化变革的起始阶段，要在企业内进行宣传，让每个人都行动起来进行变革，让他们心中产生危机感和紧迫感。这种共识虽然不能彻底解决阻力问题，但是会让阻碍变革的人产生畏惧情绪，至少在表面上不会做出阻碍变革的事。

再次是帮助员工变革。在宣传变革过程中，企业应为每个人提供转变的方法和途径，并提供相应的培训，帮助他们顺利度过变革的初始阶段。

最后是持续宣传、持续推动。变革不能是"三天打鱼，两天晒网"的事情，不能开头轰轰烈烈，过程平淡无奇，结果无人问津。企业要持续进行宣传，持续进行赋能，持续推动创新和迭代。针对成功项目，要树立榜样、标杆，庆祝取得的阶段性变革成果。这四点是企业应对数字化变革阻力的关键举措，也是变革的驱动力。

业务算法工程师的育成与人才培养

从数据化到数智化的转变是非常难的变革，在推动变革的过程中，有一个关键岗位是业务算法工程师，这个岗位在传统企业中是没有的。业务算法工程师的工作是对企业的业务流程进行梳理，调研相关的业务逻辑，然后将业务逻辑转换成数据逻辑、计算逻辑和决策逻辑，开发相关的数据模型、算法模型、决策模型，建立数智化的业务流程。这是一项非常专业的工作，需要业务算法工程师懂得管理逻辑、数学等相关学科的知识，以及数字技术和信息技术，从而实现业务场景的转变。

该岗位所需要的专业知识比较多，虽然企业可以通过将多个专业人员组合在一起来实现该岗位的职能，但多个专业人员组合作业经常出现互相不懂的现象，造成合作的困难。通过一个岗位来实现多个专业人员的组合，将会更为理想，这类人才称为组合型人才，也叫作"跨界人才"，或者"转译官"。这里的"转译"是指将业务语言转译为数字技术语言，然后将数字技术语言转译为业务语言，让数字技术和业务都能听得懂对方所说的，都能够理解对方。

成立专门的组织或者设立专门的岗位，让其推动从数据化到数智化的升级，是绝大多数企业的选择。无论企业多么不遗余力地宣传要将自己做出业务决策的方法开发成算法，仍然会有绝大多数岗位上的人员是不愿将自己的工作用算法来替代的，成立独立的算法开发团队是推动这种模式落地的关键举措。那些不参与算法开发的人员，将会成为这种转变的牺牲者，其工作会被替代；那些积极参与到这个转变过程中的人员，将会成为算法执行的监控者、算法迭代的优化者、对算法执行结果负责的责任者，也是企业数字化管理升级的先锋。

业务算法工程师的培养和招聘都有一定的难度。这类人才的培养有两个可选的方向：一个是在资深业务人员中遴选培养对象，另一个是在技术人员中选择培养对象。要根据个人的兴趣来选择，兴趣是最好的老师，也是最大的培养驱动力。如果没有兴趣，强行让某个岗位上的人员转岗，这是比较困难的，得到的结果可能是失去了一个优秀的业务人员或者技术人员，只得到一个平庸的业务算法工程师。

一般业务人员学习数字技术的难度较大，而技术人员理解业务逻辑的过程相对简单。但是笔者在咨询实践中发现结果是相反的，让深谙业务逻辑的业务人员学习数字技术反而是更快的。笔者也在思考这种现象背后的原因，后来终于理解了。企业的业务逻辑是一种软能力，是企业经过多年的业务操作才能理解的规则，而数字技术是硬技术，是一种更容易上手但不容易学会的技术。要想深刻理解一个行业、一项业务，背后要经历各种各样的业务活动事件，并在各种业务活动事件中去理解业务执行方式背后的潜在逻辑，探索业务背后的规则和规律，因为很多业务规则和规律并没有写在教科书中。所以，企业应在深谙业务的业务人员中遴选学习能力强、转岗意愿比较强烈的人作为培养对象。

数字技术的学习方式是多样的，有多个学科的知识需要学习，而不仅仅是软件和工具。并不是只要教会了员工 PowerPoint 的操作技巧，员工就能够做出优秀的报告，优秀的报告的核心是思想，而不是软件的操作技巧。边实践边学习是最好的方法，这样培养对象也能够在不断实践中明确自己需要补充的知识和专业内容是什么。另外，也要留出足够长的时间来培养业务算法工程师，不要期望在短期内就能够获得一个优秀的业务算法工程师。这个时间要根据实际进行数字化场景设计的工作量，或者实践算法的次数来定。一般三年是一个相对合理的学习周期。经过三年的实践，其将业务逻辑转化为算法的能力已经得到足够有效的训练，具备了独立负责企业数智化升级项目的能力。

算法开发和应用管理体系的建立

为了更好地突破数据分析的瓶颈和业务算法开发的瓶颈，企业需要建立良好的数据环境、技术环境和业务变革环境，让算法开发和算法管理能够更快速地实现，并在这个过程中建立算法开发和应用管理体系。该管理体系除了考虑算法跟踪和算法治理体系，还要关注算法开发和应用的项目管理和应用过程管理，推动算法的开发和应用。

很多企业在实施"算法驱动"的管理方式的时候，很容易陷入一种认知：算法是 IT 部门开发的，其是否好用、能用，是否能够带动管理效率的提升，是 IT 部门的事情，不是业务部门的事情。因为数字化变革本身涉及多流程、跨部门、多专业的协作，是新型的协作任务，容易分不清楚责任。

在这种复杂的管理方式变革的过程中，如果没有制度、流程体系来明确责权利关系，则很容易导致传统管理方式的反弹，让变革无法进行到底。比如，在数据治理项目中，组织者、领导者、协笔者、支持者应该是谁？数据质量应该由谁负责？数据的所有者应该是谁？数据审计和算法审计应该由谁负责？这些问题在我们提供咨询服务的过程中经常出现。所以建立数字化变革的组织体系、制度和流程体系、管理管控机制变得非常重要。

第 7 章　企业数字化管理体系建设的技术架构

从数字化应用场景架构的角度来看，目前流行的架构模式有两种。

（1）一种模式是集中管理、集中开发、集中推广、集中应用、集中运营和集中迭代，即所有的数据采集、数据管理、算法开发、业务场景都在一套集中的技术体系中完成，我们把这种模式叫作"大象模式"。

（2）另一种模式是在业务端构筑业务所需要的，业务部门根据自己的需要进行自主设计、开发、实施、运营和迭代，这种模式被称作"蚁群模式"。

这两种模式各有适合的场景，各有优劣势。不同的企业有不同的想法，不同的专家也有不同的观点，但从支撑企业长期可持续发展的视角来看，一体化的技术架构设计是更好的选择。虽然企业在数字化转型过程中都是一个个地进行场景设计、开发和实施的，但如果采用蚁群模式，后期肯定会出现重复建设、彼此不通、管理混乱的现象，会造成新的"数据孤岛"，所以笔者建议采用大象模式，并在数字化管理升级过程中采用"长期规划、阶段实施、持续迭代"的原则。

第 8 章

未来数字智能技术展望

数字技术的快速发展,以及在企业经营、运营和管理领域的持续迭代应用,会给企业管理带来新的变化。这种新的变化不仅仅是企业的管理方式、经营模式和商业模式的变化,还是行业的运行机制、产业的联动体系的变化。这是新兴技术发展所带来的整个社会的进步。

8.1 业务算法工程师的崛起

在数字技术的快速发展给企业管理带来的变化中,与企业中的个人关系最大的是工作内容、工作方式、工作要求的变化。一种新的职业将会满足企业的迫切需求,这就是"业务算法工程师"。该职业通过对业务逻辑的梳理,利用数学来表达,利用数据和算法来重构原来业务管理和业务运行的机制。算法的变化将会带来新的管理方式和运行机制,该职业要对业务运行机制和算法做出新的调整。

业务算法工程师成为职业新秀

当数据和算法逐步取代人进行管理和决策时,必然会造成大量的员工"下岗"。现在这种现象已经产生,在大模型时代,每个人都成为大模型中的一个数和一个点。在实际发生变化的时候,人都是有抗拒心理的,每个人都不愿意主动变革。只有那些主动变革的人才能顺应时代的发展,而那些不主动变革的人,会因为外部环境的变化被淘汰出局。

在数据和算法逐步取代人进行管理和做出决策的过程中,只有那些天天想着用数据和算法替代自己工作,进行更多的业务算法开发的人,才不会在这个时代变迁的过程中失业,而那些固守自己的工作,抵制被数据和算法取代的人,才会失业。

所以，主动变革是生活在这个时代的职业人必须做出的选择，主动学习新技能、提升新能力、谋求新发展，顺势而为，而不是逆势而作，可以让我们更好地适应数字化转型的大时代变迁。从企业视角来看，虽然我们鼓励企业主动做出改变，用数据和算法来替代人的工作（不仅包括体力劳动，还包括脑力劳动），但并不是所有企业都有这种主动自我变革的意识，甚至说绝大多数的企业都不会主动做出这种变革。企业为了推动数字化管理升级，转变管理方式，必须有一个第三方的、专职且专业的团队来做这件事。换句话说，既然业务部门不会或者不想自我"革命"，那么企业只能选择构建一个团队，让其对每个业务部门或者业务岗位的管理方式和业务执行方法进行"革命"。这个团队就是"业务算法工程师团队"，是由"业务算法工程师"组成的。

建立这个独立的第三方团队，推动业务算法的开发，是企业数字化管理升级过程中的必需，也是企业日常运营管理中推动管理数智化的主要抓手。对业务算法工程师的需求将会逐步成为大多数企业数字化转型过程中的新需求。所以，业务算法工程师这个职业必将崛起。

业务算法工程师团队成为企业管理核心

业务算法工程师团队的主要职责是，借助对企业业务的理解，以及对企业管理方式、管理文化、管理体系、管理流程、流程运作方式，以及背后的业务逻辑的洞察，将业务运行方式翻译成数学语言，并转化为技术语言，交由软件工程师，由软件工程师通过程序代码来实现，用数据和算法来替代人管理业务、决策业务，并紧密跟踪"数据+算法"的管理方式的过程和结果，做出对内外部环境变化的适配性改善和迭代。

企业在制定数字化转型战略之后就应该制订人才培养计划。数字化人才的培养是企业数字化转型成功的基础，没有数字化人才，从外部引进的数字技术就得不到好的应用，不能发挥既定的作用，创造预期的价值。如果企业在数字化转型的过程中想要开发更多的数智化场景，那么业务算法工程师就成为必需品。企业需要对业务算法工程师进行专人专职的设置，并赋予其一定的权限。业务算法工程师团队建设目前面临的问题是人才稀缺，过去企业没有这样一个专业岗位，也没有这样的人才，大学和职业教育机构也没有定向培养这样的专业人才，所以，企业需要从头培养。

业务算法工程师团队在进行数字化转型的企业中将会发挥推动数智化升级的关键作用，也会成为管理体系、业务体系和职能体系的"立法者"，决定着企业管理效率、管理能力和决策水平的高低，以及企业对内外部环境变化的敏捷性，因此会成为创造企业核心竞争力的关键团队，团队的成员将会成为企业的核心人才。企业应在核心发展人才中进行遴选，并进行专项培养。

知识管理成为企业竞争力的重心

知识管理将成为企业实现数智化管理的必需品。对企业来说，无论是做出经营决策，还是做出日常的运营管理决策，都需要通过对业务逻辑的梳理构筑业务决策模型，然后交由业务算法工程师团队开发成算法，提高企业的管理效率和决策水平，这是企业未来的核心竞争力的关键。所以知识管理变得更加重要，对于一项新的活动、一项新的任务、一个新的事件，我们都要通过复盘来沉淀做事的方法，总结背后的逻辑，沉淀管理的诀窍。在新事物产生之后对其进行复盘应该成为企业的新常态。

在一个新事物产生之后，企业都要进行沉淀和总结，如果该事物经常产生，企业就需要思考如何更高效地进行处理，更科学地进行决策，逐步将该事物的管理方案开发为数智化的算法，并使其转化为企业核心竞争力的一部分。

企业要建立一套机制，鼓励员工在面对新事物的时候要复盘总结、沉淀知识、固化流程。很多企业特别重视业务管理人员的业务贡献，只要业务做好了，什么都是好的，这是结果导向管理方式下的指导思想。很多业务管理人员也不愿意将自己优秀的管理方案和业务决策方法贡献出来，从而弱化自己在业务贡献上的评价，所以，推动复盘总结、沉淀知识全靠高层的说教在很多企业里是行不通的。建议企业参考宝洁公司的组织贡献考核模式，这种模式将复盘总结、知识管理和算法开发纳入管理体系，将数据化管理升级到数智化管理作为常态化管理的内容。

宝洁公司在对管理岗位人员进行绩效考核的时候主要看两个部分，一部分是业务贡献，另一部分是组织贡献。业务执行人和管理岗位人员在绩效考核上都有组织贡献，无论业务做得多好，都必须复盘总结、沉淀知识，才能保证考核过关。不同岗位的组织贡献在 KPI 中所占的比重不同，一般会是 10%~30%。如果占比 30%，说明该岗位管理和负责的业务流程比较复杂，应对的外部变化比较多，需要总结、沉淀的事项比较多，或者需要优化的业务领域比较多。当一个管理岗位人员的组织贡献占 KPI 的比重为 30%的时候，无论这个管理岗位人员的业务贡献有多大，都只能得到 70 分。所以，他必须做好复盘总结、知识沉淀，才能保证自己有更好的绩效表现。如果业务流程都常态化了，他必须寻找创新管理方案，迭代升级现有的流程和方法，才能获得更高的组织贡献绩效。

宝洁公司的这种管理机制，倒逼着管理岗位人员必须将自己应对各种事项的"优秀"方法沉淀下来，也要对现有的业务流程和事项处理方法不断优化。这就会不断提升企业管理诀窍的科学性、适应性，使企业快速响应内外部环境的变化。

8.2　与算法机器人共事成为新常态

算法逐步成为企业业务流程管理中的关键要素，它提升了企业的管理效率，提高了企业科学决策的水平，增强了企业快速响应内外部环境变化的能力。算法成为企业业务流程管理中的"新物种"，这个新物种以各种形式存在于企业经营、运营和管理的方方面面，很多一线岗位人员、中基层管理岗位人员会发现自己可能天天被算法指挥着、调度着、管理着。

与算法机器人共事成为企业管理新常态

我们住在酒店里，点了一份晚餐；骑手将晚餐送到酒店前台；酒店中的机器人将晚餐送到房间。这是我们在酒店中经常看到的现象。酒店中送晚餐到房间的机器人替代了服务员，这个新的"服务员"成为原来酒店服务员的"同事"，他们一起共事。

万科为了完成会议决议后的各种事项跟踪工作，开发了一个虚拟的算法机器人——"崔筱盼"。公司总部开会后形成了后续事项决议，员工领了一项任务，承诺某年某月某日要提交该任务的执行结果。这个崔筱盼就会在工作过程中提醒该员工去执行这项任务，并在员工承诺的完成日期之前再次提醒他，监督该员工对执行结果的提交，像秘书一样提醒该员工完成任务，甚至利用电话、微信或者其他沟通工具与该员工进行沟通。该员工在与一个算法机器人共事。

与算法机器人共事将成为一种新的工作方式，会成为企业管理的新常态。

算法机器人成为一个"新物种"，这个新物种不仅替代人进行体力劳动，还替代人进行脑力劳动，甚至逐步成为企业中发布工作指令的"人"，成为"管理者"。我们要开始习惯在职场上与算法机器人共事。

算法机器人改变职场伦理

在企业中，同事之间的关系是非常重要的社交关系，大家合作多了，见面多了，聊天多了，相互之间关心彼此，在职业化的合作之外，人与人之间就产生了感情。相互之间互帮互助的关系，给人带来心理上的安全感，也会给我们每个人带来更多的"软信息"，提升了员工与企业之间的黏性。

当算法机器人成为我们的同事的时候，这些算法机器人是没有"情感"的，至少目前的算法机器人是铁面无私、没有情感的，酒店里的机器人不会因为给你送餐的次数增加而更快地给你送餐，或者对你产生感情。虽然设计算法机器人的人会将"角色"可能产生的情感因素设计进去，但是人与算法机器人之间是很难产生感情的。你作为人类的一员，很难对算法机器人产生感情，也不会改变既定算法机器人的算法，让算法机器人在协作的时候有算法之外的偏好。这是算法机器人影响职场伦理的一种情况。

当一个算法机器人成为人类员工的"同事"的时候，企业需要密切关注算法机器人对其他人情感的影响。没有情感的算法机器人基于算法执行指令，这种指令可能因为缺少人文关怀，导致相关人类员工情绪的失控、心理平衡的失调。这种现象在未来可能会产生。这是算法机器人影响职场伦理的另外一种情况。所以企业要密切关注算法机器人对员工关系、员工工作环境，以及员工情绪的影响，而且这种密切关注应该是长期的和持续的。

当算法机器人是执行者的时候，或者人类员工被其指挥的时候，这种影响可能不大，但是当算法机器人给人类员工下达指令的时候，可能会因为缺少人文关怀而影响人类员工的情绪。这种影响在长期的共事过程中有可能会导致人类员工情绪的失控。这种影响在开发算法机器人的时候，可能是没有被考虑到的。

当没有情感的算法机器人成为与人类员工协作更多的"同事"的时候，人类员工在工作中会越来越缺少"人性"，缺少"人文关怀"，会不会也失去与企业在情感上的黏性，降低忠诚度、敬业度？这是值得企业研究和密切跟踪的问题。我们可以这样理解，当我们身边一起协作的人越来越多地是没有情感的算法机器人的时候，个人的孤立感、孤独感会被强化，每天生活在没有情感的世界中，就很难对企业产生感情。员工对企业的感情多数来自同事关系，同事关系越好的企业，员工对企业的感情越深，但是算法机器人的应用，弱化了这种感情。

从计算机发明之后替代人类大脑的计算能力，到互联网发展之后替代人类很多的活动，特别是交易活动，以及替代人与人之间面对面的互动，万物互联促进了社会效率的提升，但是也带来人与人之间关系的变化。同事关系、邻里关系变得越来越疏远，这是我们不得不面对的现实。为了避免人文伦理问题在企业内部管理中出现，企业需要加强员工关系管理，举行更多的团建活动，强化员工与企业之间的情感纽带，这也是人力资源管理中的新课题。

8.3 人类知识传承方式的变迁

人类区别于动物的关键在于知识的传承，从互联网产生到现在，人类知识的传承方式正在产生变化。

技术驱动人类知识传承方式的变迁

在互联网被发明之前，人类传承上一代的知识，研究发明新知识，然后传承给下一代，这种人类知识的传承方式是晚辈向前辈学习，我们将这个时代称作"前喻时代"。在有了互联网之后，强化了信息的传输，我们在需要获取知识时，就会到互联网上与和自己拥有相同知识储备和兴趣爱好的人交流，这种人类知识的传承方式是同辈向同辈学习，我们将这个时代称作"并喻时代"。后来，特别是2000年后出生的一代人，这一代人与前代人的区别是自从出生之后就在互联网上生活，他们获取知识越来越依赖展示知识的电子硬件，要么是手机，要么是电脑。他们能够更便捷地获取更多的知识，老一辈获得的知识较少，在面对新事物时只能向年轻一辈问询，这种人类知识的传承方式是老一辈向年轻一辈学习，我们将这个时代称作"后喻时代"。

现在，我们获取知识和信息的源头既不是上一代、同事，也不是下一代，而是互联网，甚至我们都不再主动去获取知识和信息，而是让数据和算法来做出相关的决定。比如出行，我们不知道走哪条路，不知道每条道路的拥堵情况，甚至都不想去获取这些路线和拥堵情况的信息，直接把怎么走的决定交给数据和算法来做。这个时候，人类知识的传承方式是人类向智能机器学习，我们将这个时代称作"机喻时代"。

人类知识传承方式的变迁如图 8-1 所示。

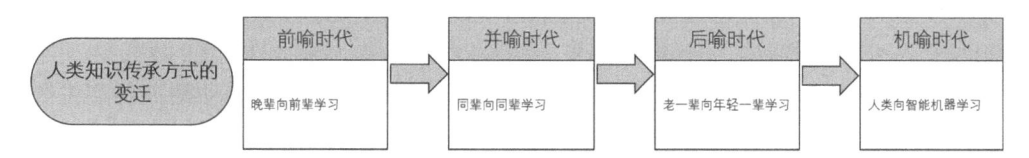

图 8-1　人类知识传承方式的变迁

软件定义世界，算法驱动世界

计算技术和互联网技术的发展，使软件渗透到人类生活的方方面面。在面向对象的编程技术被发明后，软件成为重新定义世界的技术。我们利用软件编程，对现实生活进行模拟、定义，并重构了生活的方式。

随着数字技术的发展，数字相关技术再一次重构了我们生活和生产的方式，重构了我们思考和学习的方式，算法开始在社会生活中起到关键作用。如果说软件重新定义了世界，那么算法正在驱动世界的发展。

后记

笔者撰写本书大概用了一年的时间,在撰写本书的过程中,笔者同时也在为企业提供数字化转型的咨询服务,在很多培训平台、商学院授课。其间笔者对数字化管理体系建设、企业数字化转型等相关工作有了更加深刻的思考和认知,对本书的内容也在不断地进行调整。

在撰写本书的过程中,笔者有很多感受。第一个深刻的感受就是数字化相关理论和方法在快速演变。随着越来越多的企业在推动数字化转型,大家对数字技术的认知越来越深刻,在实践中不断总结和沉淀,有了新的思路和方法,也创造了很多新的业务活动流程、业务场景、管理方式和商业模式。这是社会的进步,也是技术发展的必然。

第二个深刻的感受是数字化相关理论、框架和方法不够完善,仍然有很多未解决的问题。数字技术应用的普及带来了很多新的问题,需要很多的理论创新。这些问题包括数字技术应用所带来的社会伦理问题、数据安全与个人隐私问题、数据资产权益问题等。这些都是发展中的问题。面对这些问题,作为通过撰写图书传播知识的人,笔者深感身上的责任之重。笔者多次产生去大学读博士的冲动,希望学习更专业的研究方法来研究实践中碰到的问题,然而这多次的冲动都被现实生活和工作中的责任抑制了。

第三个深刻的感受是认知是一个迭代的过程。在为企业提供咨询服务的过程中,笔者也在查阅各种新版图书,发现一些管理学的理论在数字化领域发生了变化,有些理论得到了修正。在企业实践中,企业的认知也在不断变化和得到修正,从最初认为是信息化的升级,到认识到数字化与信息化的本质区别,到对数字化相关技术的极度追捧,再到冷静看待数字化,企业对数字化的认知越来越深刻。这让笔者撰写本书有了些许的使命感,希望能够帮助很多人深刻理解数字化、学习新方法,能够给正在实践的企业、正在苦苦研究的专家们提供一些思路和想法。

如果您对书中的内容有意见、建议和疑问,欢迎添加笔者个人的微信(微信号为 data2biz_com)进行交流。

X-MDA
X-Mingyue Decision Agent

明悦决策智能体

明悦首创企业管理决策赋能系统，
帮助企业实现高质增长，永续经营。

零售行业 数智企业CEO

一家企业的经营战略、经营模式和资源分配的总结与提升，是企业家思想中最难向职业管理团队系统化、标准化传递的部分。在数智化时代，X-MDA数智化管理决策系统让这一目标实现变成可能。在和明悦团队搭建我们企业的MDA过程中，明悦团队让我们的管理团队很好地理解了企业的战略规划、经营实质，并进行了优于过往任何一次的思考和实践。

能源行业 数智企业CEO

用管控体系确保公司战略、运营和文化的统一性，是企业逐步走向跨领域、跨地域经营的重要保障。明悦X-MDA数智化管理决策系统帮助我们建立和健全了企业管控体系，实现了战略目标牵引和关键指标跟踪，形成了有标准可依和有制度保障的高效稳定管控体系。这是我一直想要的管控状态：活而不乱，控而不死。

制造行业 数智企业CEO

明悦团队帮我们搭建的X-MDA数智化管理决策系统，是我们的管理者及各部门和各级主管的决策指南和行为准则。它让我们的业务运营清晰化，让运营中的问题第一时间被暴露，被重视，催促我们拿出行动措施解决问题。尤为重要的是，它帮助团队基于逻辑思考和基于数据决策，有效地避免了因为个人偏好影响业务决策，大大提升了企业运营的稳定性和持续性。

X-Mingyue Decision Agent 是「明悦咨询」公司旗下的数智科技产品。

「明悦咨询」是一家专注于企业数智化升级和管理系统建设的咨询公司。

自2012年成立以来，明悦咨询以「内生为王」为核心，融汇世界优秀企业管理模式，打造适合中国成长型企业的数智化管理决策系统，系统、持续帮助企业加速数智化升级，打造数智化组织能力，助力企业实现高质增长和永续经营。

→ 了解渠道 →

扫描本书封底二维码，进入本书读者群，即可联系我们。

从无序到有序，从有序到卓越

传统环境下构建的管理体系复杂且低效，面临诸多挑战，而数智化时代的到来为企业全面升级管理体系带来了机遇。

01 企业传统管理体系面临的挑战与日俱增

任何一家企业在其长期的经营历程中，都会逐渐形成一套独特的做事习惯和运作模式，企业籍此实现过往目标并走到今天。然而，这套管理体系往往仅为企业家及少数企业骨干所熟知和掌握，难以被管理层和整个团队系统地理解和运用。同时，这套体系的弊端是比较依赖能人和经验主义，过去的成功经验不一定能支撑企业继续获得成功。

中国经济进入新常态，企业所在的行业环境已经发生较大变化。企业想要抓住机遇，快速决策，实现高质增长，就需要企业的管理体系与时俱进，保障企业组织和经营的内在一致性，有效预防企业在面对挑战和高速增长过程中可能遇到的失控风险。

然而，构建并维护这样一套虚实结合、精密高效的管理体系并非易事。它要求企业家具备前瞻性的战略眼光，深厚的管理智慧和卓越的领导力，不断学习和探索先进的管理理念，并加以实践，以引领整个团队实现目标。更长远地看，受限于企业自身的认知和格局，这样的管理体系也难以实现迭代升级。

02 数智化给企业管理体系升级带来了历史机遇

幸运的是，数智化的到来为企业管理体系的全面升级带来了前所未有的机遇，X-MDA数智化管理决策系统应运而生。该管理系统以企业文化为基石，以战略目标为引领，围绕企业业务构建高效经营管理体系，通过数智化平台赋能管理体系迭代升级。

X-MDA数智化管理决策系统紧密围绕企业经营价值链条，以财务数据和经营数据为主线，贯穿市场、销售、生产、供应、库管、研发等核心运营环节，打破部门之间的壁垒，达成横向管理决策共识。其通过数字化体系进行数据采集、数据转换、数据分析，确保信息在各层级之间的迅速流通，达成上下联动的纵向执行共识。

X-MDA数智化管理决策系统聚焦企业经营逻辑，用数据指导决策，使得企业价值链上的每一位决策者都能如同装备了最强大脑的战士，而整个企业体系则化身成为一台精密运转的智慧机器，消除滞后、纠正偏差，确保企业精准、高效地实现战略目标。

03 X-MDA对企业管理系统的升级与未来展望

X-MDA数智化管理决策系统如同一股强大的推动力，为企业实现高效、统一的管理提供了强有力的支持。它通过数智化平台将企业经营过程中的大量的繁杂信息整理为有效的决策信息，推动企业管理系统不断完善升级，帮助企业应对市场挑战，解决运营难题，不断做大做强，一步步走向成功。

从无序到有序，从有序到卓越，X-MDA数智化管理决策系统助力您的企业高质增长，与世界级优秀企业同台竞技。

赵兴峰 | 明悦咨询创始人
数字化转型与数智化管理专家